Karl Reinhardt · Parmenides

Karl Reinhardt

Parmenides

und die Geschichte der griechischen Philosophie

KlostermannRoteReihe

Bibliographische Information der Deutschen Nationalbibliothek

Die Deutsche Nationalbibliothek verzeichnet diese Publikation in der
Deutschen Nationalbibliographie; detaillierte bibliographische Daten
sind im Internet über *http://dnb.dnb.de* abrufbar.

5., unveränderte Auflage 2012

Gedruckt auf Eos Werkdruck von Salzer,
alterungsbeständig ∞ ISO 9706 und PEFC-zertifiziert.
Druck und Bindung: docupoint GmbH, Barleben
Printed in Germany
ISSN 1865-7095
ISBN 978-3-465-04144-3

INHALT

Seitdem die historische Forschung mit dem Klassizismus aufgeräumt, die Urteile des Altertums beiseite gelegt und selbst das Fragen und Prüfen in die Hand genommen hat, hat sie zum alten Ruhme des Parmenides wenig hinzugefügt und viel von ihm genommen. Die Ehrwürdigkeit der Person, die ihm durch Platons Dichtung zugesprochen war, der Glanz, der ihn als ältesten Verkünder der Ideenlehre zu umgeben schien, erwiesen sich, je länger je mehr, als seinem Wesen fremd, und seit am Ende auch die klassizistische Wertung seiner Kunst, die sich am längsten noch gehalten hatte, durch Diels glücklich umgestoßen ist, gestehen wir uns, daß nicht einmal der Dichter an ihm echt sei, daß der feierliche Mantel allzu fadenscheinig sei, um über die Dürftigkeit und Nüchternheit seines poetischen Gebarens auf die Dauer zu täuschen. Was man ihm für diese Einbußen zu geben hatte, war eine feste Stellung und Bedeutung in der philosophischen Entwicklung. Was man ihm nicht nehmen konnte, war der Name des ersten Metaphysikers. Freilich nur eines halben und noch dazu nicht einmal ganz originellen. Aus dem Pantheismus oder Monotheismus des Xenophanes, so stellte man fest, habe er den reinen Seinsbegriff herausgezogen, mehr gesondert und gereinigt als gefunden oder geschaffen. Dabei sei es ihm nicht übel gelungen, Gott aus diesem Begriffe hinauszubringen, aber die Materie sei ihm unversehens daringeblieben, habe das reine Sein erdrückt und in der Gestalt der alles umfassenden Weltkugel sich selber an dessen Stelle gesetzt. So sei das Werk auf halbem Wege stecken geblieben, über die Entseelung des ursprüng-

lich göttlichen All-Einen sei es nicht hinausgediehen. Rechne
man außerdem die fruchtbare Bekanntschaft mit dem
Pythagoreertum und die nicht minder fruchtbare Gegnerschaft mit Heraklit hinzu, so habe man der Voraussetzungen
übergenug, um dies System historisch zu erklären; allerdings ein seltsam eigensinniges, eckiges, einförmiges System,
für seine Starrheit und Begrenztheit unbegreiflich schlecht
gewachsen; und als ob es mit der bloßen Seinslehre, trotz all
ihrer unverbrüchlichen Gewißheit, doch noch nicht genug sei,
wird dem Leser oder Schüler noch zu guter Letzt ein über-
langer Anhang dreingegeben, wo denn der Philosoph, des
trocknen Deduzierens endlich müde, aus seiner engen Wahrheit in die weite Welt des Scheins hinausspaziert, als habe er,
über dem All-Einen spekulierend, dem Versucher Menschen-
wahn nicht widerstehen können, der ihm rings umher
die schöne grüne Weide zeigte. Gibt man so zu verstehen, daß es mit der absoluten künstlerischen und philosophischen Leistung des Parmenides nicht allzu weit her sei,
so ist man um so bereitwilliger im Anerkennen seiner geschichtlichen Bedeutung: daß er als Gegner der Herakliteer,
im Kampfe für das unbedingte Sein gegen das unbedingte
Werden, eine Spannung und Dissonanz in die Naturphilosophie gebracht habe, aus der als Lösungen nacheinander die
drei größten Schöpfungen ionischer Wissenschaft hervorgegangen seien: die Systeme des Empedokles, Anaxagoras
und Leukipp. So scheint Parmenides augenblicklich außer-
halb der Fragen, jedenfalls der großen Fragen in der Wissenschaft zu stehen, denn das einzige, was bei ihm noch proble-
matisch scheint, sein schattenhaftes Pythagoreertum, würde,
auch wenn es wirklich einmal greifbare Gestalt gewinnen
sollte, doch an seiner Einschätzung nichts ändern und ihn
jedenfalls nicht aus dem historischen Rahmen lösen, worein
die Forschung ihn von oben und unten eingespannt hat.
Und doch gäbe es noch Fragen genug zu stellen, Fragen
freilich, die man zu allererst an diese Forschung selbst zu
richten hätte; als zum Beispiel: ob diese historischen Verbindungen und Verknüpfungen, an sich betrachtet, so natür-

lich und von selbst gegeben seien, wie die Philosophiegeschichte
es uns gerne glauben machen möchte? Ob man sich, zum
Beispiel, je genügend klar darüber geworden sei, was es
heiße, in Xenophanes den Lehrer des Parmenides zu erblicken? Müßte nicht der Meister wenig Freude an ihm
erlebt haben, der Schüler einen sonderbaren Eigensinn
gehabt haben, sich die Gedanken seines Lehrers alle einzeln
anzueignen und dabei den Ausgangspunkt, den Zweck des
Ganzen hartnäckig zu leugnen, ja nicht einmal zu bekämpfen,
sondern sich zu stellen, als habe er sein Lebtag nichts dergleichen je gehört?[1] Man mag sich mancherlei Möglichkeiten
ausdenken, ein theistisches oder pantheistisches Weltgefühl
mit dem begrifflichen Denken zu bewältigen: daß aus einem
solchen Denkprozeß die Philosophie der Eleaten hervorgehen konnte, müßte unbedingt als Rätsel empfunden werden,

---

[1] Hier die bisherigen Antworten auf diese Frage: „Wir brauchen
daher nicht anzunehmen, daß ihn religiöse Scheu oder Vorsicht ab-
gehalten habe, sich über das Verhältnis seines Seienden zu der Gottheit zu erklären (Brandis comm. el., S. 178). Die Antwort liegt
näher: er tat es nicht, weil er ein ganzer, plastischer Philosoph war,
seine Philosophie aber zur Aufstellung theologischer Bestimmungen
keinen Anlaß gab", Zeller I[4], S. 516,3. „Bei Xenophanes, der mit
Recht als sein Vorgänger im Dichten und Denken betrachtet wird,
ist Gottheit und Welt eins, das Theologische herrscht in seinem etwas
engen Pantheismus sogar vor. Bei Parmenides fällt mit der irdischen
Welt, deren Wirklichkeit er leugnet, auch das transzendente Gegenstück die Gottheit fort. Es ist doch offenbar Absicht, daß er in seiner
ermüdend vorgetragenen Charakteristik des All-Einen den Namen
Gottes vermeidet. Er fürchtete durch Einmischung des den Menschen nie rein faßbaren Gottesbegriffes die hehre Majestät seines
ewigen ᾿Εόν zu gefährden. Daher wohl auch die bei einem Hellenen
unbegreifliche Schemenhaftigkeit seiner göttlichen Gestalten." Diels
Parmenides, S. 8. „Was von Xenophanes mehr nur als ein religiöses
Postulat hingestellt worden war, die Einheit und Einzigkeit der mit
der Welt identischen Gottheit, wird von Parmenides als eine metaphysische Theorie aus rein begrifflichen Untersuchungen entwickelt. Derjenige Begriff aber, welcher dabei in den Mittelpunkt
gerückt wird und schließlich den Umkreis aller übrigen verschlingt,
ist der des Seins." Windelband-Bonhöffer, S. 47. Mir scheint diese
Erklärung eher die Schwierigkeiten zu verschleiern als zu lösen.
Ebenso wenig zu folgen vermag ich Gomperz, Griech. I Denker, S. 146.

hätte man nicht allzu sehr schon sich an die historische Konstruktion gewöhnt; um von noch ganz anderen Rätseln vor der Hand zu schweigen. Aber solche allgemeinen Betrachtungen haben ein starkes und begründetes Mißtrauen gegen sich, denn die historische Notwendigkeit hat sich, wie billig, immer erst aus der Zufälligkeit der Tatsachen zu ergeben. Also beginne ich lieber mit diesen. Und um es gleich vorweg zu bekennen: es liegt mir auch gar nicht so viel an einer neuen historischen Einreihung als vielmehr daran, daß Parmenides einmal zu Worte komme, daß ich ihn zum Reden bringe Ich gestehe, eine Vorliebe für ihn zu haben und zu glauben, ihm zu seinem Rechte verhelfen zu müssen. Und vielleicht hat er auch wirklich ein besonderes Recht darauf, einmal für sich allein gehört zu werden, ohne Rücksicht auf den Streit der Schulen und den Fortschritt des Gedankens. Denn er erklärt sich schwer, und manches, was in seine Verse nicht hinüberkonnte, was in seinen Gedanken stumm zurückblieb, will noch zwischen den Worten und Zeilen und selbst zwischen den Teilen seines Gedichtes gelesen sein.

I

Die Stelle, an der Parmenides das Verhältnis zwischen
Sein und Schein bestimmt, mit anderen Worten das Gelenk,
das beide Glieder seines Lehrgedichts zusammenhält, ist
auffallend unscheinbar und schwach entwickelt im Verhältnis zu den widerstrebenden Massen, die es zu verbinden und
in ihrer wechselseitigen Beziehung zu bestimmen hat. Man
kann es übersehen und dann glauben, ein bloßer Zufall
habe zwei Systeme aneinandergefügt, die ebenso gut getrennt sein könnten. Aber noch mißlicher ist, daß gerade
an dieser Stelle die Worte selbst so dunkel sind, daß sie bald
mehrere, bald gar keine Erklärung zuzulassen scheinen
(Fr. 1, 28 Diels):

$$\chi\varrho\varepsilon\grave{\omega} \; \delta\acute{\varepsilon} \; \sigma\varepsilon \; \pi\acute{\alpha}\nu\tau\alpha \; \pi\upsilon\theta\acute{\varepsilon}\sigma\theta\alpha\iota$$
$$\mathring{\eta}\mu\grave{\varepsilon}\nu \; \mathring{\alpha}\lambda\eta\theta\varepsilon\acute{\iota}\eta\varsigma \; \varepsilon\mathring{\upsilon}\varkappa\upsilon\varkappa\lambda\acute{\varepsilon}o\varsigma \; \mathring{\alpha}\tau\varrho\varepsilon\mu\grave{\varepsilon}\varsigma \; \mathring{\eta}\tau o\varrho$$
$$\mathring{\eta}\delta\grave{\varepsilon} \; \beta\varrho o\tau\tilde{\omega}\nu \; \delta\acute{o}\xi\alpha\varsigma, \; \tau\alpha\tilde{\iota}\varsigma \; o\mathring{\upsilon}\varkappa \; \mathring{\varepsilon}\nu\iota \; \pi\acute{\iota}\sigma\tau\iota\varsigma \; \mathring{\alpha}\lambda\eta\theta\acute{\eta}\varsigma.$$
$$\mathring{\alpha}\lambda\lambda' \; \mathring{\varepsilon}\mu\pi\eta\varsigma \; \varkappa\alpha\grave{\iota} \; \tau\alpha\tilde{\upsilon}\tau\alpha \; \mu\alpha\theta\acute{\eta}\sigma\varepsilon\alpha\iota, \; \mathring{\omega}\varsigma \; \tau\grave{\alpha} \; \delta o\varkappa o\tilde{\upsilon}\nu\tau\alpha$$
$$\chi\varrho\tilde{\eta}\nu \; \delta o\varkappa\acute{\iota}\mu\omega\varsigma \; \varepsilon\tilde{\iota}\nu\alpha\iota \; \delta\iota\grave{\alpha} \; \pi\alpha\nu\tau\grave{o}\varsigma \; \pi\acute{\alpha}\nu\tau\alpha \; \pi\varepsilon\varrho\tilde{\omega}\nu\tau\alpha.$$

Wie ich hier die Worte getrennt habe, und wie sie sich
in der Tat bei weitem am natürlichsten zu trennen scheinen,
stehen sie zwar nicht zu lesen in Diels Sammlung der Fragmente, aber haben dafür in Wilamowitz ihren Fürsprecher
gefunden (Hermes XXXIV, S. 204). Wilamowitz nimmt
bei seiner Erklärung Fr. 8, 60 hinzu, die Stelle, wo die Göttin
den Übergang zur δόξα macht: „Das nennt sie", erklärt er,
„einen διάκοσμον ἐοικότα πάντα, wie mich dünkt, nicht ‚eine
Weltordnung ganz wie sie erscheint', sondern ‚eine, die
ganz scheinbar ist', die zwar nur eine Meinung, also trüglich
ist, aber eine in sich geschlossene und durchaus wahrschein-

liche, ‚so daß kein Sterblicher mit seiner γνώμη dir den Rang ablaufen kann'; wie oft operieren alle Sophisten mit dem ἐοικότα λέγειν. Dem entspricht es, daß τὰ δοκοῦντα διὰ παντὸς πάντα περῶντα sind, daß sich jeder Satz durch das ganze Lehrgebäude hindurch bewährt, daß neben die Wahrheit die in sich geschlossene konsequente Hypothese tritt. In diesem Falle τὰ δοκοῦντα δοκίμως ἐστὶ τοιαῦτα, oder besser in der Rede des Eleaten δοκίμως ἔστι, die Hypothesen haben in einer probehaltigen Weise Realität."

Wenn Diels sich dieser Erklärung und Kritik verschloß, wenn er trotzdem glaubte an seiner früheren Auffassung festhalten zu müssen, daß in δοκίμως die Verbalform δοκιμῶσ(αι) stecke, wenn er das sonderbare Wort[1] und die starke metrische Härte in solcher Nachbarschaft ertrug, so tat er das, nicht um aus diesen Worten selbst den nächsten besten Sinn heraus zu lesen, sondern um den Sinn des Ganzen einigermaßen zu retten. In der Tat, sobald wir der begründeten, der probehaltigen Hypothese Einlaß geben, dringt damit eine Tendenz in das Gedicht ein, die mit den klarsten und entschiedensten Erklärungen des Dichters unvereinbar ist. Wozu dann noch hervorheben, daß diese δόξα Lug und Trug ist? daß sie βροτῶν δόξα ist, geschaffen von den Sterblichen (und man erinnere sich, mit welcher Geringschätzung Parmenides dies Wort in den Mund nimmt), daß sie leerer Schall und Name ist, dem keine Spur von Wesenheit und folglich keine auch noch so bedingte Wahrheit oder Wahrscheinlichkeit zugrunde liegen kann? Sollen wir also zu Diels zurückkehren und mit ihm übersetzen: „Doch wirst du trotzdem auch das erfahren, wie man bei gründlicher Durchforschung annehmen müßte, daß sich jenes Scheinwesen verhalte?" Denn eins von beiden, scheint es, müssen wir wohl in den Kauf nehmen, die Ungereimtheit entweder im Großen oder im Kleinen, entweder in der gesamten Konzeption oder im Ausdruck eines einzigen

---

[1] δοκίμωμι: δοκῶ καὶ οἴομαι Hesych. So steht es bei Sappho zweimal, Fr. 37, 69. δοκιμῶσαι = δοκιμάσαι nur in der Imitation des Pherekydesbriefes Laert. I, 122.

Satzes. Aber es gibt einen Einwand, der sich gegen beide Erklärungen zugleich erheben läßt: das Wörtchen χρῆν. Bei der einen wie bei der anderen müßte man dies Wort in einem Sinne fassen, der ihm sonst im älteren Griechischen durchweg fremd ist. Es müßte dazu dienen, einen Fall zu setzen, eine Möglichkeit zu eröffnen, einer Annahme in Gedanken Raum zu geben, während es sonst gewöhnlich eine Anklage, sei es an das Schicksal, sei es an die Menschen einleitet: wie etwas hätte geschehen sollen oder noch geschehen sollte, während es in Wirklichkeit nicht so geschehen sei. Daneben gibt es Fälle, wo es sich so weit verfeinert oder abgeschliffen hat, daß es der gröberen Bedeutung nach mit χρή zusammentrifft. Doch dieser abgeleitete Gebrauch darf zur Erklärung unserer Stelle noch viel weniger herangezogen werden als der ausgesprochene Irrealis. Es kann mitunter vielleicht höflich sein, von etwas Möglichem und selbst Erwartetem zu reden, als ob es unausführbar wäre, aber eine solche Höflichkeit wäre doch nur da am Platz, wo eine Aufforderung an eine zweite Person zu richten ist. So findet sich, soviel ich sehe, dieser Irreal der Höflichkeit, wenn man ihn denn so verstehen will, auch nur in solchen Fällen wie im Plutos, v. 406: Βλ. οὔκουν ἰατρὸν εἰσάγειν ἐχρῆν τινα; Χρ. τίς δῆτ᾽ ἰατρός ἐστι νῦν ἐν τῇ πόλει; oder v. 487 ἀλλ᾽ ἤδη χρῆν τι λέγειν ὑμᾶς, oder endlich, um auch das von Diels (S. 59) gewählte Beispiel anzuführen, im Gorgias, S. 458 B: ἴσως μέντοι χρέοι ἐννοεῖν καὶ τὸ τῶν παρόντων (χρῆν BT PF). Freilich, um die Wahrheit zu gestehen, gerade bei ihrer Vergleichung rufen diese Fälle denn doch einen starken Zweifel wach, ob ihre Deutung auf lauter Höflichkeiten auch die richtige sei. Weshalb z. B. setzt der Megarer in den Acharnern in der Aufforderung das Imperfektum statt des Präsens? Schwerlich doch aus Höflichkeit, v. 778: φώνει δὴ τὺ ταχέως σχοιρίον· οὐ χρῆσθα σιγῆν, ὦ κάκιστ᾽ ἀπολουμένα.[1] Es ist wohl möglich, daß der spätere

---

[1] Ähnlich steht das Tempus der Vergangenheit bei Aufforderungen in Frageform: Plato Prot. 310 A Τί οὖν οὐ διηγήσω ἡμῖν τὴν ξυνουσίαν; Πάνυ μὲν οὖν. 317 D Τί οὖν οὐ καὶ Πρόδικον καὶ Ἱππίαν ἐκαλέσαμεν; Πάνυ μὲν οὖν.

viel allgemeinere Gebrauch des Imperfektums ἔδει, χρῆν (bei
Strabo, Philo usw.) sich aus der Aufforderung entwickelt hat;
doch wie dem auch sei, aus der älteren Sprache ist mir
jedenfalls kein Fall bekannt, wo χρῆν zum Ausdruck einer
Regel diente. Im Hippolytos, v. 467, sind wir gewiß mit
Recht gewohnt zu lesen: οὐδ' ἐκπονεῖν τοι χρὴ βίον λίαν
βροτούς (χρὴ LPΣ: χρῆν MAV). Und vollends gänzlich anders
will der Anfang der hippokratischen Schrift περὶ ἀγμῶν beurteilt
sein. Der lautet allerdings: ἐχρῆν τὸν ἰητρὸν τῶν ἐκπτωσίων τε
καὶ κατηγμάτων ὡς ἰθύτατα ποιεῖσθαι τὰς καταστάσιας, doch
braucht man nur weiterzulesen, um zu merken, daß der
Verfasser gegen die Praxis seiner Berufsgenossen protestiert:
αὕτη γὰρ ἡ δικαιοτάτη φύσις· ἢν δέ τι ἐγκλίνῃ ἢ τῇ ἢ τῇ, ἐπὶ
τὸ πρηνὲς ῥέπειν· ἐλάσσων γὰρ ἡ ἁμαρτὰς ἢ ἐπὶ τὸ ὕπτιον. οἱ
μὲν οὖν μηδὲν προβουλεύονται, οὐδὲν ἐξαμαρτάνουσιν ὡς ἐπὶ τὸ
πολύ .. οἱ δὲ ἰητροὶ σοφιζόμενοι δῆθεν ἔστιν οἳ ἁμαρτάνουσιν.
ἀναγκάζομαι δὲ πλείω γράφειν περὶ αὐτῆς, ὅτι οἶδα ἰητροὺς σοφοὺς
δόξαντας εἶναι ἀπὸ σχημάτων χειρὸς ἐν ἐπιδέσει, ἀφ' ὧν ἀμαθέας
αὐτοὺς ἐχρῆν δοκεῖν εἶναι. ἀλλὰ γὰρ πολλὰ οὕτω ταύτης τῆς τέχνης
κρίνεται. — Aber selbst gesetzt, der Irrealis könnte eine Höflichkeit bedeuten und die Göttin des Parmenides hätte ihrem
Jünger gegenüber eine Anwandlung zu einer solchen Höflichkeit verspüren können, ohngeachtet ihre Worte allgemeine
Gültigkeit beanspruchen: so wäre doch, was sie sagt, damit um
nichts verständlicher geworden. Denn mag der Irrealis noch
so höflich sein, er kann doch nimmermehr zum Potentialis
werden. Und doch ist es gerade das Bedingte, Hypothetische,
was ihren Worten, nach der allgemeinen Auffassung, nicht
fehlen darf. Sind wir also schon entschlossen, aus χρῆν eine
Bedingung herauszulesen, so muß diese notwendig irreal
sein. Danach müßte sich also nach Diels Lesung (denn die
andere schiede dann von selber aus), der Sinn ergeben: „wie
man den Schein sich hätte vorstellen müssen, wenn man ihn
gründlich untersucht hätte." Also ein Protest gegen die
herrschende Philosophie, nicht weil sie die Wahrheit sondern
den Schein verfehlt hätte? Aber darüber ist kein Wort
weiter zu verlieren. Sollen wir es also, der vortrefflichen

Überlieferung zum Trotz, mit χρή versuchen? Oder, was dem Sinne nach auf dasselbe hinauskommt, aber der Sprache wegen noch weit mißlicher wäre, sollen wir χρῆν behalten und ihm die Bedeutung von χρή unterlegen, wie Euripides vielleicht sich an zwei Stellen ein 'τὸ χρῆν' erlaubt hat[1]? Sollen wir demnach übersetzen: „wie man den Schein sich vorzustellen und nach allen Regeln zu erklären hat?" Oder nach der anderen Worttrennung: „wie der Schein beschaffen sein muß, um stand zu halten und sich in jedem Satze durch das ganze Lehrgebäude zu bewähren?" Aber sobald das Hypothetische wegfällt, wird der Widerspruch des einen Satzes zum gesamten Gedicht so unerträglich, daß man einen solchen Ausweg kaum schnell genug wieder aufgeben kann. Und doch muß Parmenides mit diesen Worten etwas haben sagen wollen, und ihr Sinn muß um so wichtiger gewesen sein, je mehr er sich verbirgt. Und in der Tat gibt es noch eine Möglichkeit, die man bisher ganz außer Acht gelassen hat: das χρῆν nach seiner einfachsten Bedeutung zu verstehen, ohne bedingenden Nebensinn, lediglich von einer Notwendigkeit, die einmal da war; also nach dem Beispiel aus Herodot I, 8: χρῆν γὰρ Κανδαύλῃ γενέσθαι κακῶς. Übersetzt würden dann die Worte lauten: „Wie der Schein, die Vorstellung zu Gültigkeit gelangen sollte und das Weltbild ganz und gar durchdringen." Diese Lösung hätte vor der Dielsschen, wie mir scheint, den Vorzug größerer Ungezwungenheit und Leichtigkeit; sie wäre aber noch aus einem anderen Grunde vorzuziehen: es müßte schon ein sonderbarer Zufall walten, wäre der begriffliche Kontrast der beiden stammverwandten Wörter δοκεῖν und δοκίμως nicht mit Fleiß gesucht (vgl. Wilamowitz). Dasselbe Wortspiel, nur noch sinnfälliger hervorgekehrt, kehrt wieder bei Heraklit Fr. 28: δοκέοντα γὰρ ὁ δοκιμώτατος γινώσκει. Es wäre schon dieses Anklangs wegen bedenklich, das δοκίμως bei Parmenides zu ändern. Wie aber steht es um den Sinn? Der zweite Teil des Parmenideischen Lehrgedichtes eine Geschichte des menschlichen

[1] S. Wilamowitz, Herakles II zu v. 311.

Irrtums? Weder Eristik noch Hypothese, sondern der Nach-
weis, daß der Irrtum seinen Grund habe, die Erklärung, auf
welchem Wege er in die Welt gekommen? Und nicht nur das
Altertum hätte Parmenides im allergröbsten mißverstanden?
Und das Gedicht wäre in Wahrheit einheitlich, in einem
Grade, wie wir es nie bisher geahnt hätten?

★   ★
★

Das Hauptstück des zweiten Teils, von dem wir einige
Kenntnis haben, ist die Lehre von den Himmelskränzen.
Was Aëtius darüber berichtet, macht den Eindruck großer
Zuverlässigkeit, weil es auf jede Ausdeutung verzichtet;
offenbar hat er es aus Theophrast. Die Worte lauten (Fr.
A 37; Dox. 335): *Παρμενίδης στεφάνας εἶναι περιπεπλεγμένας,
ἐπαλλήλους, ⟨τὴν μὲν ἐκ τοῦ πυκνοῦ, τὴν δὲ ἐκ τοῦ ἀραιοῦ, καὶ
πάλιν⟩[1] τὴν μὲν ἐκ τοῦ ἀραιοῦ, τὴν δὲ ἐκ τοῦ πυκνοῦ· μικτὰς
δὲ ἄλλας ἐκ φωτὸς καὶ σκότους μεταξὺ τούτων. καὶ τὸ περιέχον
δὲ πάσας τείχους δίκην στερεὸν ὑπάρχειν, ὑφ' ᾧ πυρώδης στεφάνη·
καὶ τὸ μεσαίτατον πασῶν στερεόν, περὶ ὃ* (Boeckh; *περὶ ὃν* F,
περὶ ὧν P, *ὑφ' ᾧ* Diels) *πάλιν πυρώδης* [sc. *στεφάνη*]. *τῶν δὲ
συμμιγῶν τὴν μεσαιτάτην ἁπάσαις ⟨ἀρχήν:* Diels nach Simplic.⟩
*τε καὶ ⟨αἰτίαν⟩ κινήσεως καὶ γενέσεως ὑπάρχειν ἥντινα καὶ δαίμονα
κυβερνῆτιν καὶ κληδοῦχον ἐπονομάζει Δίκην τε καὶ 'Ανάγκην.*
Um zu bestimmen, was Parmenides sich unter diesen Kränzen
vorgestellt, wie er sie geordnet und ineinandergelegt gedacht
hat, müßten wir vor allem wissen, ob er das Weltgebäude,
so wie es ist, in einem Sphärenbau hat unterbringen wollen,

---

[1] Von mir ergänzt. Es läßt sich nicht bezweifeln, daß die Kränze,
die im zweiten und dritten Satz ausführlicher beschrieben werden,
dieselben sind wie die im ersten Satz genannten; den Worten *τῶν δὲ
συμμιγῶν* im dritten Satz entspricht im ersten *μικτὰς δὲ ἄλλας*.
Folglich müssen sich auch die *πᾶσαι* in der ersten Aufzählung voll-
zählig wiederfinden, aber dann sind hier zwei zu wenig. Dazu kommt,
daß auch der Ausdruck *περιπεπλεγμένας, ἐπαλλήλους* nicht zu passen
scheint, wenn darauf nur zwei Kränze folgen.

oder ob er eine Ordnung hat beschreiben wollen, die der gegenwärtigen Weltordnung vorausging, oder endlich, ob die Kränze ihm der bildliche, symbolische Ausdruck der Gesetze und Gegensätze waren, die er im Himmel und auf der Erde sich wirkend und waltend dachte. Da uns die Überlieferung auf diese Fragen keine gerade Antwort gibt, bleibt uns nichts übrig, als die Konsequenzen, die sich aus einer jeden dieser Annahmen ergeben, mit dem Wortlaut des Berichtes zu vergleichen und auf ihre Wahrscheinlichkeit zu prüfen.

Setzen wir den ersten Fall, so wird im Text die Änderung notwendig, die Diels vorgeschlagen hat; denn einen Feuerring um die Erde gibt es nicht, die Erde muß das Feuer in sich bergen: $\dot{v}\varphi'$ $\tilde{\phi}$ $\pi\acute{a}\lambda\iota\nu$ $\pi\upsilon\varrho\acute{\omega}\delta\eta\varsigma$. So ergeben sich fünf Sphären in folgender Ordnung: als äußerste das Firmament, die feste Schicht, die alle übrigen umschließt, darunter ein Ring von ungemischtem Feuer, dann eine Anzahl Ringe, in denen Feuer und Dunkel sich mischen, also offenbar die Sphären der Gestirne, dann, mit Überspringung der Luft, der harte Erdmantel und darunter wiederum, wie unter dem Firmament, ein Ring von reinem Feuer. Diese Interpretation ist klar und scharf, aber sie ist gewaltsam; sie hängt ab von Theophrast und setzt sich über Theophrast hinweg; denn wenn wir $\pi\varepsilon\varrho\grave{\iota}$ $\mathring{o}$ in $\dot{v}\varphi'$ $\tilde{\phi}$ ändern, korrigieren wir keinen Schreiber, sondern den Aëtius selber. Hätte der das Feuer als den Kern der Erde, die Erde als runde Kruste um das Feuer sich gedacht, so hätte er nicht die Erde ein $\mu\varepsilon\sigma\alpha\acute{\iota}\tau\alpha\tau\sigma\nu$ $\pi\alpha\sigma\tilde{\omega}\nu$ (!) $\sigma\tau\varepsilon\varrho\varepsilon\acute{o}\nu$, im Neutrum, und das Feuer eine $\sigma\tau\varepsilon\varphi\acute{a}\nu\eta$ genannt; denn jeder Kranz ist hohl und legt sich um ein anderes herum; und noch viel weniger hätte er die beiden Sätze: $\varkappa\alpha\grave{\iota}$ $\tau\grave{o}$ $\pi\varepsilon\varrho\iota\acute{\varepsilon}\chi\sigma\nu$ $\delta\grave{\varepsilon}$ $\pi\acute{a}\sigma\alpha\varsigma$ $\sigma\tau\varepsilon\varrho\varepsilon\acute{o}\nu$ — $\varkappa\alpha\grave{\iota}$ $\tau\grave{o}$ $\mu\varepsilon\sigma\alpha\acute{\iota}\tau\alpha\tau\sigma\nu$ $\pi\alpha\sigma\tilde{\omega}\nu$ $\sigma\tau\varepsilon\varrho\varepsilon\acute{o}\nu$ so mustergültig klar einander entgegengesetzt. Dazu kommt noch ein weiteres Bedenken: hätte Parmenides wirklich die feurige Beschaffenheit des Erdinnern geahnt oder erschlossen und aus diesem Grunde die Erde in zwei konzentrische Sphären eingeteilt, so stände er damit allein unter allen griechischen Philosophen. Denn sie alle kennen die

Erde nur als Einheit, wohl mit mancherlei unterirdischen
Feuer-, Wasser- und Luftadern durchzogen, aber als Himmelskörper einheitlich wie Sonne und Mond. Und Parmenides
sollte seinen Himmel bis unter die Erde hinab beschrieben
haben, sollte unter dem Festen und Schweren einen zweiten
Himmel, gleichsam einen Erdhimmel, aus Leichtem und
Dünnem angenommen haben? Und überdies, wo bliebe die
Atmosphäre? Halten wir dagegen am überlieferten Wort-
laut fest, so begegnen wir bei Aëtius sicherlich keinem Wider-
spruch; das *πάλιν* steht durchaus zu recht, wenn von der
Mitte wie vom Rande der Welt gerechnet, sich die gleiche
Reihenfolge der Elemente ergibt: die ungemischten Sphären
an den Enden, die gemischten in der Mitte zwischen diesen.
Diese Erklärung schafft auch, wie mir scheint, die einzige
Möglichkeit, die bei Simplicius überlieferten Verse mit Aëtius
in Einklang zu bringen (Fr. 12):

αἱ γὰρ στεινότεραι πλῆντο πυρὸς ἀκρήτοιο,
αἱ δ'ἐπὶ ταῖς νυκτός, μετὰ δὲ φλογὸς ἵεται αἶσα·
ἐν δὲ μέσῳ τούτων δαίμων ἣ πάντα κυβερνᾷ·
πάντα γὰρ ‹ἣ› στυγεροῖο τόκου καὶ μίξιος ἄρχει
πέμπουσ' ἄρσενι θῆλυ μιγῆν τό τ' ἐναντίον αὖτις
ἄρσεν θηλυτέρῳ.

In seiner Erklärung gibt Simplicius (Phys. 34,14), abweichend von Theophrast, der Göttin ihren Sitz nicht in
der mittleren Region des Himmels, sondern in der Mitte des
Alls. Das ist besonders darum wichtig, weil es zeigt, daß in
den folgenden Versen jedenfalls die Erde nicht mehr vorkam,
daß vielmehr die Aufzählung mit der Beschreibung der
Göttin schloß. Ob Simplicius oder Theophrast im Recht ist,
läßt sich, wie es scheint, nach der Gewichtigkeit der Zeugen
nicht allein entscheiden; Diels hat dem Simplicius zuge-
stimmt (Kommentar, S. 107). Ich würde dagegen gewiß
nicht wagen, mich auf Theophrasts Autorität zu berufen,
wenn ich nicht die Empfindung hätte, daß bei jeder anderen Erklärung Kraft und Schönheit dieser Verse oder vielmehr des Gedankens verloren gingen; denn die Gewaltige,
Unerbittliche, die allenthalben der weherfüllten Geburt

und Mischung waltet und das Weib dem Manne und den Mann dem Weibe zur Gattung sendet, kann doch wohl an keinem anderen Orte thronen, als wo Nacht und Flamme durcheinanderfahren und sich paaren und mischen. Und wir werden uns hüten, sie der Sonne oder der Erde gleichzusetzen, sie, die Lebensschafferin und Weltschöpferin, die das Entgegengesetzte zwingt und bindet, Nacht und Licht, das Männliche und Weibliche und wohl auch Freude und Schmerz. Hatte aber die Göttin ihnen Sitz inmitten der gemischten Kränze und schloß die Aufzählung der Sphären mit der Göttin, so folgt daraus notwendig, daß Parmenides bei der Einteilung des Alls gleichzeitig von dem äußersten wie von dem innersten Kreise ausgegangen war, das heißt auf beiden Seiten vom Begrenzenden und Festen. Denn Kreis und Kugel haben, nach pythagoreischer Anschauung (Aristot. de caelo 293a, 30), zwei Grenzen ($\pi \acute{\epsilon} \varrho \alpha \tau \alpha$), Mittelpunkt und Peripherie. Seinen Standpunkt wählt er nicht in dem konzentrischen Mittelpunkte sämtlicher Kreise, sondern mitten zwischen Zentrum und Peripherie, dort wo er sich auch die Göttin thronend denkt. Dann liegen zu äußerst die beiden begrenzenden Festen, daran schließen sich, der Mitte zu, auf beiden Seiten je ein näherer, ein „engerer" Kranz aus reinem Feuer — daß es nur zwei Feuerkränze waren, sagt ausdrücklich Aëtius — endlich folgen die gemischten Sphären ($\alpha \acute{\iota} \delta' \epsilon \pi \grave{\iota} \tau \alpha \tilde{\iota} \varsigma$), und die Göttin in deren Mitte macht den Schluß. Das ist genau dieselbe Reihenfolge, die auch Aëtius in seiner Beschreibung inne hält. Ich sehe keine andere Möglichkeit, die Verse zu erklären; denn versteht man unter $\epsilon \pi \grave{\iota}$ die Richtung von der Peripherie zum Mittelpunkt, so müßte auf den zweiten Feuerkranz, den Diels in die Mitte der Erde verlegt, wieder ein ganzes Bündel gemischter Kränze folgen, und wo die Göttin dann $\epsilon \nu$ $\mu \acute{\epsilon} \sigma \varphi$ $\tau o \acute{\upsilon} \tau \omega \nu$ bleiben sollte, ließe sich nicht einsehen.

Aus alldem ergibt sich, daß die Kränze eine rein kosmogonische Konstruktion sind und mit dem Weltbilde des Parmenides nicht verwechselt werden dürfen. Der erfahrene Theophrast ist viel zu vorsichtig und einsichtig dazu, um den geringsten Versuch zu irgendwelcher Ausdeutung zu machen; er redet mit Bedacht vom Dichten und Festen, Feurigen und Dunkeln, kurz nicht von den Himmelskörpern, sondern den Elementen; denn die beiden Gegensatzpaare fallen für Parmenides in einen einzigen Gegensatz zusammen, den der Urelemente Licht und Finsternis. Und was die sorgfältige Wahl der Worte bei Theophrast besagen will, lehrt mit der gewünschten Deutlichkeit die zweite Hälfte seines Berichtes: καὶ τῆς μὲν γῆς ἀπόκρισιν εἶναι τὸν ἀέρα διὰ τὴν βιαιοτέραν αὐτῆς ἐξατμισθέντα πίλησιν, τοῦ δὲ πυρὸς ἀναπνοὴν τὸν ἥλιον καὶ τὸν γαλαξίαν κύκλον· συμμιγῆ δ᾽ ἐξ ἀμφοῖν εἶναι τὴν σελήνην, τοῦ τ᾽ ἀέρος καὶ τοῦ πυρός· περιστάντος δ᾽ ἀνωτάτω πάντων τοῦ αἰθέρος ὑπ᾽ αὐτῷ τὸ πυρῶδες ὑποταγῆναι τοῦθ᾽ ὅπερ κεκλήκαμεν οὐρανόν, ὑφ᾽ ᾧ ἤδη τὰ περίγεια. Die Worte lassen keinen Zweifel, daß wir uns inmitten einer Kosmogonie befinden; nicht der fertige Zustand, sondern die Entstehung wird geschildert. Es wäre vergebliche Mühe, wollte man den Äther oder die Gestirnswelt oder die Erde unter den Kränzen der Elemente unterbringen; wenn Aëtius beides streng getrennt hat, dürfen wir es nicht vermengen. Und die Erde ist ja erst durch ein Zusammensinken und Zusammendrängen alles Schweren aus den Ringen der Elemente entstanden: [Plut.] Strom. 5 (Vors. 28 A 22) λέγει δὲ τὴν γῆν τοῦ πυκνοῦ καταρρυέντος [ἀέρος delevi[1]] γεγονέναι. Das eine gehört dem Kosmos an, das andere dem Chaos.

---

[1] ἀέρος möchte ich streichen, weil τὸ πυκνόν ein fester Terminus ist und außerdem Aëtius sagt, Parmenides habe die Luft für eine ἀπόκρισις τῆς γῆς gehalten. Ich weiche in der Erklärung ab von Diels (Parmenides, S. 99), der beide Angaben zurecht bestehen läßt und ihren Widerspruch damit beseitigt, daß er voraussetzt, auch Parmenides habe, wie vor ihm Anaximenes, die Heraklitische ὁδὸς ἄνω κάτω, den beständigen Wechsel der Elemente gelehrt. Ich habe dagegen einzuwenden, daß erstens Heraklit in seiner Elementenlehre, wie ich glaube, als der schroffste Gegner aller ionischen Physik auftrat (Näheres darüber unten), und zweitens, daß es dem Doxographen um die Kosmogonie zu tun ist, und daß jede Kosmogonie, auch die des Anaximenes (vgl. Fr. A 6), an eine bestimmte Reihenfolge in der Entstehung der Weltkörper gebunden war.

Zwischen beiden ist wohl, ähnlich wie bei Empedokles,
ein Zustand chaotischer Mischung anzunehmen, aus dem
das Leichte allmählich nach oben gedrängt, das Schwere
nach der Mitte gezogen wurde. Dann fanden von oben und
unten Ausdünstungen statt: unter dem Himmelsfeuer entstand die Milchstraße, darunter aus den festeren Feuer-
teilen die Sonne, aus noch schwereren in tieferer Region der
Mond[1]. Umgekehrt stieg aus der Erde Wasser und Luft
empor. Im Monde trafen beide Ausdünstungen zusammen,
er ist gemischt aus Feuer und Luft. *Πυκνόν* und *ἀραιόν* bedeuten, wo sie auch vorkommen, die Elemente oder die
Aggregatzustände des Urstoffs, nicht die Himmelskörper
und nicht die Himmelsphären, sie sind kosmogonische,
nicht kosmographische Begriffe. Das Parmenideische Chaos
ist nun freilich ein geordnetes Chaos, aber darum nicht
weniger ein Chaos als der Sphairos des Empedokles; ja es
vereinigt in sich die beiden chaotischen Zustände, die Empedokles periodisch aufeinander folgen läßt: noch liegen an den
beiden Enden sich die Elemente feindlich in getrennten
Ringen gegenüber, während in der Mitte schon die Göttin
mit dem Werke der Mischung und Verbindung und der Welt-
schöpfung beginnt: *πάντα κυβερνᾷ*. Ich kann die zugrunde
liegende Vorstellung nicht besser anschaulich machen, als
indem ich sie aus ihrer Umgestaltung in den Worten des
Empedokles hervorzuziehen suche (Emped. Fr. 35):

> *ἐπεὶ Νεῖκος μὲν ἐνέρτατον ἵκετο βένθος*
> *δίνης, ἐν δὲ μέσῃ Φιλότης στροφάλιγγι γένηται,*
> *ἐν τῇ δὴ τάδε πάντα συνέρχεται ἓν μόνον εἶναι,*
> *οὐκ ἄφαρ, ἀλλὰ θελημὰ συνιστάμεν᾽ ἄλλοθεν ἄλλα·*
> *τῶν δέ τε μισγομένων χεῖτ᾽ ἔθνεα μυρία θνητῶν·*
> *πολλὰ δ᾽ ἄμεικτ᾽ ἔστηκε κεραιομένοισιν ἐναλλάξ,*
> *ὅσσ᾽ ἔτι Νεῖκος ἔρυκε μετάρσιον· οὐ γὰρ ἀμεμφέως*
> *τῶν πᾶν ἐξέστηκεν ἐπ᾽ ἔσχατα τέρματα κύκλου,*
> *ἀλλὰ τὰ μέν τ᾽ ἐνέμιμνε, μελέων τὰ δέ τ᾽ ἐξεβεβήκει.*

---

[1] Fr. A 43 *Παρμενίδης τὸν ἥλιον καὶ τὴν σελήνην ἐκ τοῦ γαλαξίου
κύκλου ἀποκριθῆναι, τὸν μὲν ἀπὸ τοῦ ἀραιοτέρου μίγματος (ὃ δὴ θερμόν),
τὴν δὲ ἀπὸ τοῦ πυκνοτέρου (ὅπερ ψυχρόν).*

Sobald der Streit von außen in den Sphairos eindringend die unterste Tiefe, also doch wohl den Mittelpunkt des Wirbels erreicht hat und die Liebe in der Mitte der Kreisbewegung angelangt ist, da schließt sich zur Einheit alles rings um sie zusammen, aber gemach und nicht auf einmal, denn allmählich erst weicht der Streit und räumt der nachdringenden Liebe das Feld. So lagern an den Enden noch die Stoffe unvermischt und unvereinigt nebeneinander, indessen in der Mitte schon die Weltkörper im Werden sind. So kommt Empedokles auch mit dem Grundgedanken seiner Physik ganz überraschend nahe an Parmenides heran. Die beiden haben in der Tat weit mehr miteinander gemein als seinerseits Parmenides mit Anaximander. Der Vergleich der Kränze mit den Sternrädern Anaximanders hat dem Verständnis nur im Wege gestanden. Die στεφάναι können schon um ihres Namens willen mit den Gestirnen nichts zu tun haben. Alles Rätselwesen, alles was die Alten γρῖφος nannten, ist dem Parmenides so fremd wie dem Empedokles und Heraklit geläufig. Fällt es uns schwer ihn zu verstehen, so liegt das an keiner gesuchten Dunkelheit; er nennt die Dinge überall bei Namen. Und wie deutlich redet er vom Äther und Olymp und Himmel und den Himmelskörpern in dem zehnten und elften der Fragmente! Soll er unmittelbar nach dieser klaren Einleitung dieselben Dinge im Orakelton besungen haben? Ich denke, fing er alsdann von Kränzen an zu reden, die aus dünnen und festen Stoffen umeinander geflochten seien, so stand eins von vorn herein fest: daß er nicht den Himmel und nicht die Sterne meinte.

So hätte sich denn der erste der drei Wege, zwischen denen wir die Wahl hatten, als ungangbar erwiesen, und der zweite hätte uns so glatt ans Ziel gebracht, daß wir nach dem dritten nicht mehr zu fragen brauchten. Aber mit den Rätseln dieser Kosmogonie sind wir damit noch nicht am Ende. Was will sie nur?· Denn als Ergebnis reinen, unbefangenen Nachdenkens über die Stoffe der Welt, wie es die Kosmogonien eines Anaximander und Anaximenes gewesen sein mögen, konnte gewiß ein so seltsames Gebilde wie dieses

Chaos nicht zustande kommen. Es ist ein Ausdruck, zweifellos; aber ein Ausdruck wofür? Für solche, die vor dieser Frage ausweichen und zu den Pythagoreern ausflüchten möchten, sei bemerkt, daß diese Lehre ein völlig in sich geschlossenes, in sich selbst ruhendes Ganze ist und nirgends auch nur mit einer Fingerspitze aus ihren Gedankenkreisen hinaus auf die Lehrmeinungen anderer Sekten hinweist. Nur aus dem Ganzen kann das Einzelne, nur aus der Seinslehre die Kosmogonie verstanden werden.

Einen guten Schritt der Lösung entgegen führt uns zunächst die Göttin selber. Man hat bisher ein wichtiges Zeugnis über sie noch nicht ausgenutzt, das Zeugnis Ciceros de nat. deor. I, 11, 28 (Fr. A 37): „Nam Parmenides quidem commenticium quiddam: coronae simile efficit (stefanen appellat), continente ardore lucis orbem, qui cingit caelum, quem appellat deum; in quo neque figuram divinam neque sensum quisquam suspicari potest, multaque eiusdem ‹modi› monstra: quippe qui Bellum, qui Discordiam, qui Cupiditatem ceteraque generis eiusdem ad deum revocat quae vel morbo vel somno vel oblivione vel vetustate delentur". Unter diesen sonderbaren Worten stecken doch offenbar die Gestalten Θάνατος, Ὕπνος, Λήθη, Γῆρας, eine aus Sage und bildender Kunst uns wohlvertraute Schar, als Kinder der Nacht allsamt aufgezählt in Hesiods Theogonie (v. 211 ff.):

Νὺξ δ'ἔτεκεν στυγερόν τε Μόρον καὶ Κῆρα μέλαιναν
καὶ Θάνατον, τέκε δ'Ὕπνον, ἔτικτε δὲ φῦλον Ὀνείρων ...
τίκτε δὲ καὶ Νέμεσιν, πῆμα θνητοῖσι βροτοῖσι,
Νὺξ ὀλοή· μετὰ τὴν δ' Ἀπάτην τέκε καὶ Φιλότητα
Γῆρας τ' οὐλόμενον, καὶ Ἔριν τέκε καρτερόθυμον.
αὐτὰρ Ἔρις στυγερὴ τέκε μὲν Πόνον ἀλγινόεντα
Λήθην τε Λιμόν τε καὶ Ἄλγεα δακρυόεντα ...

Es ist ausgeschlossen, daß Cicero sich diese Gestalten aus den Fingern gesogen hätte, sie müssen bei Parmenides genannt gewesen sein, und zwar, wie Cicero bezeugt, zur Gottheit in Beziehung gesetzt; das heißt doch wohl, die Göttin hatte sie geboren, wie sie auch das Gegenteil dieser vier

Mächte der Zerstörung, den Ἔρως geboren hat. Daß Ἔρως an der Spitze einer ganzen Generation von Kräften stand, ergibt sich ohnehin aus Simplicius phys. 39,18 (Fr. 13): ταύτην (sc. τὴν δαίμονα) καὶ θεῶν αἰτίαν εἶναί φησι λέγων 'πρώτιστον μὲν Ἔρωτα θεῶν μητίσατο πάντων'. Und die Liebe fordert ihr Komplement. So stehen einander gegenüber auf der einen Seite die Mächte der Zeugung, des Gedeihens, des Wachstumes, des Friedens, auf der anderen Seite Schlaf und Tod, Vergessen und Altern, Krieg, Welken und Untergang. Und die Göttin gebietet nicht nur über die Stoffe, sondern auch über die Kräfte, die in ihnen wirken, über die Erscheinungen und wechselnden Gesichter und Bedeutungen des Lebens, die in ihnen zutage treten und wieder in die Nacht versinken. Sie ist der Mittelpunkt, in dem alle Gegensätze sich wie die Radien eines Kreises treffen. Und unter den Gegensätzen sondern sich zwei Gruppen, hier die räumlich rings um sie gelagerten Stoffe der Welt, das Leichte und Schwere, Dünne und Feste, dort die geistig ihr entsprungenen Kräfte des Entstehens und Vergehens. Aber es gibt einen durchgehenden Gegensatz, der beide Gruppen umfaßt: der Gegensatz des Lichtes und der Finsternis, und all die unzähligen Kontraste, die die Natur uns zeigt, sind nur Abwandlungen und Differenzierungen jener beiden Urformen der Erscheinung. Das Leichte und Dünne ist gleichsam eine Fortentwicklung aus dem Feurigen und Hellen, wie das Schwere und Feste aus dem Dunklen, Ἔρως eine Erscheinungsform des Lichtes, wie Θάνατος, Ὕπνος, Γῆρας, Λήθη Kinder der Nacht.

Ein solches Denken hat mit ionischer Physik nichts mehr gemein. Parmenides ist in der Tat kein Physiker, und seine Kosmogonie birgt etwas anderes als Kern, als was die konventionelle Hülle auf den ersten Blick vermuten läßt. Man merkt, so physikalisch er sich auch mitunter noch gebärdet, es kam ihm doch im tiefsten Grunde nicht darauf an, das Weltgebäude durch Verdünnung und Verdichtung, Steigen und Fallen der Grundstoffe, nach den Regeln ionischer Physik so einwandfrei wie möglich zu er-

klären; mag er sich in physikalischen Einzelheiten an diesen
oder jenen Vorgänger gehalten haben: das war für ihn nur
Nebensache. Aber zu den Hauptsachen gehörte für ihn, was
seine eigenste und geistreiche Erfindung war, sein Chaos:
eine Art Hilfskonstruktion, die es ermöglichte, alle Bestandteile der Welt und Einzelunterschiede auf den letzten
alles in sich begreifenden Hauptunterschied zurückzuführen,
den Kontrast des Lichtes und der Finsternis. Man hätte,
um dies zu verstehen, ihn nur beim Worte zu nehmen
brauchen; denn er erklärt ausdrücklich (Fr. 9), alle Dinge
samt und sonders seien Licht und Finsternis benannt und diese
beiden seien nach ihren Kräften allen Dingen zugeteilt.
Daher also die ineinandergeflochtenen Kränze, daher das
ganze seltsame Gebilde: es sollte eine Art Urtypus darstellen, der sich im gesamten Kosmos wie in jedem Einzelding
unendlich abgewandelt wiederhole. Was ich sehe, ist zu-
sammengesetzt aus Licht und Schatten, was ich fühle, aus
Lockerem und Festem. Die Prinzipien sind rein phänomenologisch — man bedenke, was es heißen mußte, in einer Gesellschaft radikaler Physiker wie Anaximenes und Anaximander
Licht und Finsternis, das Alleräußerlichste, Oberflächen-
hafteste, Unmateriellste an den Dingen für deren Wesen und
Grundstoff zu erklären — die Prinzipien, um es zu wiederholen, sind rein phänomenologisch, aber es wird mit diesen
Prinzipien umgegangen, als seien es physikalische Substanzen.
Sollte hier vielleicht ein Mißverhältnis walten zwischen Sinn
und Form, ein Ringen sich verbergen nach Inhalten, für die
ein Ausdruck noch nicht da war, hinter der scheinbaren Ruhe
ein unterirdischer, verworrener Kampf im Gange sein zwischen zwei Denkweisen, die weder sich vereinigen noch klar
sich von einander trennen und scheiden konnten?

Werfen wir zuvor noch einen Blick auf die Psychologie.
Simplicius fügt dem Verse, der über die Geburt des Ἔρως
handelt, folgende Bemerkung bei. καὶ τὰς ψυχὰς πέμπειν ποτὲ
μὲν ἐκ τοῦ ἐμφανοῦς εἰς τὸ ἀειδές, ποτὲ δὲ ἀνάπαλίν φησιν
(sc. τὴν δαίμονα). Bei der Erklärung dieser Worte können wir
auf eine Parallele aus Hippokrates de victu (VI, 474 L) nicht

verzichten — Diels hat sie zuerst herangezogen, Kommentar S. 109: *νομίζεται δὲ ὑπὸ τῶν ἀνθρώπων τὸ μὲν ἐξ ἀίδου ἐς φάος αὐξηθὲν γενέσθαι, τὸ δὲ ἐκ τοῦ φάεος ἐς ἀίδην μειωθὲν ἀπολέσθαι· ὀφθαλμοῖσι γὰρ πιστεύουσι μᾶλλον ἢ γνώμῃ, οὐχ ἱκανοῖς ἐοῦσιν οὐδὲ περὶ τῶν ὁρεομένων κρῖναι· ἐγὼ δὲ τάδε γνώμῃ ἐξηγέομαι.* Einen geschichtlichen Zusammenhang zwischen den beiden Stellen anzunehmen, eine Annahme, die Diels, vielleicht in allzu großer Vorsicht, nicht als notwendig betrachtet hat, hat möglicher Weise dennoch seine Berechtigung. Denn überraschend ist es doch, daß dem schriftstellernden Arzte *φάος* und *ἀίδης* so geläufig sind als philosophische Benennungen, daß er es wagen kann, mit diesen Namen der volkstümlichen Vorstellung entgegenzutreten, die irrtümlicher Weise von Vergehen und Entstehen rede, wo in Wahrheit bald ein Wachstum aus dem Unsichtbaren in das Sichtbare vor sich gehe, bald ein Abnehmen aus dem Sichtbaren in die Unsichtbarkeit. Ähnlich Kap. 5: *πάντα ταὐτὰ καὶ οὐ τὰ αὐτά· φάος Ζηνί, σκότος Ἀίδῃ, φάος Ἀίδῃ, σκότος Ζηνί.* Eine andere Frage wäre, ob er diese Bezeichnungen, wie seinen Stil überhaupt, von Heraklit entlehnt habe; es ließe sich immerhin einiges dafür anführen; wogegen die Ähnlichkeit mit Anaxagoras, Fr. 17, oder Empedokles, Fr. 9, nichts weiter als die Theorie betrifft, nicht das, worauf es hier ausschließlich ankommt, die Terminologie. Aber woher diese Ausdrucksweise auch kommen mag, die Ähnlichkeit mit dem Parmenidesfragment liegt auf der Hand. Und doch besteht ein großer Unterschied: denn was für den Verfasser de victu und vielleicht auch schon für Heraklit nur eine Geziertheit mehr war, war für Parmenides das Wesen. Wir brauchen, um seinem Gedanken näher zu kommen, weder an orphische Geheimlehren noch an volkstümliche Vorstellungen zu denken, sondern es genügt, sich an sein eigenes System zu halten. Dieselbe Göttin, welche die Seelen aus dem Licht ins Dunkel und aus dem Dunkel wiederum ins Licht sendet, thront selbst inmitten von Licht und Finsternis und hat aus Licht und Finsternis alle Dinge geschaffen. Das Licht ist mit dem Entstehen, mit der Bejahung, mit dem Sein verwandt, die Dunkelheit mit dem Vergehen, mit der Verneinung, mit dem Nichts; Geborenwerden und Sterben — es zeigt sich darin derselbe Gegensatz, kraft dessen diese ganze Welt der δόξα für uns Sterbliche Realität ist.

Auf demselben Grundgedanken ruht auch die Erkenntnistheorie, von der uns Theophrast das Wesentliche gerettet hat, de sensu 1 (Fr. A 46): Παρμενίδης μὲν γὰρ ὅλως οὐδὲν ἀφώρικεν ἀλλὰ μόνον ὅτι δυοῖν ὄντοιν στοιχείοιν κατὰ τὸ ὑπερβάλλον ἐστὶν ἡ γνῶσις · ἐὰν γὰρ ὑπεραίρῃ τὸ θερμὸν ἢ τὸ ψυχρόν, ἄλλην γίνεσθαι τὴν διάνοιαν, βελτίω δὲ καὶ καθαρωτέραν διὰ τὸ θερμόν· οὐ μὴν ἀλλὰ καὶ ταύτην δεῖσθαί τινος συμμετρίας. Nur wenn Theophrast vom Warmen und vom Kalten als den Elementen der Sinneserkenntnis reden zu müssen glaubt, ist er möglicher, ja wahrscheinlicher Weise in demselben Grundirrtum über die Prinzipien der Parmenideischen δόξα befangen wie Aristoteles. Sie beide nämlich setzen als Elemente unbedenklich den ihnen geläufigen Wärmestoff und Kältestoff, während in den Fragmenten selbst ausschließlich Feuer und Finsternis, Licht und Nacht, das Leichte, Dünne und das Schwere, Feste als elementare Gegensätze erscheinen. Nichts wäre verkehrter, als wollte man diesen Unterschied der lückenhaften Überlieferung zur Last legen. Die wörtlichen Zitate standen an viel zu wichtiger, hervorgehobener Stelle im Gedicht, als daß die Worte hätten fahrig und ungenau sein dürfen. Es handelt sich vielmehr bei dem Warmen und dem Kalten lediglich um eine peripatetische Interpretation. Und Spuren einer solchen erklärenden Übersetzung zeigen sich noch deutlich bei Aëtius, Dox. 349 (Fr. A 43): Παρμενίδης τὸν ἥλιον καὶ τὴν σελήνην ἐκ τοῦ γαλαξίου κύκλου ἀποκριθῆναι, τὸν μὲν ἀπὸ τοῦ ἀραιοτέρου μίγματος, ὃ δὴ θερμόν, τὴν δὲ ἀπὸ τοῦ πυκνοτέρου, ὅπερ ψυχρόν. Ähnlich berichtet Aristoteles über den Ursprung der Geschlechter, de part. anim. B 2 (Fr. 52): Παρμενίδης τὰς γυναῖκας τῶν ἀνδρῶν θερμοτέρας εἶναί φησι, wo der genauere Aëtius sagt (Dox. 419, Fr. 53): τὰ μὲν πρὸς ταῖς ἄρκτοις ἄρρενα βλαστῆσαι (τοῦ γὰρ πυκνοῦ μετέχειν πλείονος), τὰ δὲ πρὸς ταῖς μεσημβρίαις θήλεα παρὰ τὴν ἀραιότητα. Damit soll keineswegs geleugnet werden, daß Parmenides nicht auch den Gegensatz der Wärme und Kälte in dem Unterschiede von Nacht und Licht, *πυκνόν* und *ἀραιόν* habe mitbegreifen wollen, aber das Warme und Kalte war nicht das, wovon er ausging, nicht das Wesen, sondern bestenfalls das Akzidens des Lichten und des Finsteren. Und wenn er die Männer im finsteren kalten Norden, die Weiber im hellen warmen Süden erstehen ließ, die einen aus dichterem, undurchsichtigerem Stoff, die anderen aus leichterem, hellerem, so besagt das in seiner Sprache, daß der Unterschied der Geschlechter letzthin auf demselben Gegensatz beruhe, der sich in Nacht und Licht an allen Dingen offenbare; die Göttin, deren Sitz inmitten der gemischten Kränze errichtet ist, gesellt zum Manne das Weib und zum Weibe den Mann, wie sie Finsternis mischt mit Flamme. — Um zur Wahrnehmungstheorie zurückzukehren: wir werden auch hier nichts Ungebührliches und Unerhörtes tun, wenn wir anstatt des Warmen und Kalten lieber Licht und Finsternis oder das Dichte und Dünne als Elemente der Erkenntnis gelten lassen möchten. Und daß wir dazu einiges Recht haben, beweist das folgende: *τὸ γὰρ αἰσθάνεσθαι καὶ τὸ φρονεῖν ὡς ταὐτὸ λέγει· διὸ καὶ τὴν μνήμην καὶ τὴν λήθην ἀπὸ τούτων γίνεσθαι διὰ τῆς κράσεως· ἂν δ᾽ἰσάζωσι τῇ μίξει, πότερον ἔσται φρονεῖν ἢ οὔ, καὶ τίς ἡ διάθεσις, οὐδὲν ἔτι διώρικεν. ὅτι δὲ καὶ τῷ ἐναντίῳ καθ᾽ αὑτὸ ποιεῖ τὴν αἴσθησιν, φανερὸν ἐν οἷς φησι τὸν νεκρὸν φωτὸς μὲν καὶ θερμοῦ καὶ φωνῆς οὐκ αἰσθάνεσθαι διὰ τὴν ἔκλειψιν τοῦ πυρός, ψυχροῦ δὲ καὶ σιωπῆς καὶ τῶν ἐναντίων αἰσθάνεσθαι. καὶ ὅλως δὲ πᾶν τὸ ὂν ἔχειν τινὰ γνῶσιν.* Also ist in jedem Dinge zugleich ein Nichts und Ichts enthalten, ein Gegensatz, kraft dessen es uns erscheint, zugleich Licht und Schatten. Da nun Gleiches nur durch Gleiches erkannt wird, muß auch unser Erkenntnisvermögen aus denselben Gegensätzen gemischt sein. Je mehr Feuer- und Lichtteile in dieser Mischung enthalten sind, desto genauer erkennt der Geist und desto besser hält er in der Erinnerung fest, was er erkannt hat; denn die Erinnerung ist ein Positives, das Vergessen ein Negatives, und wie das eine durch das Licht geschieht, so das andere durch die Finsternis; *Λήθη*

ist nicht umsonst mit *Θάνατος* und *Γῆρας* ein Kind der
Nacht. Der Leichnam, in dem das Licht erloschen ist, erkennt gleichwohl noch durch die Finsternis, die in ihm
überhand genommen hat, doch er erkennt von nun an nur
das Negative; er hört, er sieht, er fühlt nicht mehr: das heißt,
er sieht nur noch das Unsichtbare, die Finsternis, er hört
das Unhörbare, die Stille, er fühlt das Unfühlbare, das Tote,
Kalte. Wie das Sterben ein Hinübergehen der Seele in die
Finsternis ist, Geborenwerden ein Auftauchen ins Licht,
jenes einer Verneinung, dieses einer Bejahung gleich kommt:
so ist auch das Erlöschen der Erkenntnis ein Übergang aus
dem Licht ins Dunkel, aus der Bejahung in die Verneinung.
Dabei ist alles durchaus körperlich gedacht (Fr. 16):

ὡς γὰρ ἑκάστοτ᾽ ἔχει κρᾶσιν μελέων πολυπλάγκτων,
τὼς νόος ἀνθρώποισι παρίσταται · τὸ γὰρ αὐτό
ἔστιν ὅπερ φρονέει μελέων φύσις ἀνθρώποισιν
καὶ πᾶσιν καὶ παντί · τὸ γὰρ πλέον ἐστὶ νόημα.

Wie sich diese schwankende, irrtümliche, weil aus Gegensätzen aufgebaute Erkenntnis zu dem Logos verhalte, durch
dessen Kraft er selbst zur Wahrheit durchgedrungen sei,
darüber hat Parmenides an dieser Stelle sich nicht ausgesprochen; hätte er es getan, so würde schwerlich Theophrast
darüber schweigen. Aber wenn ihn seine Göttin, wie er erzählt, davor gewarnt hat, dem Blick dem ziellosen und dem
Gehör dem brausenden und der Gewohnheit überhaupt zu
trauen, wenn sie ihm abgemahnt hat von dem Wege der
Doppelköpfe, denen in ihrem schwankenden Sinn Sein und
Nichtsein für dasselbe gelte und doch nicht für dasselbe
(wie sich später zeigen wird, ist das ein Ausdruck für die
Welt der *δόξα*), so ist wohl klar, daß seine Erkenntnis
von anderer, höherer Art ist, daß sie über das Hin und Her
der Gegensätze im Erkennenden wie im Erkannten gleich
erhaben ist.

Es gibt wohl keine zweite Stelle, wo das Rätselwesen der
δόξα so durchsichtig und unverhüllt zum Vorschein käme,
wie in der Psychologie: ihr Wesen und Geheimnis ist die

völlige Verquickung des Begrifflichen mit dem Stofflichen, Alle Dinge nach der Reihe hat Parmenides durchmustert, alle haben sich ihm aufgelöst in Nacht und Licht, oder vielmehr, da Nacht und Licht auch nur Symbole sind, als Wesen aller Dinge sprang ihm überall der Gegensatz heraus. Und er begnügte sich nicht, dies allgemeine Gesetz im allgemeinen auszusprechen, sondern er versuchte, die Gegensätze auseinander abzuleiten und genealogisch zu verknüpfen. Wäre das begriffliche Denken damals schon erfunden gewesen, er hätte vielleicht leichtere Arbeit gehabt; aber die Begriffe waren von den Dingen noch ungesondert. Und welche Mühe hat es gekostet, sie aus ihnen herauszuziehen! Welche Entdeckerfreude noch bei dem jugendlichen Platon, wo es gilt einen Begriff herauszupräparieren, einen Begriff, ein ganz neues, merkwürdiges Ding! Woher sollte Parmenides dergleichen kennen? Kaum daß das abstrakte Denken sich an einem einzigen Worte, dem ὄν, ein wenig versucht hatte. Und doch, wie weit ist das Parmenideische ὄν noch von einem Begriffe entfernt! Wo man aber ableitete, verknüpfte, Vielheiten auf Einheiten zurückführte und umgekehrt, da geschah es entweder in Form von Mythologie oder Physik. Beider Formen hat Parmenides sich bedient, aus Not; weil er kein anderes Ausdrucksmittel hatte, ließ er die Gegensätze sich verdichten und verdünnen wie die Stoffe oder von einander abstammen wie die Götter. Ja, es ist als hätten die Begriffe selber sich verkannt und sich irrtümlicher Weise für Substanzen oder Mythologie gehalten.

Unleugbar hat auch hier die Not ihr Teil getan. Die δόξα wäre nie erfunden, nie die Welt der Sinne aus diesem Augenpunkte betrachtet worden, hätte nicht die ἀλήθεια so schroff allem bisherigen Denken widersprochen, daß eine genaue Auseinandersetzung mit dem Weltbilde der „Sterblichen" nicht zu vermeiden schien. Was es mit dieser Ableitung der Gegensätze auf sich hat, wird daher erst klar, wenn man den transcendenten Ausgangspunkt der Parmenideischen Naturphilosophie ins Auge faßt. Ich setze die Verse her, um das, was ihrer üblichen Erklärung widerspricht, aus ihnen selber sprechen zu lassen (Fr. 8,50):

Ἐν τῷ σοι παύω πιστὸν λόγον ἠδὲ νόημα
ἀμφὶς ἀληθείης · δόξας δ'ἀπὸ τοῦδε βροτείας
μάνθανε κόσμον ἐμῶν ἐπέων ἀπατηλὸν ἀκούων.
μορφὰς γὰρ κατέθεντο δύο γνώμας ὀνομάζειν,
τῶν μίαν οὐ χρεών ἐστιν (ἐν ᾧ πεπλανημένοι εἰσίν).
τἀντία δ'ἐκρίναντο δέμας καὶ σήματ' ἔθεντο
χωρὶς ἀπ' ἀλλήλων, τῇ μὲν φλογὸς αἰθέριον πῦρ,
ἤπιον ὄν, μέγ' [ἀραιὸν] ἐλαφρόν, ἑωυτῷ πάντοσε τωὐτόν,
τῷ δ'ἑτέρῳ μὴ τωὐτόν · ἀτὰρ κἀκεῖνο κατ' αὐτό
τἀντία, νύκτ' ἀδαῆ, πυκινὸν δέμας ἐμβριθές τε.
τόν σοι ἐγὼ διάκοσμον ἐοικότα πάντα φατίζω,
ὡς οὐ μή ποτέ τίς σε βροτῶν γνώμῃ παρελάσσῃ.

Ich gestehe, daß es mir schwer fällt zu begreifen, wie man angesichts dieser Worte von Hypothese reden kann. Der herrschenden Auffassung zufolge hätte Parmenides zu sich gesagt: gesetzt die Scheinwelt hätte ihre Berechtigung, so müßte sie zweifellos auf dem entgegengesetzten Prinzip beruhen wie die Wahrheit (ein merkwürdiger Schluß!), also da es in Wahrheit nur das allem Gegensatz entrückte Eine gibt, so hätte man, immer vorausgesetzt, daß die Scheinwelt Wahrheit wäre, bei ihrer Erklärung auszugehen von der Zweiheit. Ich würde den Widersinn einer solchen Überlegung mit Schmerzen aber in aller Geduld hinnehmen, wenn sie aus den Worten des Parmenides unabwendbar sich ergäbe. Aber es steht ja kein Wort davon da! Er redet ganz und gar nicht hypothetisch, sondern so apodiktisch wie nur möglich, was er kündet, ist die volle Wahrheit, Worte seiner Göttin, über deren Lippen kein Falsch kommt. Wie kann die Wahrheit eine Hypothese vortragen? · Wirklich, wenn die Göttin ihren Auserwählten über die Wahngedanken der Sterblichen belehrt und ihrer Worte trügerischen Bau ihn hören heißt, so sollte, dächt' ich, doch wohl einleuchten, auch wenn das Folgende es weniger deutlich zeigte, daß die Falschheit nicht in dem steckt, was sie lehrt, sondern in dem, worüber sie lehrt; sie bringt Wahrheit über den Wahn, sie zeigt, wie er entstanden ist und weshalb er entstehen mußte; sie stellt keine Forderungen, sie gibt nicht an, wovon man auszugehen hätte, sondern sie redet wie von einer Begebenheit der Vorzeit, einer Art Sündenfall der Erkenntnis, der alle anderen Irrtümer unserer Vorstellungen mit Notwendigkeit nach sich gezogen habe. Und sie erklärt, weshalb es in dieser Welt mit solcher Folgerichtigkeit und Augenscheinlichkeit zugehen müsse: τόν σοι ἐγὼ διάκοσμον ἐοικότα πάντα φατίζω. Haben wir uns von der bisherigen Auffassung der δόξα losgesagt, so brauchen wir auch ἐοικότα nicht mehr mit scheinbar zu übersetzen, wozu wir höchstens dann ein Recht hätten, wenn es einem ἀληθῆ gegenüber stände, sondern wir dürfen wohl verstehen, daß die Göttin den διάκοσμος der Sterblichen in aller Ausführlichkeit und Folgerichtigkeit entwickeln wird, um ihrem Auserwählten alles zu offenbaren.

Geben wir den Gedanken an die Hypothese auf, so tritt alsbald eine andere Auffassung der δόξα an uns heran, die sich in allem als der ersten Gegenteil erweist: begründet, überlegt, vor allem aus der Interpretation herausgewachsen, möchte sie an Stelle der Hypothese die Eristik setzen. Das ist die Ansicht, die Diels in den Philosophischen Aufsätzen für Zeller zuerst vorgetragen und in seinem Parmenides, S. 63 und 100, wiederholt und tiefer begründet hat. Nach Diels wäre der zweite Teil des Gedichtes 'nichts als eine kritische Übersicht über die strittigen Ansichten der bisherigen Denker, eine Doxographie, die wie im Peripatos lediglich den propädeutischen Zwecken der Schule dienen soll'. Was mich hindert, dieser Meinung beizutreten, sind vier Gründe. Erstlich glaube ich die Worte γνώμας κατέθεντο wörtlicher verstehen zu müssen, als Diels sie in seiner Übersetzung auffaßt: „Denn sie haben gemeint zwei Formen benennen zu müssen". Γνώμην τίθεσθαι oder κατατίθεσθαι heißt seine Meinung, seine Stimme abgeben[1], und wenn die Menschen

---

[1] Z. B. Herod. III 80,6. Theognis, v. 717: ἀλλὰ χρὴ πάντας γνώμην ταύτην καταθέσθαι, ὡς πλοῦτος πλείστην πᾶσιν ἔχει δύναμιν. Auch hier ist an eine Abstimmung gedacht.

alle zusammen (denn ich kann $\beta\varrho o \tau o i$ nicht für gewisse Sekten oder gar Herakliteer halten — aus welchen Gründen, hoffe ich bald zu zeigen —) ihre Stimmen vereinigen, so tun sie das, nach griechischer Anschauung, um einen $\nu \acute{o} \mu o \varsigma$ zu sanktionieren. Zweitens: ist die $\delta \acute{o} \xi a$ der Widerlegung philosophischer Lehren gewidmet, so bleibt unverständlich, wie Parmenides sie mit den Worten ankündigen konnte: $\dot{\omega}\varsigma\ \tau\dot{\alpha}$ $\delta o\varkappa o\tilde{\upsilon}\nu\tau a\ \chi\varrho\tilde{\eta}\nu\ \delta o\varkappa \acute{\iota}\mu\omega\varsigma\ \varepsilon\tilde{\iota}\nu a\iota;$ denn selbst wenn wir $\delta o\varkappa\iota\mu\tilde{\omega}\sigma a\iota$ in der Bedeutung $\delta o\varkappa\iota\mu\acute{a}\sigma a\iota$ gelten lassen, so könnte es doch, mit einem $\varepsilon\tilde{\iota}\nu a\iota$ verbunden, nur heißen, ,,wie man etwas prüfend hätte bestimmen und bestätigen müssen''. Aber das wäre das Gegenteil von dem, was stehen müßte: $\dot{\omega}\varsigma\ \tau\dot{\alpha}\ \delta o\varkappa o\tilde{\upsilon}\nu\tau a$ $\chi\varrho\dot{\eta}\ \psi\varepsilon\upsilon\delta\tilde{\eta}\ \varepsilon\tilde{\iota}\nu a\iota.$ Drittens: da die $\delta \acute{o} \xi a$ eine höchst originelle Schöpfung ist und überall dasselbe geistige Gepräge zeigt, so sieht sich Diels gezwungen, in ihr eine heimliche Übertreibung und polemische Verzerrung fremder Lehren zu erkennen, von einer so raffinierten, so wahrhaft Platonischen Ironie, daß sie das Falsche so vollkommen wie nur möglich in der Form darbiete. Ich halte es für bedenklich, etwas so Persönliches und Eigenes wie die Platonische Ironie bei Werken der Literatur archaischer Zeit vorauszusetzen. Und Parmenides müßte schon das Spiel so weit getrieben haben, wie es Plato nie getan hat: bis zur völligen Unverständlichkeit. Aber für solche Gedanken scheint mir überhaupt das Pathos des Gedichtes zu ernst und groß. Die Vision zu Anfang steht doch nicht von ungefähr, sondern hat ihren sehr tiefen Sinn. Mit dem Gespanne, das ihn trug, soweit sein Sinn begehrte, ist Parmenides zum Hause der Göttin aufgefahren, jenseits aller bisherigen Erkenntnis ist er gelangt, in Reiche, die kein Menschengeist auch nur geahnt hat; und die Göttin hat ihm aufgemacht und ihn empfangen und ihn über das unwandelbare Eine wie über den Sinnentrug der Sterblichen belehrt, auf daß kein Wahngedanke ihn künftig überholen könne. Ich halte es für eine Täuschung über den Ton, den Stil, die Stimmung, glaubt man aus ihren Worten Eristik, Ironie, Polemik und den ganzen

schlecht verhehlten Ärger eines angegriffenen Schulvor-
stehers herauszuhören[1].

Man wäre wohl auch nicht so leicht auf solche Gedanken
verfallen, schiene nicht die Welterklärung, die sie folgen
läßt, so ausgesprochen physikalisch, daß sie, gegen den
ersten Teil gehalten, sich zunächst wie etwas völlig Fremdes,
Unverträgliches, ja Feindliches ausnehmen muß. Aber
hier gilt es, nicht nach den Begriffen unseres wohlge-
schulten, fester Bahn gewohnten Intellekts zu urteilen. Es
hilft auch nichts, die alten Gedanken hin und her zu drehen,
bis sich irgendeine Verwechslung oder Übertreibung, irgend-
ein psychologisch interessanter Mißgriff auftut, ungefähr
so, wie der alte Rationalist Palaephatus sich die Kentauren
und Chimären entstanden dachte — in der Philosophiegeschichte hat besonders Gomperz diese Methode ausgebildet — sondern wir haben zu allererst von allem später
Kommenden zu abstrahieren, alles Frühere uns nach Möglichkeit lebendig vorzustellen und bei allem zu bedenken, daß

---

[1] Über die Alternative zwischen Hypothese und Polemik ist man
seither nicht hinausgekommen. Auf Seiten der Hypothese stehen
Zeller I[4], S. 533, Ueberweg-Praechter, S. 58, Windelband, S. 47,
Arnim, Kultur der Gegenwart I, Abt. V, S. 106; und wenn man ihn
beim Worte nimmt, auch Gomperz, Griech. Denker I, S. 148; denn
das „tiefinnerliche Schwanken", das er in der Seele des Dichter-
Denkers voraussetzt, kann doch wohl nichts anderes bedeuten.
Auf seiten der Polemik oder Widerlegung stehen Burnet, Early
Greek Philosophy, S. 212; Patin, Jahrb. f. kl. Philol., Suppl. 25, 1899,
S. 491 ff.; Kinkel, Gesch. der Philos. I, S. 151. Was da wieder-
legt oder zum Ausgangspunkt genommen wird, darüber gehen ebenfalls die Meinungen stracks auseinander. Im Gedanken an die Pythagoreer treffen sich Arnim und Burnet, andere denken an Herakliteer,
noch andere an beide zugleich. Nach Patin hätte Parmenides den
wissenschaftlichen Dualismus Heraklits mit dem volkstümlichen
in eins gesetzt, aus beiden ein System gemacht, und in diesem Systeme
beide widerlegt; so hätte er in der δόξα die durch seine eigene Lehre
überwundene Weltanschauung niedergelegt. Gegenüber dieser Fülle
von Erklärungen gibt es nur einen Rat: an nichts zu glauben, was
nicht dasteht, und am allerwenigsten an Mystifikationen. Was
die Platonforschung überwunden hat, bleibt der Parmenides-
forschung noch zu überwinden.

die alten Philosophien Schöpfungen sind und daß der schaffende Mensch nicht rational zu machen ist. Zu Parmenides Zeit war die Kritik der reinen Vernunft noch nicht geschrieben; das vorstellende Subjekt war für das Denken ebenso unfaßbar wie die Spiegelfläche für das Auge. Und doch hat Parmenides den Versuch gewagt, die Vorstellungen auf Ursprung, Wahrheit und Zusammenhang zu untersuchen. So wenig man bisher die Lösung sich hat deuten können: daß er die Aufgabe ins Auge gefaßt, daß er die ganze in der δόξα niedergelegte Denkarbeit nur ihr gewidmet hat, ergibt sich aus dem einfachsten und wörtlichsten Verständnis dessen, was er sagt. Weil aber, wie gesagt, das Denken nur an seinem Objekte, dem Gedachten, faßbar war, das wissenschaftliche Denken der Zeit ausschließlich auf Physik ausging,, so hat die δόξα jenen physikalischen Anstrich angenommen, der schon Aristoteles irregeführt hat. Mochte auch Parmenides noch so entschieden sich mit seinen eigenen Worten gegen die Verwechslung wehren, es half ihm nichts, er paßte nun einmal nicht hinein in das, was man für denk- und menschenmöglich hielt, und folglich rückte man an seinen Gedanken hin und her, bis sie mit dem zu harmonieren schienen, was man von einem griechischen Philosophen glaubte erwarten zu können. Wer bemüht ist, ihn in seiner ganzen Kühnheit und Gebundenheit zugleich aus seiner historischen Bedingtheit zu verstehen, wird zunächst feststellen müssen, daß der Eine große Mißstand, unter dem für uns die δόξα leidet, daß sie das erkennende Subjekt nicht greifen kann und bei den Dingen selbst sich Rats erholen muß, daß dieser Mißstand für Parmenides kaum sehr empfindlich war, vielleicht kaum überhaupt von ihm empfunden wurde. Er faßte den Satz, daß Gleiches nur durch Gleiches erkennbar sei, so wörtlich und anschaulich auf, daß er nicht anders dachte, als das wahrnehmende Organ und das Objekt beständen nicht nur aus denselben Stoffen, sondern seien auch denselben Formen und Gesetzen unterworfen. Die Denkvorgänge in der Seele erschienen ihm nicht als Übertragungen, sondern als genaue Wiederholungen der Außen-

welt. Was für das Denken Gesetz war, mußte auch für die
Dinge unbeschränkte Geltung haben. Geriet die Natur mit
dem Satze des Widerspruchs selbst in Widerspruch, so war
sie eben falsch und nicht vorhanden: οὔτε γὰρ ἂν γνοίης τό γε
μὴ ἐόν (οὐ γὰρ ἀνυστόν) οὔτε φράσαις · τὸ γὰρ αὐτὸ νοεῖν
ἐστίν τε καὶ εἶναι (Fr. 4. 5). Umgekehrt gestattete jede Beschaffenheit der Außenwelt den Rückschluß auf das menschliche Erkennen. Ja, sieht man genauer zu, so läßt sich eine
Scheidung zwischen Denken und Sein (oder Schein und Vorstellen) in den Fragmenten schlechterdings nicht durchführen. Parmenides beginnt die δόξα damit, daß er erzählt
(Fr. 8, 53), die Menschen seien übereingekommen, zweierlei
Gestalt mit Namen zu benennen, aber er entwickelt nicht,
was man erwarten sollte, wie sie aus beiden Gestalten sich
ihr Weltbild schufen, sondern das Gedachte gewinnt alsbald
selbständiges Leben, Dunkel und Licht vereinigen sich und
bilden die Welt, aus der Erkenntnistheorie erwächst, zu
unserer Überraschung, eine Kosmogonie, was nichts als
Name, Satzung, ὄνομα war, geht physikalische Verbindungen
ein und erzeugt zuletzt auch noch den Menschen selbst
samt seinen Erkenntnissen. Das ist für unsere Begriffe
allerdings ein starkes Stück; wir können, um es zu begreifen,
nur aufs neue uns die Regel vorsagen, die einem Parmenides
in Fleisch und Blut saß: τὸ γὰρ αὐτὸ νοεῖν ἐστίν τε καὶ εἶναι.
Weil diese Welt durchgängig sich aus Licht und Finsternis
zusammensetzt und überall dasselbe und doch wiederum
nicht dasselbe ist (Fr. 8, 58; 6, 8), weil Widerspruch das
Wesen aller δόξα ist, muß diese ganze Welt notwendig falsch
sein, das heißt subjektiv sein, griechisch ausgedrückt, sie
kann nur νόμῳ und nicht φύσει existieren. Dieser Schluß
wird freilich nicht bei jedem Satze wiederholt, mitunter will
es sogar scheinen, als lasse der Kritiker und Verneiner sich
vom breiten Strome der Menschenmeinungen ein Stück
weit ruhig tragen, ja als bringe er selbst Entdeckungen bei
seiner Kritik noch unter, auf die er sich etwas zu gute tue;
denn da der Schein durchaus nicht aller Vernunft und Folgerichtigkeit entbehrt, so läßt er sich wohl auch erforschen:

daß er darum um nichts weniger, als Schein, dem obersten
Denkgesetze, der alleinigen Gewähr der Wahrheit, widerspricht, ist in zwar knappen aber scharfen Worten zweimal
an entscheidender Stelle gesagt, zu Anfang und am Schluß
des zweiten Teiles. Ob dazwischen noch weitere Hinweise
an denselben Grundgedanken erinnerten, wissen wir nicht,
aber die beiden, von denen wir wissen, sind vollkommen
genug. Wie durch einen dicken Rechnungsstrich getrennt,
so stehen unter dem Ganzen die Worte, die aus allem Gesagten die Summe ziehen (Fr. 19):

οὕτω τοι κατὰ δόξαν ἔφυ τάδε καί νυν ἔασι
καὶ μετέπειτ' ἀπὸ τοῦδε τελευτήσουσι τραφέντα·
τοῖς δ' ὄνομ' ἄνθρωποι κατέθεντ' ἐπίσημον ἑκάστῳ.

Mag es dem Philosophen mitunter ähnlich ergangen sein
wie dem Dichter der homerischen Schildbeschreibung, dem
ja auch das Bild an sich etwas Unfaßliches ist, durch das er
wie durch Glas die Dinge selbst sieht, wie sie leiben und
leben, so daß er immer wieder sich zum Bilde zurückruft,
um sich nicht im Wirklichen zu verlieren: daß auch Parmenides gleichsam ein Bild und nicht die Dinge an sich, daß er
den νόμος, nicht die φύσις meint, läßt sich bei einigem Nach-
denken, wie ich glaube, nicht wohl verkennen. Zumal das
Schlußwort, das den einleitenden Gedanken wieder aufnimmt (μορφὰς γὰρ κατέθεντο δύο γνώμας ὀνομάζειν), kann
überhaupt nur so verstanden werden: die Menschen haben sich
ein Gesetz gemacht, die Welt ist eine Konvention, aus einem
sanktionierten Irrtum folgerecht entwickelt. Ὡς τὰ δοκοῦντα
χρῆν δοκίμως εἶναι: Anfang und Ende, Sinn und Grammatik,
alles stimmt aufs beste überein, sobald wir nur die Hypothese und Eristik los sind. Und was διὰ παντὸς πάντα περῶντα
heißt, wer könnte das besser erklären als Parmenides selber?

αὐτὰρ ἐπειδὴ πάντα φάος καὶ νὺξ ὀνόμασται
καὶ τὰ κατὰ σφετέρας δυνάμεις ἐπὶ τοῖσί τε καὶ τοῖς,
πᾶν πλέον ἐστὶν ὁμοῦ φάεος καὶ νυκτὸς ἀφάντου
ἴσων ἀμφοτέρων, ἐπεὶ οὐδετέρῳ μέτα μηδέν (Fr. 9).[1]

---

[1] „Aber da alles Licht und Nacht benannt ist und diese beiden
nach ihren Kräften (d. i. nach ihren mannigfaltigen Bedeutungen)

Man darf nur nicht die Folgerungen des ersten Teils vergessen haben, sondern muß sich in diese Gedankenwelt soweit hineingefunden haben, um zu empfinden, daß ein Ding, in dem zugleich zwei Elemente enthalten sind, die nichts miteinander gemein haben, aus deren Mischung sich das Phänomen erklärt, daß ein und dasselbe Ding bald so, bald anders erscheint, für diese Philosophie ein Ding der Unmöglichkeit ist, ein ταὐτὸν καὶ οὐ ταὐτόν, daß somit die angeführten Worte den allerstärksten Widerspruch enthalten, und nicht nur enthalten, sondern auch zum Ausdruck bringen, den es für sie geben kann; der Zusatz ἐπεὶ οὐδετέρῳ μέτα μηδέν wird überhaupt erst dann verständlich, wenn wir Licht und Dunkel nicht als Stoffe, sondern als Begriffe fassen; denn da es das wesentliche Merkmal dieser Lehre ist, daß sie Stoffe und Begriffe ständig ineinander übergehen und überfließen läßt, als überhaupt erster Versuch begrifflichen Denkens, so haben wir auch bei den Stoffen ebenso sehr an ihre begriffliche Bedeutung mitzudenken wie bei den Begriffen an das Stoffliche.

★   ★
★

Es hat dem Verständnis sehr zum Schaden gereicht, daß man die beiden Teile des Gedichtes nur getrennt, als gänzlich unvereinbar und selbst unvergleichbar zu betrachten sich gewöhnt hat. Für Parmenides ist keiner der beiden ohne den anderen denkbar, und zusammen erst ergeben sie ein Ganzes. Und zwar liegen die Verklammerungen zum Teil offen und klar im Text zutage. Ich muß, um mich deutlicher zu erklären, die ganze erste Hälfte von neuem analysieren.

Wenn das Prooemium als Zitat so vollständig erhalten ist, so liegt das lediglich daran, daß einer der Gewährs-

---

jedem beliebigem Dinge innewohnen, so ist alles zugleich mit Licht und unsichtbarer Nacht erfüllt, die beide einander gleich (d. i. entsprechend, parallel) sind, denn keins hat an dem andern Teil.“

männer des Sextus sich in einer neuen und Aufsehen er-
regenden Interpretation gefiel. Wer der Philosoph gewesen
ist, der so stark unter dem Eindruck des Platonischen Gleichnisses vom Wagenlenker stand, daß ihm die apokalyptische
Wagenfahrt des Parmenides als Bild der Seelenkräfte erscheinen konnte, mag ein andermal entschieden werden; wie
ich glaube, war es Posidonius; aber es genügt, daß es nicht
Sextus selber war. Es kam dem Interpreten darauf an, im
Gegensatz zur stoischen Orthodoxie ein zwiefaches Erkennt
nisvermögen im Menschen nachzuweisen, die αἰσθήσεις und,
von diesen unabhängig, die Vernunft, ὀρθὸς λόγος, als
oberste Instanz. Bestätigung erbringen ihm die alten Physiker, die sich ihm sämtlich zu derselben Überzeugung zu
bekennen scheinen; so auch Parmenides (adv. math. VII,
111): ὁ δὲ γνώριμος αὐτοῦ Παρμενίδης τοῦ μὲν δοξαστοῦ
λόγου κατέγνω, φημὶ δὲ τοῦ ἀσθενεῖς ἔχοντος ὑπολήψεις, τὸν
δ᾽ἐπιστημονικόν, τουτέστι τὸν ἀδιάπτωτον, ὑπέθετο κριτήριον,
ἀποστὰς καὶ ⟨αὐτὸς⟩ τῆς τῶν αἰσθήσεων πίστεως. Um seine
Auffassung zu rechtfertigen, schlägt er zwei Wege ein:
er deutet erstens das Prooemium als Allegorie auf die erkennende Seele, das Gespann ist ihm ein Bild der ἄλογοι
ὁρμαί, die Straße die Methode, die Begleiterinnen die Sinne,
die Heliaden das Gesicht, die Räder das Gehör, die Göttin
Dike die untrügliche διάνοια, die zwischen dem Wege des
Wissens und des Meinens sicher zu scheiden gelernt hat;
zweitens läßt er auf die Allegorie nach Allegorikersitte ein
Zitat folgen, in dem derselbe Gedanke ohne Einkleidung sich
wiederholen soll; es sind dieselben Verse, die auch in den
doxographischen Handbüchern zu stehen pflegten und infolge-
dessen häufiger überliefert sind: καὶ ἐπὶ τέλει προσδιασαφεῖ
τὸ μὴ δεῖν ταῖς αἰσθήσεσι προσέχειν ἀλλὰ τῷ λόγῳ· μὴ γάρ σε,
φησίν, ἔθος πολύπειρον ὁδὸν κάτα τήνδε βιάσθω νωμᾶν ἄσκοπον
ὄμμα καὶ ἠχήεσσαν ἀκουὴν καὶ γλῶσσαν, κρῖναι δὲ λόγῳ πολύπειρον
ἔλεγχον ἐξ ἐμέθεν ῥηθέντα. Beide Texte sind der Interpretation
vorangestellt, durch keine Zwischenbemerkung voneinander
geschieden, als sollten sie als Ganzes hingenommen werden. So
stehen wir vor der Frage: sind es zwei Zitate oder ist es nur ein

einziges? Für das Erste spricht, daß bei Simplicius auf die Verse
28 bis 30, also genau in dem fraglichen Einschnitt, noch zwei
weitere folgen, die bei Sextus fehlen (vgl. oben S. 5). Dagegen hat freilich Diels, um an der Einheitlichkeit der Versreihe festhalten zu können, darauf aufmerksam gemacht,
daß gerade die fehlenden Verse leicht auch zufällig aus-
fallen konnten, da sie mit demselben Worte wie der folgende
Abschnitt, mit einem ἀλλά beginnen. Trotzdem will mir eine
Lücke nicht wahrscheinlich scheinen. Das Zitat läßt sich an
seiner Paraphrase kontrollieren, und die schließt mit folgenden
Worten: ἥτις αὐτὸν ὑποδεξαμένη ἐπαγγέλλεται δύο ταῦτα διδάξειν,
"ἠμὲν ἀληθείης εὐπειθέος ἀτρεμὲς ἦτορ", ὅπερ ἐστὶ τὸ τῆς
ἐπιστήμης ἀμετακίνητον βῆμα, ἕτερον δὲ "βροτῶν δόξας, ταῖς οὐκ ἔνι
πίστις ἀληθής", τουτέστι τὸ ἐν δόξῃ κείμενον πᾶν, ὅτι ἦν ἀβέβαιον.
Also auch hier von den zwei Versen, die doch schwer genug
verständlich waren, nicht die Spur! Und warum sollte auch
der Interpret sie anführen, da sie für seinen Zweck nichts
hergaben und seine Interpretation viel eindrucksvoller war,
wenn sie fehlten? Also müßte man schon schließen, daß die
Lücke berechnet war; aber das hieße wiederum die Einheit des Zitats in Frage ziehen. Umgekehrt läßt sich kein
äußerer Grund auffinden, der uns hinderte, die beiden
Versgruppen zu trennen; ihre Vereinigung braucht unter
keinen Umständen vom Dichter herzurühren, sondern kann
sehr wohl in einer Interpretationsmethode ihren Grund
haben. So hätten wir denn freie Hand; aber bewiesen ist
damit noch nichts; der Sinn allein entscheidet. Wozu rät
der Sinn?

Die Göttin hat die beiden Hälften ihrer Verkündigung
genannt: „So sollst du denn alles erfahren: der wohlgerunde-
ten Wahrheit unerschütterliches Herz und der Sterblichen
Wahngedanken, denen verläßliche Wahrheit nicht inne-
wohnt. Doch wirst du trotzdem auch das erfahren, wie der
Schein sich mußte bewähren und alle Dinge erfüllen." Ist
es möglich, daß sie auf diese Worte eine Warnung folgen
läßt, daß sie dem Jünger einschärft, sich um alles in der
Welt vor diesem zweiten Wege zu hüten, den sie ihn noch

eben selbst zu gehen geheißen hat? Es wäre wohl verständlich, wenn sie ihn vor Mißverständnissen und falscher Erwartung warnte, aber davon kein Wort; sie warnt vor jeglichem Betreten. Zweitens: sie verlangt: mißtraue den Sinnen; mit dem Verstande allein entscheide die vielumstrittene Prüfung, die ich dir sagte (κρῖναι δὲ λόγῳ πολύδηριν ἔλεγχον ἐξ ἐμέθεν ῥηθέντα). Aber wo wäre ein ἔλεγχος bisher geliefert oder auch nur angedeutet? Denn die summarische Ankündigung kann doch bei dem besten Willen nicht als Prüfung angesprochen werden. Vielmehr können sich die Worte nur auf einen fertigen Beweis beziehen, der bereits vorausging. Und endlich, um zur Hauptsache zu kommen, unter einer ὁδός διζήσεως kann Parmenides unmöglich seine Darstellung des Scheins verstanden haben. Was in Wahrheit dieser Ausdruck zu bedeuten hat, darüber geben die Fragmente eine sehr bestimmte Auskunft. Allerdings bedarf es, um sie überhaupt dahin zu bringen, daß sie Rede und Antwort stehen, erst einer Interpretation, die ihre Aufgabe darin erkannt hat, in den Bruchstücken die Spuren des verlorenen Systems zu finden, aus den Gedankentrümmern den gesamten Aufbau wieder herzustellen.

Zwischen zwei „Wegen der Forschung" muß sich der Wahrheit Suchende entscheiden: so fordert es das vierte Fragment. Der eine Weg führt über den Satz: das Seiende ist, τὸ ὄν ἔστι; das ist der Weg der Überzeugung. Der andere sagt: das Seiende ist nicht; aber das ist undenkbar. Der Beweis dafür ist ausgefallen, aber auch nicht mehr. Ein neuer Beweisgang fängt im sechsten Bruchstück an, zu dessen Beginn das Vorige kurz wiederholt wird: „Nur vom Seienden läßt sich sagen, daß es ist, denn nur das Seiende kann existieren, das Nichtseiende hat keine Existenz. Das heiße ich dich beherzigen; es ist der erste Weg der Forschung, vor dem ich dich warne. Dann aber auch vor dem, worauf die nichts wissenden Sterblichen, die Doppelköpfe, umherirren. Denn Ratlosigkeit lenkt ihren schwankenden Sinn. So treiben sie dahin, taub zugleich und blind, ein Volk von Gaffern, dem es an jeder Unterscheidung fehlt; dem Sein und Nichtsein für dasselbe gilt und doch nicht für dasselbe, dem jeder Weg zur Umkehr wird." Also ergeben sich im ganzen drei „Wege der Forschung": 1. τὸ ὄν ἔστιν 2. τὸ ὄν οὐκ ἔστιν 3. τὸ ὄν καὶ ἔστι καὶ οὐκ ἔστιν, oder anders ausgedrückt: 1. τὸ ὄν ἔστιν 2. τὸ μὴ ὄν ἔστι (Fr. 7 οὐ γὰρ μήποτε τοῦτο δαμῇ εἶναι μὴ ἐόντα) 3. καὶ τὸ ὄν καὶ τὸ μὴ ὄν ἔστιν. Es kann kein Zufall sein, daß sich derselben Dreiteilung auch Gorgias in seiner Schrift περὶ τοῦ μὴ ὄντος bedient hat, Sext. adv. math. VII, 66 (Fr. 3 Diels): ὅτι μὲν οὖν οὐδὲν ἔστιν, ἐπιλογίζεται τὸν τρόπον τοῦτον· εἰ γὰρ ἔστι ‹τις›, ἤτοι τὸ ὄν ἔστιν ἢ τὸ μὴ ὄν, ἢ καὶ τὸ ὄν ἔστι καὶ τὸ μὴ ὄν. Gorgias hat nicht nur die Anregungen zu seiner Schrift von den Eleaten empfangen, er hat auch die Gedanken unter fortwährendem Hinblick auf eleatische Lehrsätze zusammengefügt. Es ist ein bloßer Zufall unserer Überlieferung, wenn uns seine Dreiteilung aus ihm allein und nicht auch aus Melissos und Xenophanes bekannt ist. Denn der anonyme Verfasser der Exzerpte aus Xenophanes Melissos Gorgias übergeht bei allen dreien absichtlich die grundlegenden Beweise über die Möglichkeit des ὄν und μὴ ὄν, um sich sofort den Folgerungen zuzukehren, die sich auf dieser Grundlage für die Natur des ὄν ergeben. Er würde also, hätte er auch den Parmenides widerlegen wollen, die drei Wege fortgelassen und sich allein an das gehalten haben, was im achten Fragment vereinigt steht. So hat er auch aus Gorgias zuerst das aufgezeichnet, was sich über Entstehen und Vergehen, Einheit und Vielheit ihm entnehmen ließ, hat dann nachträglich den besonders paradoxen Beweis über das μὴ ὄν aufgenommen, aber um alles übrige sich nicht gekümmert. Einen Überblick hat er nicht geben wollen. Hätten wir nicht den Sextus daneben, könnten wir nicht ahnen, daß bei Gorgias mit drei Möglichkeiten des Seins gerechnet war. So scheint die Überlieferung in der Tat dafür zu sprechen, daß die Dreiteilung ein Erbstück eleatischer Schultradition gewesen ist.

Ich muß gleichwohl versuchen, das Verhältnis zwischen Gorgias und den Eleaten noch genauer und mit anderen

Mitteln zu bestimmen. Die Schrift περὶ τοῦ μὴ ὄντος liegt, wie schon bemerkt, in doppeltem Auszuge vor, und zwar ist der Anonymus zur Kontrolle des Sextus unentbehrlich. Wie man beide auseinander zu ergänzen hat, mag folgende Gegenüberstellung zeigen:

[Aristot.] de Gorg. p. 31	Sext. adv. math. VII, 67.
Diels. μετὰ τὴν πρώτην ἴδιον αὐτοῦ ἀπόδειξιν, ἐν ᾗ λέγει ὅτι ‹τὸ μὴ εἶναι› οὐκ ἔστιν υἵιε εἶναι οὔτε μὴ εἶναι· εἰ μὲν γὰρ τὸ μὴ εἶναι ἔστι μὴ εἶναι, οὐδὲν ἂν ἧττον τὸ μὴ ὂν τοῦ ὄντος εἴη· τό τε γὰρ μὴ ὂν ἔστι μὴ ὂν καὶ τὸ ὂν ὄν, ὥστε οὐδὲν μᾶλλον εἶναι ἢ οὐκ εἶναι τὰ πράγματα.[1]	καὶ δὴ τὸ μὲν μὴ ὂν ‹οὔτε ἔστιν οὔτε› οὐκ ἔστιν. εἰ γὰρ τὸ μὴ ὂν ‹μὴ› ἔστιν, ἔσται τε ἅμα καὶ οὐκ ἔσται· ᾗ μὲν γὰρ οὐκ ὂν νοεῖται, οὐκ ἔσται, ᾗ δὲ ἔστι μὴ ὄν, πάλιν ἔσται· παντελῶς δὲ ἄτοπον τὸ εἶναί τι ἅμα καὶ μὴ εἶναι· [οὐκ ἄρα ἔστι τὸ μὴ ὄν].
εἰ δ'ὅμως τὸ μὴ εἶναι ἔστι, τὸ εἶναι, φησίν, οὐκ ἔστι, τὸ ἀντικείμενον· εἰ γὰρ τὸ μὴ εἶναι ἔστι, τὸ εἶναι μὴ εἶναι προσήκει· ὥστε οὐκ ἂν οὕτως, φησίν, οὐδὲν ἂν εἴη, εἰ μὴ ταὐτόν ἐστιν εἶναί τε καὶ μὴ εἶναι· εἰ δὲ ταὐτό, καὶ οὕτως οὐκ ἂν εἴη οὐδέν· τό τε γὰρ μὴ ὂν οὐκ ἔστι καὶ τὸ ὄν, ἐπείπερ γε ταὐτὸ τῷ μὴ ὄντι· οὗτος μὲν οὖν ὁ πρῶτος λόγος ἐκείνου.	καὶ ἄλλως, εἰ τὸ μὴ ὂν ἔστι, τὸ ὂν οὐκ ἔσται· ἐναντία γάρ ἐστι ταῦτα ἀλλήλοις, καὶ εἰ τῷ μὴ ὄντι συμβέβηκε τὸ εἶναι, τῷ ὄντι συμβήσεται τὸ μὴ εἶναι· οὐχὶ δέ γε τὸ ὂν οὐκ ἔστιν, ‹τοίνυν suppl. Bekker› οὐδὲ τὸ μὴ ὂν ἔσται.

---

[1] Dasselbe Epicheirem, vom ὄν auf das ἕν übertragen, begegnet im Platonischen Parmenides, S. 161e: Τῷ δὴ ἑνὶ μὴ ὄντι, ὡς ἔοικε, καὶ ἰσότητος ἂν μετείη καὶ μεγέθους καὶ σμικρότητος. Ἔοικε. Καὶ μὴν καὶ οὐσίας γε δεῖ αὐτὸ μετέχειν |τῃ. Πῶς δή; Ἔχειν αὐτὸ δεῖ οὕτως ὡς λέγομεν· εἰ γὰρ μὴ οὕτως ἔχει, οὐκ ἂν ἀληθῆ λέγοιμεν ἡμεῖς λέγοντες· τὸ ἓν μὴ εἶναι· εἰ δὲ ἀληθῆ, δῆλον ὅτι ὄντα αὐτὰ λέγομεν· ἢ οὐχ οὕτως; Οὕτω μὲν οὖν. Ἐπειδὴ δέ φαμεν ἀληθῆ λέγειν, ἀνάγκη ἡμῖν φάναι καὶ ὄντα λέγειν. Ἀνάγκη. Ἔστιν ἄρα, ὡς ἔοικε, τὸ ἓν οὐκ ὄν· εἰ γὰρ μὴ ἔσται μὴ ὄν, ἀλλά πη τοῦ εἶναι ἀνήσει πρὸς τὸ μὴ εἶναι, εὐθὺς ἔσται ὄν usw.

Eine Analyse und Vergleichung dieses Dialoges mit den Überresten

Ich habe mich nicht gescheut, mit Klammern nachzu-
helfen (sie rühren alle von mir her), auch wo dem überlieferten Text dadurch Gewalt geschieht. Sie sollen vor
allem zeigen, daß die genauere Wiedergabe durchweg bei
dem Anonymus zu finden ist. Ich lege Wert darauf, die unbedingte Zuverlässigkeit seiner Notizen auch an diesem
Beispiel zu erweisen; aus welchem Grunde, wird sich später
zeigen. Sextus hält sein Augenmerk aufs Ganze gerichtet,
in den Einzelheiten ist er ungenau und unvollständig; die
Haarspaltereien überträgt er ins Verständliche und Grobe.
Folgen wir ihm allein, so ist schwer einsehen, warum Gorgias
volle zwei Beweise und noch dazu so schwierige Beweise
aufgewandt haben sollte, um die einfache Behauptung zu
erhärten, daß das Nichtseiende nicht sein könne. Das hatten
die Eleaten längst bewiesen. Aber Gorgias überbietet, über-
trumpft, karikiert sie: das Nichtseiende soll weder sein
noch nicht sein können; folglich ist die Wahrheit bei dem
Anonymus und seinen zwei entgegengesetzten Thesen,
Sextus hat die Stelle um ihren Witz gebracht. Nicht gerade
falsch aber mangelhaft ist, was er vom zweiten Beweis berichtet. Gesetzt, das Nichtseiende sei, war der Gedanke, so
könnte man das Sein entweder als entgegengesetzt dem
Nichtsein oder beides als dasselbe auffassen; im ersten Falle
gibt es überhaupt kein Sein und folglich auch kein Sein des
Nichtseins — Sextus hat dem Schluß auch hier die Spitze
abgebrochen mit seiner groben Wiederholung: *οὐχὶ δέ γε τὸ
ὂν οὐκ ἔστιν* — im zweiten Falle wird das Seiende dem
Nichtseienden gleich und folglich wiederum alles Sein unmöglich. Zerlegt man diese Beweise in ihre Elemente, so
bleibt nicht ein Bestandteil übrig, der nicht eleatisch wäre;
in der barocken Verbindung und Verschnörkelung eleatischer
Sätze liegt die Kunst und liegt der Witz. Man hat neuerdings
die Ansicht ausgesprochen[1], Gorgias habe mit dieser Schrift

---

der eleatischen Philosophie (wozu selbstverständlich noch einiges
mehr gehört als die Fragmente der Eleaten) wäre gewiß sehr nützlich
und würde zumal für Zeno wohl noch manches ergeben.

[1] Heinrich Gomperz, Sophistik und Rhetorik, S. 24ff.

die Allmacht des Logos offenbaren wollen, der die Gedanken lenken könne, wie es ihm gefalle. Es fällt mir schwer zu glauben, daß ein Kreis von Zuhörern, der solche Sätze anhörte, sich sonderlich sollte gelenkt und wunderlich affiziert gefühlt haben, und denke mir lieber, die Leute hätten die Köpfe geschüttelt und sich gesagt, daß dieser Logos doch ein rechter Taugenichts sein müsse, wenn er nach allen Regeln der Kunst so verrückte Sprünge zu wege bringe. Auch die aufgegriffene, stark karikierte Erkenntnistheorie, mag sie auch inhaltlich uns heute noch so wichtig sein, darf nicht darüber täuschen, daß das Ganze eine Farce ist. Die Eleaten hatten sich überlebt; im regsamen Sizilien lachte man über sie.

Daß Gorgias sich mit Zeno und Melissos berühre, sagt ausdrücklich der Anonymus S. 31 Diels: ὅτι ‹οὖν› οὐκ ἔστιν οὔτε ἓν οὔτε πολλά, οὔτε ἀγέννητα οὔτε γενόμενα, τὰ μὲν ὡς Μέλισσος, τὰ δὲ ὡς Ζήνων ἐπιχειρεῖ δεικνύειν. Wir können freilich nicht mehr feststellen, ob er mit diesen Worten nur die Fragestellungen im allgemeinen meinte oder auch an Einzelheiten dachte. Was dagegen Gorgias mit Parmenides verbindet, ist so greifbar, daß es Wunder nimmt, wie man nicht längst schon auf den Gedanken gekommen ist, den einen aus dem anderen zu erklären. Ja, an einer Stelle bringt uns sogar Gorgias über eine Textverderbnis Klarheit, die das achte Parmenideische Fragment bis zur Sinnlosigkeit entstellt:

5 οὐδέ ποτ' ἦν οὐδ' ἔσται, ἐπεὶ νῦν ἔστιν ὁμοῦ πᾶν,
  ἕν, συνεχές· τίνα γὰρ γένναν διζήσεαι αὐτοῦ;
  πῇ πόθεν αὐξηθέν; οὔτ' ἐκ μὴ ἐόντος ἐάσσω
  φάσθαι σ' οὐδὲ νοεῖν· οὐ γὰρ φατὸν οὐδὲ νοητόν
  ἔστιν ὅπως οὐκ ἔστι· τί δ'ἄν μιν καὶ χρέος ὦρσεν
10 ὕστερον ἢ πρόσθεν, τοῦ μηδενὸς ἀρξάμενον, φῦν;
  οὕτως ἢ πάμπαν πελέναι χρεών ἐστιν ἢ οὐχί.

  οὐδέ ποτ' ἐκ μὴ ἐόντος ἐφήσει πίστιος ἰσχύς
  γίγνεσθαί τι παρ' αὐτό· τοῦ εἵνεκεν οὔτε γενέσθαι
  οὔτ' ὄλλυσθαι ἀνῆκε δίκη χαλάσασα πέδῃσιν,

15 ἀλλ' ἔχει· ἡ δὲ κρίσις περὶ τούτων ἐν τῷδ' ἔστιν·
    ἔστιν ἢ οὐκ ἔστιν· κέκριται δ' οὖν, ὥσπερ ἀνάγκη,
    τὴν μὲν ἐᾶν ἀνόητον ἀνώνυμον (οὐ γὰρ ἀληθής
    ἔστιν ὁδός), τὴν δ'ὥστε πέλειν καὶ ἐτήτυμον εἶναι·
    πῶς δ'ἂν ἔπειτα πέλοι τὸ ἐόν; πῶς δ'ἂν κε γένοιτο;
20 εἰ γὰρ ἔγεντ', οὐκ ἔστ(ι), οὐδ' εἴ ποτε μέλλει ἔσεσθαι·
    τὼς γένεσις μὲν ἀπέσβεσται καὶ ἄπυστος ὄλεθρος.

In diesen Versen hat von jeher der mit οὔτε eingeleitete
Satz (V. 7) Anstoß erregt. Man forderte ein zweites negatives
Glied und schlug zwei Wege ein, um es zu finden. Die älteren
Interpreten, Karsten, Stein und Brandis, hielten sich an das,
was dastand, also an Vers 12, und suchten aus ihm durch
Beseitigung des μή den geforderten Gedanken zu gewinnen,
der eine, indem er οὐδέ ποτ' ἔκ γε ἐόντος las, der andere οὐδέ
ποτ' ἐκ τοῦ ἐόντος, der dritte οὐδέ ποτ' ἔκ γε πέλοντος. Aber
diese Konjekturen gelten für abgetan, seit Diels denselben mit οὐδέ beginnenden Abschnitt für ein an und
für sich vortreffliches Korollar erklärt hat, das man der
vorausgesetzten dilemmatischen Beweisführung zu Liebe
nicht willkürlich ändern dürfe. Diels selber sucht den Fehler
in Vers 7, vermutet eine Lücke hinter αὐξηθέν und ergänzt:
⟨οὔτ' ἔκ τευ ἐόντος ἔγεντ' ἄν· ἄλλο γὰρ ἂν πρὶν ἔην⟩. Aber
die Zerreißung eines an sich einwandfreien Verses ist unter
allen Umständen mißlich, und ob Parmenides die weit-
aus schwierigere der beiden Fragen mit so wenigen, so
überaus dürftigen Worten konnte erledigt glauben, wo er
bei der zweiten um so viel leichter widerlegbaren Möglichkeit so lange verweilt — ich glaube man braucht sich diese
Frage nur ernstlich vorzulegen, um sie zu verneinen[1]. Schlagen
wir dagegen den Sextus auf, so finden wir denselben zwei-
gliedrigen Beweis, der bei Parmenides verstümmelt scheint,
bei Gorgias vollständig erhalten (Sextus, adv. math. VII, 71):
καὶ μὴν οὐδὲ γενητὸν εἶναι δύναται τὸ ὄν· εἰ γὰρ γέγονεν, ἤτοι

---

[1] In der Verwerfung der Dielsschen Ergänzung stimme ich überein
mit Wilamowitz, Hermes XXXIV, S. 204; nur wenn Wilamowitz
ohne zweites Glied glaubt auskommen zu können, muß ich widersprechen.

ἐξ ὄντος ἢ ἐκ μὴ ὄντος γέγονεν · ἀλλ' οὔτε ἐκ τοῦ ὄντος γέγονεν ·
εἰ γὰρ ὄν ἐστιν, οὐ γέγονεν ἀλλ' ἔστιν ἤδη · οὔτε ἐκ τοῦ μὴ
ὄντος · τὸ γὰρ μὴ ὄν οὐδὲ γεννῆσαί τι δύναται διὰ τὸ ἐξ ἀνάγκης
ὀφείλειν ὑπάρξεως μετέχειν τὸ γεννητικόν τινος. Aber zu unserer
Überraschung findet sich dasselbe dialektische Verfahren,
wodurch Gorgias ein Entstehen aus dem Nichts bestreitet,
bei Parmenides ganz unverkennbar wieder in dem vermeintlichen Korollar V. 19: πῶς δ'ἄν κε γένοιτο · εἰ γὰρ ἔγεντ' οὐκ
ἔστ(ι), οὐδ' εἴ ποτε μέλλει ἔσεσθαι = ἀλλ' οὔτε ἐκ τοῦ ὄντος
γέγονεν · εἰ γὰρ ὄν ἐστιν, οὐ γέγονεν ἀλλ' ἔστιν ἤδη. Wie? Sollten
am Ende die alten Erklärer doch im Rechte gewesen sein,
als sie das μή vor ἐόντος in V. 12 tilgten? Ja, man darf
fragen, welchen Sinn soll überhaupt der ganze Abschnitt
von Vers 12 bis 21 haben, wenn er nicht dazu dient,
ein Werden aus dem Seienden zu widerlegen? Welcher
Sinn kann, um beim Ersten anzufangen, in den Worten
γίγνεσθαί τι παρ' αὐτό (V. 13) liegen, wenn das αὐτό selber
ein μηδέν ist, also nicht einmal ein Etwas sondern ein un-
aussprechliches, undenkbares Nichts? Was soll das heißen,
zu behaupten, daß es außer einem solchen Nichts kein anderes
Ding mehr geben könne.[1] Zum Glück sind wir nicht genötigt,
diesem Unding von Gedanken lange nachzugrübeln, denn
Parmenides erklärt sich selber in V. 36: οὐδὲν γὰρ <ἢ> ἔστιν ἢ
ἔσται ἄλλο πάρεξ τοῦ ἐόντος. Dazu kommt, daß auch Vers 15
erst verständlich wird, wenn man erkannt hat, daß die Frage,
die hier zur Entscheidung steht, die Frage ist, ob sich ein ὄν
aus einem anderen ὄν entwickeln könne. Denn es leuchtet ein,
daß in Vers 13 und 14 der Satz: τοῦ εἵνεκεν οὔτε γενέσθαι οὔτ'
ὄλλυσθαι ἀνῆκε δίκη χαλάσασα πέδῃσιν ἀλλ' ἔχει nicht als neuer
und selbständiger Gedanke, sondern in Parenthese zu verstehen ist, als eingeschoben nach derselben altertümlichen
Manier, die in Vers 53 wiederkehrt: die parenthetische Wiederholung der Hauptthese sollte in Erinnerung bringen, daß der

---

[1] Wenn Diels übersetzt: „auch kann ja die Kraft der Überzeugung niemals einräumen, es könne aus Nichtseiendem irgend-
etwas anderes als eben Nichtseiendes hervorgehen", so muß ich
bezweifeln, ob man das παρά in diesem Sinne fassen darf.

neue Abschnitt nur ein neues Glied desselben umfangreichen und kunstvollen Beweisganzen bedeute[1]. Der Gedankengang ist also folgender: „Kann ein ὄν aus einem ὄν entstehen? Die Entscheidung liegt in der Beantwortung der Frage: ist es oder ist es nicht. Die Frage ist bereits entschieden, der zweite Fall widerlegt; folglich läßt sich ein ὄν nur in der Gegenwart vorstellen; denn was wurde oder in Zukunft sein wird, kann kein ὄν sein, weil es nicht ist." Kein Zweifel, das gesuchte zweite Glied des dilemmatischen Beweises ist gefunden: es steckt in den Versen 12 bis 21. Daß Parmenides das leichtere Problem, die Frage nach der Möglichkeit des γίγνεσθαι ἐκ τοῦ μὴ ὄντος, vorweg nimmt, kann nicht Wunder nehmen; wer machte es heute anders? Und Parmenides folgt selber dieser Regel, wenn er bei der Prüfung der drei „Wege" den „gänzlich unauffindbaren", ergebnislosen „Weg" vorausnimmt und dem anderen voranstellt, der zu den Irrtümern und Widersprüchen der Sterblichen hinführt. So bliebe denn nur noch die Frage übrig, welchen Text wir in V. 12 herzustellen hätten, um die sinnwidrige Negation hinauszubringen. Und da mag der nächste Weg wohl auch der beste sein: anstatt des μή ein τοῦ zu lesen, wie denn dieselbe Wortverbindung an derselben Versstelle noch einmal wiederkehrt[2], Fr. 8, 37.

---

[1] Ein auffallendes Beispiel dieser Technik ist Melissos Fr. 8; der Gedankengang ist folgender: 1. „Wenn die Welt der Sinne wahr wäre, so müßten dieselben Eigenschaften, die wir einmal an den Dingen wahrgenommen haben, ihnen unveränderlich verbleiben. 2. Nun aber scheinen uns alle Dinge sich fortwährend zu verändern. 3. Also liegt hier ein Widerspruch: wir behaupten eine Vielheit ewiger, bestimmter Dinge und trotzdem nehmen wir überall Veränderung wahr. 4. Folglich trügen unsere Sinne, und die Vielheit, die sie uns vorspiegeln ist eine Täuschung, denn wären die Dinge wahr, so dürften sie sich nicht verändern." Das ist ein durchaus einheitlicher, fest in sich geschlossener Beweis, und doch wird das Ergebnis in der Mitte schon einmal vorweggenommen: zwischen 2 und 3 finden sich die Worte eingeschoben: ὥστε συμβαίνει μήτε ὁρᾶν μήτε τὰ ὄντα γινώσκειν, gleichsam als bedürfe der schon allzu lange in der Schwebe gehaltene Gedanke in der Mitte einer Unterstützung.

[2] Vgl. auch V. 33, wo gleichfalls fälschlicherweise ein μή eingedrungen ist: [μὴ] ἐὸν δ'ἀν παντὸς ἐδεῖτο.

Aber was man auch einsetzen mag — nicht undenkbar wäre
z. B. auch die Lesung οὐδὲ μὲν ἔκ ποτ' ἐόντος — der Text
bleibt doch nur Nebensache im Verhältnis zum Gedanken,
und den hoffe ich erreicht zu haben, nicht zum wenigsten durch den Vergleich des Gorgias. Der Gewinn, der
nebenbei für die Gesamtauffassung des Parmenideischen
Gedichtes abfällt, ist auch nicht zu unterschätzen: die Erkenntnis, daß diese Fragmente keine Notizzettel und Aphorismen sind, die man nach Willkür und Belieben aneinander-
reihen dürfte, für die jede und wäre es auch die schlechteste
Verbindung immer noch gut genug wäre, sondern daß ein
Systematiker aus ihnen redet, dem selbst seine Verse, statt
hervorzuströmen, in derselben strengen Gliederung erstarren, durch die seine Gedanken gebunden und zum Ganzen
gefügt sind.

Wenn ich nach diesen Proben für wahrscheinlich halte,
daß die drei Wege bei Parmenides dasselbe sind, was die drei
Möglichkeiten des Seins bei Gorgias, so bestärkt mich sehr
in meiner Zuversicht die Art, wie Gorgias mit der dritten
seiner Möglichkeiten umgeht. Ganz als ob es selbstverständlich wäre, rechnet er damit, daß Sein und Nichtsein einander ausschließen, wie daß sie in eins zusammenfallen
könnten[1], und wie geläufig ihm der Gedanke ist, ließ sich
besonders deutlich aus dem Anonymus erkennen, der, genauer als Sextus, auch für das μὴ ὄν beide Möglichkeiten
offen ließ: εἰ μὴ ταὐτόν ἐστιν εἶναί τε καὶ μὴ εἶναι. So

---

[1] Dem entspricht es, wenn er neben dem Beharren und Werden
auch noch einen dritten Zustand, worin beides vereinigt ist, als
denkbar hinstellt. Auch das ist schwerlich bloße Caprice, sondern
ursprünglich ernst gemeinte Dialektik. Ähnlich scheidet auch Melissos
zwischen unbeschränktem und beschränktem Werden (Fr. A 5 Diels):
εἴτε γὰρ ἅπαντα γέγονεν εἴτε μὴ πάντα, ἀΐδια ἀμφοτέρως · ἐξ οὐδενὸς γὰρ
γενέσθαι ἂν αὐτὰ γιγνόμενα · ἁπάντων τε γὰρ γιγνομένων οὐδὲν ἂν προϋ-
πάρχειν · εἰ' ὄντων τινῶν ἀεὶ ἕτερα προσγίγνοιτο, πλέον ἂν καὶ μεῖζον τὸ
ὂν γεγονέναι. Parmenides rechnet mit dieser Möglichkeit noch nicht;
wahrscheinlich ist es erst Empedokles gewesen, der auf sie aufmerksam
gemacht hat durch die Lehre, daß die Welt zugleich in ewigem Beharren und in ewigem Werden begriffen sei.

drängt alles zu dem Schluß, daß Gorgias diese Dreiteilung
nicht aus sich selber, sondern nur aus einer festen Tradition
hat schöpfen können. Und nun vergleiche man die Formulierung, die er der dritten Möglichkeit gegeben hat'(Sextus
§ 75): ὅτι δὲ οὐδὲ ἀμφότερα ἔστιν, τό τε ὂν καὶ τὸ μὴ ὄν, εὐεπι-
λόγιστον· εἴπερ γὰρ τὸ μὴ ὂν ἔστι, ταὐτὸν ἔσται τῷ ὄντι τὸ μὴ
ὂν ὅσον ἐπὶ τῷ εἶναι· καὶ διὰ τοῦτο οὐδέτερον αὐτῶν ἔστιν. Die
Worte werfen in der Tat ein überraschendes Licht auf den
Gedanken des Parmenides. Es kann kein Zweifel sein, seine drei
„Wege der Forschung" sind zunächst und waren ursprünglich
lediglich ein logisches Fachwerk: entweder das Seiende oder das
Nichtseiende oder das Seiende und das Nichtseiende zugleich
(εἶναί τε καὶ οὐχί: Fr. 8, 40). Gab man das letzte zu, so fielen das
Seiende und das Nichtseiende zusammen, sofern beide im Sein
identisch waren, zugleich aber waren und blieben sie als Gegensätze unvereinbar. Folglich mußte man in diesem Falle Sein
und Nichtsein für dasselbe gelten lassen und doch wiederum
nicht für dasselbe: οἷς τὸ πέλειν τε καὶ οὐκ εἶναι ταὐτὸν νενόμισται κοὐ ταὐτόν. Die Folge war das Ende aller Konsequenz.
Um es zu wiederholen: die drei Wege waren zunächst nichts
weiter als ein Schema; zu einem Systeme konnte das Schema
erst in dem Augenblick werden, wo die Welt der Sinne mit dem
dritten Wege gleichgesetzt wurde. Doch wie das kam und
was das zu bedeuten hat, darüber später.

Daß drei Wege unterschieden waren, ist auch dem
Simplicius nicht entgangen, den sein reges Interesse für
den Parmenideischen „Platonismus" wenigstens insofern
einem richtigen Verständnis näher brachte, als es ihn davor be-
wahrte, über dem Einzelnen das Ganze zu vergessen. Simplicius schreibt, Phys., S. 78, 2: μεμψάμενος γὰρ τοῖς τὸ ὂν καὶ τὸ
μὴ ὂν συμφέρουσιν ἐν τῷ νοητῷ ‘οἷς τὸ πέλειν τε καὶ οὐκ
εἶναι ταὐτὸν νενόμισται κοὐ ταὐτόν’ (Fr. 6, 8. 9) καὶ
ἀποστρέψας τῆς ὁδοῦ τῆς τὸ μὴ ὂν ζητούσης ‘ἀλλὰ σὺ τῆσδ’
ἀφ’ ὁδοῦ διζήσιος εἶργε νόημα’ (Fr. 7, 2), ἐπάγει ‘μοῦνος
δ’ἔτι μῦθος ὁδοῖο λείπεται ὡς ἔστιν· ταύτῃ δ’ἐπὶ σήματ’
ἔασι πολλὰ μάλα’ (Fr. 8, 1) καὶ παραδίδωσι λοιπὸν τὰ τοῦ κυρίως
ὄντος σημεῖα. Aber leider hat man gerade diese Worte in einer

Weise aufgefaßt, als ob die „Wege" in einem heillosen Wirrwarr
durcheinandergelaufen seien, so daß eine strenge Scheidung
weder möglich noch auch nur erlaubt wäre: man glaubte sie
nämlich so verstehen zu müssen, als ob sämtliche in ihnen angeführten Verse genau in derselben Reihenfolge sich zu einem
einzigen, zusammenhängenden Fragment zusammenschließen
müßten. Aber damit hat man die Absicht des Simplicius,
wie mir scheint, verkannt, dem es ersichtlich nicht um ein zusammenhängendes Zitat zu tun war, sondern um den Inhalt.
Wenn er dabei in Parenthese, bei der Erwähnung der zwei
ersten Wege, ein paar losgetrennte Verse einstreute, so tat
er das, um seiner Inhaltsangabe ein paar Belege beizufügen,
und den Inhalt wiederum gab er an, um das nachfolgende ausführliche Zitat in den gehörigen Zusammenhang zu rücken.
Folglich liegt derselbe Fall vor, wie z. B. bei dem großen
Melissosbruchstück Simplic. de caelo, S. 558,19 (Mel. Fr. 8):
εἰπὼν γὰρ [Mel.] περὶ τοῦ ὄντος ὅτι καὶ ἕν ἐστι καὶ ἀγένητον
καὶ ἀκίνητον καὶ μηδενὶ κενῷ διειλημμένον, ἀλλ᾿ ὅλον ἑαυτοῦ
πλῆρες, ἐπάγει · ῾μέγιστον μὲν οὖν σημεῖον οὗτος ὁ λόγος, ὅτι
ἓν μόνον ἔστιν · ἀτὰρ καὶ τάδε σημεῖα᾿ κτλ. Auch hier bildet das
Zitat den Anfang eines neuen Hauptteils, und um das zu
markieren, wird der Inhalt alles Vorhergehenden in ein paar
kurzen Worten zusammengedrängt; auf Genauigkeit der
Reihenfolge kam es dabei nicht an. Ebenso folgen bei Parmenides
auf die ὁδοί, den ersten Hauptteil, als zweiter die Prädikate des
Seienden. Ich kann Diels nicht beistimmen, wenn er aus dem
Worte ἐπάγει folgert, Fragment 8 müsse sich, womöglich unmittelbar, an Fragment 7 angeschlossen haben, zwischen diesen
beiden könne nur ein Halbvers fehlen, etwa die Worte οὐδὲ γὰρ
ἔστι φατόν. So gewiß Simplicius die drei Wege schildert, so gewiß
ist, daß die drei Zitate so nicht nebeneinander stehen können.
Sie vertragen sich schlechterdings nicht; weder die Worte
greifen ineinander, noch ergibt sich ein Gedanke, der in sich
zusammenhielte, geschweige denn einer, der sich dem
Gesamtplan, dem so klaren Aufbau der Beweise fügte.
Daß der dritte Weg dem zweiten folgte, unterliegt
keinem Zweifel; folglich ist Fragment 7, als zum zweiten

Wege gehörig, vor den dritten Weg, d. h. vor Fragment 6
zu rücken.

Aus dem Gesagten ergibt sich, daß ein jeder der drei
Wege nach der Absicht des Parmenides sich scharf von den
anderen scheiden sollte und daß es ein Mißverständnis
wäre, wollte man den zweiten mit dem dritten in eins
zusammenfallen lassen.[1] Es verschlägt nichts, wenn an einer
späteren Stelle nur zwei Wege genannt sind, Fr. 8,15: ἡ δὲ
κρίσις περὶ τούτων ἐν τῷδ' ἐστιν· ἔστιν ἢ οὐκ ἔστιν. Denn
wie wir bereits sahen, handelt es sich hier um die besondere Frage, ob ein Seiendes aus einem Seienden entstehen könne. Um das zu bestreiten greift die Göttin auf
ihren ersten Beweis zurück, sie mahnt den Jünger an den
Scheideweg, wo sich das Sein vom Nichtsein trennte; hier
auch noch den dritten Weg zu nennen, lag kein Grund vor.
Aber ebenso gewiß, wie daß die Wege scharf sich voneinander schieden, ist der Schluß, daß eben diese Wege alle
Möglichkeiten und Unmöglichkeiten des Seins in sich be-
fassen und erschöpfen sollten, daß es neben ihnen keinen
anderen Weg mehr gab — und damit haben wir die Antwort
auf die Frage, von der unsere Untersuchung ausging: bildet
das Proömium, so wie wir es in den Ausgaben zu lesen gewohnt sind, wirklich nur ein einziges, zusammenhängendes
Fragment oder sind die sechs letzten Verse als besonderes
Bruchstück von den übrigen zu trennen.? Wenn die Göttin
auch in diesen Versen wiederum vor einem ,,Wege der Forschung" warnt, so kann kein Zweifel sein, wogegen sich ihre
Warnung richtet: daß sie mit dem Gedanken des Proömiums
nichts zu schaffen hat, darüber bedarf es, nach allem Gesagten, keines Wortes mehr; in die Beweisführung über das

---

[1] Die ὁδὸς πολύφημος des Proömiums ἢ κατὰ πάντ' ἄστη φέρει
εἰδότα φῶτα steht für sich wie überhaupt das ganze Proömium.
Was dabei heraus kommt, wenn man blindlings hin und her vergleicht, zeigt der absurde Aufsatz Gilberts, Arch. für Gesch. der
Philos., 20 (1907), S. 25 ff. — Das ,,zweifelhafte" Fr. 20 wird bei Diels
doch wohl nur darum weitergeführt, damit man über seine Zweifel-
haftigkeit nicht mehr im Zweifel sein könne. Vermutlich stammt es
aus Empedokles Katharmen; vgl. Emp. Fr. 120 und 128.

οὐκ ἔστι kann sie schon darum nicht gehören, weil das *μὴ ὄν* ja unauffindbar ist und man nicht erst davor zu warnen braucht; so bleibt als einziger Weg, der noch verboten werden kann, der dritte. Damit stimmt der Wortlaut auf das beste überein, denn wenn die Göttin auf ihren Beweis zurückblickend (*πολύδηριν ἔλεγχον· ἐξ ἐμέθεν ῥηθέντα*) schlußfolgernd bemerkt: *μόνος δ'ἔτι μῦθος*[1] *ὁδοῖο λείπεται <ὡς ἔστιν>*, so leuchtet ein, daß sie mit dieser Gewißheit dann erst reden konnte, wenn sie die beiden anderen Möglichkeiten, die des *οὐκ ἔστιν* und die des *καὶ ἔστι καὶ οὐκ ἔστιν* erfolgreich widerlegt hatte. So stellt sich das Fragment von selbst, durch seinen bloßen Wortlaut, an den Schluß des dritten Weges, also unmittelbar vor das achte. Und der Zufall will es — wenn man hier von Zufall reden mag —, daß eben das achte mit denselben Worten beginnt, mit denen das vorige schließt: *μόνος*[2] *δ'ἔτι μῦθος ὁδοῖο λείπεται ὡς ἔστιν*. So verwächst das Ende mit dem Anfang, die getrennten Stücke schließen sich zum Ganzen. Die Warnung vor dem Sinnestrug kommt da zu stehen, wo sie die größte Wirkung übt, als Vorbereitung auf das Wunderbare, unmittelbar bevor sich aus den Prädikaten des *ὄν* die ungeheure Vorstellung der Seins-Kugel entwickelt[3]. Und nicht minder ausgezeichnet

---

[1] Überliefert ist *θυμὸς ὁδοῖο*, dagegen 7,1 *μῦθος ὁδοῖο*. Diels gibt zu, daß dies auch an der ersten Stelle gestanden haben könne; ich halte das für gewiß, oder vielmehr, ich halte beide Zitate für identisch. *Θυμός* und *μῦθος* werden oft verwechselt: Schol. Apollon. Rhod. II, 1219 *διὸ θυμῷ γραπτέον · γράφεται δὲ καὶ μύθῳ*. „So bleibt allein die Rede (oder Lehre: vgl. den Sprachgebrauch des Empedokles) von dem Wege, daß es ist". *Ὁδοῖο ὡς ἔστι* zu verbinden wie in Fr. 4. Das ist sehr anschaulich: der *μῦθος*, der als der einzige übrig bleibt, ist derselbe, den Parmenides zuvor, als er den ersten Weg beschrieb, entwickelt hat; drei Wege gibt es, aber nur Ein *μῦθος* bleibt. Der Ausdruck wird sofort verständlich, wenn man diese Verse von dem Proömium trennt.

[2] *μόνος* Simpl. phys. 142 D, E, F; 145 F : *μοῦνος* 145 D E.

[3] Damit kehre ich zur alten Reihenfolge zurück, die Karsten zuerst hergestellt und neuerdings auch Patin wieder verteidigt hat (Jahrb. f. kl. Philol., Suppl. 25 (1899), S. 489ff.); nur in der Begründung weiche ich von beiden ab.

ist der Anschluß an das Vorige, an Fragment 6, denn die
κωφοὶ ὁμῶς τυφλοί τε, τεθηπότες, ἄκριτα φῦλα sind eben die,
welche ihr Urteil nach den Sinnen und nicht nach dem λόγος
richten. So hat auch Empedokles das Wort τεθηπώς auf die
sinnliche Erkenntnis angewandt, Fr. 17, 21: Φιλότης .. τὴν
σὺ νόῳ δέρκευ, μηδ' ὄμμασιν ἦσο τεθηπώς. Die Sinnesmenschen
sind in Wahrheit blind und taub: wie das gemeint ist, lehrt
die Wiederholung in der Warnung: νωμᾶν ἄσκοπον ὄμμα
καὶ ἠχήεσσαν ἀκουήν. Oder noch deutlicher der Eleaten-
Verspötter Epicharm:

νοῦς ὁρῇ καὶ νοῦς ἀκούει, τἆλλα κωφὰ καὶ τυφλά[1]

(Fr. 12, Diels).

Aber noch sind wir mit der Neuordnung der Bruchstücke
nicht am Ende. Liest man nach der hergestellten Reihenfolge
beides, die Ankündigung des Irrwegs (Fr. 6) und die Warnung (Fr. 1, 33—38) hintereinander weg, so wird sich schwerlich die Empfindung einer Lücke einstellen. Das bürgt wohl
für die Einheit des Gedankens, aber keineswegs läßt sich das
Maß seiner Ausführlichkeit danach bestimmen. Es ist sehr
wohl denkbar, daß Parmenides noch länger bei dem Sinnentrug verweilte, ja erwägt man, daß er zurückblickend in
Fragment 8,40 die Begriffe Werden und Vergehen, Sein und
Nichtsein, Ortsveränderung und Farbenwechsel nebeneinander aufzählt, so ist der Schluß fast unabweisbar, daß er
über dieselben Fragen schon einmal gehandelt hat. Und in
der Tat bleibt noch ein Bruchstück übrig, das noch in
denselben Zusammenhang zu gehören scheint, Fr. 2:

λεῦσσε δ'ὅμως ἀπεόντα νόῳ παρεόντα βεβαίως·
οὐ γὰρ ἀποτμήξει τὸ ἐὸν τοῦ ἐόντος ἔχεσθαι
οὔτε σκιδνάμενον πάντῃ πάντως κατὰ κόσμον
οὔτε συνιστάμενον.

Man darf sich nur den Blick nicht trüben lassen durch
das haltlose Gerede, womit Clemens sich bemüßigt sah die
Verse zu umgeben, nur um das so kostbare Zitat nicht umkommen zu lassen (Strom. V, S. 335 St.). Clemens hatte sich

---

[1] Über Epicharm und die Eleaten siehe unten S. 119 ff.

nämlich in den Kopf gesetzt, die christliche ἐλπίς durch
heidnische Parallelen zu erläutern, und da er nichts Passendes
dazu finden konnte, so hat er, nach bewährtem Brauch,
zur Deutung, zum συνοικειοῦν gegriffen. Dabei ist ihm eine
philosophische Ekloge unter die Hände geraten, die nicht einmal mit der Jenseitsvorstellung, geschweige denn mit der Hoffnung, irgend etwas zu tun hat. Voran steht eine Stelle aus
Empedokles: ἦν σὺ νόῳ δέρκευ μηδ' ὄμμασιν ἧσο τεθηπώς,
es folgen die angeführten Verse des Parmenides, darauf,
wenn man die Zusätze des Clemens streicht, die Worte:
εἰ τοίνυν φαμέν τι εἶναι δίκαιον, φαμὲν δὲ καὶ καλόν, ἀλλὰ καὶ
ἀλήθειάν τι λέγομεν, οὐδὲν δὲ πώποτε τῶν τοιούτων τοῖς ὀφθαλ-
μοῖς εἴδομεν ἀλλ᾽ ἢ μόνῳ τῷ νῷ .. νῷ ἄρα θεωρητὸς ὁ λόγος.
Demnach handelt es sich in Wahrheit um ein Kapitel Erkenntnistheorie, und rein erkenntnistheoretisch ist denn auch
der Inhalt des Parmenidesfragments: λεῦσσε νόῳ wie νόῳ
δέρκευ: „gebrauche den Verstand statt deiner Augen und
sieh das noch so Ferne gleichwohl mit dem Verstande
sicher gegenwärtig[1]; denn er wird das Seiende nicht aus
seinem Zusammenhange, seiner Einheitlichkeit loslösen,
weder durch einen Zustand kosmischer Expansion noch
Kontraktion[2]". An sich betrachtet könnte dies Fragment
zur Not wohl auch in das Kapitel über das ὄν gehören, aber
die übrigen Fragmente und die Führung des Gedankens
machen das unmöglich. Glücklicherweise ist die Stelle erhalten, wo Parmenides zum ersten Male die Wege der Forschung nannte, Fr. 4: εἰ δ᾽ ἄγ᾽ ἐγὼν ἐρέω, κόμισαι δὲ σὺ μῦθον
ἀκούσας, αἵπερ ὁδοὶ μοῦναι διζήσιός εἰσι νοῆσαι· ἡ μὲν ὅπως
ἔστι κτλ. Vor diesen Worten kann er über das ὄν ausführlicher

---

[1] Die Stellung des νόῳ erklärt sich nicht aus Versnot, sondern
dient der Hervorhebung; ähnlich 8, 53: μορφὰς γὰρ κατέθεντο δύο
γνώμας ὀνομάζειν. Hier liegt aller Ton auf δύο.

[2] Ich fasse ἀποτμήξει als dritte Person, wie es auch Diels in
den Vorsokratikern, abweichend von seiner früheren Erklärung
(Parmenides, S. 64), übersetzt hat. Ähnlich Fr. 8, 12: οὐδὲ .. ἐφήσει
πίστιος ἰσχὺς γίγνεσθαί τι παρ᾽ αὐτό. Der Sinn kommt nur heraus, wenn
νοῦς Subjekt wird: wo Augen und Ohren nur getrennte Dinge wahr-
nahmen, erblickt der Verstand ein ἓν συνεχές (Fr. 8, 6).

noch nicht geredet haben; aber er geht alsbald zum $\mu\grave{\eta}\ \check{o}\nu$ über, dann zum $\tau\alpha\grave{v}\tau\grave{o}\nu\ \varkappa\alpha\grave{\iota}\ o\grave{v}\ \tau\alpha\grave{v}\tau\acute{o}\nu$ und kehrt dann erst zum $\check{o}\nu$, zum einzig wahren Weg zurück. Die Schilderung, die er darauf vom Seienden entwirft, ist lückenlos erhalten. Folglich läßt sich hier das fragliche Fragment nicht unterbringen, es bleibt nur noch der Abschnitt über das $\tau\alpha\grave{v}\tau\acute{o}\nu\ \varkappa\alpha\grave{\iota}\ o\grave{v}\ \tau\alpha\grave{v}\tau\acute{o}\nu$, wo es gestanden haben kann. Und bei genauerer Prüfung zeigt sich auch, daß dies der Platz ist, wo es sich am vorteilhaftesten und besten in das Ganze einfügt. Wenn ich in meiner Übersetzung von der Dielsschen abgewichen bin, so tat ich das bewogen durch die Bedeutung und Geschichte des Wortes $\varkappa\acute{o}\sigma\mu o\varsigma$, die sich mir in einem andern Lichte gezeigt hat, als es bisher üblich war[1]. Hier mein Ergebnis, vor der Hand noch ohne die Belege: niemals, auch nicht in der Sprache der ältesten Milesier hat dies Wort das „Weltgefüge" oder den „Bau der Welt" bedeutet, vielmehr redeten die Alten von den $\varkappa\acute{o}\sigma\mu o\iota$ in der Mehrzahl und verstanden darunter die verschiedenen Phasen, die nach ihren Theorien der $\delta\iota\acute{a}\varkappa o\sigma\mu o\varsigma$ zu durchlaufen hatte. $K\acute{o}\sigma\mu o\iota$ waren beispielsweise die abwechselnden Zustände äußerster $\grave{a}\varrho\alpha\acute{\iota}\omega\sigma\iota\varsigma$ und $\pi\acute{v}\varkappa\nu\omega\sigma\iota\varsigma$ bei Anaximenes. Und gegen Anaximenes und seine Kosmogonie ist in der Tat die offenkundige Polemik, die in jenen Versen steckt, gerichtet — Heraklit als Gegner scheidet aus gewissen später darzulegenden Gründen aus. Waren aber die Worte nicht dazu bestimmt, dem wahren Seienden zu allem übrigen noch eine neue und besondere Eigenschaft hinzuzufügen, sondern sollten sie die Sinneswahrnehmung und die auf sie gegründete Physik als dem Verstande widersprechend in das Reich der logischen Unmöglichkeiten verweisen, so bedarf es keiner weiteren Erklärung, weshalb sie bei der wahren Erkenntnis, in dem Abschnitt über das Seiende, kein Unterkommen finden konnten und mit Fug und Recht ein Teil der Warnung sind, die gegen die Sinnlichkeit und die

---

[1] Diels übersetzt: „Denn er (der Verstand) wird ja das Seiende nicht aus dem Zusammenhange des Seienden abtrennen, weder so, daß es sich in seinem Gefüge überall gänzlich auflockere, noch so, daß es sich zusammenballe."

ihr eigene contradictio in adiecto, das ταὐτὸν καὶ οὐ ταὐτόν
gerichtet wird.

Auf welche Weise der Begriff des physischen Geschehens
und überhaupt jede stoffliche wie zeitliche Unterscheidung
auf jene Formel gebracht war, liegt auf der Hand: setzte
man hier ein Seiendes und dort ein Seiendes, so waren beide
durch Raum oder Zeit getrennt und unterschieden und doch
ihrem Wesen nach dasselbe, also ταὐτὸν καὶ οὐ ταὐτόν.
Und daß wirklich von dergleichen einfachsten und primitivsten Folgerungen das Denken der Eleaten ausgegangen ist,
dafür ist mir der sicherste Beweis der Satz über die Unmöglichkeit des Unterschiedes in der Zeit, Fr. 8, 20: εἰ γὰρ ἔγεντ᾽
οὐκ ἔστ(ι), οὐδ᾽ εἴ ποτε μέλλει ἔσεσθαι. Es wird sich uns noch
späterhin bestätigen, wenn es auch manches Überzeugung
widerstreiten mag: am Anfang des begrifflichen Denkens,
bei Parmenides wie Sokrates, steht allemal das Wort, der
Glaube an das Wort, und was davon untrennbar ist, die
Wortklauberei.

★   ★
★

Aber besteht nicht gegen diese ganze hier geübte Art, mit
den Fragmenten umzugehen, ein grundsätzliches Bedenken?
Muß nicht eine Anordnung, die sich auf Folgerichtigkeit und
Klarheit gründet, von Grund auf verfehlt sein, wenn, wie
anerkannt, die Dichter dieses Schlages wie Parmenides und
Empedokles sich um die logische und künstlerische Gestaltung ihrer Werke wenig kümmerten, sorglos und planlos
nur dasselbe wiederholten und nur aufhörten, um wieder von
vorn anzufangen? Ich kann so wenig diesen Einwand gelten
lassen, wie ich eine solche Auffassung vom Wesen dieser
Poesie für wahr erachten kann. Die Versuche, klarzustellen,
wie man komponiert hat, wie sich mit der Zeit die An-
sprüche geändert, die Formen einander abgelöst haben,
stehen in den ersten Anfängen, und es ist darum noch lange
nicht gesagt, daß da, wo wir mit unseren Augen noch nichts

zu sehen vermögen, auch nichts zu finden ist. Symmetrie und Rhythmus einer archaischen Frieskomposition verlangt, um empfunden zu werden, auch erst eine Fähigkeit und Lust am konzentrierenden Zusammenfassen, wie sie von uns durch Übung erst gelernt sein will. Und daß im Zeitalter der Giebelfelder und des strengen Stils auch ein κόσμος ἐπέων nicht ohne feste Gestalt und Gliederung sein durfte, ist für mich so selbstverständlich, daß es sich für mich nur um die Frage handelt, wie diese noch unbekannten Gesetze archaischer Komposition zu finden sind. Von Empedokles besitzen wir nur Bruchstücke, die noch dazu fast alle so gebrochen sind, daß sie die Einschnitte und Übergänge nicht erkennen lassen, deren Reihenfolge selbst nicht durch die Art der Überlieferung fest bestimmt ist. Um so gewichtiger ist, daß in dem einzigen umfangreicheren Fragment, das wirklich einmal eine Fuge aufweist, die Wiederholungen so wenig einem Unvermögen oder einer Nachlässigkeit entspringen, daß sie im Gegenteil als Kunst, als Mittel der Gliederung und Rhythmisierung des Gedankens, ganz bewußt gehandhabt werden. Wie Parmenides, so hat auch Empedokles sein Lehrgebäude auf einer Anzahl von Axiomen aufgeführt, und wie zur eleatischen Wahrheit die drei „Wege der Forschung" führen, so eröffnet sich die Lehre von den vier unvergänglichen Elementen erst nach einer Reihe von Beweisen über Sein und Nichtsein, über das Leere, über die Unmöglichkeit des Werdens aus dem Nichts und des Vergehens, über Mischung und Zersetzung, Liebe und Streit als den Ursachen der Veränderung, kurz lauter Lehrsätzen, die durch Gedanken wie Formulierung gleich stark an Parmenides erinnern. Wenn gleichwohl die Elemente gleich zu Anfang, unvermittelt, ohne Erklärung, nur als rätselhafte göttliche Vierzahl einmal auftauchten und wieder verschwanden, so war das eine Vorankündigung, die ihren Grund haben mochte, vor der Hand ein Rätsel sein zu wollen. Das ändert nichts daran, daß die grundlegenden Beweise sich in ihrer Fassung keinerlei Beschränkung auferlegten hinsichtlich der Zahl und der Beschaffenheit der Urstoffe: denn so und

nicht anders wollte es die Lehre von den Elementen, die
gleichsam ihren Ehrgeiz darein setzte, daß sie als reine
Konsequenz, ohne Makel und Überreste der Willkür, aus den
dargelegten Denknotwendigkeiten wie von selbst hervor-
ginge, mit derselben Pünktlichkeit und Sicherheit, mit der
die Wege der Forschung bei Parmenides zur Welt der Wahrheit und des Truges führten. Ob das ihr wahrer Ursprung
war, ist freilich eine andere Frage; aber das geht uns hier
nichts an. Nur soviel, als gesagt ist, war vorauszuschicken,
um das 17. Fragment, dessen Betrachtung wir uns jetzt zuwenden, in den notwendigen Zusammenhang zu rücken:

> δίπλ' ἐρέω · τοτὲ μὲν γὰρ ἓν ηὐξήθη μόνον εἶναι
> ἐκ πλεόνων, τοτὲ δ'αὖ διέφυ πλέον' ἐξ ἑνὸς εἶναι.
> δοιὴ δὲ θνητῶν γένεσις, δοιὴ δ'ἀπόλειψις ·
> τὴν μὲν γὰρ πάντων σύνοδος τίκτει τ'ὀλέκει τε,
> 5 ἣ δὲ πάλιν διαφυομένων θρεφθεῖσα διέπτη .
> καὶ ταῦτ' ἀλλάσσοντα διαμπερὲς οὐδαμὰ λήγει,
> ἄλλοτε μὲν Φιλότητι συνερχόμενα εἰς ἓν ἅπαντα,
> ἄλλοτε δ'αὖ δίχ' ἕκαστα φορεύμενα Νείκεος ἔχθει.
> ⟨οὕτως ᾗ μὲν ἓν ἐκ πλεόνων μεμάθηκε φύεσθαι⟩
> 10 ἠδὲ πάλιν διαφύντος ἑνὸς πλέον' ἐκτελέθουσι,
> τῇ μὲν γίγνονταί τε καὶ οὔ σφισιν ἔμπεδος αἰών ·
> ᾗ δὲ διαλλάσσοντα διαμπερὲς οὐδαμὰ λήγει,
> ταύτῃ δ' αἰὲν ἔασιν ἀκίνητοι κατὰ κύκλον.

Soweit der erste Teil: ein kunstvoller Beweis, scharf
abgesetzt und sorgsam aufeinander eingepaßt die Glieder.
Zu Anfang stehen die Prämissen: 1. Einheit wird zur Vielheit,
Vielheit wird zur Einheit; 2. Werden und Vergehen beruhen
auf Trennung und Vereinigung von Teilen in fortwährendem
Wechsel. Daraus die Folgerung: Entstehen und Vergehen
hat nur statt, sofern man die Erscheinungen unter den Gesichtspunkt Einheit oder Vielheit rückt; faßt man dagegen
ihre Kontinuität ins Auge, so haben die Stoffe ewige Dauer.
Mit welcher Berechnung, welchem Wohlgefallen an ge-
zirkelter und zwingender Form das Ganze gefügt ist, zeigen
vor allem die Wiederholungen: den Worten ἓν ἐκ πλεόνων ..
διέφυ πλέον ἐξ ἑνὸς εἶναι in V. 1 und 2 entsprechen in der

Schlußfolgerung V. 9: *ἐν ἐκ πλεόνων* . . *διαφύντος ἑνὸς πλέον'* *ἐκτελέθουσι,* Vers 6 kehrt beinahe unverändert wieder als Vers 12, die Konsequenz soll gleichsam in die Ohren fallen, und wie kunstvoll Vers 11 und 13 aufeinander berechnet sind, braucht nicht gesagt zu werden. Der ganze Beweis war, wenn uns überhaupt ein Schluß erlaubt ist, auch nach rückwärts fest verbunden, Werden und Vergehen waren schon zuvor einmal zur Sprache gebracht, hier ist das Thema nicht mehr neu, es dient nur noch als Glied der Kette, aber zum ersten Male erscheinen offensichtlich die Begriffe Einheit und Vielheit, die im folgenden noch eine bedeutende Rolle spielen sollen. So fügt sich Neues in schon Bekanntes ein, oder vielmehr das Bekannte wird durch Neues präzisiert, erweitert, in Zusammenhänge gerückt, und Ausdruck der Verbindung ist die Wiederholung. Dieser Satz empfängt seine Bestätigung gleich durch die zweite Hälfte desselben siebzehnten Fragments:

ἀλλ' ἄγε μύθων κλῦθι · μάθη γάρ τοι φρένας αὔξει ·
15 ὡς γὰρ καὶ πρὶν ἔειπα πιφαύσκων πείρατα μύθων,
δίπλ' ἐρέω · τοτὲ μὲν γὰρ ἓν ηὐξήθη μόνον εἶναι
ἐκ πλεόνων, τοτὲ δ'αὖ διέφυ πλέον' ἐξ ἑνὸς εἶναι,
πῦρ καὶ ὕδωρ καὶ γαῖα καὶ ἠέρος ἄπλετον ὕψος,
Νεῖκος τ'οὐλόμενον δίχα τῶν, ἀτάλαντον ἁπάντῃ,
20 καὶ Φιλότης ἐν τοῖσιν, ἴση μῆκός τε πλάτος τε.

Hier steht die Wiederholung gleich zu Anfang so auffällig wie nur möglich, und doch wäre nichts voreiliger, als wollte man daraus schließen, die Gedanken rückten nicht vom Fleck. Wir hören, daß die vorangegangenen Verse nur die Grenzen für die Untersuchung steckten, nur den Rahmen darstellten, der sich mit Inhalt füllen soll; das Neue, was erst jetzt hinzutritt, ist die Einführung der einzig möglichen **vier** Grundstoffe. Im Vorangegangenen hätte diese nur die Konsequenz beeinträchtigt; so aber werden in die allgemeine Gleichung feste Größen eingesetzt, und Aufgabe der Untersuchung ist zu zeigen, daß die Rechnung stimmt. Wie Empedokles sich dieser Aufgabe entledigt hat, darf übergangen werden. Aber wenn er in Fragment 26 die fünf Schlußverse des allgemeinen Teils, die *πείρατα μύθων,* un-

verändert wiederbringt, jetzt aber nicht mehr auf beliebige
Grundstoffe, wie vormals, sondern auf die einzig möglichen
vier Elemente angewandt — αὐτὰ γάρ ἐστι ταῦτα, δι' ἀλλήλων
δὲ θέοντα γίνοντ(αι) ἄνθρωποί τε καὶ ἄλλων ἔθνεα θήρων . .
εἰσόκεν
ἓν συμφύντα τὸ πᾶν ὑπένερθε γένηται — so ist das keine
müßige Wiederholung, kein Symptom gedanklicher Zer-
fahrenheit, sondern ein hörbarer Abschluß, der besagt, daß
das gewollte Ziel erreicht ist. Mit den Begriffen Naivität,
Dilettantismus, primitiver Kunstübung ist hier kein Weiter-
kommen. Auch die eingestreuten Selbstbetrachtungen des
Dichters über die eigene Technik lassen viel eher auf eine
bewußte, überlegte Kunst in der Gedankenführung schließen,
als auf Naivität und primitive Unbefangenheit. Wenn
er sich beispielsweise rühmt, Spitze an Spitze fügend
nicht nur einen Weg der Lehre zu vollenden (Fr. 24)[1],
wenn er, um Neues anzuknüpfen, frühere Thesen wiederholt mit der Begründung, daß, was recht sei, nach dem
Sprichwort sich zweimal gesagt gehöre (Fr. 25), wenn er
nach einem Exkurs „aufs neue anhebend wieder einbiegt in
die Straße der Gesänge, die er zuvor verkündet hat, stets
einen λόγος aus dem anderen herleitend", so dürfen, wie
mir scheint, dergleichen Wendungen am allerwenigsten zugunsten einer Auffassung ausgelegt werden, die am lieb-
sten in diesem Gedichte nichts als eine Improvisation erblicken möchte. Diese vielen „Ichs", die stets beflissene,
fast aufdringliche Mitteilsamkeit hinsichtlich der Gedankenführung erinnert fast schon an die Formelhaftigkeit der
Übergänge in archaischer, besonders hippokratischer Prosa
— wie unendlich weit von dieser neuen Kunst entfernt ist
doch die alte Art Hesiods! — nur daß freilich auch eben
das, was der prosaischen Gliederung ihr eigentümliches
Gepräge gibt, die typische Form des Übergangs dem philosophischen Lehrgedicht, soweit wir es aus seinen Resten

[1] Κορυφὰς ἑτέρας ἑτέρῃσι προσάπτων μύθων μὴ τελέειν ἀτραπὸν μίαν .
κορυφαί gleich κεφάλαια wie bei Pindar Ol. VII 68: τελεύταθεν δὲ λόγων
κορυφαὶ ἐν ἀλαθείᾳ πετοῖσαι. Pyth. III 80 εἰ δὲ λόγων συνέμεν κορυφάν,
Ἱέρων, ὀρθὰν ἐπίστᾳ.

kennen, fremd ist, und soviel wir schließen dürfen, unter
allen Umständen fremd sein mußte. Die prosaische Form
des Übergangs hat zur Voraussetzung, daß die Gedanken in
gerader Richtung fortschreitend kapitelweise ihrer Erledi-
gung entgegengehen; Besonderheit des philosophischen Lehrgedichtes ist es, daß es Komplexe bildend und selbständige
Einheiten gruppierend in jede Teileinheit zugleich das Ganze
mit hineinziehen möchte; darum seine Umschweife und
Wiederholungen. Es gibt, soviel ich weiß, nur eine Prosa-
schrift, die sich hinsichtlich ihrer Komposition mit dem
Empedokleischen Gedicht vergleichen ließe, aber auch diese
Ausnahme bestätigt nur die Regel; ich meine die Hippokratische Schrift de victu. Der Wert dieser Schrift für uns
beruht darauf, daß der Verfasser, ein Eklektiker im Stil
nicht weniger als in der philosophischen Überzeugung, stellen-
weise Heraklitisch oder überhaupt archaisch wirken will.
Bei solcher Neigung kann es nicht mehr überraschen,
wenn wir auch bei ihm derselben Art von Wiederholungen
begegnen, freilich mit dem Unterschied, daß hier als ange-
quälte, übertriebene Manier erscheint, was einmal die natürliche und vom Gedanken selbst geschaffene Form war.
Darin unterscheidet sich der Nachahmer von seinem Vorbild. Aber das Prinzip der Gliederung, die Eigenart der
paarweis nebeneinander laufenden Gedankengänge, die sich
äußerlich zu wiederholen scheinen und doch stetig fort-
schreiten und Neues bringen, ist trotz allem treu bewahrt.
Es kann nicht wundernehmen, wenn das Opus etwas ungleich-
artig ausgefallen ist; das „Heraklitisieren" ließ sich schlecht
durchführen, wo der Arzt etwas zu sagen hatte, um so
leichter ging es, wo der Philosoph zu Wort kam, um über
die letzten Gründe zu orakeln; also wo es galt, die Vorgänge
im menschlichen Körper mit den Weltgesetzen in Zusammenhang zu bringen, oder wo immer sich ein willkommener Aus-
blick auf das große Weltgeheimnis auftat. So setzt denn
überall, wo der Gedanke allgemein wird, auch das „Heraklitisieren" ein, als eine mühsam angelernte Kunst, die sich nur
in beschränktem Maß verwerten ließ. Man hat das falsch

gedeutet und den Autor, wie mir scheint, ein wenig übel
zugerichtet, indem man glaubte, einen „Physiker" und
einen „Herakliteer" aus ihm herausschneiden zu müssen,
und da man nun noch einen dritten brauchte, um die Vereinigung der beiden anderen zu erklären, so erfand man sich
dazu noch einen „Kompilator"[1]. Das ist annehmbar, sobald
man es nicht wörtlich nimmt; es mögen immerhin so etwas
wie drei Seelen, drei Nachahmerseelen in desselben Mannes
Kopf gehaust haben. Daß aber nur ein einziger Verfasser
am Werke war, dafür bürgen, scheint mir, nicht zuletzt die
Ähnlichkeiten in der Komposition, die sich bei dieser Schrift
und bei Empedokles beobachten lassen. Wäre Fredrichs
Hypothese richtig, so beruhten diese Ähnlichkeiten alle nur
auf einem reinen Zufall, auf der bloßen Willkür seines Kom-
pilators. Aber wie wenig wahrscheinlich ein solcher Zufall
wäre, mag ein Beispiel zeigen:

VI. τὰ δὲ ἄλλα πάντα καὶ [ψυχὴ][2] ἀνθρώπου καὶ σῶμα ὁκοῖον
⟨δ⟩ἡ ψυχὴ διακοσμεῖται. ἐσέρπει δὲ ἐς ἄνθρωπον μέρεα
μερέων, ὅλα ὅλων, ἔχοντα σύγκρησιν πυρὸς καὶ ὕδατος,
τὰ μὲν ληψόμενα τὰ δὲ δώσοντα, καὶ τὰ μὲν λαμβάνοντα μεῖον
ποιεῖ, τὰ δὲ διδόντα πλέον. πρίουσιν ἄνθρωποι ξύλον· ὁ μὲν
ἕλκει, ὁ δὲ ὠθεῖ, τὸ δὲ αὐτὸ τοῦτο ποιέουσι· μεῖον δὲ
ποιέοντες πλέον ποιέουσι· τοιοῦτον φύσις ἀνθρώπου· τὸ
μὲν ὠθεῖ τὸ δὲ ἕλκει· τὸ μὲν δίδωσι, τὸ δὲ λαμβάνει· καὶ τῷ
μὲν δίδωσι, τοσούτῳ πλέον, οὗ δὲ λαμβάνει, τοσούτῳ μεῖον·
χώρην δὲ ἕκαστον φυλάσσει τὴν ἑωυτοῦ, καὶ τὰ μὲν ἐπὶ τὸ μεῖον

---

[1] Fredrich, Hippokratische Forschungen (Philol. Untersuch.,
hrsg. von Kießling und Wilamowitz, XV, 1899), S. 89ff. Sachliche
Unterschiede zwischen dem Herakliteer und dem Physiker aus-
findig zu machen, ist Fredrich trotz allem Bemühen nicht gelungen.
Wenn in c. X das Feuer als lebenschaffendes und körperbildendes
Element erscheint, so steht das keineswegs im Widerspruch mit der
vermeintlichen Theorie des Physikers, denn auch ihm ist das Feuer
τὸ κινοῦν, das Flüssige τὸ τρέφον (c. IX τούτων δὲ ὁπότερον ἂν τύχῃ ἐλθὸν
καὶ τύχῃ τῆς ἁρμονίας, ὑγρὸν ἐὸν κινεῖται ὑπὸ τοῦ πυρός· κινεόμενον δὲ
ζωπυρεῖται κτλ). Bei der Körperbildung ist das Flüssige gleichsam
die Materie für das bewegende, das feurige Element.

[2] Die Klammern sind von mir; τὰ δ'ἄλλα πάντα, καὶ ψυχὴν ἀνθρώπου
καὶ σῶμα ὁμοίως, ἡ ψυχὴ διακοσμεῖται Fredrich.

— 58 —

ἰόντα διακρίνεται ἐς τὴν ἐλάσσονα χώρην, τὰ δὲ ἐπὶ τὸ μέζον
πορευόμενα συμμισγόμενα ἐξαλλάσσει ἐς τὴν μέζω τάξιν, τὰ δὲ
ξεῖνα καὶ μὴ ὁμότροπα ὠθεῖται ἐκ χώρης ἀλλοτρίης.

ἑκάστη δὲ ψυχὴ μέζω καὶ ἐλάσσω ἔχουσα περιφοιτᾷ τὰ μόρια
τὰ ἑωυτῆς, οὔτε προσθέσιος οὔτε ἀφαιρέσιος δεομένη τῶν μερέων·
κατὰ δὲ αὔξησιν τῶν ὑπαρχόντων (scil. μερέων) καὶ μείωσιν
δεομένη χώρης, ἕκαστα διαπρήσσεται, ἐς ἥντινα ἂν ἔλθῃ,¹ καὶ
δέχεται τὰ προσπίπτοντα.

οὐ γὰρ δύναται τὸ μὴ ὁμότροπον ἐν τοῖσιν ἀσυμφόροισι
χωρίοισι ἐμμένειν ... διὰ τοῦτο ἀνθρώπου ψυχὴ ἐν ἀνθρώπῳ
αὔξεται, ἐν ἄλλῳ δὲ οὐδενί· καὶ ‹ἐπὶ suppl. Heidel› τῶν ἄλλων
ζῴων τῶν μεγάλων ὡσαύτως. ὅσα δὲ ‹ἀσύμφορα›², ἄλλως ἀπ᾽ ἄλλων
ὑπὸ βίης ἀποκρίνεται.

VII. περὶ μὲν οὖν τῶν ἄλλων ζῴων ἐάσω, περὶ δὲ ἀνθρώπου
δηλώσω· ἐσέρπει γὰρ ἐς ἄνθρωπον ψυχή, πυρὸς καὶ
ὕδατος σύγκρησιν ἔχουσα, μοῖραν δὲ σώματος ἀνθρώ-
που· ταῦτα δὲ καὶ θήλεα καὶ ἄρσενα πολλὰ καὶ παντοῖα
τρέφεταί τε καὶ αὔξεται διαίτῃ τῇ περ ἄνθρωπος· ἀνάγκη δὲ τὰ
μέρεα ἔχειν πάντα τὰ ἐσιόντα· οὕτινος γὰρ μὴ ἐνείη μοῖρα ἐξ
ἀρχῆς, οὐκ ἂν αὐξηθείη, οὔτε πολλῆς τροφῆς ἐπιούσης οὔτε
ὀλίγης· οὐ γὰρ ἔχει τὸ προσαυξανόμενον· ἔχον δὲ πάντα αὔξεται

¹ Da ich über den Sinn dieser Worte anderer Ansicht bin als
Diels (Herakleitos von Ephesos, 2. Aufl., S. 57—59; vgl. Vorsokr.
12 C 1 cap. 6), so muß ich sagen, wie ich sie verstehe. Das Problem
für den Verfasser ist, wie jede Einzelseele aus dem allgemeinen
Seelenstoff herstammen und von ebendorther ihr Wachstum haben
kann, und doch sich ihrem Wesen nach von jeder anderen Seelen-
gattung unterscheidet. Diese Frage löst er durch die Theorie, daß
jeder Seele eine ganz bestimmte Zahl von Seelenteilen eigen sei,
die sich bei keiner anderen wiederfinde; um zu wachsen und sich zu
bewegen, bedürfe sie weder einer Vermehrung noch einer Verminde-
rung dieser ihrer Zahl, sondern indem die in ihr vorhandenen
größeren und kleineren Teile zunähmen und abnähmen, bedürfe sie
der Raumveränderung und übe sie ihre Funktionen aus, in welchen
Raum oder Körper sie immer eingetreten sei, und gliedere sich die
ihr zuströmenden Teilchen an. — Ergänzt braucht nichts zu werden,
wenn man nur anders interpungiert.

² Von mir ergänzt; ὅσα διαλλάσσει ἀπ᾽ ἀλλήλων Diels (in den Vorsokratikern versehentlich zu Zeile 15 statt 17 notiert); ὅσα ἀλλοῖα
ἀπ᾽ αὐτῶν Wilamowitz.

ἐν χώρῃ τῇ ἑωυτοῦ ἕκαστον, τροφῆς ἐπιούσης ἀπὸ ὕδατος ξηροῦ
καὶ πυρὸς ὑγροῦ καὶ τὰ μὲν ἔσω βιαζόμενα τὰ δὲ ἔξω · ὥσπερ οἱ
τέκτονες τὸ ξύλον πρίουσιν · ὁ μὲν ἕλκει, ὁ δὲ ὠθεῖ, τωὐτὸ
ποιοῦντες · κάτω δὲ πιεζόντων ἄνω ἕρπει · οὐ γὰρ ἂν παραδέχοιτο
κάτω ἰέναι · ἢν δὲ βιάζηται, παντὸς ἁμαρτήσεται · τοιοῦτον
τροφὴ ἀνθρώπου · τὸ μὲν ἕλκει, τὸ δὲ ὠθεῖ · ἔσω δὲ βιαζο-
μένου ἔξω ἕρπει · ἢν δὲ βιῆται παρὰ καιρόν, παντὸς ἀποτεύξεται.

Wie genau die beiden Kapitel einander entsprechen,
liegt vor Augen, aber sie könnten nicht parallel sein, wenn der
Inhalt nicht verschieden wäre; so handelt das erste von der
Seele, das zweite von der Nahrung, und der enge innere Zusammenhang der beiden findet seinen Ausdruck in einer
Art strophischer Gliederung. Statt des Überganges steht
die Wiederholung, an die Wiederholung erst kann sich das
Neue ansetzen, mit den Worten τρέφεταί τε καὶ αὔξεται ist
erst der Gedanke auf den Weg gebracht, auf den er kommen
sollte. Ähnlich liegt der Fall im dritten und vierten Kapitel:
. ταῦτα δὲ συναμφότερα αὐτάρκεά ἐστι τοῖσί τε ἄλλοισι πᾶσι καὶ
ἀλλήλοισιν ... ἐν μέρει δὲ ἑκάτερον κρατεῖ καὶ κρατεῖται ἐς τὸ
μήκιστον καὶ ἐλάχιστον ὡς ἀνυστόν ... τὸ μὲν οὖν πῦρ καὶ τὸ ὕδωρ,
ὥσπερ εἴρηταί μοι, αὐτάρκεά ἐστι πᾶσι διὰ παντὸς ἐς τὸ μήκιστον
καὶ τὸ ἐλάχιστον ὡσαύτως. (IV.) τούτων δὲ πρόσκειται ἑκατέρῳ
τάδε. Das ist Nachahmung archaischer Technik—denn der Verfasser kann viel einfacher und fortgeschrittener schreiben —
einer Technik, die uns bei Empedokles begegnete und, wenn
auch unentwickelter und weniger bewußt, schon bei Parmenides zum Vorschein kommt. Bezeichnend ist für diesen,
welches Umschweifes er dazu bedarf, um zu seinem dritten
Wege der Forschung zu gelangen: um den systematischen
Zusammenhang des Ganzen klar zu machen, kann er diesen
Weg nicht einführen, bevor er nicht die andern beiden eben
erst beschriebenen Wege nochmals aufgezählt hat (Fr. 6):
χρὴ τὸ λέγειν τε νοεῖν τ᾽ ἐὸν ἔμμεναι · ἔστι γὰρ εἶναι,
μηδὲν δ᾽ οὐκ ἔστιν · τά σ᾽ ἐγὼ φράζεσθαι ἄνωγα.
πρώτης γὰρ σ᾽ ἀφ᾽ ὁδοῦ ταύτης διζήσιος ‹εἴργω›,
αὐτὰρ ἔπειτ᾽ ἀπὸ τῆς, ἣν δὴ βροτοὶ εἰδότες οὐδέν
πλάττονται . .

Dabei fällt auf, wie fest in sich geschlossen und für sich geprägt das erste Verspaar ist, als Einheit auch durch den Hesiodischen Versschluß charakterisiert (vgl. Erga v. 367), und wie das übrige so scheinbar äußerlich hinzutritt. Bei Empedokles wie bei dem Hippokratiker bemerkten wir die Neigung, gerade derlei Kopfstücke zu wiederholen. Dürfen wir einen Rückschluß wagen? Sollte vielleicht dieselbe Sentenz schon einmal vorgekommen sein? Vielleicht gewinnt der Einfall an Wahrscheinlichkeit, wenn man bedenkt, daß ja Parmenides das Seiende als sein Problem gleich anfangs irgendwie hat nennen müssen, und daß er das kaum konnte, ohne das notwendige Prädikat des Seienden, das Sein, und seinen notwendigen Gegensatz, das Nichts, gleich mitzunennen. Und zwar muß das vor der Unterscheidung der drei Wege geschehen sein. So mögen denn, vermutungsweise, jene beiden Verse an die Spitze rücken, und an ihre programmatische Erklärung mag sich Fragment 3 anschließen: ξυνὸν δέ μοί ἐστιν, ὁππόθεν ἄρξωμαι · τόθι γὰρ πάλιν ἵξομαι αὖθις. Denn in der Tat beschreibt die Untersuchung einen Kreis: sie geht aus vom Seienden und kehrt zum Seienden zurück, und jeder der drei Wege, wie man es auch anfängt, führt zum Ausgangspunkt zurück: τὸ ὄν ἔστιν.

So hätten wir denn mit Hilfe des Hippokratikers erwiesen, daß die Wiederholungen im alten philosophischen Lehrgedicht am allerwenigsten als Zeichen der Kunstlosigkeit gedeutet werden dürfen, daß sie im Gegenteil von einem stark entwickelten Bewußtsein der Systemzusammenhänge Zeugnis ablegen. Ja man mag versucht sein, angesichts der kompositionellen Übereinstimmung, eine Entwicklungslinie von Parmenides über Empedokles zum Hippokratiker zu ziehen. Aber da bliebe der Hauptfaktor vergessen, der große Unbekannte: Heraklit. Es hilft uns nichts, wir kommen um die Frage nicht herum: wie hat er komponiert? Gehört er überhaupt in diese mutmaßliche Entwicklungsreihe hinein? Und wenn er nicht hineingehört, wie haben wir ein Recht, seinen Nachahmer, den Hippokratiker, mit Empedok-

les zu vergleichen? Eins ist freilich leicht erwiesen: daß auch Heraklit die parallele Gedankenführung angewandt und sogar reichlich angewandt hat. Schon die ersten beiden Bruchstücke, die einzigen übrigens, von denen feststeht, daß sie aufeinander folgten, zeigen Responsion: 1. *τοῦ δὲ λόγου τοῦδ᾽ ἐόντος ἀεὶ ἀξύνετοι γίγνονται ἄνθρωποι* ... 2. *τοῦ λόγου δὲ ἐόντος ξυνοῦ ζώουσιν οἱ πολλοὶ ὡς ἰδίαν ἔχοντες φρόνησιν.* Jedes dieser beiden Themen war durch mehrere Sätze durchgeführt und variiert (vgl. Fr. 34; 17). Das Werk begann also mit zwei einander entsprechenden wuchtigen Paradoxien: „Dies Denkgesetz besteht, und bleibt doch ewig den Menschen unverständlich." „Das Denkgesetz ist allgemein, es gilt schlechthin, und doch leben die meisten, als ob sie ihre besondere Einsicht hätten."
Man kann die Spannung, worauf diese Sätze hinwirken, den Ton der Offenbarung, worauf jedes Wort gestimmt ist, nicht ärger mißverstehen, als wenn man Fragment 50 an die Spitze stellt: *οὐκ ἐμοῦ ἀλλὰ τοῦ λόγου ἀκούσαντας ὁμολογεῖν σοφόν ἐστιν ἓν πάντα εἶναι* — ganz davon abgesehen, daß dieser Einfall gegen alle Methode geht. Auch der Hippokratiker mit seinen *μέρεα μερέων, ὅλα ὅλων* will durchaus nicht gleich verstanden werden, sondern den Leser vor den Kopf stoßen und erst allmählich ihn dahinter kommen lassen, um was es sich handelt. Läßt man Heraklit den Inhalt seiner Verkündigung gleich vorwegnehmen, so hat man allerdings erreicht, was man wohl möchte: daß das Rätselhafte, Vieldeutige und in der Tat höchst Raffinierte seines Einganges plan und platt geworden ist. Aber wozu dann überhaupt noch dieser Anfang? Nein, der Hörer soll sich in diesem Gedankenlabyrinth verirren, soll nicht wissen, wie er sich diesen *λόγος* deuten soll, der zwischen Rede, Philosophenweisheit, Denknotwendigkeit zu schillern scheint, so soll sich die Abgründlichkeit dieses Tiefsinns vor ihm auftun. — Fernere Beweise paralleler Gliederung erblicke ich in der Wiederkehr derselben Bilder und Symbole. Aus einem psychologischen Zusammenhang ist Fragment 12 genommen: *ποταμοῖσι τοῖσιν αὐτοῖσιν ἐμβαίνουσιν ἕτερα καὶ ἕτερα ὕδατα ἐπιρρεῖ· καὶ ψυχαὶ δὲ ἀπὸ τῶν ὑγρῶν ἀναθυμιῶνται.* Dasselbe Gleichnis, allgemein auf Werden und

Vergehen angewandt, begegnet in Fragment 49a: *ποταμοῖς τοῖς αὐτοῖς ἐμβαίνομέν τε καὶ οὐκ ἐμβαίνομεν, εἰμέν τε καὶ οὐκ εἰμεν.* Das Bild des Weges, der krumm und gerade, hinauf und hinab derselbe ist, erscheint in Fragment 59 und Fragment 60 usw[1]. Soweit also würde auch Heraklit sich unserem Schema unterordnen. Und doch werden wir gerade hier gegen uns selber mißtrauisch: sind nicht die Wiederholungen bei Heraklit im Grunde etwas gänzlich anderes als bei Empedokles? Dort waren es Lehrsätze, hier sind es allermeist Bilder und Symbole, dort standen sie im Dienst der Überzeugungskraft, der Klarheit und Eindringlichkeit der Lehre, hier sind sie ein Wiederklingen stets derselben rätselvollen Grundtöne. Mit einem Wort, es spiegelt sich in den Wiederholungen der ganze Gegensatz der beiden Philosophien, ja mehr noch, zweier philosophischer Grundtypen. Die einen, wie Empedokles, Parmenides und, wenn wir schließen dürfen, auch Xenophanes, wollen um jeden Preis beweisen, mit ihrem unfehlbaren *λόγος*, ihrer Wort- und Denkmethode, ihrer Logik, wollen sie der Sinnenwelt zu Leibe gehen, um sich den Weg zur Wahrheit zu erzwingen. Heraklit blickt auf dergleichen Anstrengungen mit dem Gefühl unsäglicher Erhabenheit herab; sein *λόγος* spottet aller Beweise, seine Wahrheit liegt, wo niemand sie vermutet, auf die Suche nach ihr gehen wäre Dummheit[2]; sie erklärt sich nicht,

---

[1] Bezeichnend ist, was Gomperz, Wiener Sitzungsber. 1886, S. 1004, über Herakl. Fr. 32 und 41 bemerkt (32: *ἓν τὸ σοφὸν μοῦνον λέγεσθαι οὐκ ἐθέλει καὶ ἐθέλει Ζηνὸς ὄνομα.* 41: *ἓν τὸ σοφόν, ἐπίστασθαι γνώμην, ὅτεη ἐκυβέρνησε πάντα διὰ πάντων*): ,,Angesichts dieser zwei Bruchstücke drängt sich mir die folgende Frage auf. Ist es glaublich, daß ein Autor innerhalb einer nicht allzu umfangreichen Schrift nicht nur etwa dasselbe Wort, sondern genau dieselbe Phrase in so grund verschiedenem Sinn angewendet hat, wie das hier der Fall sein müßte?" Ich dächte, das wäre ein unschätzbarer Wink für das Verständnis Heraklitischer Kunst. Die beiden Stellen werden schon einander entsprochen haben.

[2] Fr. 18: *ἐὰν μὴ ἔλπηται ἀνέλπιστον, οὐκ ἐξευρήσει, ἀνεξερεύνητον ἐὸν καὶ ἄπορον.* Das ist, wie ich glaube, nicht Mysterienhoffnung, sondern Erkenntnistheorie: man muß schon das Unverhoffte hoffen, sich auf

kaum daß sie sich in Worten wiedergeben läßt: sie offenbart sich, sie gebraucht Symbol und Gleichnis, wie der Herr des delphischen Orakels: der sagt auch nichts und verbirgt auch nichts, sondern er deutet an (Fr. 93). Sicher ist Heraklit die ungleich kompliziertere, an sich betrachtet, spätere Erscheinung. Seine Eigenart, mehr noch sein Wissen um seine Eigenart und seine sehr ausführlichen, sehr selbstbewußten Betrachtungen darüber zeigen, daß er die andere Art wohl kannte. Aber wie läßt sich das Gerade, Einfache aus dem Komplizierten, Überfeinerten herleiten? Setzen wir bei Parmenides Bekanntschaft mit dem Werke Heraklits voraus, so haben wir doch für eine Ableitung der Wiederholungstechnik und ihrer beiden Spielarten nicht das geringste damit gewonnen. Wollen wir schon einen Schnittpunkt beider Richtungen erreichen, so müssen wir, wohl oder übel, höher hinauf, wer weiß? zu Xenophanes oder gar, so unwahrscheinlich das auch wäre, zur ältesten Prosa, zu Anaximenes, zu Anaximander? — falls wir nicht vorziehen, auf das Konstruieren zu verzichten. Denn wer wird es wagen, den entgegengesetzten Fall zu setzen und einem bloßen Schema, einer Konstruktion zuliebe die bewährte und nie angetastete Chronologie, und sei es auch nur versuchsweise,

---

das Unmögliche gefaßt machen, um „es" (wahrscheinlich τὸ σοφόν) zu finden, so unauffindbar ist es und unzugänglich. Die Worttrennung, die Gomperz gibt (Wiener Sitzungsber. 1886, S. 999), scheint mir die einzig mögliche. Ἕλπεσθαι ἀνέλπιστον sprichwörtlich, wie κινεῖν τὰ ἀκίνητα, ursprünglich in tadelndem Sinne. So begegnet es in den „goldenen Sprüchen" der Pythag. v. 53 (dies Beispiel wie das folgende aus Gomperz): ὥστε σε μήτε ἄελπτ' ἐλπίζειν μήτε τι λήθειν. Dagegen wendet sich der Vers des „Linos" Stob. Vc. 46, 1: ἔλπεσθαι χρὴ πάντ' ἐπεὶ οὐκ ἔστ' οὐδὲν ἄελπτον. Ähnlich Euripides Fr. 761: ἄελπτον οὐδέν, πάντα δ' ἐλπίζειν χρεών. Archilochos Fr. 74: χρημάτων ἄελπτον οὐδέν usw. Heraklit hat seinen erkenntnistheoretischen Lieblingsgedanken auch noch in andere Sprichwörter hineingedeutet, Fr. 34: ἀξύνετοι ἀκούσαντες κωφοῖσιν ἐοίκασι · φάτις αὐτοῖσιν μαρτυρεῖ παρεόντας ἀπεῖναι. — Mit Fr. 18 dem Sinne nach verwandt ist Fr. 108: ὁκόσων λόγους ἤκουσα, οὐδεὶς ἀφικνεῖται ἐς τοῦτο, ὥστε νοεῖν, ὅτι σοφὸν ἔστι πάντων κεχωρισμένον. Man könnte fast versucht sein, Fr. 18 hier an anzuschließen. Ähnlich auch Fr. 86.

in Frage zu ziehen? Es müßte denn gerade sein, daß diese
Chronologie aus anderen Gründen fraglich würde. Aber
gibt es solche Gründe? Wie ich glaube, allerdings. —

★   ★
★

Daß die vielzitierten Verse des Parmenides über die
Doppelköpfe, „die taub und blind zugleich und urteilslos auf
ihrem Wege dahinschwanken", in Wahrheit ein nur allzu
leicht verhüllter, leidenschaftlicher Ausfall seien, der sich nur
gegen Heraklit und seine Schule richten könne, diese zuerst
von Jacob Bernays (Ges. Abhandlungen I S. 62) ausgesprochene
Überzeugung ist allmählich zu so starker Geltung und Gewalt gelangt, daß sie am Ende die gesamte Auffassung der
älteren griechischen Philosophie bestimmt und von sich
abhängig gemacht hat. In der Tat muß diese Beobachtung,
wenn sie denn wirklich richtig ist, die weittragendsten Folgerungen nach sich ziehen; nicht nur, daß hier ein Punkt gegeben scheint, von dem aus sich der Fortschritt und Verlauf
der philosophischen Entwicklung mit urkundlicher Genauigkeit bestimmen läßt: beinahe noch wichtiger ist, daß dieselben
Verse wie durch einen Riß hindurch uns einen Einblick in
das innere, das wahre Leben jener Zeit und ihres Denkens zu
eröffnen scheinen: durch die feierliche Steifheit und Selbst-
genugsamkeit des literarischen Gebarens blicken wir in
einen unerwartet regen Schulbetrieb hinein, da gibt es
Schüler, die zu diesem und zu jenem Lehrer reisen, und da
gibt es Lehrer, die vortrefflich auf dem Laufenden sind, sich
gegenseitig ihre neusten Erscheinungen herunterreißen und
herüber und hinüber streiten, daß der Osten wie der Westen
vom Echo ihrer Worte widerhallt[1]. Aber so einleuchtend
oder unwahrscheinlich all das an sich sein mag, damit ist
die Frage noch nicht aus der Welt geschafft, ob Bernays
wirklich ein Recht hatte, die Verse, losgelöst aus allem Zu-

---

[1] Im Ausmalen solcher Züge ist wohl am weitesten gegangen
Löw im Archiv für Gesch. der Philos., 1911.

sammenhang, nur auf den ersten und gewiß frischesten Eindruck hin für eine Invektive zu erklären. Wir haben bereits erkannt, daß die drei „Wege der Untersuchung" das natürliche Ergebnis Einer Fragestellung sind und daß der dritte Weg, derselbe, auf dem die Doppelköpfe wandeln, ebenso notwendig in das System hineingehört wie die beiden andern. Wem dafür der Nachweis, den wir hauptsächlich aus Gorgias περὶ τοῦ μὴ ὄντος zu führen suchten, noch nicht genug ist, mag sich vielleicht lieber durch die Inder belehren lassen; Mândûkya-Kârikâ 4, 83 (Deussen, Sechzig Upanishads des Veda, S. 602):

> „Er ist!" „Ist nicht!" „Ist und ist nicht!"
> „Er ist nicht nicht!" so denkend ihn
> Unstät, stät, zwiefach, neinsagend,
> Verbirgt sein Wesen sich der Tor.

Oder er mag sich von der Natürlichkeit der logischen Dreiteilung vielleicht durch Philolaos überzeugen lassen (Fr. 2): ἀνάγκα τὰ ἐόντα εἶμεν πάντα ἢ περαίνοντα ἢ ἄπειρα ἢ περαίνοντά τε καὶ ἄπειρα· ἄπειρα δὲ μόνον ⟨ἢ περαίνοντα μόνον suppl. Diels⟩ οὔ κα εἴη· ἐπεὶ τοίνυν φαίνεται οὔτ᾽ ἐκ περαινόντων πάντων ἐόντα οὔτ᾽ ἐξ ἀπείρων πάντων, δῆλον τἄρα ὅτι ἐκ περαινόντων τε καὶ ἀπείρων ὅ τε κόσμος καὶ τὰ ἐν αὐτῷ συναρμόχθη. Nur wolle er lieber nicht den Schluß ziehen, der freilich der neueren Forschung sehr gelegen käme, daß sich auch in dieser Ähnlichkeit der pythagoreische Einfluß zeige, unter dem Parmenides herangewachsen sei. In Wahrheit ist das Beweisschema des Philolaos nur ein Abklatsch des eleatischen; an die Stelle des obersten logischen Gegensatzes ist eine geometrische Unterscheidung getreten, das heißt: überhaupt kein eigentlicher Gegensatz — ein solcher wäre, nach der pythagoreischen Tafel der Gegensätze, ἄπειρον καὶ πεπερασμένον — sondern eine Kausalbeziehung: das Begrenzende und das Begrenzte[1]. (Unbegreiflich ist mir, wie man ein so

---

[1] Diels in der neusten Auflage der Vorsokratiker, S. 309: „Grenze (Form) und Unbegrenztheit (Stoff) sind die Prinzipien der wirklichen, d. h. sichtbaren Dinge, die durch die Zahl erfaßt werden." Ich weiß nicht, ob es nicht irre führt, περαίνοντα mit „Begrenztem", zu über-

spätes, abgeleitetes System ins sechste Jahrhundert hinauf-
datieren kann, als ob dieselbe Stetigkeit, die für die religiösen Vorstellungen gilt, auch für die wissenschaftliche Erkenntnis gälte!) War aber jene Dreiteilung die Grundlage der
eleatischen Spekulation, so kann nicht gleichzeitig der dritte
Teil zur bloßen Abwehr einer fremden Lehre gedient haben,
am allerwenigsten der Heraklitischen — oder wo hätte
Heraklit gelehrt, daß Sein und Nichtsein nicht dasselbe
wäre? Tatsächlich deutet denn auch nicht ein einziges Wort
bei Parmenides auf etwas Fremdes, Außenstehendes, Nicht-
Eleatisches hin. Wenn von den Sterblichen, βροτοί, die
Rede ist, so muß vor allem daran erinnert werden, daß dies
alles nicht Parmenides, sondern die Göttin spricht, und daß
diese von den Sterblichen nicht anders redet als wie es die
Götter im Epos eben zu tun pflegen: οἷον δή νυ θεοὺς βροτοὶ
αἰτιόωνται. Sie kann also nur die Gesamtheit, keine besondere
Klasse von Querköpfen im Sinn haben. Auch ist es weder
das einzige noch das erste Mal, daß sie das Wort gebraucht,
sie wendet es recht häufig an, in Fr. I, 30; VIII, 39, 51;
XIX, 3, und zwar in so bestimmter Weise, daß es einen
philosophischen Terminus zu ersetzen scheint. Die Wahrheit und die Sterblichen, das sind die beiden Pole, um die
sich ihre Gedanken drehen. Und wie das Wort ἀλήθεια,
weil alle Wahrheit transzendent ist, auch den Begriff der
Transzendenz ausdrückt, für den es einen anderen Ausdruck noch nicht gab, so werden auch die „Sterblichen"
in dieser urwüchsigen Philosophie zum fest umgrenzten
philosophischen Begriff, sie stehen für die Welt, in der wir
leben, wahrnehmen und fühlen; denn auch dafür hatte die

---

setzen; περαίνειν intransitiv, mit πρός τι, heißt an etwas grenzen, aber
nicht begrenzt sein. Unter den περαίνοντα mag Philolaos Punkt,
Linie und Fläche verstanden haben, unter ἄπειρα die Linie, Fläche
und den Raum, sofern diese an sich unendlich sind und durch Punkt,
Linie und Fläche beliebig sich bestimmen lassen. Bedeutete τὰ
επεραίνοντα „das Begrenzte", so wäre der Beweis περαίνοτα μόνον οὔ και
ἴη unverständlich, denn die Vorstellung von lauter begrenzten Räumen
oder Körpern birgt in sich noch keinen Widerspruch.

Sprache noch kein Wort. — Die mythologische Einkleidung
des Ganzen ist weit mehr als eine Allegorie und vollends
etwas Grundverschiedenes von einer leeren Pose oder Kon-
zession an die poetische Konvenienz: sie ist, streng genommen, überhaupt gar keine Einkleidung, denn da gibt es
nichts, was in abstracto formuliert nachträglich erst mit
einer künstlichen und transparenten Körperlichkeit um-
kleidet worden wäre, sondern gerade die abstraktesten Gedanken konnten ihren Weg zur Mitteilung (wie sich versteht,
in literarischer Form) nur durch die alte mythologische
Ausdrucksweise finden, weil für die direkte Verdeutlichung
die Mittel der Sprache noch versagten. Welche Worte hätten
auch hinreichen können, um von einer Höhe einen Begriff
zu geben, von der aus betrachtet die gesamte Erfahrungs-
welt rein in ein Nichts zusammenschwand? Die ungeheure
Kluft, die zwischen diesem Jenseits und dem Diesseits lag,
ließ sich nur mit dem Unterschiede zwischen Gott und
Mensch vergleichen. War das, was es zu verneinen galt,
nichts weniger als die gesamte Welt des Menschen, so war es
zum mindesten kein überflüssiger und kein schlechter Einfall, das Verdammungsurteil einer Göttin in den Mund zu
legen. So betrachtet erscheint die Form der Offenbarung
als die natürliche Hülle und Haut für diese radikalste aller
Philosophien; sie schmiegt sich leicht und ungezwungen
allen ihren Teilen an und nirgends zeigt sich ein Mißverhältnis oder ein Widerspruch. Doch damit ist zugleich gesagt,
daß hier das Mythologische auch nur die äußere Erscheinung
bildet, nur als Ausdrucksmittel verwendet, wenn man will,
mißbraucht wird, und darum aus eigenem Trieb ein eigenes
Leben nicht entfalten kann. Die Gestalten sind, als Mythologie betrachtet, wesenlos und schemenhaft, und das aus
keinem anderen Grunde, als weil sie ausschließlich Ausdruck
der Gedanken sind, und die Gedanken wiederum können es
zu einer kräftigen und lebendigen Personifikation nicht
bringen, weil sie nur mit dem Verstande und nicht aus den
Bedürfnissen des Gefühls gewonnen sind. Daher der Eindruck des Gemachten und der Kälte. Wer von wahrer

Mythologie herkommt, dem muß das, was er hier sieht, wie
eine frostige Allegorie vorkommen; wer auf umgekehrtem
Wege von der späteren Philosophie ausgeht, dem muß dasselbe wie ein lästiges Verharren in altmodischer, hieratischer
Form erscheinen. Beide Eindrücke sind falsch, weil sie an
fremden Maßstäben gewonnen sind und mit der archaischen
Gebundenheit der Sprache und ihrer natürlichen Feind-
seligkeit gegen das emanzipierte Denken zu wenig rechnen.
Man versuche nur, sich in archaischer Prosa all das ausgedrückt zu denken, was die poetische Form tatsächlich
leistet — und das ist weit mehr, als es zunächst den Anschein
hat: die Ableitung der Sinnenwelt z. B. würde Parmenides
wohl schwerlich ἐκ τοῦ ἰδίου προσώπου so zu geben gewagt haben — und man wird zum mindesten die Ökonomie,
die Kürze und Prägnanz dieses „Gedichts" bewundern und
die alte Frage ein gut Teil weniger wichtig nehmen, ob das
nach den üblichen Begriffen auch noch Poesie sei oder nicht
vielmehr die bare Prosa: Aristoteles in allen Ehren, aber,
man verzeihe mir, ich halte seine Unterscheidung in diesem
Falle für viel zu plump, als daß sie mit einer so schwierigen
und einzigartigen Erscheinung fertig werden könnte. —

Doch ich wollte von den Doppelköpfen reden. Daß dieser
Name keine Schmähung sein soll, zeigen die übrigen Bezeichnungen, mit denen er zusammen steht: κωφοὶ ὁμῶς τυφλοί
τε, τεθηπότες. Wir sahen bereits (S. 48), daß man·hinter
diesen Worten durchaus keine Gereiztheit oder persönliche
Gegnerschaft zu suchen braucht, vielmehr erwiesen sich
dieselben Worte in nicht viel späterer Literatur als übliche
und festgelegte Bezeichnungen für die rein sinnliche Erkenntnis; als Polemik wären sie ohne Beispiel[1]. Warum
aber die Menschen, die den Sinnen folgen, Doppelköpfe
heißen, erklärt das folgende:

---

[1] Diels Parmenides, S. 69, vergleicht Herakl. Fr. 34: ἀξύνετοι
ἀκούσαντες κωφοῖς ἐοίκασι, aber das ist etwas ganz anderes; da handelt
es sich um ein mitgeteiltes Wort, und die, denen es gilt, vernehmen
es sehr wohl, aber sie gleichen den Tauben. Die beiden Stellen
stehen wohl außer aller Beziehung.

οἷς τὸ πέλειν τε καὶ οὐκ εἶναι ταὐτὸν νενόμισται
κοὐ ταὐτόν, πάντων δὲ παλίντροπός ἐστι κέλευθος.

Das sind aber genau dieselben, die auch in Fr. 8,38 erscheinen; hier einen Unterschied zu machen, wäre Willkür:

τῷ πάντ᾽ ὄνομ᾽ ἔσται
ὅσσα βροτοὶ κατέθεντο πεποιθότες εἶναι ἀληθῆ,
γίγνεσθαί τε καὶ ὅλλυσθαι, εἶναί τε καὶ οὐχί,
καὶ τόπον ἀλλάσσειν διά τε χρόα φανὸν ἀμείβειν.

Folglich kann nur die Gesamtheit aller Menschen gemeint sein. Dem *νενόμισται* entspricht das *ὅσσα κατέθεντο*: die Menschen haben sich einen *νόμος*, ein Gesetz gemacht, indem sie sagten: Sein und Nichtsein soll für uns dasselbe sein. Und dies Gesetz ist wiederum kein anderes als das, was den Gegenstand des ganzen zweiten Teils, der *δόξα* bildet:

μορφὰς γὰρ κατέθεντο δύο γνώμας ὀνομάζειν.

Folglich ist es falsch zu sagen, das Gedicht fiele in zwei Teile auseinander; die *δόξα* hängt aufs engste mit der *ἀλήθεια* zusammen, sie wird beständig mit ihr kontrastiert, sie ist nichts anderes als der dritte Weg der Forschung, und der Dichter hat sein Möglichstes getan und nichts versäumt, um diesen Zusammenhang ins Licht zu rücken. Der Beginn der *δόξα* selbst ist nur die genauere Ausführung und Bestätigung dessen, was er über den dritten Weg und sein Zusammentreffen mit der Sinnenwelt andeutend gesagt hatte (Fr. 8, 53):

μορφὰς γὰρ κατέθεντο δύο γνώμας ὀνομάζειν,
τῶν μίαν οὐ χρεών ἐστιν (ἐν ᾧ πεπλανημένοι εἰσίν).
τἀντία δ᾽ἐκρίναντο δέμας καὶ σήματ᾽ ἔθεντο
χωρὶς ἀπ᾽ ἀλλήλων, τῇ μὲν φλογὸς αἰθέριον πῦρ,
ἤπιον ὄν, μέγ᾽ [ἀραιὸν] ἐλαφρόν, ἑωυτῷ πάντοσε τωὐτόν,
τῷ δ᾽ ἑτέρῳ μὴ τωὐτόν· ἀτὰρ κἀκεῖνο κατ᾽ αὐτό
τἀντία, νύκτ᾽ ἀδαῆ, πυκινὸν δέμας ἐμβριθές τε.

„Denn sie kamen überein, zwei Formen zu benennen, von denen man die eine nicht benennen darf: das ist ihr Irrtum; sie schieden gegensätzlich beider Körper und sonderten ihre Merkmale voneinander: hier die Flamme des Ätherfeuers, die milde, gar sehr gleiche, sich selbst überall gleiches, dem anderen ungleiche; doch stellten sie auch jenes andere für sich allein, auf die entgegengesetzte Seite, die lichtlose Nacht, einen dichten und schweren Stoff." Diels hat erkannt, daß τἀντία adverbial steht wie τἀναντία bei Thukydides VII, 79: τἀναντία διαστῶμεν. Ich ziehe daraus den Schluß, daß κατά nicht mit τἀντία zu verbinden ist, daß also αὐτό nicht Apposition zum Adverbium ist, sondern daß κατ᾽ αὐτό soviel wie „allein", „für sich" bedeutet. Wie mir scheint, gewinnt bei dieser Auffassung der ganze Satz an Konzinnität. Zwei Formen werden einander entgegengesetzt, eine jede für sich; es sind die beiden stärksten und durchgängigsten Gegensätze, die Parmenides in der Welt der sinnlichen Erscheinung finden konnte, Finsternis und Licht. Jede dieser Vorstellungen oder Stoffe — denn er hat kein Mittel zwischen beidem zu unterscheiden — ist für sich betrachtet ein ταὐτόν, sie leidet weder eine Steigerung noch eine Schwächung, sie ist einheitlich und ohne Unterschied; aber sofern sie Gegensatz ist und durch ihr Gegenteil überhaupt erst zustande kommt, ist sie zugleich ein οὐ ταὐτόν, das heißt, sie ist und ist doch wiederum nicht. Der Fehler dieser Weltanschauung ist, daß sie zwei Formen setzt statt einer; womit keineswegs gesagt ist, daß eine der beiden, etwa das Licht, dem wahren Wesen näher stände als die Finsternis; die Worte τῶν μίαν οὐ χρεών ἐστιν sollen den Hörer vor keine Entscheidung stellen, auch das Licht wird mit dem Augenblicke, wo es seinen Namen erhält und Körper wird, der Sphäre des reinen Seins entrückt und in dieselbe trügerische Scheinbarkeit gebannt wie sein Gegenteil. Wie aber beide Gestalten als Elemente unserer Vorstellungen (ὀνόματα) und unserer Welt zugleich aufs schroffste voneinander geschieden sind und niemals ineinander übergehen können, so gibt es doch kein Ding, in dem sie nicht als Mischung beide gleichzeitig enthalten wären, und die ganze Mannigfaltigkeit der vorgestellten Welt beruht nur auf unzähligen Mischungsunterschieden. Das ist der Fortschritt des Gedankens vom achten Fragment zum neunten. Man errät unschwer hinter dieser scheinbar physikalischen Entwicklung das bekannte dreigeteilte Schema, das der Gedankenbildung überall zugrunde liegt: zwei Gegenteile und als drittes ihre Mischung: ἔστιν, οὐκ ἔστιν, ἔστι τε καὶ οὐκ ἔστιν. Und blicken wir von hier aus auf das Chaos, das Gebilde der Stoff-Kränze zurück, so lichtet sich jetzt auch das letzte Dunkel, das noch darüber zu lagern schien: es ist nichts anderes als eine Übersetzung der drei logischen Kategorien ins Raumliche: an beiden Enden die beiden unvermittelten Gegensätze, Licht und Finsternis, und in der Mitte ihre Mischung. Wenn die Gegensätze gedoppelt erscheinen, so geschieht das lediglich in Rücksicht auf die räumliche Symmetrie; und wenn sie als Kreise und Kränze und nicht als Striche und Linien erscheinen, so mochte gleich sehr das ästhetische Bedürfnis wie die Vorstellung der Weltkugel dahin gewirkt haben, daß Parmenides sich seine Stoffe lieber in sich selbst zurückgebogen als ins Unendliche sich verlierend dachte. So gelangen wir zu der Einsicht, daß selbst die Kosmogonie mehr logischen als physikalischen Ursprungs ist; der Widerspruch, der seither zwischen dem Physiker und Logiker Parmenides nicht wegzuleugnen schien, löst sich, bei scharfer und zusammenfassender Interpretation, in schönste Harmonie und Wohlgefallen auf.

Es ist eine Regel, die so einfach ist, daß man sich scheut, sie auszusprechen, und doch ist sie vergessen worden: die Regel, daß man Parmenides zuerst aus sich selbst, zu zweit aus seiner eigenen Schule zu erklären hat. Statt dessen erklärt man ihn aus Heraklit und dem ganz unbekannten Pythagoras. Hätte man, statt der vermutlichen [Lehre des Pythagoras, die sicher bezeugte des Melissos zum Vergleiche herangezogen, so hätte man, statt Luftschlössern in den Wolken, festen Boden unter den Füßen gewonnen. Auch Melissos Schrift zerfiel in zwei Teile; der erste entwickelte die Prädikate des Seienden, entsprach also den Parmenideischen σήματα τοῦ ὄντος, der zweite handelte über die Welt der Sinne und muß sich folglich ebenso notwendig aus der Parmenideischen δόξα entwickelt haben wie der erste aus der ἀλήθεια. Wir verdanken unsere Kenntnis von der Schrift und ihrer Gliederung dem Simplicius (de caelo S. 558, 16):

εἰπὼν γὰρ (Melissos) περὶ τοῦ ὄντος ὅτι ἕν ἐστι καὶ ἀγένητον καὶ ἀκίνητον καὶ μηδενὶ κενῷ διειλημμένον, ἀλλ᾽ ὅλον ἑαυτοῦ πλῆρες, ἐπάγει · ᾽μέγιστον μὲν οὖν σημεῖον οὗτος ὁ λόγος, ὅτι ἓν μόνον ἔστιν · ἀτὰρ καὶ τάδε σημεῖα · εἰ γὰρ ἦν πολλά, τοιαῦτα χρὴ αὐτὰ εἶναι, οἷόν περ ἐγώ φημι τὸ ἓν εἶναι · εἰ γὰρ ἐστι γῆ καὶ ὕδωρ καὶ ἀὴρ καὶ πῦρ καὶ σίδηρος καὶ χρυσός, καὶ τὸ μὲν ζῷον τὸ δὲ τεθνηκός, καὶ μέλαν καὶ λευκὸν καὶ τὰ ἄλλα, ὅσα φασὶν οἱ ἄνθρωποι εἶναι ἀληθῆ (= Parmenid. Fr. 8, 39: ὅσσα βροτοὶ κατέθεντο πεποιθότες εἶναι ἀληθῆ, γίγνεσθαί τε καὶ ὄλλυσθαι, εἶναί τε καὶ οὐχί, καὶ τόπον ἀλλάσσειν διά τε χρόα φανὸν ἀμείβειν!), εἰ δὴ ταῦτα ἔστι, καὶ ἡμεῖς ὀρθῶς ὁρῶμεν καὶ ἀκούομεν, εἶναι χρὴ ἕκαστον τοιοῦτον, οἷόν περ τὸ πρῶτον ἔδοξεν ἡμῖν, καὶ μὴ μεταπίπτειν μηδὲ γίνεσθαι ἑτεροῖον, ἀλλὰ ἀεὶ εἶναι ἕκαστον, οἷόν πέρ ἐστιν · νῦν δέ φαμεν ὀρθῶς ὁρᾶν καὶ ἀκούειν καὶ συνιέναι · δοκεῖ δὲ ἡμῖν τό τε θερμὸν ψυχρὸν γίνεσθαι καὶ τὸ ψυχρὸν θερμὸν καὶ τὸ σκληρὸν μαλθακόν usw. Und mußte nicht die eleatische Lehre von Anbeginn notwendig aus zwei Teilen sich zusammensetzen? Forderte die Entdeckung einer übersinnlichen Erkenntnis nicht von selbst zugleich eine Kritik der Sinnenwelt? Durfte und konnte man es unterlassen, nachdem man erst das Kriterium für die Wahrheit in seinen Besitz gebracht hatte, nun auch damit den Trug und Widerspruch aus allen Erscheinungen dieser Welt hervorzuziehen und an den Tag zu bringen? Wenn uns die Art, wie Melissos sich dieser Aufgabe entledigt hat, nicht unverständlich dünkt, dagegen die δόξα des Parmenides so voller Schwierigkeiten für uns steckt, so ist der Grund vornehmlich darin zu erblicken, daß Parmenides um so viel mehr gewollt hat als Melissos: er begnügte sich nicht damit, den Widerspruch in aller Erscheinung festzustellen und der Formel: εἶναί τε καὶ οὐχί zu unterwerfen — wie Melissos am Schlusse des angeführten Beweises: ἦν δὲ μεταπέσῃ, τὸ μὲν ἐὸν ἀπώλετο, τὸ δὲ οὐκ ἐὸν γέγονεν — sondern er sucht darüber hinaus nach einer ἀρχή, nach einem Urgrund, gleichsam Urstoff aller Gegensätze, um den διάκοσμος der Sterblichen zu entwickeln. Melissos stellt drei Kategorien von Gegensätzen unvermittelt nebeneinander: 1. Wasser, Feuer, Luft, Erde, Gold, Eisen, mit einem Worte die Aggregatzustände: θερμόν ψυχρόν, ἀραιόν πυκνόν, μαλθακόν σκληρόν (denn die Metalle sind das Härteste, wie Wasser das Flüssigste), 2. das Lebendige und das Tote, 3. μέλαν καὶ λευκόν, Schwarz und Weiß als Elemente aller Farbigkeit und Sichtbarkeit. Parmenides verbindet und verknüpft dieselben Gegensatzpaare zu einer Kosmogonie; an Stelle des Lebendigen und Toten stehen bei ihm die Mächte des Zerstörens und Gedeihens; Hell und Dunkel, Wärme und Kälte, Leichtigkeit und Schwere, Härte und Weichheit schließen sich ihm in einen einzigen, alles in sich begreifenden Urgegensatz zusammen, den des Lichtes und der Finsternis — wie schon ein alter Eleatenschüler sich am Rande seines Exemplares angemerkt hat, Simpl. phys. 31, 3: καὶ δὴ καὶ καταλογάδην μεταξὺ τῶν ἐπῶν ἐμφέρεταί τι ῥησείδιον ὡς αὐτοῦ Παρμενίδου ἔχον οὕτως· 'ἐπὶ τῷδέ ἐστι τὸ ἀραιὸν καὶ τὸ θερμὸν καὶ τὸ φάος καὶ τὸ μαλθακὸν καὶ τὸ κοῦφον, ἐπὶ δὲ τῷ πυκνῷ ὠνόμασται τὸ ψυχρὸν καὶ τὸ ζόφος καὶ σκληρὸν καὶ βαρύ· ταῦτα γὰρ ἀπεκρίθη ἑκατέρως ἑκάτερα: ich muß in Anbetracht der Terminologie, der Sprache und nicht zuletzt auch des Verständnisses, von dem die Worte zeugen, dieses Scholion, wie gesagt, für echt eleatisch halten[1]. Licht und Finsternis bedeuten in der Tat in der Parmenideischen Kosmogonie der Gegensätze als Temperaturen Warm und Kalt, als Aggregatzustände Locker und Fest, als Körper Himmel und Erde, als Energien Zeugung und Zerstörung, als Farben Schwarz und Weiß — und welche Wichtigkeit die Farben, als die Ursache der Sichtbarkeit, für Parmenides gewonnen hatten, lassen die Worte erraten: διά τε χρόα φανὸν ἀμείβειν; irren wir nicht, so hat die spätere

---

[1] Zu beachten ist, daß Simplicius nur von einem einzigen ῥησείδιον spricht und daß er es als Unikum betrachtet; damit fällt die Erklärung, daß er eine kommentierte Ausgabe des Parmenides besessen hätte oder sein Exemplar aus einer solchen abgeschrieben gewesen wäre; auch wußte er doch wohl mit Scholienhandschriften Bescheid. Und Kommentare zu Parmenides hat es wohl nie gegeben.

Schwarzweißtheorie hier ihren Ursprung[1]. Alle Eigenschaften, alle Erscheinungen sind letzthin Mischungen der beiden ersten Gegensätze, mit denen die Erschaffung der Sinnenwelt begann. Es mag paradox klingen, aber ich sehe keine Möglichkeit, der Folgerung zu entgehen, daß der Begriff der Mischung, die Grundlage aller späteren Physik, ursprünglich auf rein logischem und metaphysischem Boden gewachsen sein müsse, um erst nachträglich in die Naturwissenschaft verpflanzt zu werden. So wenig wir von Anaximander wissen, so steht doch so viel fest, daß er bei seinem ἄπειρον an keine Mischung dachte; wenn er, wie es den Anschein hat, von ἀποκρίσεις redete, so hat er damit wohl weniger ein Sich-Spalten und Auseinandertreten der verschiedenen Stoffe oder Aggregatzustände aus der einheitlichen Urmaterie bezeichnen wollen als die räumliche Abgrenzung verschiedener Welten innerhalb des Unendlichen: φησὶ δὲ τὸ ἐκ τοῦ ἀιδίου γόνιμον θερμοῦ τε καὶ ψυχροῦ κατὰ τὴν γένεσιν τοῦδε τοῦ κόσμου ἀποκριθῆναι καί τινα ἐκ τούτου φλογὸς σφαῖραν περιφυῆναι τῷ περὶ τὴν γῆν ἀέρι ὡς τῷ δένδρῳ φλοιόν (Fr. A 10 = Plut. Strom. 2); das heißt: wie die Rinde aus dem Holze herauswächst, so wachsen die Stoffe auseinander und aus dem Unendlichen hervor. Genauer hat erst Anaximenes das Wesen der Veränderung zu fassen und zu bestimmen gesucht durch seine Lehre von der ἀραίωσις und πύκνωσις. Er teilte dabei die Anschauung Anaximanders, daß dem Urstoff eine unbegrenzte Fähigkeit sich zu verwandeln innewohnen müsse. Gegen diese Voraussetzung, den festen Grund und sichere Gewähr aller bisherigen Erkenntnis der Natur, erhob Parmenides seine Stimme: er, der große Revolutionär, der dem naturwissenschaftlichen Denken ins Gesicht schlug, wo er nur konnte, und doch für die Naturphilosophie fruchtbar geworden ist wie keiner

---

[1] Theophrast de sens. 59: Ἐμπεδοκλῆς δὲ καὶ περὶ τῶν χρωμάτων, καὶ ὅτι τὸ μὲν λευκὸν τοῦ πυρός, τὸ δὲ μέλαν τοῦ ὕδατος (Fr. A. 69a Diels). οἱ δ'ἄλλοι τοσοῦτον μόνον ὅτι τό τε λευκὸν καὶ τὸ μέλαν ἀρχαί, τὰ δ'ἄλλα μειγνυμένων γίνεται τούτων. Über die ältesten Farbenlehren der Griechen vgl. W. Kranz, Hermes 47, S. 126 (auf Melissos und Parmenides geht Kranz nicht ein).

ihrer Anhänger. Mit seinem Drange nach allem Äußersten und
mit der Gewißheit, die ihm seine eigene, von ihm selbst er-
fundene Waffe, seine Logik, gab, erklärte er : was gegensätzlich
ist, kann nun und nimmer ineinander übergehen; dicht und
dünn sind Gegensätze, sind in meinem Denken unvereinbar,
und die Welt ist nur der Spiegel meines Denkens; wenn daher
dasselbe Ding bald dicht bald dünn erscheint, bald warm,
bald kalt, bald hell, bald wieder dunkel, so kann das einzig
und allein kraft eines Beieinanderseins der unveränderlichen
Gegensätze möglich sein, ins Stoffliche übersetzt, durch
ihre Mischung. So bringt er das Unglaubliche fertig, das, was
nur als Aggregatzustände eines und desselben Stoffes gedacht war, selbst zu Urstoffen zu machen und mit seinen
obersten beiden Gegensätzen, Licht und Dunkel, gleichzusetzen, mit einer Verachtung physikalischer Denkweise,
wie sie nur der erste Logiker aufbringen konnte. Aber wie
die Physik alsbald den rein begrifflich formulierten Satz von
der Unvergänglichkeit des Seienden sich zu eigen gemacht
und zur Grundlage neuer Systeme umgeschaffen hat, so hat
sie auch den Gedanken der Mischung aufgegriffen und ihn
einer neuen oder vielmehr erst seiner eigensten Aufgabe zu-
geführt: wie denn in Wahrheit beide Gedanken einerlei
Ursprungs sind und nicht erst von Empedokles vereinigt
werden konnten. Als sichtbare Merkmale und Merkzeichen
des Weges, den der Begriff der Mischung von da ab zurück-
gelegt hat, erscheinen die Konstruktionen vorweltlicher
Mischungszustände, die Kränze bei Parmenides, der Sphairos
bei Empedokles, das μεῖγμα bei Anaxagoras; die Kränze vom
Standpunkte des Physikers, das heißt als Mischung, noch
höchst willkürlich und unvollkommen, der Sphairos physikalischen Ansprüchen insofern besser genügend, als er eine
einzige, gleichförmige Masse darstellt und die Zahl der gemischten Stoffe von zweien auf vier gestiegen ist, endlich
das μεῖγμα des Anaxagoras, das den Gedanken bis in seine
letzten Konsequenzen führt.

Aber mit dem Prinzip der Mischung und der eigentüm-
lichen Logik, der es seine Entstehung verdankt, hängt noch

eine andere große Errungenschaft zusammen: die Wahrnehmungstheorie. Wir müssen auch auf sie von diesem
neuen Gesichtspunkt aus noch einmal kurz zurückblicken,
um ihren Ursprung aus der Seinslehre noch tiefer zu begreifen. Es kann kein Zweifel sein, weder bei Anaximander
noch bei Anaximenes hat es dergleichen gegeben. Bei dem
starken Interesse, das Theophrast und mit ihm die gesamte
doxographische Literatur den Anfängen entgegenbringt,
wird sein und der anderen Stillschweigen zum zwingenden
Beweis. Der erste nach der üblichen Datierung, der laut
Theophrasts Bericht sich über die stoffliche Zusammen-
setzung der Erkenntnis ausgesprochen hat, ist Heraklit;
aber man wird allmählich wohl erraten haben: dieser üblichen
Datierung fehlt es an Gewähr, und es gibt Gründe genug,
die dazu raten, Heraklit ein paar Jahrzehnte unter Parmenides hinabzurücken. Alkmaion von Kroton, mag man seine
Zeit bestimmen wie man will, kommt doch für diese Frage
schon deswegen nicht in Betracht, weil er als Arzt die einzelnen Organe untersucht hat, ohne sich auf Spekulationen
über das Prinzip der sinnlichen Erkenntnis einzulassen. So
bleibt als erster, der das Erkennen selbst dem wissenschaftlichen Denken unterworfen hat, Parmenides. Ich halte das
für keinen Zufall. Mag der Satz, daß Gleiches nur durch
Gleiches erkennbar sei, so tief oder so oberflächlich in volkstümlichen Anschauungen wurzeln, wie er wolle: als Theorie
kann er unmöglich älter sein als der Begriff der Mischung;
denn er setzt voraus, daß sich der Unterschied der Dinge
nach dem Grade ihrer Mischung richte, und zieht daraus den
Schluß, daß das Organ oder Vermögen der Unterscheidung
mit der Unterschiedlichkeit der Dinge selber gleichen Wesens
sein müsse. Ob hier überhaupt der populäre Glaube an die
Feurigkeit des Auges mitgesprochen hat (wie er tatsächlich
später, bei Plato zum Beispiel, mitspricht), ist mehr als
zweifelhaft; nach Theophrasts ausdrücklicher Bemerkung
hat Parmenides den folgenschweren Satz in noch ganz allgemeiner Fassung vorgetragen, ohne über bestimmte Sinne,
wie Gehör, Geschmack, Gesicht, etwas zu äußern. Daß aber

kein anderer diese Theorie erfunden haben kann, dafür spricht
noch ein weiteres: unter den „alten Physikern" läßt sich
kein einziger namhaft machen, dem auf seinem Wege das
Problem der Erkenntnis auch nur im entferntesten mit
solchem Ernste und solcher Eindringlichkeit hätte begegnen
können wie Parmenides. *Tò γὰρ αὐτὸ νοεῖν ἐστίν τε καὶ εἶναι*:
auf diesem einen Satze beruht seine ganze Philosophie;
und wie ihm die Wahrheit mit dem logischen, abstrakten
Denken in eins zusammenfällt, so hat die körperliche Gegensätzlichkeit im menschlichen Empfindungswesen ihr genaues
Gegenbild; in beiden Reihen herrscht dieselbe prästabilierte
Harmonie:

> *ὡς γὰρ ἑκάστοτ' ἔχει κρᾶσιν μελέων πολυπλάγκτων,*
> *τὼς νόος ἀνθρώποισι παρίσταται· τὸ γὰρ αὐτό*
> *ἔστιν ὅπερ φρονέει μελέων φύσις ἀνθρώποισιν*
> *καὶ πᾶσιν καὶ παντί· τὸ γὰρ πλέον ἐστὶ νόημα* (Fr. 16).

Wer in diesen Versen, in der geflissentlichen Betonung
menschlicher Erkenntnis, durch den Mund der Göttin,
in der Geringschätzung, die sich im Beiwort *πολυπλάγκτων*
ausdrückt, „den vielirrenden Organen" (vgl. *πλακτὸν νόον*
Fr. 6, 6, von den Menschen, die den dritten Weg, das
heißt · eben die *δόξα* wählen), endlich in der glänzenden
Pointierung, die das letzte Sätzchen auszeichnet: „ein wenig
mehr oder ein wenig weniger in der Mischung der Gegensätze, das ist all ihr Denken, *καὶ πᾶσιν καὶ παντί*!" —
wer in alldem nicht die Berechnung, nicht die beabsichtigte
Gegenüberstellung mit der reinen, aus dem Denken allein
geschöpften Erkenntnis spürt, mit dem will ich nicht streiten.
Beide Erkenntnistheorien setzen einander voraus, ergänzen
einander, und das System hätte ein Loch, hätte Parmenides
nicht auch die sinnliche Erkenntnis aus denselben beiden
Elementen abgeleitet wie die gesamte Welt der sinnlichen
Erscheinung. — Was ist das, was die Menschen erkennen
heißen? Antwort: eine Beziehung zwischen Mischungen von
Gegensätzen. Aber gemischte Gegensätze gibt es nicht im
Menschen allein, sondern in jedem Ding, das uns die Schein-
welt vorspiegelt. Folglich: — und hier bricht wieder der

prächtige Radikalismus hervor, der diese Philosophie auszeichnet — folglich, so folgert sie, ist das Erkennen keineswegs ein Vorzug, etwas, was Tier und Mensch vor anderen
Dingen voraushätten; wo immer in dieser Welt zwei gleich-
artige Mischungen aufeinanderstoßen, gibt es auch Erkennen. Den Leichnam nennt man tot und spricht ihm die
Empfindung ab, und doch sieht er nicht schlechter als wir
Lebenden; der einzige Unterschied ist der, daß seine Mischung die entgegengesetzte ist; so sieht er das, was wir
nicht wahrnehmen, die Finsternis; und wie es mit dem
Leichnam steht, so steht es mit allen totgeglaubten Dingen
dieser Welt. Mit anderen Worten, die Empfindung ist nichts
Unabhängiges, Auszeichnendes, Richterliches, sondern nichts
als eine Folge, eine Begleiterscheinung; wo es Gegensätze
gibt, da gibt es auch Empfindung, aber beides ist nur Schein,
denn beides kommt nur durch den Widerspruch zustande,
und die Wahrheit duldet keine Widersprechung.

So stehen wir schließlich wieder vor derselben rätselvollen
Frage, die am Ende einer jeden Interpretation auf uns zu
warten scheint: was ist der Sinn der Gleichsetzung von
Körper und Begriff? Was steckt dahinter, daß Parmenides
die Welt der Körper ansieht, als genügte eine einzige und
noch dazu irrtümliche abstrakte Formel, um sie aus dem
Nichts hervorzuzaubern und in Raum, in Zeit, in Stofflich-
keit um sich herumzustellen? Und was steckt dahinter, daß
die Körper diese wunderbare Fähigkeit besitzen zu ver-
duften, Geist, Begriff zu werden und in eine Formel einzu-
fahren? Daß ταὐτὸν καὶ οὐ ταὐτόν, εἶναί τε καὶ οὐχί plötzlich die Gestalt von Nacht und Licht annehmen können, und
daß wiederum alle Dinge dieser Welt gleich jenen beiden Urstoffen zu bloßen Namen sich verflüchtigen können, zu unendlich vielen Namen für das eine letzhin jedem Ding zugrunde liegende ταὐτὸν καὶ οὐ ταὐτόν, εἶναί τε καὶ οὐχί?
Was wir bisher auf diese Frage geantwortet haben, diente
nur dazu, das Fremdartige uns näher zu rücken, das Un-
glaubhafte nicht rund von der Hand zu weisen, kurz sich
über die Voraussetzungen zu verständigen, unter denen

dergleichen entstehen konnte. Aber damit erklärt man noch keine Philosophie, zum mindesten noch kein System. Dazu bedarf es vor allem der Frage nach dem Zwecke, nach der Bedeutung und Funktion eines jeden Gedankens: gehört er in den Aufbau oder in das Fundament, zu den getragenen oder tragenden Teilen, ist er um des Systems willen da oder das System um seinetwillen? Fangen wir mit dem äußeren Aufbau an. Da stehen am Anfang die drei „Wege", als die Grundeinsichten, aus denen sich alles Übrige wie von selbst ergibt; in diesem Teil allein gibt es ausführliche Beweise, alles Spätere scheint nur Folgerung. Den Wegen folgen die Ziele oder Ergebnisse, auf die ein jeder zuführt; denn es kann kein Zweifel daran aufkommen, daß streng genommen die εὔκυκλος ἀλήθεια erst mit Fr. 8, 2 beginnt: ταύτῃ δ' ἐπὶ σήματ' ἔασι πολλὰ μάλα. Und wie die „Wahrheit" nur die Folgerungen darstellt, die sich auf dem ersten Wege ergeben, so will der „Schein" nichts anderes sein als das, was auf dem dritten Wege erreicht wird; denn der zweite Weg fällt fort als unauffindbar, παναπευθής, weil er zu gar keinem Ergebnis führt. Es stehen also δόξα und ἀλήθεια im selben Verhältnis zueinander wie der erste und der dritte Weg; ihre Beziehung ist rein logisch, wenn auch beide darüber hinaus durch ihr unbewußt-phantastisches Element als künstlerische Kontraste wirken und wohl auch wirken sollten.

Prüfen wir, wie weit die äußere Form mit ihren Behauptungen recht hat. Was die ἀλήθεια betrifft, so ist kein Grund vorhanden zu bezweifeln, daß sie, wenigstens im Großen und Ganzen, auch das ist, als was sie erscheint: eine Anzahl von Folgerungen, gezogen aus dem Wörtchen ὄν, ein Inhalt, der gesucht wurde, um seine Leere auszufüllen, durch Zusammentragen solcher Eigenschaften, die seinem höchst unverträglichen Wesen nicht zu widersprechen schienen. Im entgegengesetzten Falle befindet sich die δόξα: sie ist offensichtlich etwas anderes, als was sie scheinen möchte, keine Folgerung, sondern eine Identifikation. Solche Identifikationen, die um des Systemes willen vorgenommen werden, ich wollte sagen: metaphysische Zusammenhänge, die sich plötzlich offenbart zu haben scheinen, haben sehr leicht etwas Abenteuerliches. Denn ist es nicht ein Abenteuer, was zum Beispiel Schopenhauer mit der Musik oder was Platon mit dem Seelenstaate begegnet ist? Lange mag der junge Parmenides vergeblich sich bemüht haben, mit seinen wenigen logischen Distinktionen die Welt und ihre Wesenheit zu fangen. Mit dem jungen Plato teilte er das Schicksal, daß er mit einem überstarken Erkenntnisdrang und Durst nach Welterklärung auf eine überschmale Wahrheit, eine Wahrheit, wie es zunächst scheinen mußte, ohne Entwicklungsfähigkeit gestellt war und nicht mehr zurückkonnte. So wurde er zum Revolutionär, wie Plato. Das Seiende ist, das Nichtseiende ist nicht: das war für ihn die einzige standhaltende Gewißheit, nur hier fühlte er noch festen Boden unter den Füßen. Der Begriff des Seienden, der sich aus diesem Satze ergab, negierte alles, worauf das Denken sich seither gerichtet hatte, und für die Weltanschauung mußte diese ungeheure Negation noch wichtiger scheinen als das Wenige, was sich über das wahre Wesen sagen ließ — wie denn die δόξα in der Tat viel umfangreicher ausgefallen ist als die ἀλήθεια. So forderte die Negation nicht weniger einen Beweis als die Bejahung. Mit dem bloßen Leugnen war es nicht getan; und mochte der Widerspruch der Welt zum Seienden auch noch so klar zu Tage liegen, diese Feststellung war nichts, wobei ein ernstes Denken sich beruhigen konnte. Alles mußte darauf ankommen, das eine aus dem anderen abzuleiten, oder, wenn das unmöglich war, doch wenigstens einen Übergang zu finden, eine Brücke über den Abgrund zu schlagen, der die beiden Reiche trennte. Wo aber gab es eine Möglichkeit, vom Seienden oder Nichtseienden aus der Welt der Erscheinung beizukommen? Da stieg in ihm der Gedanke auf: wie, wenn das Nichtseiende zum Seienden hinzutritt, sich mit ihm verbindend? dann ergibt sich allerdings eine Formel, der sich alles Körperliche unterwerfen läßt, denn jeder Körper ist ein ταὐτὸν καὶ οὐ ταὐτόν, εἶναί τε καὶ οὐχί. Und vorschnell, wie es der Radikalismus aller jugendlichen Logik ist, greift er sogleich

zum Äußersten, erklärt Subjekt und Prädikat für wesens-
gleich, kehrt ihr Verhältnis um, *ταὐτὸν καὶ οὐ ταὐτόν* wird
ihm zur Welt der Körper. Mag man diese Ableitung befremd-
lich finden, die gewaltige Denkarbeit, die hier geleistet worden
ist, soll man nicht unterschätzen: die gesamte Welt als Dualismus ausgelegt, die Gegensätzlichkeit in allen Erscheinungen
entdeckt — denn vorher war es keinem eingefallen, an der
Einheitlichkeit der Dinge zu zweifeln — der Satz von der
Relativität der Eigenschaften zum ersten Male ausgesprochen,
formuliert als Mischung im vorstellenden Subjekte wie in
den Dingen selbst, die gesamte Erfahrung auf eine einzige
Grundform, eine ontologische Formel reduziert — und da
behauptet man, Parmenides hätte von vornherein darauf
verzichtet, eine Ableitung der Scheinwelt auch nur zu versuchen! In Wahrheit hat er sein alles daran gesetzt, auch
diese Welt mit seiner Formel zu bewältigen, und erst als
ihm dies gelungen schien, da konnte wohl das Gefühl einer
Offenbarung über ihn kommen, da erst konnte er seine Wahrheit einer Göttin, seiner Göttin in den Mund legen und sie
zur Richterin machen über den Wahn der Sterblichen wie
über das ewig unveränderliche Sein. Denn jetzt erst war aus
der Formel ein System geworden. Wenn trotzdem das Unmögliche nicht möglich werden konnte, die Beziehung zwischen Begriff und Ding von seiner Fragestellung aus nicht zu
erklären war, so lag das am Probleme selbst, nicht daran,
daß er nicht zu Ende gedacht hat. Über die Schwierigkeit
hinwegzuhelfen hat er sich freilich nur durch einen ungeheuren
Sprung gewußt; aber wo gibt es einen Idealisten, der über
dieselbe Frage glatt hinübergekommen wäre?

Wenn das Seiende sich mit dem Nichtseienden verbindet,
so entsteht die Welt des Scheins. Wo aber liegt die Ursache
dieser Verbindung? Woher die Vielheit, in der wir leben, wie
konnte das Trugbild sich neben die Wahrheit stellen? Das
war die letzte aller Fragen und die allerschwierigste. Was
Parmenides zu antworten gewußt hat, war und konnte
nicht mehr sein als eine Auskunft: *μορφὰς γὰρ κατέθεντο δύο
γνώμας ὀνομάζειν;* irgend wann einmal ist eins zu zwei ge-

worden, hat man aus der Einheit einen Gegensatz geschaffen, und die Menschen haben den Irrtum sanktioniert. Das ist nun freilich ein Gedanke oder doch zum mindesten ein Ausdruck, wie er unbehilflicher, von unserem Standpunkt aus, und kindlicher kaum sein konnte, und doch bedeutet er eine Errungenschaft von ungeheurer Tragweite: wir stehen an der Wiege der Begriffe φύσις - νόμος.

Die wohl herrschende Meinung nimmt für selbstverständlich, daß der Ursprung dieses Begriffspaares in politisch-ethischen Theorien zu suchen sei, der Art, wie sie Protagoras und Archelaos für ihr Zeitalter maßgebend ausgebildet hätten: aus Beobachtungen über die Verschiedenheit von Sitte und Gesetz bei den verschiedenen Völkern hätte sich allmählich der Begriff der Satzung, des contrat social, und seines Gegenteils, der φύσις, des Naturrechtes, entwickelt, beide Begriffe seien dann selbständig geworden, und zur Formel erstarrt oder zum Schlagwort abgegriffen, hätten sie mehr und mehr den Bereich ihrer Anwendung erweitert, bis sie, schon längst feste Termini, zu guter Letzt auch in die Erkenntnistheorie gedrungen wären[1]. Diese Ableitung scheint selbstverständlich, weil sie die eigentlichen Schwierigkeiten überhaupt nicht sieht. Beobachtungen über die Verschiedenheit der Sitten sind gewiß sehr alt, und was zum Beispiel Herodot über das Experiment des Darius erzählt (III 38), reicht sicher in Zeiten hinauf, die von sophistischen Staatstheorien und Gesellschaftsverträgen noch keine Ahnung hatten. Was an solchem Material die Aufgeklärten jener alten Zeit zusammentrugen, kann seiner Tendenz und seiner Bedeutung nach nicht unterschieden gewesen sein von den Beobachtungen über die Verschiedenheit der Religionen, deren Urheber für uns Xenophanes zu sein scheint (vgl. Fr. 16 Diels). Man verglich und zog sich seine Lehre: daß die Gesetze und die landläufigen Vorstellungen von den Göttern nicht verbindlich seien. In den politischen und religiösen Kämpfen des ausgehenden sechsten und begin-

---

[1] Vgl. z. B. Gomperz, Griech. Denker I², S. 323; Hirzel, Themis, Dike und Verwandtes (1907), S. 382, 395.

nenden fünften Jahrhunderts war gewiß dieses Verfahren von keiner geringen Wirkung[1], aber schwerlich reichte seine Bedeutung über die nächsten praktischen Bedürfnisse hinaus. So wenig ein Xenophanes auf den Gedanken kam, die Mannigfaltigkeit der religiösen Vorstellungen auf ihre Grundformen zu untersuchen, ihr verwirrendes Nebeneinander in eine historische Perspektive zu rücken, ihre Gültigkeit aus einem Vertrage herzuleiten, kurzum eine Theorie zu liefern, wie sie später Prodikos geliefert hat, so wenig brauchte an sich ein Antrieb vorzuliegen, die *νόμιμα βαρβαρικά* zu einer politischen Theorie zusammenzufassen. Es fehlte auch hier vor allem noch die Perspektive; denn der Begriff der Konvention, der Satzung, des Kontraktes, war im Worte *νόμος* keineswegs gegeben[2]. Und selbst gesetzt, es hätte aus der Empirie die Spekulation erwachsen können, aus der *πολυϊστορίη* die *σοφίη*, heraklitisch zu reden — bekanntlich geht der Weg gewöhnlich umgekehrt — so bliebe doch unbegreiflich, wie das politische Schlagwort sich gerade in der

---

[1] Daß diese Denkweise in der Tat weit um sich griff, läßt sich daraus erschließen, daß Empedokles in seinen Katharmoi für nötig hielt, gegen sie aufzutreten, Fr. 135 (Aristot. rhet. A 1373 b 6): *καὶ ὡς Ἐμπεδοκλῆς λέγει περὶ τοῦ μὴ κτείνειν τὸ ἔμψυχον · τοῦτο γὰρ οὐ τισὶ μὲν δίκαιον τισὶ δ'οὐ δίκαιον ʿἀλλὰ τὸ μὲν πάντων νόμιμον διά τ' εὐρυμέδοντος αἰθέρος ἠνεκέως τέταται διά τ' ἀπλέτου αὐγῆςʾ.* — Man konnte die Macht des *νόμος* ebenso sehr zugunsten wie zu ungunsten seiner Verbindlichkeit und Wahrheit interpretieren: Euripides Hekuba 798:

> *Ἡμεῖς μὲν οὖν δοῦλοί τε κἀσθενεῖς ἴσως*
> *ἀλλ' οἱ θεοὶ σθένουσι χὠ κείνων κρατῶν*
> *νόμος · νόμῳ γὰρ τοὺς θεοὺς ἡγούμεθα*
> *καὶ ζῶμεν ἄδικα καὶ δίκαι' ὡρισμένοι.*

Ein Nachhall dieses Aufklärungsgedankens ist auch das Pindarische Fr. 169: *νόμος ὁ πάντων βασιλεὺς θνατῶν τε καὶ ἀθανάτων ἄγει δικαιῶν τὸ βιαιότατον ὑπερτάτᾳ χειρί.* Der *νόμος* bringt auch das Gewaltsamste und Widersprechendste zustande; freilich beweist er gerade damit in den Augen Pindars seine Gültigkeit. Man mag die verschiedenen Interpretationen religiösen Gefühls vergleichen, die wir heute erleben.

[2] Vgl. die Stellen bei Hirzel, Themis, Dike und Verwandtes S. 366 ff.

Erkenntnistheorie so fest und so erstaunlich früh ein-
bürgern konnte.

Wenn Philolaos bei seiner rein mathematischen Welterklärung die Versicherung abgab, daß sie φύσει καὶ οὐ νόμῳ sei
(Fr. B 9), so folgt daraus, daß schon für ihn dieser Ausdruck
einen bestimmten erkenntnistheoretischen Begriff bedeutete.
Wenn der Verfasser περὶ διαίτης zur Erläuterung seiner
Heraklitischen Grundthese sich denselben Gegensatz nicht
hat entgehen lassen, so reicht auch für ihn, in diesen Sätzen
wenigstens, seine Bedeutung über das Erkenntnistheoretische
nicht hinaus; φύσις ist für ihn das, was in Wahrheit ist, das
heißt: das in allem sich gleichbleibende göttliche Gesetz,
die innere Harmonie, dagegen νόμος alles, was die Menschen
meinen, die über das Äußere der Erscheinung nicht hinaus-
kommen, und doch mit ihren Gedanken selber nur ein Teil
des Allgemeinen, Göttlichen sind (I, 11): γνώμην ἔχοντα
ἀγνώμονα, ὑπεναντίος ὁ τρόπος ἑκάστων ὁμολογεόμενος· νόμος
γὰρ καὶ φύσις, οἷσι πάντα διαπρησσόμεθα, οὐχ ὁμολογεῖται
ὁμολογεόμενα. νόμον μὲν ἄνθρωποι ἔθεσαν αὐτοὶ ἑωυτοῖσιν, οὐ
γινώσκοντες περὶ ὧν ἔθεσαν, φύσιν δὲ πάντων θεοὶ διεκόσμησαν·
τὰ μὲν οὖν ἄνθρωποι διέθεσαν, οὐδέποτε κατὰ τωὐτὸ ἔχει οὔτε
ὀρθῶς οὔτε μὴ ὀρθῶς· ὅσα δὲ θεοὶ διέθεσαν, ἀεὶ ὀρθῶς ἔχει καὶ
τὰ ὀρθὰ καὶ τὰ μὴ ὀρθά· τοσοῦτον διαφέρει.[1] Ebenso I 4: ἔχει
δὲ καὶ ὧδε· γενέσθαι καὶ ἀπολέσθαι τὸ αὐτό, συμμιγῆναι καὶ δια-
κριθῆναι τὸ αὐτό .. ὁ νόμος γὰρ τῇ φύσει περὶ τούτων ἐναντίος,
d. h. der νόμος widerspricht der wahren Beschaffenheit der
Dinge (φύσις), sofern er einen Widerspruch herausliest, wo
in Wahrheit Harmonie und Einheit ist[2]. Vollends fester

---

[1] Anders wäre der Sinn nach Diels, Herakleitos von Ephesos,
2. Aufl., S. 65: „Was nun die Menschen gesetzt haben, bleibt sich
nie gleich, weder im Rechten noch im Unrechten: aber was die Götter
gesetzt haben, das ist immer recht, recht oder unrecht." Aber das
ganze Kapitel gehört in die Erkenntnistheorie und geht die Moral nichts
an. Ebenso verkennt man, wie ich glaube, den Sinn in Heraklits Fr. 114,
worüber auf S. 215 verwiesen sei. Vgl. auch Kranz Index unter ὀρθός.

[2] Diels übersetzt (Herakleitos von Ephesos, S. 55): „Denn der
Sprachgebrauch steht mit der Natur in dieser Beziehung im Widerspruch." Aber hier handelt es sich nicht um den Sprachgebrauch,

Schulbegriff ist νόμος in der Erkenntnistheorie der Atomiker: νόμῳ χροιή, γλυκύ, πικρόν, ἐτεῇ δὲ ἄτομα καὶ κενόν (Demokrit Fr. B 125). Es ist kein Grund vorhanden, der Überlieferung zu mißtrauen, die denselben für Demokrit feststehenden Gebrauch auch seinem Vorgänger Leukipp zuspricht, Aëtius IV 9, 8 (Leukipp Fr. A 32): οἱ μὲν ἄλλοι φύσει τὰ αἰσθητά, Λεύκιππος δέ, Δημόκριτος καὶ Διογένης (von Appollonia) νόμῳ, τοῦτο δ'ἐστὶ δόξῃ καὶ πάθεσι τοῖς ἡμετέροις· μηδὲν δ' εἶναι ἀληθὲς μηδὲ καταληπτὸν ἐκτὸς τῶν πρώτων στοιχείων, ἀτόμων καὶ κενοῦ· ταῦτα γὰρ εἶναι μόνα φύσει, τὰ δ' ἐκ τούτων θέσει καὶ τάξει καὶ σχήματι διαφέροντα ἀλλήλων συμβεβηκότα. Denn nur aus diesem Gebrauch erklärt es sich, wenn φύσις bei den Atomikern schlechtweg zur Bezeichnung der Atome diente: Aristot. phys. Θ 9 (Demokr. Fr. A 58): διὰ δὲ τὸ κενὸν κινεῖσθαί φασιν· καὶ γὰρ οὗτοι τὴν κατὰ τόπον κίνησιν κινεῖσθαι τὴν φύσιν λέγουσιν. Simplic. z. d. St. 1318, 33 τουτέστι τὰ φυσικὰ καὶ πρῶτα καὶ ἄτομα σώματα· ταῦτα γὰρ ἐκεῖνοι φύσιν ἐκάλουν. Vergl. auch Diog. IX 44 (Demokr. Fr. A. 1): δοκεῖ δὲ αὐτῷ τάδε· ἀρχὰς εἶναι τῶν ὅλων ἀτόμους καὶ κενόν, τὰ δ' ἄλλα πάντα νενομίσθαι.[1] Aber wir kommen

---

sondern um die menschlichen Vorstellungen; vorausgegangen sind die Worte νομίζεται δὲ ὑπὸ τῶν ἀνθρώπων τὸ μὲν ἐξ 'Αΐδου ἐς φάος αὐξηθὲν γενέσθαι, τὸ δὲ ἐκ τοῦ φάεος ἐς 'Αΐδην μειωθὲν ἀπολέσθαι · ὀφθαλμοῖσι γὰρ πιστεύουσι μᾶλλον ἢ γνώμῃ οὐχ ἱκανοῖς ἐοῦσιν οὐδὲ περὶ τῶν ὁρεομένων κρῖναι.

[1] Φύσις „Ding an sich" auch in dem Berichte Theophrats de sensibus, § 63 (Demokrit Fr. A 135): περὶ μὲν ⟨οὖν⟩ βαρέος καὶ κούφου καὶ σκληροῦ καὶ μαλακοῦ ἐν τούτοις ἀφορίζει [Demokrit]. τῶν δὲ ἄλλων αἰσθητῶν οὐδενὸς εἶναι 'φύσιν', ἀλλὰ πάντα πάθη τῆς αἰσθήσεως ἀλλοιουμένης, ἐξ ἧς γίνεσθαι τὴν φαντασίαν · οὐδὲ γὰρ τοῦ ψυχροῦ καὶ τοῦ θερμοῦ 'φύσιν' ὑπάρχειν, ἀλλὰ τὸ σχῆμα 'μεταπίπτον' ἐργάζεσθαι καὶ τὴν ἡμετέραν ἀλλοί. ωσιν Auch hier spürt man die Schule der Eleaten: über das μεταπίπτειν argumentiert sehr ähnlich Melissos Fr. 8. — Endlich Demokrit Fr. 278 (ich verstehe den Sinn wieder anders als Diels): „Der Menschen Glauben an die Notwendigkeit, sich Kinder zu erzeugen, beruht auf ihrer natürlichen Veranlagung und schreibt sich von einem Urzustande her. Das zeigen auch die übrigen Lebewesen. Denn sie alle sorgen sich für Nachwuchs vermöge ihrer Natur, ohne jede Rücksicht auf ihren Nutzen; vielmehr, wenn die Brut da

noch weit höher hinauf: schon Anaxagoras gebraucht *νομίζειν*, um die Subjektivität der Vorstellung von einem Werden und Vergehen der Dinge auszudrücken (Fr. 17): *τὸ δὲ γίνεσθαι καὶ ἀπόλλυσθαι οὐκ ὀρθῶς νομίζουσιν οἱ Ἕλληνες*[1]; und schon Empedokles verwendet das Wort *νόμος* in demselben schulmäßigen Sinne wie Leukipp (Fr. 9):

> *οἱ δ'ὅτε μὲν κατὰ φῶτα μιγέντ' εἰς αἰθέρ' Ἵκωνται>*
> *ἢ κατὰ θηρῶν ἀγροτέρων γένος ἢ κατὰ θάμνων*
> *ἠὲ κατ' οἰωνῶν, τότε μὲν τὸ <λέγουσι> γενέσθαι·*
> *εὖτε δ'ἀποκρινθῶσι, τὰ δ'αὖ δυσδαίμονα πότμον·*
> *ἢ θέμις <οὐ> καλέουσι, νόμῳ δ'ἐπίφημι καὶ αὐτός.*

Daß Empedokles diesen Gebrauch aus staatsrechtlichen Theorien übertragen haben sollte, ist schon durch die zeitlichen Verhältnisse ausgeschlossen. Aber einen gar nicht mißzuverstehenden Wink über den wahren Ursprung des Begriffes gibt uns seine gedankliche Umgebung und Verkettung, denn bekanntlich gründet sich diese ganze erkenntnistheoretische Voruntersuchung über die Unmöglichkeit des Werdens und Vergehens, über die Scheinbarkeit der stofflichen Verwandlung auf die Lehrsätze der Eleaten, und nicht weniger fest steht, daß auch der Grundgedanke des atomistischen Systems dieselben Forderungen anerkannte

---

ist, so quälen sie sich und ziehen sie auf, so sorgsam sie nur können, und stehen Ängste um sie aus, und wenn sie zu Schaden kommt, so schmerzt es sie. Während aber dies die natürliche Veranlagung aller Wesen ist, die eine Seele haben, hat sich bei den Menschen darüber hinaus die Einbildung entwickelt *(νομιζόμενον ἤδη πεποίηται)*, daß man auch einen Genuß an seinem Kinde habe." *Νόμος* die subjektive und willkürliche Interpretation der wahren und natürlichen Beschaffenheit der Dinge.

[1] Diels übersetzt auch hier: „In bezug auf das Entstehen und Vergehen haben die Hellenen einen unrichtigen Sprachgebrauch". Das ist wohl richtig, insofern für vorsokratisches Denken Namengebung und Begriffsbildung in eins zusammenfällt: *τοῖς δ' ὄνομ' ἄνθρωποι κατέθεντ' ἐπίσημον ἑκάστῳ* (Parm. Fr. 19), aber darum ist noch keineswegs der Ursprung des erkenntnistheoretischen *νόμος*-Begriffs bei der Sprachtheorie zu suchen. Sollten wirklich die Sprachtheorien so alt sein? Sollten sie das philosophische Denken so entscheidend beeinflußt haben?

und zu erfüllen strebte, die Parmenides erhoben hatte. Nebenbei gesagt, ist auch bei Herodot IV 39 derselbe erkenntnistheoretische Ursprung des Begriffs noch gut erkennbar: λήγει δ'αὕτη (scil. ἡ ἀκτή), οὐ λήγουσα εἰ μὴ νόμῳ, ἐς τὸν κόλπον τὸν Ἀράβιον. D. h. ,,wenn ich hier von Aufhören rede, so meine ich das nicht im eigentlichen Wortverstande, denn in Wahrheit läuft die Küste fort, sondern wie die Menschen zu reden pflegen." Das deckt sich nahezu mit dem Empedokleischen νόμῳ δ' ἐπίφημι καὶ αὐτός.

So erhebt sich die Frage nach der gemeinsamen erkenntnistheoretischen Quelle des Anaxagoras, Empedokles und Leukipp. Und wenn wir auch sonst von Parmenides nichts wüßten, so hätten wir doch, allein aus diesem Sachverhalt, zu schließen, daß der Ursprung des Begriffes νόμος nur bei ihm zu suchen sei. So aber begegnet in der Tat bei ihm zwar nicht der festgeprägte Ausdruck νόμος (obwohl νενόμισται Fr. 6, 8)[1] aber, was weit mehr ist, die Sache selber, nicht der erstarrte Schulbegriff, sondern der werdende, nach Ausdruck suchende, lebendige Gedanke. Was bei den Späteren Voraussetzung geworden ist, das ist für ihn noch Schluß und Folgerung;

---

[1] Das Perfekt νενόμισται [in derselben Bedeutung z. B. bei Herodot III, 38: οὕτω μέν νυν ταῦτα νενόμισται. VI 138 νενόμισται ἀνὰ τὴν Ἑλλάδα τὰ σχέτλια πάντα ἔργα Λήμνια καλέεσθαι. — Ich kann hier nicht verschweigen, daß sich Vers 8 in Fr. 6 auch noch anders interpungieren läßt, als ich es oben im Anschluß an Diels getan habe, nämlich so: οἷς τὸ πέλειν τε καὶ οὐκ εἶναι, ταὐτὸν νενόμισται κοὐ ταὐτόν, πάντων δὲ παλίντροπός ἐστι κέλευθος, so daß ταὐτὸν κοὐ ταὐτόν, statt Prädikat zu sein, sich als ein zweites koordiniertes Glied dem ersten τὸ πέλειν τε καὶ οὐκ εἶναι, zur Seite stellt. Diese Interpunktion hat vor der andern sogar Vorzüge voraus, die nicht zu unterschätzen sind: wie daß sie die ursprüngliche Bedeutung von νομίζειν (= etwas sich zu seinem νόμος machen) zu noch kräftigerer Wirkung bringt, daß sie drei Glieder herstellt und dadurch das ganze Satzgefüge runder, voller und gefälliger macht, und endlich, daß sie die Übereinstimmung mit Fr. 8,40 noch mehr hervorhebt: γίγνεσθαί τε καὶ ὄλλυσθαι, εἶναί τε καὶ οὐχί, καὶ τόπον ἀλλάσσειν διά τε χρόα φανὸν ἀμείβειν. Ich zögere nicht, aus diesen Gründen, sie der anderen vorzuziehen. Am Sinne wird übrigens, wie wir auch interpungieren mögen, nichts Wesentliches geändert.

was später Terminus geworden ist, erscheint bei ihm noch als wesentlicher Lehrinhalt: der νόμος und die ἀλήθεια, das sind die beiden Teile seiner Philosophie. Erst allmählich hat der jüngere Begriff der φύσις (sc. τῶν ὄντων) als des „Dinges an sich" — nur ja nicht etwa der „Natur" in unserem Sinne: φύσις κρύπτεσθαι φιλεῖ bei Heraklit ist ein erkenntnistheoretischer Satz — die ältere ἀλήθεια verdrängt, aber noch bei Empedokles ersetzt die θέμις nur die ἀλήθεια, und Demokrit noch stellt dem νόμος die ἐτεή gegenüber; wie umgekehrt νόμος und δόξα auch noch späterhin als Synonyme erscheinen: Plat. Polit. 364 A δόξῃ δὲ μόνον καὶ νόμῳ αἰσχρόν (ἡ ἀδικία); Timon Fr. 32 (Wachsmuth) ἐκ παθέων δόξης τε καὶ εἰκαίης νομοθήκης. Erst der erkenntnistheoretische Relativismus, den Parmenides ausschließlich für die Welt des Scheines proklamiert hatte und den Protagoras auf alle Erkenntnis übertrug — der Homomensura-Satz knüpft offenkundig an die Eleaten an — erst dieser Relativismus zog den ethischen nach, erst der erkenntnistheoretische νόμος gab dem politischen von nun an sein aufklärerisches Gepräge und trug den Begriff der Satzung und des Vertrages in ihn hinein, und vom politischen νόμος aus verbreitete sich dann derselbe Begriff auf Sprache, Religion und alle Errungenschaften der Kultur. So führt eine doppelte, gleich stetige Entwicklung von der δόξα oder dem νόμος des Parmenides herab zur letzten und vollendetsten Darstellung ionischer Wissenschaft, zur Lehre Demokrits: die eine zum Μικρὸς Διάκοσμος[1], die andere zur atomistischen Erkenntnistheorie; und umgekehrt bestätigt das Ergebnis der begriffsgeschichtlichen Untersuchung das, was aus Parmenides allein zu schließen war: daß seine δόξα wie sein dritter Weg ein Bild, ein Ausdruck für die Welt als Vorstellung des Menschen ist, geschaut von einer Höhe metaphysischer Betrachtung, wo der Streit der Schulen nicht von fern mehr heraufdrang.

---

[1] Vgl. Hermes XLVII, S. 492 ff. Was ich dort über Plato geschrieben habe, ist so nicht richtig.

II

Je besser und genauer wir bei der bisherigen Untersuchung die fremdartige Sprache dieser Philosophie uns zu
erklären suchten, desto unabhängiger, in sich geschlossener,
trotziger sind ihre Gedanken für uns geworden und haben alle
geschichtlichen Verbindungen, in die man sie seither gebracht
hatte, wie Fesseln von sich abgeworfen. Das methodische
Ergebnis liegt vor Augen: die gesamte Konstruktion der vorsokratischen Philosophie, wie sie durch Bernays, Zellers
Autorität gefestigt, in den Handbüchern immer aufs Neue
wiederholt, allmählich fast die Geltung eines Gesetzes angenommen hat — eines Gesetzes, über dessen Exegese man
sich freilich streiten kann — diese so dauerbare Konstruktion fängt plötzlich an in einer ihrer Grundfesten zu
wanken. Da bleibt keine Rettung als der Sache auf den
Grund zu gehen, und sollte auch das Gebäude darüber zu-
sammenstürzen. Aber bevor wir uns der Frage nach dem
Verhältnis zwischen Parmenides und Heraklit zuwenden,
verlangt eine andere, noch dringendere Frage eine Antwort:
in welchem Verhältnis stand Parmenides zu seinem nächsten
Vorgänger, Xenophanes?

Bei den Kompromissen mannigfacher Art, bei denen sich
das Urteil über diesen Mann von jeher beruhigt hat, gilt
es zu allererst in einer elementarsten Vorfrage endlich
zur Klarheit zu gelangen, der Frage: wie steht es mit der
Glaubwürdigkeit der Quellen, die uns für Xenophanes zu
Gebote stehen? oder anders ausgedrückt: wie will der Widerspruch der beiden Hauptzeugen in dieser Sache beurteilt

sein, des ächten Aristoteles und seines pseudonymen Doppel-
gängers, des Verfassers der Schrift de Xenophane, Melisso,
Gorgia? Nehmen wir zuerst den Doppelgänger.

Daß der Verfasser in seinen übrigen Exzerpten allen
Glauben verdient, hat noch niemand bezweifelt. Was die
Auszüge aus Gorgias anbetrifft, so stellten wir schon fest,
daß die Notizen des Anonymus den Parallelbericht des
Sextus an Genauigkeit im einzelnen weit übertreffen. Als
ebenso zuverlässig erweist sich sein Bericht über Melissos;
nirgends ein Hineininterpretieren einer späteren, entwickel-
teren Dialektik, nirgends eine auch noch so unschuldige
freie Phantasie. An mehr als einer Stelle schimmert noch
der originale Wortlaut durch, und das Entscheidende, die
Prädikate des Seienden, sind sämtlich unverändert beibe-
halten. Hier die Belege:

[Aristot.] de Melisso.

Ἀίδιον εἶναί φησιν, εἴ τι ἔστιν,
εἴπερ μὴ ἐνδέχεσθαι γενέσθαι
μηδὲν ἐκ μηδενός.

εἴτε γὰρ ἄπαντα γέγονεν
εἴτε μὴ πάντα, ἀίδια ἀμφοτέρως·
ἐξ οὐδενὸς γὰρ γενέσθαι ἂν αὐτὰ
γιγνόμενα. ἁπάντων τε γὰρ
γιγνομένων οὐδὲν ‹ἂν› πρου-
πάρχειν ...

ἀίδιον δὲ ὂν ἄπειρον εἶναι,
ὅτι οὐκ ἔχει ἀρχὴν ὅθεν ἐγένετο,
οὐδὲ τελευτὴν εἰς ὃ γιγνόμενον ἐτελεύτησέ ποτε.

Meliss. Fr. B 1 (Simpl.
phys.): ‛ἀεὶ ἦν ὅ τι ἦν καὶ ἀεὶ
ἔσται· εἰ γὰρ ἐγένετο, ἀναγκαῖόν
ἐστι πρὶν γενέσθαι εἶναι μηδέν·
εἰ τοίνυν μηδὲν ἦν, οὐδαμὰ
ἂν γένοιτο οὐδὲν ἐκ μηδενός'.

Fr. A 10 (Aristot. soph.
el. 5): οἷον ὁ Μελίσσου λόγος,
ὅτι ἄπειρον τὸ ἅπαν, λαβὼν
τὸ μὲν ἅπαν ἀγένητον, ἐκ γὰρ
μὴ ὄντος οὐδὲν ἂν γενέσθαι.

Fr. B 2 (Simpl. phys.):
‛ὅτε τοίνυν οὐκ ἐγένετο, ἔστι τε
καὶ ἀεὶ ἦν καὶ ἀεὶ ἔσται, καὶ
ἀρχὴν οὐκ ἔχει οὐδὲ τελευτήν,
ἀλλ' ἄπειρόν ἐστιν. εἰ μὲν γὰρ
ἐγένετο, ἀρχὴν ἂν εἶχεν (ἤρξατο
γὰρ ἄν ποτε γενόμενον) καὶ
τελευτήν (ἐτελεύτησε γὰρ
ἂν ποτε γενόμενον)· ὅτε δὲ
μήτε ἤρξατο μήτε ἐτελεύτησεν

πᾶν δὲ καὶ ἄπειρον ὂν
<ἓν> εἶναι· εἰ γὰρ δύο ἢ πλείω
εἴη, πέρατ' ἂν εἶναι ταῦτα
πρὸς ἄλληλα.

τοιοῦτον δὲ ὂν τὸ ἓν ἀνώ-
δυνόν τε καὶ ἀνάλγητον ὑγιές
τε καὶ ἄνοσον εἶναι, οὔτε μετα-
κοσμούμενον θέσει οὐδὲ
ἑτεροιούμενον εἴδει οὔτε μι-
γνύμενον ἄλλῳ· κατὰ πάντα γὰρ
ταῦτα πολλά τε τὸ ἓν γίγνεσθαι καὶ τὸ μὴ ὂν τεκνοῦσθαι
καὶ τὸ ὂν φθείρεσθαι ἀναγ-
κάζεσθαι· ταῦτα δὲ ἀδύνατα
εἶναι.

ἀεί τε ἦν καὶ ἀεὶ ἔσται, οὐκ
ἔχει ἀρχὴν οὐδὲ τελευτήν. οὐ
γὰρ ἀεὶ εἶναι ἀνυστόν, ὅ τι μὴ
πᾶν ἔστι.

Fr. B 6 (Simpl. de caelo):
῾εἰ γὰρ εἴη, ἓν εἴη ἄν· εἰ γὰρ
δύο εἴη, οὐκ ἂν δύναιτο
ἄπειρα εἶναι, ἀλλ' ἔχοι ἂν
πείραια πρὸς ἄλληλα.᾿

Fr. B 7 (Simpl. phys.):
῾οὕτως οὖν ἀίδιόν ἐστι καὶ
ἄπειρον καὶ ἓν καὶ ὅμοιον πᾶν·
καὶ οὔτ' ἂν ἀπολοίατο οὔτε
μεῖζον γίνοιτο, οὔτε μετα-
κοσμέοιτο <οὔτε ἑτεροιοῖτο
supplevi>, οὔτε ἀλγεῖ οὔτε
ἀνιᾶται· εἰ γάρ τι τούτων
πάσχοι, οὐκ ἂν ἔτι ἓν εἴη·
εἰ γὰρ ἑτεροιοῦται, ἀνάγκη
τὸ ἐὸν μὴ ὅμοιον εἶναι, ἀλλὰ
ἀπόλλυσθαι τὸ πρόσθεν ἐόν,
τὸ δὲ οὐκ ἐὸν γίνεσθαι....
ἀλλ' οὐδὲ μετακοσμηθῆναι
ἀνυστόν... οὐδὲ ἀλγεῖ... καὶ
περὶ τοῦ ἀνιᾶσθαι ὠυτὸς λόγος
τῷ ἀλγέοντι.᾿

Glänzender, als es hier geschieht, kann sich die Glaubwürdigkeit eines Zeugen kaum bewähren. Und wenn man
anerkennt, wie man nicht anders kann, daß der Bearbeiter
sein Material für alle drei Abschnitte derselben Tradition
verdankt und selber durchaus gleichmäßig verfahren ist, so
kann man, nach den allgemeinen Regeln der Methode, ihn
nicht plötzlich für einen Phantasten oder Ignoranten erklären, sobald Xenophanes in Frage kommt, zumal es auch
für diesen Abschnitt keineswegs an Mitteln fehlt, die Zuverlässigkeit des Ganzen wie des Einzelnen zu prüfen und zu
bestätigen. Von dem vielumstrittenen Zeugnis des Simpli-

cius will ich dabei ganz absehen, nicht als ob ich es für wertlos hielte, sondern um zu beweisen, daß auch außerdem
noch Zeugnisse genug übrig bleiben[1]. Hippol. Ref. I 14
(Xenoph. Fr. A 33): φησὶ δὲ καὶ τὸν θεὸν εἶναι 1. ἀίδιον καὶ
2. ἕνα καὶ 3. ὅμοιον πάντη καὶ πεπερασμένον καὶ 4. σφαιροειδῆ καὶ
5. πᾶσι τοῖς μορίοις αἰσθητικόν. Das entspricht genau der

---

[1] Simplic. Phys. 22,22: ἀνάγκη τοίνυν τὴν ἀρχὴν ἢ μίαν εἶναι ἢ οὐ
μίαν, ταὐτὸν δ' εἰπεῖν πλείους, καὶ εἰ μίαν, ἤτοι ἀκίνητον ἢ κινουμένην · καὶ
εἰ ἀκίνητον, ἤτοι ἄπειρον, ὡς Μέλισσος ὁ Σάμιος δοκεῖ λέγειν, ἢ πεπερασμένην,
ὡς Παρμενίδης Πύρητος Ἐλεάτης, οὐ περὶ φυσικοῦ στοιχείου λέγοντες οὗτοι,
ἀλλὰ περὶ τοῦ ὄντως ὄντος. μίαν δὲ τὴν ἀρχὴν ἤτοι ἓν τὸ ὄν καὶ πᾶν καὶ οὔτε
πεπερασμένον οὔτε ἄπειρον οὔτε κινούμενον οὔτε ἠρεμοῦν
Ξενοφάνην τὸν Κολοφώνιον τὸν Παρμενίδου διδάσκαλον ὑποτίθεσθαί φησιν ὁ
Θεόφραστος ὁμολογῶν ἑτέρας εἶναι μᾶλλον ἢ τῆς περὶ φύσεως ἱστορίας τὴν
μνήμην τῆς τούτου δόξης · τὸ γὰρ ἓν τοῦτο καὶ πᾶν τὸν θεὸν ἔλεγεν ὁ
Ξενοφάνης · ὃν ἕνα μὲν δείκνυσιν ἐκ τοῦ πάντων κράτιστον εἶναι κτλ. Es folgen
dieselben Bestimmungen, wie bei dem Anonymus; die Übereinstimmung
erstreckt sich teilweise bis auf den Wortlaut. Daraus schlossen
Zeller (Gesch. d. Gr. Phil. I⁴, S. 475) und Diels (Doxographi 113;
482), Simplicius habe den Theophrast stillschweigend mit dem Anonymus verquickt, die Worte καὶ οὔτε πεπερασμένον οὔτε ἄπειρον οὔτε
κινούμενον οὔτε ἠρεμοῦν, die mit dem Anonymus übereinstimmen, seien
in Parenthese zu setzen und die Gewährschaft Theophrasts beziehe
sich nur auf die Worte μίαν τὴν ἀρχὴν ἤτοι ἓν τὸ ὄν καὶ πᾶν. Ein solches
Flickwerk könnte man für möglich halten, wenn es dem Simplicius nur
darauf angekommen wäre zusammenzustellen, was er im Augenblick
über Xenophanes auftreiben konnte. Aber in Wahrheit handelt es
sich für ihn um eine Kontroverse, er reibt sich an seinem Vorgänger
und Rivalen Alexander; der hatte das Eine des Xenophanes anders,
und wie Simplicius glaubte, falsch bestimmt: Νικόλαος δὲ ὁ Δαμασκηνὸς
ὡς ἄπειρον καὶ ἀκίνητον λέγοντος αὐτοῦ τὴν ἀρχὴν ἐν τῇ Περὶ Θεῶν
ἀπομνημονεύει, Ἀλέξανδρος δὲ ὡς πεπερασμένον αὐτὸ καὶ σφαιροειδές ·
ἀλλ' ὅτι μὲν οὔτε ἄπειρον οὔτε πεπερασμένον αὐτὸ δείκνυσιν, ἐκ τῶν
προειρημένων δῆλον. Die Streitfrage betraf also gerade das, was Diels in
Parenthese setzen möchte. Auf der einen Seite stehen Alexander und
Nikolaus mit ihren einseitigen, unvollständigen Bestimmungen des ὄν,
und auf der anderen Seite? Wir verlangen auch hier einen Gewährsmann, und ein Name steht auch da: Theophrast. Theophrast als Zeuge
gegen Alexander tritt noch einmal bei Simplicius auf, und zwar in
demselben offenbar ganz und gar nach Theophrast gearbeiteten doxographischen Überblick, Phys. S. 26: Ὁ μέντοι Θεόφραστος τοὺς ἄλλους
προϊστορήσας 'Τούτοις' φησίν 'ἐπιγενόμενος Πλάτων τῇ μὲν δόξῃ καὶ τῇ

Reihenfolge bei dem Anonymus: 1. ἀδύνατόν φησιν εἶναι, εἴ τι ἔστι, γενέσθαι, τοῦτο λέγων ἐπὶ τοῦ θεοῦ ... ἀΐδιον μὲν οὖν διὰ ταῦτα εἶναι τὸν θεόν. 2. εἰ δ'ἔστιν ὁ θεὸς ἁπάντων κράτιστον, ἕνα φησὶν αὐτὸν προσήκειν εἶναι. 3. ἕνα δ'ὄντα ὅμοιον εἶναι πάντη (5. ὁρῶντα καὶ ἀκούοντα τάς τε ἄλλας αἰσθήσεις ἔχοντα πάντη) ... 4. πάντη δ'ὅμοιον ὄντα σφαιροειδῆ εἶναι. Eigent-

δυνάμει πρότερος, τοῖς δὲ χρόνοις ὕστερος ... ἐπέδωκεν ἑαυτὸν καὶ τοῖς φαινομένοις ἀγάμενος τῆς περὶ φύσεως ἱστορίας, ἐν ᾗ δύο τὰς ἀρχὰς βούλεται ποιεῖν τὸ μὲν ὑποκείμενον ὡς ὕλην, ὃ προσαγορεύει πανδεχές, τὸ δὲ ὡς αἴτιον καὶ κινοῦν ὃ περιάπτει τῇ τοῦ θεοῦ καὶ τῇ τοῦ ἀγαθοῦ δυνάμει. ὁ μέντοι Ἀλέξανδρος ὡς τρεῖς λέγοντος τὰς ἀρχὰς ἀπομνημονεύει τὴν ὕλην καὶ τὸ ποιοῦν καὶ τὸ παράδειγμα. Nach diesem Beispiel läßt es sich schwer vorstellen, wie die Berufung auf Theophrast sich sollte auf etwas anderes bezogen haben als auf die beiden strittigen Punkte. Dazu kommt noch ein anderes. Simplicius fängt mit folgenden Worten an: ,,Bekennt man sich zu einem einzigen Prinzip, so kann man dieses entweder für bewegt oder für unbewegt halten; und hält man es für unbewegt, so kann man es wiederum entweder für unbegrenzt erklären, wie Melissos, oder für begrenzt, wie Parmenides''. Wie kann er nach einem solchen Anfang fortfahren: ,,Ein einziges Prinzip aber hat, nach Theophrast, Xenophanes gelehrt?'' Ich denke, aller Ton muß hier auf οὔτε πεπερασμένον οὔτε ἄπειρον zu liegen kommen. Wollen wir also Simplicius so verstehen, wie er verstanden werden wollte, so bleiben nur zwei Möglichkeiten: entweder Simplicius hat den Anonymus unter Theophrasts Namen gekannt, oder der Anonymus hat Theophrast ausgeschrieben. Das Erste scheint schon darum ausgeschlossen, weil Simplicius, wo er Theophrast zitiert, nur seine Philosophiegeschichte meint, gegen das zweite wüßte ich keinen triftigen Einwand.

Diese Folgerungen würden freilich hinfällig, wenn es bewiesen wäre, was Diels in den Doxographen S. 112f. zu beweisen versucht hat, daß Simplicius den Theophrast nicht selbst mehr in Händen gehabt, sondern nur aus Alexanders Anführungen gekannt hätte. Aber Diels Gründe scheinen mir nicht durchschlagend. Um seine Lieblingsidee, die platonische Auslegung der parmenideischen δόξα gegen andere Auffassungen zu behaupten und ins rechte Licht zu rücken, polemisiert Simplicius gegen eine Ausfüllung bei Alexander, die unzweifelhaft auf Theophrast zurückgeht (vgl. Alexander in Metaph. p. 24,5 Bon. = Theophr. Phys. opin. Fr. 6 Diels). Aber folgt daraus, daß Simplicius den Theophrast nicht kannte? Theophrasts Erklärung stammt aus Aristot. Metaph. A 986b 27. Folgt daraus, daß Simplicius die Metaphysik nicht kannte? Er mochte seine Gründe haben, die Klassiker bei dieser Frage aus dem Spiel zu lassen. Und

lich ist die Frage schon allein durch diese Übereinstimmung erledigt, denn die dialektischen Beweise über die einzelnen Bestimmungen vom Wesen Gottes hängen auf das Engste mit der gesamten Anordnung zusammen, oder genauer gesagt, die Reihenfolge richtet sich ausschließlich nach der Dialektik der „Beweise". Und an der Vorzüglichkeit der Quelle des Hippolytos wird hoffentlich kein Zweifel laut werden. Aber es kommt noch eine Bestätigung anderer Art hinzu aus den Stromateis des Pseudo-Plutarch c. 4 (Xenoph. Fr. A 32): ἀποφαίνεται δὲ καὶ περὶ θεῶν ὡς οὐδεμιᾶς ἡγεμονίας ἐν αὐτοῖς οὔσης · οὐ γὰρ ὅσιον δεσπόζεσθαί τινα τῶν θεῶν · ἐπιδεῖσθαί τε μηδενὸς αὐτῶν μηδένα μηδ' ὅλως · ἀκούειν δὲ καὶ ὁρᾶν καθόλου καὶ μὴ κατὰ μέρος. Es läßt sich allerdings wohl kaum bezweifeln, daß diese Notiz nicht aus dem philosophischen Lehrgedichte, sondern den Sillen stammt, nicht aus der Darstellung der eigenen Lehre, sondern der Polemik gegen die Vorstellungen der Dichter und der Menge; es weist darauf der unbestimmte Ausdruck ἀποφαίνεται δὲ καὶ περὶ θεῶν und mehr noch die Imitation derselben Stelle, die sich im Herakles des Euripides findet, v. 1341:

> ἐγὼ δὲ τοὺς θεοὺς οὔτε λέκτρ' ἃ μὴ θέμις
> στέργειν νομίζω, δεσμά τ' ἐξάπτειν χεροῖν
> οὔτ' ἠξίωσα πώποτ' οὔτε πείσομαι,
> οὐδ' ἄλλον ἄλλου δεσπότην πεφυκέναι ·
> δεῖται γὰρ ὁ θεός, εἴπερ ἔστ' ὀρθῶς θεός,
> οὐδενός · ἀοίδων οἶδε δύστηνοι λόγοι.

Da die Elegien und Sillen jederzeit bekannter waren als das Lehrgedicht, das schon sehr früh verschollen sein muß — einen späteren Leser als den pergamenischen Grammatiker

---

selbst wenn er seine Theophrastzitate an vielen Stellen dem Alexander verdankt, so beweist auch das noch keineswegs, daß er kein eigenes Exemplar mehr hatte; auch die Anführungen aus Eudems Geschichte der Mathematik sind in der Regel aus Alexander genommen, und doch schreibt Simplicius eine lange Stelle aus dem Originale ab, sobald es sich für ihn darum handelt, die Berichterstattung Alexanders zu diskreditieren.

Krates können wir nicht namhaft machen, und Krates hat
bekanntlich auch noch andere vorsokratische Raritäten als
Letzter gelesen — so hat es von vornherein die größere
Wahrscheinlichkeit für sich, daß auch Euripides die kürzeren
Gedichte, Elegien und Sillen, und nicht das unbekanntere
Lehrgedicht in dieser Weise nachgebildet habe, zumal sich
auch in seinem Autolykos, wie schon das Altertum bemerkt
hat (Athen. X 413 C), eine Elegie des Xenophanes paraphra-
siert fand. Dazu kommt, daß in der Imitation die Bestreitung der Vielgötterei aufs Engste und Notwendigste mit der
Anklage gegen die Dichter zusammenhängt, daß ebenso die
Unzucht der Sagengötter in den Sillen des Xenophanes
gerügt war: ὡς πλεῖστ' ἐφθέγξαντο θεῶν ἀθεμίστια ἔργα, κλέπτειν
μοιχεύειν τε καὶ ἀλλήλους ἀπατεύειν, und daß es überaus unwahrscheinlich wäre, daß Euripides die Vorlagen zu einem so
bündigen, so kurzen und natürlichen Gedankengange sich aus
Sillen und Lehrgedicht zusammengetragen hätte. War aber
schon in den Sillen Gottes Allmacht der beherrschende Gedanke, war schon in den Sillen dargetan, ein Gott, der göttlicher
Helfer und Diener bedürfe, könne kein Gott sein, weil er dann
nicht mehr allmächtig, sondern ἐπιδεής wäre, so kann es unmöglich Zufall und noch weniger der Einfall eines späten
Philosophenschülers, ein Gedanke aus scholastischen Dis-
putationsübungen sein, was unser Anonymus den Xenophanes
in seinem Lehrgedichte zum Beweise für die Einheit
Gottes auseinandersetzen läßt: wären der Götter mehrere, so
müßten entweder die einen über die anderen herrschen oder
sie wären einander gleichgeordnet, ἴσοι, wie die Bürger einer
Stadt, beides gleich unmöglich, weil es dem Begriffe der
göttlichen Allmacht widerspräche: εἰ δ'ἔστιν ὁ θεὸς ἁπάντων
κράτιστον, ἕνα φησὶν αὐτὸν προσήκειν εἶναι · εἰ γὰρ δύο ἢ πλείω
εἶεν, οὐκ ἂν ἔτι κράτιστον καὶ βέλτιστον αὐτὸν εἶναι πάντων.
ἕκαστος γὰρ ὢν θεὸς τῶν πολλῶν ὁμοίως ἂν τοιοῦτος εἴη. τοῦτο
γὰρ θεὸν καὶ θεοῦ δύναμιν εἶναι, κρατεῖν, ἀλλὰ μὴ κρατεῖσθαι,
καὶ πάντων κράτιστον εἶναι. ὥστε καθὸ μὴ κρείττων, κατὰ τοσοῦτον
οὐκ εἶναι θεόν · πλειόνων οὖν ὄντων, εἰ μὲν εἶεν τὰ μὲν
ἀλλήλων κρείττους τὰ δὲ ἥττους, οὐκ ἂν εἶναι θεούς ·

πεφυκέναι γὰρ τὸ θεῖον μὴ κρατεῖσθαι · ἴσων δὲ ὄντων,
οὐκ ἂν ἔχειν θεοῦ φύσιν, ὃν δεῖν εἶναι κράτιστον. τὸ δὲ ἴσον οὔτε
βέλτιον οὔτε χεῖρον εἶναι τοῦ ἴσου · ὥστ' εἴπερ εἴη τε καὶ τοιοῦτον
εἴη θεός, ἕνα μόνον εἶναι τὸν θεόν. οὐδὲ γὰρ πάντα δύνασθαι
ἂν ἃ βούλοιτο πλειόνων ὄντων. Nach alledem läßt sich kaum
mehr daran zweifeln, daß Xenophanes bereits die Dichotomie
gekannt hat. Was er zu beweisen suchte, war die Einheit Gottes.
Dazu wählte er den Begriff der Allmacht. Daß dieser Begriff
um nichts mehr als der andere an sich gegeben war — denn dem
Volksglauben war der eine wie der andere fremd — fiel ihm
nicht auf oder zum mindesten, es kümmerte ihn nicht; denn nur
der Einheitsbegriff war dialektisch für ihn faßbar und be-
weisbar, und auf Dialektik kam es ihm vor allem an. Wo eine
Vielheit ist, so folgerte er, da ist das Einzelne entweder einander gleich oder einander ungleich, also in diesem Falle:
die Einzelgötter sind entweder gleich an Macht, oder der
eine ist dem anderen überlegen: beides ist unmöglich. Hat
man so viel von seiner „Methode" begriffen, so bedarf es
keines Wortes mehr, die Echtheit auch des unmittelbar vor-
ausgegangenen Schlusses zu beweisen: ἀδύνατόν φησιν εἶναι,
εἴ τι ἔστι, γενέσθαι, τοῦτο λέγων ἐπὶ τοῦ θεοῦ · ἀνάγκη γὰρ ἤτοι
ἐξ ὁμοίου ἢ ἐξ ἀνομοίου γενέσθαι τὸ γενόμενον · δυνατὸν δὲ
οὐδέτερον · οὔτε γὰρ ὅμοιον ὑφ' ὁμοίου προσήκειν τεκνωθῆναι
μᾶλλον ἢ τεκνῶσαι (ταῦτα γὰρ ἅπαντα τοῖς γε ἴσοις καὶ ὁμοίως
ὑπάρχειν πρὸς ἄλληλα) οὔτ' ἂν ἐξ ἀνομοίου τἀνόμοιον
γενέσθαι · εἰ γὰρ γίγνοιτο ἐξ ἀσθενεστέρου τὸ ἰσχυρότερον ἢ ἐξ
ἐλάττονος τὸ μεῖζον ἢ ἐκ χείρονος τὸ κρεῖττον, ἢ τοὐναντίον τὰ
χείρω ἐκ τῶν κρειττόνων, τὸ οὐκ ὂν ἐξ ὄντος ‹ἢ τὸ ὂν ἐξ οὐκ
ὄντος suppl. Diels› ἂν γενέσθαι · ὅπερ ἀδύνατον. Auch hier
die Dichotomie auf den Begriff der Gleichheit angewandt
und dann vermittels des Begriffes der Macht auf das göttliche
Wesen übertragen.

Diese Belege reichen allerdings nicht über den ersten Teil
des anonymen Auszuges hinaus, sie fügen sich nur in den
Stufenbau, der auf dem Ewigkeitsbegriffe sich erhebend in
der Vorstellung der Gotteskugel gipfelt. Bei dem Anonymus
folgt auf diese in sich geschlossene Reihe eine Art Anhang,

der dazu bestimmt ist, darzutun, daß Gott bei dieser Beschaffenheit weder begrenzt noch unbegrenzt, weder bewegt
noch unbewegt sein könne. Diese ferneren Bestimmungen
überraschen; sie scheinen nachzuhinken und sich mit dem
Vorhergehenden nicht zum besten zu vertragen. Aber gegen
ihre Echtheit ist das noch kein Grund, und irgend etwas
Zwingendes, Stichhaltiges läßt sich, soviel ich sehe, gegen sie
nicht aufbringen Trotzdem will ich vor der Hand von ihnen
absehen, um mich allein auf das zu beschränken, was durch
die gesamte doxographische Tradition fest überliefert ist.
Denn darauf kommt es doch vor allem an, die doxographischen
Berichte als eine Einheit zu erfassen, diese Einheit mit
Aristoteles zu vergleichen und für beide die richtige Einschätzung zu finden[1].

---

[1] Man könnte einwenden und hat eingewandt: wenn Xenophanes
sich so bestimmt über die Frage der Bewegung und Begrenztheit
hätte vernehmen lassen, so könnte die doxographische Überlieferung
sich nicht in diesen Punkten widersprechen. So aber stehen einander gegenüber auf der einen Seite Cicero und Nikolaos, die beide
in ihren Werken über die Götter das All-Eine als ein Unbegrenztes,
infinitum, hinstellen (Nikolaos außerdem als Unbewegtes), auf der
anderen Seite Alexander, Hippolytos und Pseudo-Galen, die es als
πεπερασμένον bezeichnen. Aber diese letzte Bestimmung scheint nur
eine Folgerung aus der Kreisgestalt zu sein: Alexander: πεπερασμένον
αὐτὸ καὶ σφαιροειδές; Hippolytos: πεπερασμένον καὶ σφαιροειδῆ; und
schwerlich wird es auf einem Zufalle beruhen, daß in dem Traktate
über Melissos Xenophanes Gorgias gerade diese Bestimmung fehlt,
während die übrigen bei Hippolytos aufgezählten sämtlich wiederkehren; s. oben, S. 92 f. Dagegen mußte sich die Unendlichkeit des
Alls aus Fr. 28 und A 41a ergeben, wenn man, wie die Stoiker
(vgl. Fr. A 37), das All-Eine mit der Welt gleichsetzte. Die Unbewegtheit ließ sich aus Fr. 26 erschließen (und ist offenbar auch von
Nikolaos daraus erschlossen), von dem es unbestimmt ist, ob es zu
den Sillen oder dem Lehrgedicht gehörte. Auch konnte das Prädikat
ἀκίνητον sehr wohl in doppeltem Sinne gebraucht sein; vergessen wir
nicht, daß ähnliche Widersprüche auch bei Parmenides vorkommen,
der das Seiende in Fr. 8,4 ἀτέλεστον, dagegen in demselben Fragment
v. 42 τετελεσμένον nennt. Und endlich, wo gäbe es einen alten Philosophen, bei dem in der doxographischen Überlieferung nicht einige
Unstimmigkeiten unterliefen?

Παρμενίδης μὲν γὰρ ἔοικε τοῦ κατὰ τὸν λόγον ἑνὸς ἅψασθαι, Μέλισσος δὲ τοῦ κατὰ τὴν ὕλην · διὸ καὶ ὁ μὲν πεπερασμένον, ὁ δ' ἄπειρόν φησιν εἶναι αὐτό · Ξενοφάνης δὲ πρῶτος τούτων ἑνίσας (ὁ γὰρ Παρμενίδης τούτου λέγεται γενέσθαι μαθητής) οὐδὲν διεσαφήνισεν, οὐδὲ τῆς φύσεως τούτων οὐδετέρας ἔοικε θιγεῖν, ἀλλ' εἰς τὸν ὅλον οὐρανὸν ἀποβλέψας τὸ ἓν εἶναί φησι τὸν θεόν. Arist. Metaph. A 986 b 18. Es ist auffallend, mit welcher Heftigkeit sich Zeller (I⁴, S. 478) an diese Worte, und nicht einmal an ihren Text, sondern an seine eigene Interpretation des Textes angeklammert hat, nur um ein Mittel zu gewinnen, den so lästigen Anonymus los zu werden. Das *διεσαφήνισεν* soll, nach Zeller, nur bedeuten können, daß Xenophanes die Frage nach Begrenztheit oder Unbegrenztheit des All-Einen noch überhaupt nicht aufgeworfen habe, woraus folge, daß ein Bericht, der ihm dergleichen Bestimmungen unterlege, gefälscht sein müsse. Eine unbefangene Erklärung, die vom Satzbau ausgeht, kann nur folgenden Sinn feststellen: „Denn Xenophanes, der zuerst von diesen die Einheitslehre aufgebracht hat, hat überhaupt noch nicht genauer unterschieden[1], nämlich zwischen dem materialen und formalen Einen (d. h. Aristoteles konnte von seiner Fragestellung aus nichts mit ihm anfangen), aber offenbar dachte er (unbewußt) auch weder an das eine noch an das andere, sondern im Hinblick auf den gesamten Himmel kam ihm der Gedanke: das Eine ist Gott." Was Aristoteles mit diesen Worten geben will, ist eine philosophiegeschichtliche Konstruktion; am Anfang steht für ihn die ungeklärte, ahnungsvolle Anschauung, aus der sich mit der Zeit die einzelnen Begriffe sondern. Und so wenig er sich scheut, Melissos und Parmenides mit offenkundiger Gewalt in seine eigene Denknotwendigkeit hineinzuzwingen, so wenig hat er die Charakteristik, die er

---

[1] *οὔπω διεσαφεῖτο* von noch unentwickelter logischer Unterscheidung bei Eudem Phys. Fr. 11 Spengel: *Παρμενίδου* (Fr. A. 28) *μὲν οὖν ⟨οὐκ ἂν* suppl. Diels⟩ *ἀγασθείη τις ἀναξιοπίστοις ἀκολουθήσαντος λόγοις καὶ ὑπὸ τοιούτων ἀπατηθέντος, ἃ οὔπω τότε διεσαφεῖτο · οὔτε γὰρ τὸ πολλαχῶς ἔλεγεν οὐδείς, ἀλλὰ Πλάτων πρῶτος τὸ δισσὸν εἰσήγαγεν, οὔτε τὸ καθ' αὑτὸ καὶ κατὰ συμβεβηκός.*

von Xenophanes entwirft, aus der Lektüre seines Lehrgedichtes gewonnen. Dieser Xenophanes, der aus der an-
dachtvollen Betrachtung der Gestirne und der ganzen Weltordnung zum ersten Male sich zu einer reinen und geläuterten
Gottesidee erhebt, zeigt nur das typische Bild des Religions-
stifters, ein Bild von solcher Macht der Tradition, daß
es seit Demokrit die Griechen nicht mehr los geworden
sind. Und Aristoteles selber hat sein gut Teil dazu bei-
getragen, es zu verbreiten und zu verherrlichen, am meisten
wohl in seinem Protrepticus: Sextus adv. math. IX 22
(= Aristot. Fr. 10 Rose): θεασάμενοι γὰρ μεθ᾽ ἡμέραν μὲν
ἥλιον περιπολοῦντα, νύκτωρ δὲ τὴν εὔτακτον τῶν ἄλλων ἀστέρων
κίνησιν, ἐνόμισαν εἶναί τινα θεὸν τῆς τοιαύτης κινήσεως καὶ
εὐταξίας αἴτιον. Doch auch Metaphys. Λ 1074a 38: εἰς ἄρα
οὐρανὸς μόνος · παραδέδοται δὲ παρὰ τῶν ἀρχαίων καὶ παμπα-
λαίων ἐν μύθου σχήματι καταλελειμμένα τοῖς ὕστερον ὅτι θεοί
τ᾽ εἰσὶν οὗτοι καὶ περιέχει τὸ θεῖον τὴν ὅλην φύσιν. Oder endlich,
um das beste Beispiel anzuführen, Sextus adv. math. IX 26:
ὥσπερ γὰρ εἴ τις ἐπὶ τῆς Τρωικῆς καθεζόμενος Ἴδης ἑώρα τὴν
τῶν Ἑλλήνων στρατείαν μετὰ πολλοῦ κόσμου καὶ τάξεως τοῖς
πεδίοις προσιοῦσαν, ... οὕτως οἱ πρῶτον εἰς οὐρανὸν ἀνα-
βλέψαντες καὶ θεασάμενοι ἥλιον μὲν τοὺς ἀπὸ ἀνατολῆς μέχρι
δύσεως δρόμους σταδιεύοντα, ἀστέρων δὲ εὐτάκτους τινὰς χορείας,
ἐπεζήτουν τὸν δημιουργὸν κτλ. Man hat von vornherein die
Frage falsch gestellt, wenn man auf Grund der aristotelischen
Charakteristik über Theismus oder Pantheismus des Xenophanes streitet und dabei der Intuition zuliebe über den
Dialektiker Xenophanes hinweggeht, als wäre er in der Überlieferung nicht vorhanden. Auch wird die Sache um nichts
gebessert dadurch, daß man sich auf Timon glaubt berufen
zu dürfen (Fr. 59 Diels):

> ὅππῃ γὰρ ἐμὸν νόον εἰρύσαιμι,
>
> εἰς ἓν ταὐτό τε πᾶν ἀνελύετο · πᾶν δ᾽ ἐὸν αἰεὶ
>
> πάντῃ ἀνελκόμενον μίαν εἰς φύσιν ἵσταθ᾽ ὁμοίην.

Denn Timon glossiert mit diesen Worten nur vom Standpunkte des Skeptikers die Formel ἓν τὸ πᾶν, und diese
Formel ist für die eleatische Philosophie so falsch und irre-

leitend wie die Formel πάντα ῥεῖ für Heraklit. Die Griechen schon des vierten Jahrhunderts haben ihre alten Denker durch ebenso starke Brillen gesehen wie andere Zeiten auch, und diese beiden Sprüche zumal sind um nichts verbürgter als die Sprüche der sieben Weisen; wer da verlangt, sie müßten mit denselben oder doch mit ähnlichen Worten in den Schriften Heraklits und der Eleaten zu lesen gewesen sein, dem wird es auch nicht schwer fallen, in Solon den Urheber des Sprichworts χαλεπὰ τὰ καλά zu erblicken. Wir müssen scheiden lernen zwischen antiken Auffassungen und antiken Zeugnissen, und nur auf letztere ist Verlaß.

Die Überlieferung zwingt dazu, an Stelle des Mystikers Xenophanes den Dialektiker zu setzen. Man wird hoffentlich nicht einwenden, der Beweis an sich, zumal der dialektische, widerstreite der Natur des Lehrgedichtes. Bei Parmenides wie bei Empedokles gibt es ausführliche Beweise, und je leichter das Versemachen dem Rhapsoden fallen mußte, desto ungebundener konnte er seiner Dialektik freien Lauf lassen. Und wer so umständliche physikalische Theorien, wie die über die Sonnenbahn (Fr. A 41a), in Versen darzustellen unternahm, der brauchte sich als Dichter auch vor dialektischen Beweisgängen nicht mehr zu scheuen. Es ist nur unser Vorurteil, das sich dagegen sträubt, dem Dichter und Propheten einen so wenig dichterischen und prophetischen Geschmack zuzutrauen, ein Vorurteil, das man im Altertum, wo man ihn las, nicht kannte. Oder wie hätte Aristoteles auf den Gedanken kommen können, auch über diese Philosophie in einer besonderen Schrift zu handeln, wie er über die Pythagoreer, über Alkmaion und Archytas, Gorgias, Zeno und Melissos in besonderen Schriften gehandelt hat, wenn ihn nicht das Begriffliche und Spekulative an ihr angezogen hätte?

Geben wir den Mystiker zugunsten der Dialektik preis. Was aber wird, nach dieser Zurechtrückung, aus dem Verhältnis zwischen dem Lehrer und dem Schüler? Ging der Schüler nicht vom Seienden aus? Und hatte der Lehrer, von rechtswegen, nicht von der Gottheit auszugehen? Aber

dem widerspricht einstimmig die gesamte Überlieferung:
Μίαν δὲ τὴν ἀρχὴν ἤτοι ἓν τὸ ὂν καὶ πᾶν . . *Ξενοφάνην τὸν*
Κολοφώνιον τὸν Παρμενίδου διδάσκαλον ὑποτίθεσθαί φησιν ὁ
Θεόφραστος ὁμολογῶν ἑτέρας εἶναι μᾶλλον ἢ τῆς περὶ φύσεως
ἱστορίας τὴν μνήμην τῆς τούτου δόξης · τὸ γὰρ ἓν τοῦτο καὶ
πᾶν τὸν θεὸν ἔλεγεν ὁ Ξενοφάνης. Simplic. Phys. 22, 22.
— Unum esse omnia neque id esse mutabile et id esse deum
neque natum umquam et sempiternum, conglobata figura.
Cic. Acad. II 118. — Tum Xenophanes qui mente adiuncta
omne praeterea quod esset infinitum deum voluit esse.
Cic. de nat. deor. I 11, 28. — *Ξενοφάνην μὲν περὶ πάντων*
ἠπορηκότα, δογματίσαντα δὲ μόνον τὸ εἶναι πάντα ἓν καὶ τοῦτο
ὑπάρχειν τὸν θεόν, πεπερασμένον, λογικόν, ἀμετάβλητον. Galen
hist. phil. 7. — *'Εδογμάτιζε δὲ ὁ Ξενοφάνης παρὰ τὰς τῶν ἄλλων*
ἀνθρώπων προλήψεις ἓν εἶναι τὸ πᾶν, καὶ τὸν θεὸν ξυμφυῆ
τοῖς πᾶσιν, εἶναι δὲ σφαιροειδῆ καὶ ἀπαθῆ καὶ ἀμετάβλητον
καὶ λογικόν. Sextus P. H. I 225. Hier sind die Worte *ξυμφυῆ*
τοῖς πᾶσι nur ein ungenauer Ersatz für das sonst allgemein
überlieferte *καὶ τοῦτο ὑπάρχειν (εἶναι) τὸν θεόν.* Wer aus dem
Worte *ξυμφυῆ* auf Immanenz des Xenophanischen Gottes
schlösse, bewiese damit nur, daß er von recensio keine Ahnung
hätte. — *Ξενοφάνης* .. *ἓν εἶναι τὸ πᾶν ἔφησε σφαιροειδὲς καὶ*
πεπερασμένον, οὐ γενητὸν ἀλλ' ἀίδιον καὶ πάμπαν ἀκίνητον.
Theodoret IV 5. — *Ξ. δὲ ὁ Κολοφώνιος ἰδίαν τινὰ ὁδὸν*
πεπορευμένος καὶ παρηλλαχυῖαν πάντας τοὺς προειρημένους
οὔτε γένεσιν οὔτε φθορὰν ἀπολείπει ἀλλ' εἶναι λέγει τὸ πᾶν ἀεὶ
ὅμοιον · εἰ γὰρ γίγνοιτο τοῦτο, φησίν, ἀναγκαῖον πρὸ τούτου μὴ
εἶναι · τὸ μὴ ὂν δὲ οὐκ ἂν γένοιτο οὐδ' ἂν τὸ μὴ ὂν ποιήσαι τι
οὔτε ὑπὸ τοῦ μὴ ὄντος γένοιτ' ἄν τι · ... ἀποφαίνεται δὲ καὶ
περὶ θεῶν κτλ. [Plut.] Strom. 4. — *Λέγει δὲ ὅτι οὐδὲν γίνεται*
οὐδὲ φθείρεται οὐδὲ κινεῖται καὶ ὅτι ἓν τὸ πᾶν ἐστιν ἔξω μετα-
βολῆς. φησὶ δὲ καὶ τὸν θεὸν εἶναι ἀίδιον κτλ Hippol·
Ref. I 14. Es läßt sich in der Tat auch nicht ein
einziges Zeugnis beibringen, wonach Xenophanes nicht
von der eleatischen Einheitsformel, d. h. dem Seienden ausgegangen wäre und dies Seiende oder Eine erst nachträglich
mit Gott gleichgesetzt hätte. Wie die späteren Doxographen

sich mit dieser Auffassung an Theophrast anschließen, so hat wiederum Theophrast in Aristoteles seinen Vorgänger; auch Aristoteles erkennt im Xenophanischen Gotte nur eine Bestimmung und Auslegung des eleatischen All-Einen: τὸ ἓν εἶναί φησι τὸν θεόν. Das ist um so merkwürdiger, als beide, Aristoteles wie Theophrast, zu der Meinung neigen, das Allwesen des Xenophanes gehöre weniger in die Physik als in die Theologie. Wie konnten sie dergleichen überhaupt noch erst erwägen, wenn Xenophanes ganz offen und unzweideutig nur den reinen monotheistischen oder pantheistischen Gottesbegriff entwickelt hatte? Und zu allem anderen kommt nun noch die Inhaltsangabe des Anonymus hinzu: ἀδύνατόν φησιν εἶναι, εἴ τι ἔστι, γενέσθαι, τοῦτο λέγων ἐπὶ τοῦ θεοῦ. Hier hilft kein Sichdrehen und Wenden mehr: wir müssen anerkennen, daß Xenophanes von etwas anderem ausging als von Gott, und was das andere war, lehrt die doxographische Überlieferung in Übereinstimmung mit dem Anonymus: es war das ὄν. Nur auf das Seiende sind die Beweise zugeschnitten, die Xenophanes ganz äußerlich und roh für seinen Gott zurechtgestutzt hat, nur auf das Seiende angewandt hat allein das dichotomische Verfahren einen Sinn. Das Seiende, so lautete ursprünglich der Beweis, kann weder entstanden sein noch untergehen, denn alles Seiende ist entweder gleich oder ungleich; ist es gleich, so ist ein Werden unmöglich, da das Erzeugende und das Erzeugte in demselben gegenseitigen Verhältnis zueinander stehen müßte; ist es ungleich, so müßte, vorausgesetzt daß etwas wird, das Ungleiche aus Ungleichem hervorgehen, d. h. ein Seiendes aus einem Nichtseienden. Folglich, fügt Xenophanes nun seinerseits hinzu, ist Gott ewig, denn Gott ist das Seiende. Kann ein Prophet aus seinem inneren Erlebnis einen solchen Schluß zu Tage fördern? Mit ein wenig mehr Geschick ist der folgende Beweis für den Gottesbegriff zurecht gemacht, obwohl auch hier die ursprüngliche Form noch unter der Umgestaltung zu erkennen ist: das Seiende muß ein ἕν sein, denn gäbe es mehrere ὄντα nebeneinander, so müßten diese wiederum gleich oder ungleich sein; wären sie gleich, so müßte sich die Gleichheit auf Gestalt, Ort, Lage, kurz auf alle nur möglichen Bestimmungen erstrecken, bis zuletzt, nach Aufhebung aller Unterschiede, aus der Vielheit eine Einheit würde; wären sie ungleich, so könnten sie nicht alle zusammen ὄντα sein. So zwingen die Beweise bei dem Anonymus uns zu demselben Schlusse wie die Angaben der Doxographen: daß für Xenophanes das Seiende im eleatischen Sinne bereits etwas Gegebenes war. Ging aber schon er von demselben Worte aus wie Parmenides und häufte auf dies Wort dieselben Prädikate, in genau derselben Reihenfolge, immer eine Bestimmung auf der anderen aufbauend, die Einheit auf der Wesenheit, die Gleichheit auf der Einheit und auf der Gleichheit wiederum die Kugelgestalt, nur mit dem Unterschiede, daß Parmenides das Seiende nimmt, wie seine Natur es fordert, ohne Gefühlsinhalt und theologische Ausdeutung, Xenophanes dagegen dieses einzige in Wahrheit Seiende mit Gott gleich setzt — wie kann man, angesichts einer solchen Gleichheit und Verschiedenheit, den Fortschritt des Parmenides darin erblicken wollen, daß er aus dem reinen Gottesbegriffe des Xenophanes den reinen Seinsbegriff herausgezogen habe? Wer das behauptet, der widerspricht nicht nur dem Pseudo-Aristoteles, sondern der einstimmigen Überlieferung des ganzen Altertums.

Die Zeugnisse selber stellen uns vor die Frage: wer ist hier der Schüler, wer der Lehrer gewesen? Wenn wir dabei zu einer anderen Antwort kommen, als sie sich das Altertum zum mindesten seit Platos Zeit gegeben hat, so stürzen wir damit noch keine Tradition um, sondern machen nur Gebrauch von einer Freiheit, die uns gegenüber einer jeden wahren und echten Tradition erlaubt sein muß. Wenn Xenophanes, der ältere und um so viel berühmtere Zeitgenosse, der gefeierte Dichter und Rhapsode, der im ganzen griechischen Westen und bis in die höchsten Kreise hinauf seine Hörer und Leser hatte, unter die Denker ging und, schon in vorgerücktem Alter, ein philosophisches Lehrgedicht herausgab, wenn zu gleicher Zeit Parmenides, sein Mitbürger und jüngerer Zeitgenosse, im abgeschiedenen Elea, nur den allerwenigsten bekannt, den tiefsten und umstürzendsten Problemen nachging, die es je gegeben hat, und ihre endliche Lösung, seine Offenbarung, nur dem eingeweihten Ohr verständlich, in eine poetische Form brachte — wer wollte da von ferner Stehenden entscheiden oder gar wissen, wer von beiden der Gebende und wer der Nehmende war? Eine Schultradition hätte ihr Verhältnis wohl in der Erinnerung festhalten können, obschon auch die Schule irren kann — man denke nur an Epikur, der von Leukipp, dem Begründer des atomistischen Systems, schon nichts mehr wußte — aber die eleatische Schule ist bald nach der Mitte des fünften Jahrhunderts erloschen. Nehmen wir also die Tradition als das, was sie sein konnte, als eine Erinnerung an den Verkehr der beiden Männer und ihren Altersunterschied, so steht uns frei, die beiden Gedichte in die Zeitfolge zu rücken, die dem Verhältnis ihrer Inhalte entspricht.

Die Beweise lassen bei Xenophanes, trotz ihrer theologischen Überfärbung, eine reichere, entwickeltere dialektische Kunst erkennen, als sie bei Parmenides zu finden ist. Wenn dieser die Dichotomie ausschließlich auf den Seinsbegriff beschränkt, so zeigt er das begriffliche Beweisverfahren noch in seiner urtümlichsten Form; denn es ist klar, daß sich der zweigeteilte dialektische Beweis erst aus der Unterscheidung zwischen Seiendem und Nichtseiendem entwickelt hat. Von den drei Wegen der Forschung abgesehen, gibt es bei Parmenides nur einen einzigen Beweis von dieser Art; er ist so einfach, daß er sich lange genug dem Verständnis hat entziehen können (Fr. 8, 5ff. Siehe S. 40 ff.). Wieviel mehr Beweislust und Vertrautheit mit dialektischen Prozeduren ist dagegen bei Xenophanes zu spüren, wo er dieselbe These zu beweisen sucht! Für ihn ist bereits die dialektische Verwendbarkeit des ὅμοιον ἀνόμοιον entdeckt, und wie er mit dieser Unterscheidung den Begriff der Vielheit ad absurdum führt, so bedient er sich auch ihrer dazu, die Möglichkeit des Werdens und Vergehens zu bestreiten. Mit diesem dialektischen Mittel hat es aber seine besondere Bewandtnis. Bei Simplicius lesen wir im Kommentar zur Aristotelischen

Physik S. 116 Diels: *Πορφύριος δὲ καὶ αὐτὸς τὰ μὲν ἐκ τῶν Παρμενιδείων ἐπῶν, ὡς οἶμαι, τὰ δὲ ἐκ τῶν Ἀριστοτέλους καὶ ὧν ἄν τις πιθανῶς ἐκθέσθαι τὴν Παρμενίδου δόξαν βουλόμενος εἴποι γράφει ταῦτα· 'εἴ τι παρὰ τὸ λευκόν ἐστιν, ἐκεῖνο οὐ λευκόν ἐστι, καὶ εἴ τι παρὰ τὸ ὄν ἐστιν, ἐκεῖνο οὐκ ὄν ἐστι· τὸ δὲ οὐκ ὄν οὐδέν· τὸ ὄν ἄρα μόνον ἐστί· ἓν ἄρα τὸ ὄν. καὶ γὰρ εἰ μὴ ἕν ἐστιν ἀλλὰ πλείω τὰ ὄντα, ἤτοι τῷ εἶναι διοίσει ἀλλήλων ἢ τῷ μὴ εἶναι· ἀλλ᾽ οὔτε τῷ μὴ εἶναι διαφέροιεν ἄν (κατὰ γὰρ αὐτὸ τὸ εἶναι ὅμοιά ἐστι, καὶ τὰ ὅμοια ᾗ ὅμοια ἀδιάφορα καὶ οὐχ ἕτερα τυγχάνει ὄντα, τὰ δὲ μὴ ἕτερα ἕν ἐστιν) οὔτε τῷ μὴ εἶναι· τὰ γὰρ διαφέροντα πρότερον εἶναι δεῖ, τὰ δὲ μὴ ὄντα οὐδὲν διαφέρει ἀλλήλων· εἰ τοίνυν πλείω, φησίν, ὑποτιθέμενα μήτε τῷ εἶναι μήτε τῷ μὴ εἶναι διαφέρειν οἷόν τε καὶ ἕτερα εἶναι ἀλλήλων, δῆλον ὡς ἓν πάντα ἔσται· καὶ τοῦτο ἀγέννητον καὶ ἄφθαρτον'.* Wie überall, so hat auch hier Porphyrius seine Weisheit aus den erlesensten Quellen geschöpft. Den ersten der beiden Beweise gibt er nach Theophrast: Simpl. phys. 115, 11: *τὸν Παρμενίδου λόγον* (Fr. A 28), *ὡς ὁ Ἀλέξανδρος ἱστορεῖ, ὁ μὲν Θεόφραστος οὕτως ἐκτίθεται ἐν τῷ πρώτῳ τῆς φυσικῆς ἱστορίας* (Dox. 483): *τὸ παρὰ τὸ ὄν οὐκ ὄν· τὸ οὐκ ὄν οὐδέν· ἓν ἄρα τὸ ὄν.* Der zweite Beweis kann freilich von Parmenides selbst unmöglich herrühren, doch daß zum mindesten das Ähnlichkeitsproblem, so wie es hier gefaßt ist, in die vorsokratische Zeit gehört, ergibt sich aus Diogenes von Apollonia Fr. B 5, 10: *οὐ μέντοι γε ἀτρεκέως γε ὅμοιον οὐδὲν οἷόν τε γενέσθαι τῶν ἑτεροιουμένων ἕτερον τῷ ἑτέρῳ, πρὶν τὸ αὐτό γένηται.* Ersichtlich hat Diogenes mit diesen Worten sich auf ein Axiom berufen wollen. Wo aber Axiome in der vorsokratischen Philosophie auftauchen, hat sich allemal unser Blick zuerst den Eleaten zuzukehren. Und es läßt sich auch noch zeigen, daß die dialektische Verwendung der Begriffe *ὅμοιον ἀνόμοιον* zur festen eleatischen Schultradition gehört hat. Bei Zeno muß dasselbe Begriffspaar neben den Begriffen der Einheit und der Vielheit, der Bewegtheit und der Ruhe als ein dialektisches Mittel ersten Rangs benutzt gewesen sein, um die Unmöglichkeit der sinnlichen Erscheinung zu beweisen: Plat. Phaedr. 261 D *τὸν οὖν Ἐλεατικὸν Παλαμήδην*

λέγοντα οὐκ ἴσμεν τέχνῃ ὥστε φαίνεσθαι τοῖς ἀκούουσι τὰ αὐτὰ
ὅμοια καὶ ἀνόμοια, καὶ ἓν καὶ πολλά, μένοντά τε καὶ αὖ
φερόμενα; Und noch deutlicher Plato Parm. 128 D ἀντιλέγει
δὴ οὖν τοῦτο τὸ γράμμα (sc. τὸ τοῦ Ζήνωνος) πρὸς τοὺς τὰ πολλὰ
λέγοντας καὶ ἀνταποδίδωσι ταὐτὰ καὶ πλείω, τοῦτο βουλόμενον
δηλοῦν, ὡς ἔτι γελοιότερα πάσχοι ἂν αὐτῶν ἡ ὑπόθεσις εἰ
πολλά ἐστιν ἢ ἡ τοῦ ἓν εἶναι, εἴ τις ἱκανῶς ἐπεξίοι, und daran
anschließend: οὐ νομίζεις εἶναι αὐτὸ καθ' αὑτὸ εἶδός τι ὁμοιότη-
τος καὶ τῷ τοιούτῳ αὖ ἄλλο τι ἐναντίον ὅ ἐστιν ἀνόμοιον; dann
kommen die Begriffe der Einheit und der Vielheit an die
Reihe und zum Schluß folgt die Zusammenfassung S. 129 D:
ἐὰν δέ τις, ὧν νῦν δὴ ἐγὼ ἔλεγον, πρῶτον μὲν διαιρῆται χωρὶς
αὐτὰ καθ' αὑτὰ τὰ εἴδη, οἷον ὁμοιότητά τε καὶ ἀνομοιότητα
καὶ πλῆθος καὶ τὸ ἓν καὶ στάσιν καὶ κίνησιν καὶ πάντα τὰ
τοιαῦτα... Es wäre danach nicht ausgeschlossen, daß der zweite
Beweis bei Porphyrius, der sich gegen die Vielheit richtet, auf
Zeno selbst zurückginge. Denn bei einer so engen Gedanken-
gemeinschaft zwischen Schüler und Lehrer, wie sie der Platonische Dialog geschildert hatte, mochte sich Porphyrius oder
sein Gewährsmann wohl berechtigt glauben, einen Satz des
Lehrers auch durch einen Beweis des Schülers zu erläutern[1].
Aber wie dem auch sei, jedenfalls ist der Begriff der ὁμοιότης
und seine dialektische Anwendung echt eleatisch, wenn auch unverkennbar jüngeren Ursprungs als das Parmenideische Gedicht.

Der Fortschritt, den die Dialektik seit Parmenides gemacht hatte zur Zeit, als Xenophanes sein Epos schrieb,

---

[1] Wie ich nachträglich sehe, wird diese Vermutung zur Gewißheit durch Simplic. Phys. S. 139: ὁ μέντοι Πορφύριος καὶ τὸν ἐκ τῆς
διχοτομίας λόγον Παρμενίδου φησὶν εἶναι ἓν τὸ ὂν ἐκ ταύτης πειρώμενον
δεικνύναι. Es folgt der Beweis über die Unmöglichkeit der endlichen
wie unendlichen Teilung, darauf fährt Simplicius fort (S. 140):
ἐφιστάνειν δὲ ἄξιον, εἰ Παρμενίδου καὶ μὴ Ζήνωνός ἐστιν ὁ λόγος, ὡς καὶ
τῷ Ἀλεξάνδρῳ δοκεῖ. οὔτε γὰρ ἐν τοῖς Παρμενιδείοις λέγεταί τι τοιοῦτο
καὶ ἡ πλείστη ἱστορία τὴν ἐκ τῆς διχοτομίας ἀπορίαν εἰς τὸν Ζήνωνα ἀνα-
πέμπει. Das Problem ist in der Tat Zenonisch, vgl. Zeno Fr. A 22.
Was für das Problem der Teilung gilt, wird auch für das Problem
der Ähnlichkeit zu gelten haben; wir dürfen die oben angeführte
Stelle unter die Fragmente Zenos einreihen.

muß als um so größer eingeschätzt werden, als der Satz von
der Unmöglichkeit des Werdens, sofern er durch die Begriffe
der Gleichheit und Ungleichheit erwiesen wird, nur erst die
eine Hälfte des gesamten Xenophanischen Beweises ausmacht; denn aus dem Anonymus geht klar hervor, daß noch
ein anderer Schluß als Glied einer umfassenderen Dichotomie vorausging: εἰ γὰρ γίγνοιτο ἐξ ἀσθενεστέρου τὸ ἰσχυρότερον
.. ἢ τοὐναντίον τὰ χείρω ἐκ τῶν κρειττόνων, τὸ ‹ὂν ἐξ οὐκ
ὄντος ἢ› τὸ οὐκ ὂν ἐξ ὄντος ἂν γενέσθαι. Da der Begriff der
Ähnlichkeit oder Unähnlichkeit sich nur auf das ὄν anwenden
läßt, so muß das οὐκ ὄν schon zuvor bedacht gewesen sein.
Und daß in der Tat Xenophanes auch über das Nichtseiende
und seine Unfähigkeit zur Zeugung irgendwie gehandelt hat
— und zwar auch hier wieder ausführlicher als Parmenides —,
steht klar zu lesen in Pseudo-Plutarchs Strom. 4: οὔτε γένεσιν
οὔτε φθορὰν ἀπολείπει, ἀλλ᾽ εἶναι λέγει τὸ πᾶν ἀεὶ ὅμοιον · εἰ
γὰρ γίγνοιτο τοῦτο, φησίν, ἀναγκαῖον πρὸ τούτου μὴ εἶναι · τὸ
μὴ ὂν δὲ οὐκ ἂν γένοιτο οὐδ᾽ ἂν τὸ μὴ ὂν ποιήσαι τι οὔτε
ὑπὸ τοῦ μὴ ὄντος γένοιτ᾽ ἄν τι. Der vollständige Beweis
bestand demnach aus einer doppelten Dichotomie: ἐξ ὄντος,
ἐκ μὴ ὄντος · ἐξ ὁμοίου, ἐξ ἀνομοίου.

Richtet man sein Augenmerk auf die Entwicklung der
eleatischen Hauptbegriffe, so gerät man hinter eine seltsame Erscheinung: sie alle haben ihren Ursprung in der
knappen Charakteristik, die Parmenides Fr. 8 vom Seienden
entwirft, aber während sie hier nur um des Seienden willen da
sind, um es gegen die Welt des Scheines abzugrenzen und bei
seiner Ungreifbarkeit nicht ohne Bestimmung zu belassen,
lockert sich allmählich das ursprüngliche Gefüge; was nur
Prädikat war, neigt dahin, Subjekt zu werden, immer stärker
lenkt es die Aufmerksamkeit auf sich selbst und erweckt zugleich damit das Bedürfnis nach besonderen Beweisen, bis endlich, in der Dialektik Zenos, das ursprüngliche Subjekt, der
Träger aller Prädikate, das, worauf allein ein dialektisches
Verfahren anwendbar erschien, das ὄν, ganz in Vergessenheit
geraten ist, und nur die einstigen Prädikate des Seienden
noch Problem sind. So begegnet der Begriff der Gleichheit

bei Parmenides noch fast wie zufällig inmitten der Masse der Bestimmungen über das Seiende:

οὐδὲ διαιρετόν ἐστιν, ἐπεὶ πᾶν ἐστιν ὁμοῖον. (Fr. 8, 22)

Welche dialektischen Kräfte in diesem Begriffe schlummern, ist so wenig noch erkannt, daß er zu weiter nichts als einer rein intuitiven Begründung der Unteilbarkeit verwandt wird. Bei Xenophanes erscheint derselbe Begriff zusammen mit seinem Gegenteil ganz unverkennbar nach dem Muster des *ὄν* und *οὐκ ὄν* als dialektisches Beweismittel benutzt. Bei Melissos ist er schon so selbständig geworden, daß ihm ein besonderer Beweis gewidmet wird ([Arist.] de Melisso 1, 4): *ἓν δὲ ὂν ὅμοιον εἶναι πάντη · εἰ γὰρ ἀνόμοιον, πλείω ὄντα οὐκ ἂν ἔτι ἓν εἶναι ἀλλὰ πολλά.* Für Zeno ist er eines der drei Hauptprobleme. Dieselbe Entwicklung ergibt sich für den Begriff der Einheit. Auch dieser Begriff verschwindet bei Parmenides unter den übrigen Prädikaten, ja er wird, als etwas durchaus Nebensächliches und Akzessorisches, inmitten des Beweises über die Ewigkeit des Seienden nur ein einziges Mal, wie zufällig, erwähnt, geschweige denn, daß ihm ein eigener Abschnitt und Beweisgang wie den Begriffen der Ewigkeit, Unteilbarkeit, Unbewegtheit und Begrenztheit zuständе:

οὐδέ ποτ' ἦν οὐδ' ἔσται, ἐπεὶ νῦν ἐστιν ὁμοῦ πᾶν,

ἕν, συνεχές · τίνα γὰρ γένναν διζήσεαι αὐτοῦ; (Fr. 8, 5)

Bei Xenophanes wird er mit einem umständlichen Beweise bedacht, indem sein Gegenteil, der Begriff der Vielheit, durch das geschilderte dichotomische Verfahren ad absurdum geführt wird. Ähnlich bei Melissos I, 3: *πᾶν δὲ καὶ ἄπειρον ὂν ⟨ἓν⟩ εἶναι · εἰ γὰρ δύο ἢ πλείω εἴη, πέρατ' ἂν εἶναι ταῦτα πρὸς ἄλληλα.* Wiederum wird für Zeno der Begriff der Vielheit, losgelöst vom Seienden, zum selbständigen Problem. Hätte sich umgekehrt die eleatische Seinslehre aus der Einheitslehre, d. h. die Dialektik aus dem Monotheismus entwickelt, so wäre die gänzliche Vernachlässigung des Hauptbegriffes bei Parmenides auf keinerlei Weise zu erklären. — Nicht anders steht es mit dem Begriffe der Bewegung. Die Art wie Parmenides die Unbewegtheit des Seienden begründet, läßt von dialektischen Erwägungen noch nicht die leiseste Spur erkennen:

αὐτὰρ ἀκίνητον μεγάλων ἐν πείρασι δεσμῶν
ἔστιν ἄναρχον ἄπαυστον, ἐπεὶ γένεσις καὶ ὄλεθρος
τῆλε μάλ' ἐπλάγχθησαν, ἀπῶσε δὲ πίστις ἀληθής. (Fr. 8, 26)

Bei Melissos tritt auch hier an Stelle des einfachen, aus der Negation entsprungenen Prädikates der Beweis, in diesem Falle ein Beweis von unschätzbarem Werte, weil er uns zeigt, wie viel Vorarbeit schon innerhalb der eleatischen Schule für die kommende Atomistik geleistet war· I 5 *ἀίδιον δὲ ὂν ἄμετρόν τε καὶ ὅμοιον πάντη ἀκίνητον εἶναι τὸ ἕν· οὐ γὰρ ἂν κινηθῆναι μὴ εἴς τι ὑποχωρῆσαν· ὑποχωρῆσαι δὲ ἀνάγκην εἶναι ἤτοι εἰς πλῆρες ἰὸν ἢ εἰς κενόν· τούτων δὲ τὸ μὲν οὐκ ἂν δέξασθαι* [*τὸ πλῆρες* secl. Diels], *τὸ δὲ οὐκ εἶναι οὐδὲν* [*ἢ τὸ κενόν*].

Endlich wird bei Zeno wiederum das Prädikat des Seienden, die Bewegung, selber zum Problem. Wie man Xenophanes in dieser Entwicklungsreihe unterbringen will, wird davon abhängen, ob man den zweiten Teil des anonymen Auszuges für echt hält oder nicht. Ich sehe, wie gesagt, keinen hinreichenden Grund, der gegen die Echtheit spräche. Aber wie man sich auch entscheidet, jedenfalls wird man soviel zugeben daß ein dialektischer Beweis über die Unmöglichkeit der Bewegung, wie er hier geliefert wird, sich in die allgemeine dialektische Entwicklung, wie wir sie an anderen Begriffen nachwiesen, ohne Schwierigkeit einfügen würde. — Endlich die Begrenztheit. Daß das Seiende begrenzt sein müsse, konnte für Parmenides schon darum keinem Zweifel unterliegen, weil es in allen Stücken das genaue Gegenteil der sinnlichen Erscheinung, das heißt der physikalischen Welt darstellte, deren restlose Erklärung die alte ionische Wissenschaft für sich in Anspruch nahm. Hatten Anaximenes und Anaximander das ewig bewegte Universum für ein *ἄπειρον* erklärt, so folgte daraus für Parmenides notwendig, daß sein unbewegtes, ewig sich gleichbleibendes Seiende nicht anders als begrenzt zu denken sei. Aber mit dieser Frage sollte die Schule bald in eine unüberwindliche Schwierigkeit geraten: durch die Begrenztheit mußte die Einheit wie die Ewigkeit des Seienden gefährdet scheinen; omnis determinatio est

negatio, sagt Spinoza. Offenbar waren es solche Gründe der
Dialektik, die Melissos oder schon seinen unbekannten
Lehrer (denn ich halte Melissos für einen Dilettanten) bewogen, die Begrenztheit aufzugeben und das alte Unbegrenzte
wieder an ihre Stelle zu setzen: *ἀίδιον δὲ ὂν ἄπειρον εἶναι, ὅτι οὐκ*
ἔχει ἀρχὴν ὅθεν ἐγένετο, οὐδὲ τελευτὴν εἰς ὃ γιγνόμενον ἐτελεύτησέ
ποτε. Und wiederum würde es vortrefflich mit der Mittel-
stellung, die Xenophanes allenthalben zwischen Parmenides und
Melissos einnimmt, übereinstimmen, was der Anonymus ihn
zu derselben Frage äußern läßt: das Eine, Göttliche könne
weder grenzenlos noch auch begrenzt sein, denn die Unbegrenztheit schließe eine Verneinung in sich, während der
Begriff der Grenze nur bei einer Mehrheit möglich sei.

Zugegeben, daß die Straffheit und Gedrungenheit des
Ausdrucks, welche die religiöse und poetische Form der
Offenbarung und ihr aufs Höchste gesteigerter Charakter
des Ewigen mit sich brachte, von sich aus ein allzu reichliches
Detail an dialektischen Erörterungen ausschloß: zugegeben
also, daß Parmenides sein dialektisches Beweisverfahren
ein Stück weiter ausgebildet haben konnte, als er es in seinem
Gedichte zu zeigen in der Lage war — wogegen ich freilich
unter keinen Umständen zugeben kann, daß er ein pädagogi-
sches Experiment, eine Art Übungsbuch für Fortgeschrittene
habe liefern wollen und die Beweise etwa aus diesem Grunde
könnte fortgelassen haben —: aber all das zugegeben, bleibt
die Tatsache doch nicht wegzuleugnen, daß Xenophanes ein
fortgeschritteneres Stadium in der Geschichte der Begriffe
darstellt als Parmenides, zum mindesten der Parmenides
des Lehrgedichtes. Hätte die Nachprüfung der Prädikate,
die Verdrängung der intuitiven Elemente durch die Dialektik, die Ausdehnung der Dichotomie vom Seienden auf
andere Begriffe, kurzum hätte die Denkarbeit, deren Früchte
wir bei Melissos, Zeno und Xenophanes erkennen, schon vor
der Niederschrift der *ἀλήθεια* eingesetzt, so wäre zum mindesten zu erwarten, daß man wenigstens ihren Spuren hie und
da begegnete. Aber man mag die einzelnen Prädikate des
Seienden hin und herwenden, soviel man will, man mag die

Begründungen, an denen es Parmenides durchaus nicht fehlen läßt, mit noch so großer Freiheit ausdeuten, nirgends wird man auf eine Gedankenverbindung stoßen, die sich aus einer dialektischen Denkgepflogenheit herleiten ließe. Der deduktive Beweis ist nur erst für das Seiende entdeckt, das heißt nur für denjenigen Begriff, an dem er sich entwickelt hat, die Dialektik steckt noch in den allerersten Anfängen, der eigentliche Lehrinhalt, die $\delta\acute{o}\xi\alpha$ wie die $\dot{\alpha}\lambda\acute{\eta}\theta\varepsilon\iota\alpha$, sind von ihr noch unberührt geblieben, und beide von einer Altertümlichkeit, die unverkennbar ist. Das Parmenideische Gedicht kann nur begriffen werden als erster Anfang einer von Grund aus neuen Denkrichtung; als erster Vorstoß in die unerforschte Region abstrakten Denkens, wobei der Entdecker selber über die Richtung, die er einschlug, noch so wenig sich im klaren war, daß es ihm gar nicht zum Bewußtsein kam, wie weit er schon die Grenzen physikalischer Erklärungsmöglichkeiten überschritten hatte; offenbar ein Jugendwerk, und als ein solches mit viel Eifer und vieler Mühe in die Sphäre jener überirdischen Erhabenheit gehoben, die das Erlebnis einer ungeheuren, plötzlichen Entdeckung brauchte, um mit dem Anspruch ewiger Gültigkeit sich selber ein Wahrzeichen und Monument zu setzen. Wir wollen gewiß das Wort nicht pressen, wenn der Dichter sich einen $\varkappa o\tilde{v}\varrho o\varsigma$, einen Jüngling nannte (Fr. 1, 24); aber soll man glauben, daß ein Greis nach lebenslänglicher Beschäftigung mit dialektischen Problemen seine Himmelfahrt zum Lichthause der Wahrheit in solch merkwürdig abgerissenen, kühnen und zugleich konventionellen, überschwenglichen und steifen Bildern hätte beschreiben können? Ich denke, mit einem solchen Kraftgefühl und Glücksgefühl und einem Stolze, der mitunter fast schon etwas Ungeschicktes an sich hat, konnte nur reden, wer sich wirklich noch als $\varkappa o\tilde{v}\varrho o\varsigma$ fühlte, wer noch nicht am Ende seiner Kraft und seines Nachdenkens angelangt war und wohl auch noch über sein eigenes Werk hinauskonnte. Und wenn der ältere Xenophanes die Lehre seines jüngeren Zeitgenossen übernommen und ins Populäre übertragen hat — denn die Vergöttlichung des Seienden läuft doch letzten Endes auf

eine Popularisierung hinaus — so ist es nicht mehr das Gedicht gewesen, das er in seine eigene Weise übersetzte,
sondern eine Lehre, die sich über das Gedicht hinaus entwickelt hatte.

Für all diese Schlüsse stehen uns freilich nur Exzerpte
zur Verfügung, Zeugnisse, die zwar nicht weniger schlecht
beglaubigt sind als irgendwelche andere allgemeine doxographische Überlieferung, die aber dennoch vielleicht für
feinere Fragen und Unterscheidungen nicht ganz dieselbe
Sicherheit gewähren könnten wie die Originale. Darum
mag zum Schlusse noch der Nachweis geführt werden, daß
auch der originale Wortlaut der sehr spärlichen Xenophanes-
fragmente zu denselben Folgerungen zwingt wie die Exzerpte:

αἰεὶ δ' ἐν ταὐτῷ μίμνει κινούμενος οὐδέν,
οὐδὲ μετέρχεσθαί μιν ἐπιπρέπει ἄλλοτε ἄλλῃ,
ἀλλ' ἀπάνευθε πόνοιο νόου φρενὶ πάντα κραδαίνει.[1]

[Fr. 26 und 25.]

In diesen Versen sind zweierlei Bestimmungen zu unterscheiden. Daß Gott nicht bald hierhin bald dorthin gehen
dürfe, weil das dem Begriffe der göttlichen Allmacht und
Allgegenwart widerspreche, daß er keine Mühe haben dürfe,
daß vielmehr sein bloßer Gedanke hinreiche, das Weltall zu
erschüttern[2], das alles sind Vorstellungen, die sich aus dem

---

[1] Es macht doch sehr den Eindruck, als habe erst Simplicius
(Phys. 22) seiner eigenen Interpretation zu Liebe diese Verse voneinander getrennt; man lese: ὥστε καὶ ὅταν ἐν ταὐτῷ μένειν λέγῃ καὶ μὴ
κινεῖσθαι ʿἀεὶ δ' . . . . ἄλλῃʾ οὐ κατὰ τὴν ἠρεμίαν τὴν ἀντικειμένην τῇ
κινήσει μένειν αὐτό φησιν . . Νικόλαος δὲ ὁ Δαμασκηνὸς ὡς ἄπειρον καὶ
ἀκίνητον λέγοντος αὐτοῦ τὴν ἀρχὴν ἐν τῇ περὶ θεῶν ἀπομνημονεύει . . . καὶ
πάντα νοεῖν δέ φησιν αὐτὸ λέγων ʿἀλλʾ . . . κραδαίνειʾ. Übrigens ist
meine Beweisführung von dieser Frage unabhängig.

[2] Κραδαίνω, von κράδος, κράδη (Wilamowitz, Herakl. II, S. 233) doch
wohl „schütteln", „zittern, wanken machen", nicht „schwingen", wie
Diels übersetzt. Ähnlich Aeschyl. Prom. 1045: χθόνα δ' ἐκ πυθμένων
αὐταῖς ῥίζαις πνεῦμα κραδαίνοι (gemeint ist Erdbeben; voraus geht
Donner, Blitz und Sturm; der Dichter scheint eine pneumatische
Theorie zu kennen; vgl. Epikur an Pythokles Diog. Laert. ὅταν

Theismus leicht erklären und sich überall wiederfinden, wo ein solcher Glaube auftritt. Aber warum in aller Welt soll dieser Gott ewig an demselben Flecke bleiben und sich nicht rühren können? Reimt sich das mit seiner Allmacht? Und

κράδανσιν τῇ γῇ παρασκευάζῃ [sc. τὸ πνεῦμα]; Aët. III, 15,4 (περὶ σεισμῶν γῆς): 'Αναξαγόρας ἀέρος ὑποδύσει ... τρόμῳ τὸ περιέχον κραδαίνοντος). Theophrast de vert. 8: ἰλιγγιῶσι δὲ καὶ οἱ τὰ ✦ψηλὰ καὶ τὰ μεγάλα καὶ ἀπότομα ἀποβλέποντες διὰ τὸ συμβαίνειν μακρὰν ἀποτεινομένην σείεσθαι καὶ κραδαίνεσθαι τὴν ὄψιν. Aristot. περὶ οὐρανοῦ S. 290 a 22: πρὸς δὲ τοὺς μένοντας (ἀστέρας) κραδαίνεται (ἡ ὄψις) διὰ τὸ μῆκος, ἀποτεινομένη πόρρω λίαν · ὁ δὲ τρόμος αὐτῆς ... Auch αἰχμὴ κραδαινομένη bei Homer bedeutet nicht die „geschwungene" Lanze, sondern „vibrata tela". Daneben κραδάων ἔγχος wie σείων ἔγχος. Aber von der Umschwingung des Alls als einem σεισμός zu reden, wäre doch wohl keinem Griechen eingefallen. Wenn Diels zur Erläuterung hinzufügt: „der immanente Gott ist in allem geistig regsam, ohne körperlicher Organe oder Bewegung dazu zu bedürfen", so muß ich offen bekennen, daß ich für eine solche Erklärung in dem Texte keinen genügenden Anhalt zu finden vermag. In der Ilias *A* 530 braucht Zeus nur zu nicken, um den großen Olymp zu erschüttern; dem Xenophanischen Gotte genügt der bloße Gedanke, um das All vor sich erbeben zu lassen. Dieselbe Vorstellung (um nur zu geben, was ich gerade bei der Hand habe) bei Aristobul in dem erschwindelten Xenophonzitat, Clemens Al. Protrept., S. 54 Stählin, Stromat. V S. 399, Stob. Anthol. II, S. 15 W.: *'Ο γοῦν πάντα σείων καὶ ἀτρεμίζων, ὡς μὲν μέγας τις καὶ δυνατός, φανερός.* Desgleichen in dem gefälschten Aeschylusfragment 464, das auch sonst lebhaft an Xenophanes erinnert:

χώριζε θνητῶν τὸν θεὸν καὶ μὴ δόκει
ὅμοιον σαυτῷ σάρκινον καθεστάναι ...
τρέμει δ'ὄρη καὶ γαῖα καὶ πελώριος
βυθὸς θαλάσσης καὶ ὀρέων ὕψος μέγα,
ἐπὰν ἐπιβλέψῃ γοργὸν ὄμμα δεσπότου ·
πάντα δυνατὴ γὰρ δόξα ὑψίστου θεοῦ.

D. h.: Ein Blick des Allmächtigen genügt, und es erzittern Erde und Meer und die Gebirge. Daß die gleiche kritisch-religiöse Propaganda gleiche Ausdrucksformen schafft, ist nicht zu verwundern. Hier wie wohl überall ist es vorwiegend der Begriff der Allmacht, der über die Vielgötterei hinaus zum Monotheismus geführt hat. Das innerste, letzte Wesen auch des Xenophanischen Gottes ist nicht Weltbeseelung, Weltvernunft noch überhaupt Geistigkeit, sondern Allmacht. Das geht deutlich aus dem Pseudo-Aristoteles hervor, und die Fragmente stimmen damit überein; vgl. Fr. 23 und 14ff.

wo bleiben hier die Parallelen anderer Religionen? Ich
wüßte keine einzige zu nennen, aber wohl weiß ich eine aus
der Spekulation, der eleatischen Seinslehre: denn der Ausdruck ἐν ταὐτῷ μένειν erscheint als regelrechtes Schulwort
bei Parmenides, ja, was noch mehr zu denken gibt, er steht
auch hier wieder verbunden mit dem μὴ κινεῖσθαι:[1]

αὐτὰρ ἀκίνητον μεγάλων ἐν πείρασι δεσμῶν
ἔστιν ἄναρχον ἄπαυστον, ἐπεὶ γένεσις καὶ ὄλεθρος
τῆλε μάλ' ἐπλάγχθησαν, ἀπῶσε δὲ πίστις ἀληθής ·
ταὐτὸν τ' ἐν ταὐτῷ τε μένον καθ' ἑαυτό τε κεῖται,
χοὔτως ἔμπεδον αὖθι μένει.   (Fr. 8, 26.)

Daß aber dieser Ausdruck ganz und gar nicht für die Gottes-
idee, sondern ursprünglich für das logisch zu begreifende
Seiende geprägt war, geht allein schon aus dem berühmten
Epicharmfragment hervor, das freilich, sehr bezeichnender
Weise, allgemein für Heraklitisch gilt und doch so eleatisch
ist, wie überhaupt nur etwas sein kann (Fr. 2 Diels):

ἐν μεταλλαγᾷ δὲ πάντες ἐντὶ πάντα τὸν χρόνον ·
ὃ δὲ μεταλλάσσει κατὰ φύσιν κοὔποκ' ἐν ταὐτῷ μένει,
ἕτερον εἴη κα τόδ' ἤδη τοῦ παρεξεστακότος.

Wenn hier von der Welt der δόξα, die nur Übergänge und
Veränderungen aber niemals ein ταὐτόν erkennen läßt, gesagt wird, daß sie οὔποκ' ἐν ταὐτῷ μένει, so folgt daraus
für die entgegengesetzte Behauptung αἰεὶ δ' ἐν ταὐτῷ μίμνει,

---

[1] Ein zufälliges Zusammentreffen bloßer Worte ist hier ausgeschlossen, wie gesagt, schon wegen der Verbindung mit dem μὴ
κινεῖσθαι; dazu kommt bestätigend Epicharm Fr. 1 Diels: τάδε δ'ἀεὶ
πάρεσθ' ὁμοῖα διά τε τῶν αὐτῶν ἀεί. Damit steht selbstverständlich
nicht im Widerspruch, daß ἐν ταὐτῷ μένειν ganz allgemein zum Ausdruck der Beharrlichkeit und Ruhe diente: Eurip. Ion 969 τὰ
θνητὰ τοιαῦτ' · οὐδὲν ἐν ταὐτῷ μένει. Soph. Aletes Fr. 102 οὐ γάρ ποτ'
αὐτῶν οὐδὲν ἐν ταὐτῷ μένει (vom ὄλβος βροτῶν gesagt). Aristoph.
Wespen 969 κοὐδέποτ' ἐν ταὐτῷ μένει (vom Hunde Λάβης, hingegen es
von dem andern heißt: ὁ δ'ἕτερος οἷός ἐστιν οἰκουρεῖν μόνον · αὐτοῦ
μένων . .); Vögel 170 ἄνθρωπος ὄρνις ἀστάθμητος, πετόμενος, ἀτέκμαρτος,
οὐδὲν οὐδέποτ' ἐν ταὐτῷ μένων. Plat. Euth. 288A ἀλλὰ ἔοικεν . . οὗτος
μὲν ὁ λόγος ἐν ταὐτῷ μένειν, καὶ ἔτι ὥσπερ τὸ παλαιὸν καταβαλὼν πίπτειν.
Herodot I 5, 4 τὴν ἀνθρωπηίην ὦν ἐπιστάμενος εὐδαιμονίην οὐδαμὰ ἐν
τὠυτῷ μένουσαν.

daß sie ursprünglich jedenfalls nur von dem Gegenteil der sinnlichen Erscheinung gelten sollte, das heißt von dem Seienden[1]. Der Gottesbegriff hat bei dieser Unterscheidung, dieser ganzen Fragestellung nicht das mindeste zu suchen. Dieselbe kritiklose Vereinigung gänzlich verschiedener Vorstellungen, die aus den doxographischen Berichten zu erschließen war, tritt in den originalen Bruchstücken offen und unverhüllt zu Tage. Wie aber in dem einzigen mehrzeiligen Fragment, das uns erhalten ist, auch gleich zwei Aussagen verschiedenen Ursprungs nebeneinander stehen, so spaltet sich die ganze Xenophanische Theologie in zwei getrennte Reihen von Bestimmungen. Daß Gott allmächtig sei, daß er keine anderen Götter neben sich dulde, daß er von keinem anderen Wesen, weder stärkeren noch schwächeren habe erzeugt werden können, daß er Geist sei, ganz Gesicht, ganz Gehör und ganz Gedanke, das alles sind Vorstellungen, wie sie jeder echte und natürliche Theismus mit sich bringt; wenn aber derselbe Gott noch außerdem kugelförmig, unbewegt und ὅμοιος πάντῃ sein soll, so geht das über religiöses Erleben hinaus. Kann es ein Zufall sein, daß gerade die Eigenschaften, die sich am Xenophanischen Gotte nicht erklären lassen, zugleich Eigenschaften, und zwar sehr erklärliche Eigenschaften, des Parmenideischen Seienden sind? Und kann es Zufall sein, daß umgekehrt das Seiende auch nicht eine Spur aus jener anderen Reihe von Bestimmungen aufweist, die nur für das Göttliche zutreffen? Wohl gibt es zwei Bestimmungen, die beiden Reihen gemeinsam sind: Ewigkeit

---

[1] Daher ist Begriff und Wort auch in den Platonischen Parmenides gelangt, der durchweg die eleatische Lehre, und zwar besonders in der Gestalt, die sie durch Zeno angenommen hatte, voraussetzt; S. 139 A: Κατὰ πᾶσαν ἄρα κίνησιν τὸ ἓν ἀκίνητον. Ἀκίνητον. Ἀλλὰ μὴν καὶ εἶναί γέ φαμεν ἔν τινι αὐτὸ ἀδύνατον. Φαμὲν γάρ. Οὐδ' ἄρα ποτὲ ἐν τῷ αὐτῷ ἐστι. Τί δή; Ὅτι ἤδη ἂν ἐν ἐκείνῳ εἴη, ἐν ᾧ τῷ αὐτῷ ἐστι. Πάνυ μὲν οὖν. Ἀλλ' οὔτε ἐν ἑαυτῷ οὔτε ἐν ἄλλῳ οἷόν τε ἦν αὐτῷ ἐνεῖναι. Οὐ γὰρ οὖν. Οὐδέποτε ἄρα ἐστὶ τὸ ἓν ἐν τῷ αὐτῷ. Οὐκ ἔοικεν. Ἀλλὰ μὴν τό γε μηδέποτε ἐν τῷ αὐτῷ ὂν οὔτε ἡσυχίαν ἄγει οὔτε ἔστηκεν usw. (vgl. S. 146 A). Es folgt der Nachweis, daß das ἕν auch kein ταὐτόν sein könne: alles Kritik der Eleaten.

und Einheit; aber selbst diese gemeinsamen Begriffe haben ein doppeltes Gesicht und schauen bald nach dem Göttlichen, bald nach dem Seienden aus. Kein Zweifel, sie haben den Hauptanstoß gegeben zu der ungeheuerlichen Gleichsetzung, die hier geschehen ist; nun bilden sie den Kitt, der beide Hälften aneinander bindet.

Ich kann zur Gegenprobe nur empfehlen, den entgegengesetzten Weg zu gehen, also in ἐν ταὐτῷ μένειν und μὴ κινεῖσθαι aller ihrer Rätselhaftigkeit zum Trotz ursprünglich für das Göttliche ersonnene Prädikate zu erblicken: welche Virtuosität im dialektischen Jonglieren wird man dann nicht an Parmenides bewundern dürfen, daß er jene ihm zugespielten göttlich-mystischen Prädikate vom Standpunkte des Logikers zu fangen, umzukehren, auf den Kopf zu stellen, auf ihrer gewagtesten und allerspitzesten Spitze zu balancieren wußte und dabei noch obendrein den Anschein zu erwecken, als könnten sie gar nicht anders stehen, ja als hätten sie nie anders als gerade so gestanden!

Über die Tatsache, daß im Gotte des Xenophanes noch etwas anderes steckt, was nicht Gott ist, hilft man sich allgemein auch heute noch mit derselben Auskunft hinweg, zu der schon Aristoteles seine Zuflucht genommen hat: man erklärt seinen Glauben für Pantheismus, seinen Gott für immanent und letzten Endes mit der Welt identisch[1]. Aber lassen sich denn wirklich jene so rätselhaften Bestimmungen, wie Gleichheit, Unbewegtheit, Kugelform oder Kugelähnlichkeit, aus einer pantheistischen Weltanschauung herleiten? Wollen wir ehrlich sein, so scheitern wir mit diesem Versuche schon an der Kugelform, obwohl diese an sich noch das Verständlichste von allem wäre. Denn Xenophanes dachte sich die Welt durchaus nicht kugelförmig, sondern den Himmel nach oben und die Erde nach unten ins Unendliche sich erstreckend; gab er also Gott die Kugelform, so konnte das nur heißen, daß er Gott und Welt geschieden

---

[1] Die stoischen Doxographen gehen soweit, daß sie das Göttliche ohne Umstände mit dem Kosmos gleichsetzen: Aëtius II 4, 11 Ξενοφάνης ἀγένητον καὶ ἀίδιον καὶ ἄφθαρτον τὸν κόσμον.

haben wollte, mithin die volkstümlichen Vorstellungen von den Göttern nicht zum wenigsten auch gerade ihres pantheistischen Elements wegen bekämpfte. Dazu stimmt durchaus, was uns an Nachrichten über sein Lehrgedicht als Ganzes überliefert ist. Die Zweiteilung bezeugt ausdrücklich Sextus adv. math.VII, 14: τῶν δὲ διμερῆ τὴν φιλοσοφίαν ὑποστησαμένων Ξενοφάνης μὲν ὁ Κολοφώνιος τὸ φυσικὸν ἅμα καὶ λογικόν (!), ὡς φασί τινες, μετήρχετο.[1] Ebenso unweigerlich ergibt sich die beabsichtigte strenge Scheidung zwischen Theologie — formal betrachtet Logik — und Physik aus Theodoret IV, 5 (nach Aëtius: Fr. A 36 Diels): Ξενοφάνης μὲν οὖν .. ἓν εἶναι τὸ πᾶν ἔφησε σφαιροειδὲς καὶ πεπερασμένον, οὐ γενητὸν ἀλλ' ἀίδιον καὶ πάμπαν ἀκίνητον· πάλιν δὲ αὖ τῶνδε τῶν λόγων ἐπιλαθόμενος ἐκ τῆς γῆς φῦναι ἅπαντα εἴρηκεν· αὐτοῦ γὰρ δὴ τόδε τὸ ἔπος ἐστίν ᾽ἐκ γῆς γὰρ τάδε πάντα καὶ εἰς γῆν πάντα τελευτᾷ. So redet, wohlgemerkt, derselbe Gewährsmann, der die beiden Teile des Parmenideischen Gedichts in ihrem Verhältnis folgendermaßen charakterisiert (Theodoret IV, 7 = Doxogr. 284): καὶ Παρμενίδης δὲ ὁ Πύρρητος ὁ Ἐλεάτης Ξενοφάνους ἑταῖρος γενόμενος, κατὰ μὲν τὸν πρῶτον λόγον ξύμφωνα τῷ διδασκάλῳ ξυγγέγραφεν· αὐτοῦ γὰρ δὴ τόδε τὸ ἔπος εἶναί φασι ᾽οὖλον μουνογενές τε καὶ ἀτρεμές ἠδ' ἀγένητον᾽· αἰτίαν δὲ τῶν ὅλων οὐ τὴν γῆν μόνον καθάπερ ἐκεῖνος ἀλλὰ καὶ τὸ πῦρ εἴρηκεν οὗτος. Zusammengefaßt beweisen beide Auszüge (was übrigens auch aus allen anderen Nachrichten zu folgern wäre), daß die Lehre des Xenophanes genau wie die seines Schülers oder richtiger Lehrers, äußerlich betrachtet, in zwei Teile auseinanderfiel; nur daß hier das Verhältnis beider Teile für die Alten noch weit schwieriger zu bestimmen war als bei Parmenides. Denn ging man, wie man es nicht anders kannte, von der Aristotelischen Voraussetzung aus, daß Xenophanes sein

---

[1] Diese Nachricht stammt aus guter und gelehrter Quelle und ist durchaus nicht unbrauchbar, wie Zeller behauptet hat (I⁴, S. 505), den hier wie überall der Glaube an den monotheistischen Pantheismus für die Tatsachen der Überlieferung blind gemacht hat. Leider fehlt die Stelle auch bei Diels. Und doch hat Diels die Nachricht über Archelaos aus derselben Quelle ohne Bedenken aufgenommen: Ἀρχέλαος δὲ ὁ Ἀθηναῖος τὸ φυσικὸν καὶ ἠθικόν (Fr. A 6).

göttliches Prinzip im Hinblick auf das All gewonnen habe, so mußte in der Tat sein zweiter, physikalischer Teil wie eine kindliche Vergeßlichkeit, ein Rückfall in den überwundenen Materialismus anmuten. Aber so ausgemacht die Sache für die alten wie die modernen Philosophiehistoriker auch sein mag, es bleibt doch immer noch die Frage, inwieweit man überhaupt ein Recht hat, sich in solcher Weise auf die Naturbetrachtung zu berufen, um die Schwierigkeiten eines altertümlichen Denkens wie die größten Selbstverständlichkeiten zu behandeln. Schon bei den alten Milesiern wirkte das rein Ideelle stärker, als man es zumeist Wort haben will; und vollends bei Xenophanes begegnet nicht ein Wort, nicht eine Wendung, die auf pantheistische und mystische Gefühle und Anschauungen schließen ließe. Vielmehr deutet alles darauf hin, daß sein Bestreben nicht darauf ausging, Gott und Welt einander anzunähern, also einen immanenten Gott zu predigen, sondern zwischen beiden eine möglichst tiefe Kluft zu schaffen. Gott und die Welt, das sind die beiden Inhalte seines Gedichtes:

καὶ τὸ μὲν οὖν σαφὲς οὔτις ἀνὴρ γένετ' οὐδέ τις ἔσται
εἰδὼς ἀμφὶ θεῶν τε καὶ ἅσσα λέγω περὶ πάντων. [Fr. 34][1]

Und wie πάντα hier gemeint ist, lehrt ein Vers wie Fr. 27:

ἐκ γαίης γὰρ πάντα καὶ εἰς γῆν πάντα τελευτᾷ,

oder noch deutlicher Fr. 29:

γῆ καὶ ὕδωρ πάντ' ἐσθ' ὅσα γίνοντ(αι) ἠδὲ φύονται.

Es ist die Gesamtheit der vergänglichen, veränderlichen Dinge im Gegensatz zur ewig sich gleich bleibenden Gottheit.

Für den ausgesprochenen Dualismus, der das wahre Wesen dieser angeblichen und so oft geschilderten Einheitslehre ausmacht, gibt es endlich noch ein Zeugnis von so hohem Alter und so unzweideutiger Gewißheit, daß jeder

---

[1] Mit diesen Versen formuliert Xenophanes sein Thema wie Alkmaion, Fr. B 1: ʿπερὶ τῶν ἀφανέων, περὶ τῶν θνητῶν σαφήνειαν μὲν θεοὶ ἔχοντι, ὡς δὲ ἀνθρώποις τεκμαίρεσθαι· καὶ τὰ ἑξῆς. Auch hier der Gegensatz des Göttlichen und Sterblichen.

Widerspruch davor verstummen muß: das schon einmal er-
wähnte Bruchstück Epicharms, Fr. 1. 2 Diels. Wenn Diels
die bei Diogenes überlieferte Versreihe zerteilt und zwei
verschiedenen Nummern seiner Sammlung überwiesen hat,
so hat er unbestreitbar recht daran getan; denn daß der
eine Teil nicht so sich an den anderen angeschlossen haben
kann, liegt auf der Hand[1]. Eine andere Frage freilich ist, ob
beide Stücke überhaupt in keinerlei Beziehung zueinander
standen, d. h. ob sie verschiedenen Dramen angehörten
(denn gehörten sie demselben Drama an, so standen sie auch
in Beziehung zueinander), oder ob zwischen beiden nur ein
Stück Dialog als unwesentlich unterdrückt worden ist.
Fragen wir nach der Absicht des Berichterstatters Alkimos,
so kann kein Zweifel sein, daß er das Ganze wirklich als ein
wahres Ganze und Zusammengehöriges hat hinstellen wollen:
ὁ Πλάτων φησὶν αἰσθητὸν μὲν ... νοητὸν δὲ ... καὶ μὴν ὅ γε
Ἐπίχαρμος περὶ τῶν αἰσθητῶν καὶ νοητῶν ἐναργῶς εἴρηκεν: es folgt
das Zitat, wobei besonders zu bemerken ist, daß jetzt in um-
gekehrter Reihenfolge die νοητά vorangehen und die αἰσθητά den
zweiten Abschnitt ausmachen. An sich liegt kein Grund vor,
an der Zuverlässigkeit des Alkimos zu zweifeln; die Tatsache,
daß die beiden Teile ausgezeichnet zueinander passen, ist
mit keinem Mittel aus der Welt zu schaffen; beide sind gleich
gut eleatisch, offenbar die einzigen umfangreicheren Partien
dieser Art, die Alkimos auftreiben konnte. Dazu kommt, daß
alles, was von vermeintlich Heraklitischer, in Wahrheit

---

[1] [Ich muß gestehen, daß mir selbst das jetzt zweifelhaft geworden
ist. Das καί, das Diels zwischen den beiden Teilen einschieben möchte,
hat Alkimos schwerlich geschrieben; hätte er die beiden voneinander trennen wollen, so wäre zu erwarten: περὶ μὲν τῶν νοητῶν ...
περὶ δὲ τῶν αἰσθητῶν. Die ewige Gleichheit des Göttlichen konnte sehr
wohl der Veränderlichkeit des Menschlichen zum Beweise dienen,
unter der stillschweigenden Voraussetzung, daß Gott und Mensch
in allen Stücken einander entgegengesetzt sein müßten. Zudem, was
weiß man denn von Epicharms Dialogtechnik? Wer sagt uns, daß
es da nicht mitunter Sprünge gab? Und zumal, wo man sich über
eine philosophische Lehre lustig machte, brauchte man die Gedanken
nicht allzu peinlich miteinander zu verknüpfen.]

eleatischer Philosophie und ihrer Anwendung zu allerhand
Prellereien bei Epicharm uns sonst berichtet wird (bei Diels
unter Fr. 2), sich zweifellos auf ein und dasselbe Stück bezieht; es ist allein schon ein Gebot der Ökonomie, die inhaltlich so nah verwandten Bruchstücke demselben Drama zu-
zuweisen. Und man würde sich diesem Gebote wohl auch
schwerlich widersetzt haben, wäre man nicht so fest davon
überzeugt gewesen, daß im zweiten Teile klipp und klar
der Grundgedanke der Heraklitischen Philosophie entwickelt sei.

Wie man zu dieser Überzeugung, diesem unerschütter-
lichen Glauben an den „Herakliteer" Epicharm hat gelangen können, allgemein und ohne Widerspruch zu finden,
ist mir eins der allergrößten Rätsel[1]. Was in jenen Versen
bewiesen wird, und zwar auf dialektisch-induktivem Wege,
ist die Behauptung, daß es ein ταὐτόν in dieser Welt
nicht gebe:

αἰ πὸτ ἀριθμόν τις περισσόν, αἰ δὲ λῇς, πὸτ ἄρτιον,
ποτθέμειν λῇ ψᾶφον ἢ καὶ τᾶν ὑπαρχουσᾶν λαβεῖν,
ἦ δοκεῖ κά τοι γ᾽ <ἔθ᾽> ωὑτὸς εἶμεν; — οὐκ ἐμίν γα κα . . .
καὶ τὺ δὴ κἀγὼ χθὲς ἄλλοι καί νυν ἄλλοι τελέθομες,
καὖθις ἄλλοι κοὔποχ᾽ ωὑτοὶ καττὸν <αὐτὸν αὖ> λόγον.

Wenn etwas unherakliteisch ist, so ist es dieser Beweis,
denn Heraklit lehrt das gerade Gegenteil: die Koinzidenz der
Gegensätze, die Identität im Wechsel: ὁδὸς ἄνω κάτω μία καὶ
ωὐτή (Fr. 60), ταὐτὸ τ᾽ ἔνι ζῶν καὶ τεθνηκός .. (Fr. 88),
ποταμοῖς τοῖς αὐτοῖς ἐμβαίνομεν τε καὶ οὐκ ἐμβαίνομεν, εἶμέν
τε καὶ οὐκ εἶμεν (Fr. 49a), und wie die Variationen dieses
Themas alle lauten. Und außerdem, wo hätte jemals Heraklit
etwas bewiesen? und nun gar auf eine solche Art bewiesen?
— um von der eleatischen Formel οὔποχ᾽ ἐν ταὐτῷ μένει hier
ganz zu schweigen. Dagegen hätten wir genau dieselbe Art
des dialektischen Beweises als Grundlage der Parmenideischen

---

[1] Urheber dieses Glaubens ist derselbe, der auch in den Parme-
nides die Anspielung auf Heraklit hineingelesen hat, Jacob Bernays,
„Epicharmos und der αὐξανόμενος λόγος". Rh. M. 1853 = Ges. Abh. I,
S. 111.

δόξα selbst dann anzuerkennen, wenn wir ihren Spuren sonst nicht mehr begegneten. Aber noch deutlicher als die Verse des Parmenides redet die Prosa des Melissos Fr. 8: *δοκεῖ δὲ ἡμῖν τό τε θερμὸν ψυχρὸν γίνεσθαι καὶ τὸ ψυχρὸν θερμὸν καὶ τὸ σκληρὸν μαλθακὸν καὶ τὸ μαλθακὸν σκληρὸν καὶ τὸ ζῷον ἀποθνῄσκειν καὶ ἐκ μὴ ζῶντος γίνεσθαι, καὶ ταῦτα πάντα ἑτεροιοῦσθαι, καὶ ὅ τι ἦν τε καὶ ὃ νῦν οὐδὲ; ὅμοιον εἶναι . . . οὐ τοίνυν ταῦτα ἀλλήλοις ὁμολογεῖ· φα⸍ένοις γὰρ εἶναι πολλὰ καὶ ἀίδια καὶ εἴδη τε καὶ ἰσχὺν ἔχοντα, πάντα ἑτεροιοῦσθαι ἡμῖν δοκεῖ καὶ μεταπίπτειν ἐκ τοῦ ἑκάστοτε ὁ ρωμένου* Wie Epicharm nimmt auch Melissos unbesehen Wandlungsfähigkeit des Stoffes und Relativität der Begriffe für dasselbe Phänomen: beide als Fortsetzer der Parmenideischen *δόξα*. Es war ein Ungedanke, Heraklitisches Gut bei Epicharm aufspüren zu wollen; wie sollten die sizilischen Komödiendichter oder erst gar ihr Publikum den ephesischen Einsiedler gekannt oder gelesen haben? Was da an philosophischen Gedanken vorkommt, ist, soweit es überhaupt für uns bestimmbar ist, eleatisch oder genauer gesagt Xenophanisch: so Fr. B 4 (= Xenoph. Fr. 15), so Fr. B 15 (= Aristot. Metaphys. 1010 a 4 *αἴτιον δὲ τῆς δόξης τούτοις* (des Relativismus) *ὅτι περὶ τῶν ὄντων τὴν ἀλήθειαν ἐσκόπουν, τὰ δ' ὄντα ὑπέλαβον εἶναι τὰ αἰσθητὰ μόνον· ἐν δὲ τούτοις πολλὴ ἡ τοῦ ἀορίστου φύσις ἐνυπάρχει καὶ ἡ τοῦ ὄντος οὕτως ὥσπερ εἴπομεν· διὸ εἰκότως μὲν λέγουσιν, οὐκ ἀληθῆ δὲ λέγουσιν· οὕτω γὰρ ἁρμόττει μᾶλλον εἰπεῖν ἢ ὥσπερ Ἐπίχαρμος εἰς Ξενοφάνην:* vermutlich aus demselben Stück, in dem die philosophischen Prellereien vorkamen), und so endlich auch Fr. 1, dessen Zusammenhang mit Fr. 2 nun hoffentlich keinem Zweifel mehr begegnen wird.

Die Zweiteilung des Lehrvortrags, die Unterscheidung und Entgegensetzung eines ewig sich gleich bleibenden und eines in fortwährender Veränderung begriffenen Wesens, ist der eleatischen Philosophie von Anbeginn eigen; wie die Lehre des Parmenides in *ἀλήθεια* und *δόξα* zerfällt, so scheiden sich bei Melissos scharf die Teile, die über das transzendente Eine und die Vielheit in den Sinnendingen

handeln. Wenn dieselben beiden Themen in genau derselben Reihenfolge (und zwar trotz Alkimos, wie wir sahen!)
nun auch noch bei Epicharm begegnen, so wäre es Willkür,
wollten wir uns über diese so offenkundigen Zusammenhänge hinwegsetzen. Der einzige Unterschied ist der, daß
Epicharm die beiden Reiche nicht mehr als Erkenntnistheoretiker, sondern als Theologe betrachtet: das Verhältnis
zwischen Wahn und Wahrheit ist ihm zum Verhältnis zwischen Gott und Welt geworden; an die Stelle des philosophischen Monismus tritt der populäre Dualismus. Diese Um-
biegung, diese Verdrehung des eleatischen Gedankens kann
nur das Werk des Xenophanes gewesen sein. Was bei dieser
Erkenntnis aus dem Xenophanischen Pantheismus werden
muß, braucht nicht gesagt zu werden. Aber wohl müssen wir
das erste Epicharmfragment, dem eine solche pantheistische
Deutung widerfahren ist, von solcher Auffassung befreien:

— ἀλλ᾽ ἀεί τοι θεοὶ παρῆσαν χὐπέλιπον οὐ πώποκα,
  τάδε δ᾽ ἀεὶ πάρεσθ᾽ ὁμοῖα διά τε τῶν αὐτῶν ἀεί.
— ἀλλὰ λέγεται μὰν χάος πρᾶτον γενέσθαι τῶν θεῶν.
— πῶς δέ κα; μὴ ἔχον γ᾽ ἀπὸ τίνος μηδ᾽ ἐς ὅ τι πρᾶτον μόλοι
— οὐκ ἄρ᾽ ἔμολε πρᾶτον οὐθέν; — οὐδὲ μὰ Δία δεύτερον
  τῶνδέ γ᾽ ὧν ἁμὲς νῦν ὧδε λέγομες, ἀλλ᾽ ἀεὶ τάδ᾽ ἦν.

Diels übersetzt den zweiten Vers: „Die Vorgänge hier
(in der Natur) vollziehen sich stets gleich und durch dieselben Kräfte." Gesetzt, daß τάδε wirklich in derselben hin-
weisenden Bedeutung stehen könnte wie der Ausdruck
ὅδε ὁ κόσμος bei Diogenes (Fr. 2) und Heraklit (Fr. 30)
— obwohl selbst dieser Vergleich nicht zutrifft, denn wie sich
uns später zeigen wird, ist das Demonstrativpronomen in
dieser Verbindung zeitlich und nicht räumlich aufzufassen —
aber selbst gesetzt, das τάδε ginge auf die Natur, so könnte
es doch höchstens nur das Gegenständliche in ihr bezeichnen
aber niemals das, was überhaupt nicht zu zeigen ist und auch
in τάδε gar nicht liegen kann, die Vorgänge. Und ist es ferner
anzunehmen, daß die Dialogperson, die von der Ewigkeit
der Götter redet, sich in einer solchen Weise unterbrechen
sollte, um nach einer bedeutungsvollen Geste gegen den

Himmel plötzlich von den Naturvorgängen anzufangen?
Es ist doch wohl klar: das τάδε bezieht sich auf θεοί, nicht
auf den Himmel, sondern das gesprochene Wort, wie es auch
später wieder aufgenommen wird in den Worten τῶνδέ γ᾽ ὧν
ἁμὲς νῦν ὧδε λέγομες.[1] Das zweite Hindernis, worüber ich
bei der Dielsschen Übersetzung nicht hinwegkomme, ist die
Wiedergabe des παρεῖναι: dies Wort heißt „da sein",
„gegenwärtig sein", nicht aber „sich vollziehen". Und
endlich drittens kann ich nicht glauben, daß διὰ τῶν
αὐτῶν das heißen könnte, was Diels übersetzt: „durch
dieselben Kräfte". Nach den Wendungen διὰ πάντων,
διὰ ταχέων usw. zu urteilen, kann διὰ τῶν αὐτῶν nur heißen
„in demselben Zustande verharrend", „sich gleich blei-
bend" — wenn es, wie doch offenbar hier der Fall, in zeit-
licher Ausdehnung gedacht ist. Räumlich zu verstehen ist
es in den Bakchen des Philolaos Fr. 17: ὁ κόσμος εἷς ἐστι,
ἤρξατο δὲ γίγνεσθαι ἀπὸ τοῦ μέσου εἰς τὸ ἄνω διὰ τῶν αὐτῶν
τοῖς κάτω. Hier wie dort bedeutet es — von der Verschiedenheit der Präposition abgesehen — nicht mehr als κατὰ ταὐτά
(πρὸς γὰρ τὸ μέσον κατὰ ταὐτά ἐστιν ἑκάτερα fährt Philolaos
fort). Denselben Sinn erfordert endlich auch, was überall
und so auch hier bei Epicharm den Ausschlag gibt, der
Satzzusammenhang, in diesem Falle die Gegenüberstellung
in V. 11 χθὲς ἄλλοι καί νυν ἄλλοι oder die wohlbekannte Formel
οὔποκ᾽ ἐν ταὐτῷ μένει. So läßt selbst Epicharm noch unter der
Parodie des Xenophanischen Gottes das Parmenideische
Seiende erkennen; die Bestimmungen ταὐτόν und ὅμοιον verraten nur zu deutlich, was als wahres Wesen hinter dieser Göttlichkeit verborgen ist: die Logik. Auch der vierte Vers wird erst
verständlich, wenn man den Gedanken seiner theologischen Umdeutung entkleidet hat. Dazu bedarf es freilich erst noch
einer anderen Prozedur: der Sonderung dessen, was erst der
Satiriker Epicharm hinzugetan hat. Man kann die Feinheit, die
der Dichter in diesen Versen gesucht, die Fähigkeit erratenden

---

[1] τάδε auf θεοί bezogen: zu verstehen ist τὰ θεῖα; so steht bei
Hippocr. de victu c. 7 (oben S. 58) ταῦτα auf ψυχή bezogen, wo zu
ergänzen ist τὰ μέρη τῆς ψυχῆς.

Verständnisses, die er bei seinem Publikum vorausgesetzt
hat, nicht gründlicher mißverstehen, als wenn man alles,
was er sagt, im wörtlichen Verstande auf Xenophanes überträgt und selbst das volkstümliche Chaos mit unter die Begriffe eleatischer Theologie rechnet; kurz, wenn man den
Gedanken in die Worte hineininterpretiert, das Chaos als
der Anfang aller Dinge müsse selber ohne Anfang sein. Was
das gebildete Publikum von Syrakus bei dieser Stelle als
besonderen Reiz empfand, war gerade der Kontrast der
volkstümlichen und der philosophischen Auffassung der
Götter, war das Mißverständliche und Komisch-Unwahr-
scheinliche, das darin liegt, daß beide Unterredner mit vollkommen inkommensurablen Vorstellungen gegeneinander
reden und der Lehrling schon nach ein paar bloßen Andeutungen über die paradoxe Wahrheit sich für überzeugt
erklärt: „Dieses Wesen (die Götter) bleibt sich ewig gleich
und ewig in demselben Zustande verharrend. — Aber man
redet doch, das Chaos sei der Götter Anfang? — Wieso?
Kann es doch weder von etwas anderem herkommen noch in
ein anderes übergehen". Gälte der letzte Satz allein vom
Chaos als dem Anfang aller Dinge, so wären die Worte
ἐς ὅτι πρᾶτον μόλοι ohne Sinn und Verstand. Es ist im
Grunde vielmehr nicht der Volksglaube, worauf sie zielen,
sondern der philosophische, genauer Xenophanische Begriff
vom Wesen Gottes, und was geleugnet wird, ist schlechthin
jedes Werden und Vergehen, jeder Anfang in der Zeit und
jedes Ende. In den Worten ἀπὸ τίνος ἐλθόν kann nur der
Gedanke stecken: „Wie kann ein Seiendes von einem Nichts
herkommen?" In den Worten ἐς ὅ τι πρᾶτον μόλοι: „Wie
kann ein Nichts zu einem Seienden werden". Also dasselbe,
was der Doxograph der Pseudo-Plutarchischen Stromateis
mit folgenden Worten ausdrückt (Xenoph. Fr. A 32): εἰ γὰρ
γίγνοιτο τοῦτο, φησίν, ἀναγκαῖον πρὸ τούτου μὴ εἶναι · τὸ μὴ ὂν
δὲ οὐκ ἂν γένοιτο (οὐδ’ ἂν τὸ μὴ ὂν ποιήσαι τι) οὔτε ὑπὸ
τοῦ μὴ ὄντος γένοιτ’ ἄν τι. Hier aber erhebt sich die entscheidende Frage: trifft diese Beweisführung denn auch nur auf
die Gottheit zu? Ist nicht vielmehr die Gottheit selber nur

eine Benennung, eine Ausdeutung von etwas anderem? Diese
Analyse des Begriffes „Werden", seine Zerlegung in zwei zu-
ständliche Momente, ein Vorher und ein Nachher, als in zwei
unvereinbare Gegensätze, dieser Grundgedanke der Parmenideischen Philosophie, gehört er überhaupt noch unter die
natürlichen, auch nur verständlichen Konsequenzen einer rein
religiös gerichteten, pantheistischen Spekulation? Und wenn
der Philosoph bei Epicharm das Wesen, das er zu bestimmen
sucht, von allen Dingen der Erfahrung trennt und abgrenzt
durch die Einschränkung, die in den Worten liegt: τῶνδέ
γ' ὦν ἁμὲς νῦν ὧδε λέγομες, ἀλλ' ἀεὶ τάδ' ἦς — ist eine so
bewußte und gewollte Transzendenz des Göttlichen mit
einem Weltgefühle vereinbar, das den immanenten Gott in
allen Dingen regsam sieht? Und selbst gesetzt, das wäre
denkbar: was aber soll die Gegenüberstellung dieses ewig
sich gleich bleibenden Wesens mit der Welt fortwährenden
Wechsels? Epicharm ist in der Tat unschätzbar; was sich
sonst nur erschließen ließ, der ausgesprochene, zielbewußte
Dualismus in der Weltanschauung des Xenophanes, erhält
durch ihn seine urkundliche Bestätigung. Ebenso wertvoll,
als Bekräftigung der doxographischen Überlieferung, ist
sein Zeugnis über die Xenophanische Dialektik; könnte nach
der Tradition ja noch ein Zweifel an dieser so hartnäckig ge-
leugneten Tatsache obwalten, so würde Epicharm allein
genügen, um auch seinen letzten Rest endgültig aus der Welt
zu schaffen; oder wie wollte man es sonst erklären, daß die
neue Kunst bereits bei ihm in ihrer schönsten Blüte steht?

⋆   ⋆
⋆

Bei der Frage, ob wir in Parmenides oder Xenophanes
den originalen Kopf, den schöpferischen Geist, kurz den
Entdecker eines neuen Reiches der Erkenntnis zu erblicken
haben, hat schließlich noch eine Erwägung ein Wort mitzu-
reden, die sich nicht, wie die übrigen, auf Facta stützen kann,

der man vielleicht, weil sie auf dem Gefühle beruht, die Überzeugungskraft abstreiten wird, und die doch, für mich wenigstens, den Ausschlag gibt. Xenophanes war Dichter und Rhapsode; er besang die Gründung Kolophons und die Besiedelung Eleas in zweitausend Versen, machte Spottgedichte, deren man in späterer Zeit zum mindesten fünf Bücher zählte, unter anderem auf Homer, Hesiod, Pythagoras, Epimenides und andere Berühmtheiten, dazu besaß man von ihm eine Sammlung Elegien. Die Fragmente sind zwar im Verhältnis zum Verlorenen von verzweifelter Dürftigkeit, aber doch immerhin so zahlreich, daß sie eine wirklich tiefe, mächtige und reiche Geistigkeit, wenn eine solche in Xenophanes gesteckt hätte, auch heute noch zur Geltung bringen müßten. Trotzdem zeigen alle in merkwürdiger Übereinstimmung dieselben wenigen aber scharf ausgeprägten Züge, und diese Züge wiederum schließen sich zu einem durchaus einheitlichen Gesamtausdruck zusammen; es gibt wenig Überreste, die zur Analyse so herausforderten wie diese.

Die erste, wohl vollständig erhaltene Elegie zeigt den Rhapsoden beim Symposion unter den Gästen eines großen Herren. Er hat die Ehre, nach der Mahlzeit die sangesfreudige Geselligkeit des Abends durch ein Lied, das selbstverständlich nur ein neues Lied sein durfte, zu eröffnen[1]. Feierlich, mit einer stimmungsvollen Schilderung des schönen Augenblicks, beginnt er, noch mit jedem Worte die Spannung auf das folgende erhöhend, um zum Schluß die Pointe, seine γνώμη, um so wirkungsvoller und des Beifalls um so sicherer herauszuheben: „So wäre denn der Estrich rein und aller Hände und Becher. Gewundene Kränze setzt ein Diener uns aufs Haupt, ein anderer reicht uns duftende Salbe dar in einer Schale. Köstlicher Freude voll steht in der Mitte der Mischkrug, und schon steht anderer Wein, der nimmer droht auszugehen, bereit in Krügen, lieblich und wie Blumen duftend. In unserer Mitte sendet der Weihrauch

---

[1] Daß solche Eröffnungsstrophen üblich waren, zeigt z. B. Ion, Fr. 2, Theognis v. 999.

heiligen Duft empor. Da gibt es kaltes, süßes und lauteres Wasser, blonde Brote liegen zur Hand, und vor uns steht ein reicher Tisch mit Käse und fettem Honig beladen. Rings mit Blumen geschmückt erhebt sich in der Mitte der Altar; das ganze Haus erfüllt Musik und Festesfreude." Aber so weihevoll sie ist, die Schilderung bereitet doch nur die Gedanken, schonungslos gesagt die Schaustellung der eigenen Weisheit vor, auf die es dem Dichter ankommt: „Da geziemt es sich zuerst für rechtgesonnene Männer Gott zu lobpreisen mit gottesfürchtigem Rühmen und mit reinen Worten." Hätte der Dichter nur den Rat erteilen wollen, die Spende für die Götter, ohne die ein Symposion für den Griechen ganz undenkbar war, nur ja nicht etwa zu vergessen, so hätte er besser getan zu schweigen. Nur auf das Wie, nicht auf das Was kann sich sein Rat erstrecken. Aber was heißt „mit gottesfürchtigen Geschichten und reinen Worten", εὐφήμοις μύθοις καὶ καθαροῖσι λόγοις? Wer den Dichter kannte, kannte auch seine Rügelieder auf die Unvernunft der Sage und des volkstümlichen Götterglaubens, wußte, wie er über all jene Geschichten dachte, die man selbst im Gebet zu Preis und Ruhm des Gottes herzuzählen pflegte, und verstand worauf die Mahnung zielte. „Habt ihr aber gespendet und gebetet um die Kraft das Rechte tun zu können — denn die zu erbitten ist doch wohl das Wichtigere — dann soll's keine Sünde sein, zu trinken, so viel einer verträgt, will er noch ohne Dieners Hilfe sich nach Hause finden, wenn er nicht ganz altersschwach ist." Wiederum müssen wir den Gedanken erst von seinem Hintergrunde abheben, um ihn zu verstehen. Freilich wie die übliche Formel eines Tischgebets zu lauten hatte, weiß ich nicht zu sagen, aber mag sie nun, was immerhin recht wahrscheinlich ist, in ihrer Schlußwendung dem Gebete des Ion an Dionysos geglichen haben. καὶ τὰ δίκαια φρονεῖν[1], oder mag ihr Text ein anderer gewesen sein, auf jeden Fall war es nichts Übliches, Gewohntes, was Xenophanes von den Göttern zu erbitten

---

[1] Jedenfalls formelhaft: Hipparch, Fr. 1 στεῖχε δίκαια φρονῶν.

mahnt: *τὰ δίκαια δύνασθαι πρήσσειν*. Mit anderen Worten: wenn der Mensch auch noch so sehr das Gerechte denkt und will, es zu vollbringen ist doch nicht in seine Macht gegeben; er bedarf dazu der göttlichen Hilfe. Freilich wird sich diese Hilfe nicht durch innere, seelische Erhebung anzeigen — das zu erwarten wäre christlich — sondern durch die Überwindung der vielfältigen Fährlichkeiten des Lebens, durch den Segen und das Gedeihen, das eines Menschen Tun begleitet. Immer noch ist es *ἀρετή* im alten Sinne des Worts, um was auch Xenophanes die Götter bittet, aber *ἀρετή* im alten Sinne nun nicht mehr als Selbstzweck, sondern als Mittel um die *ἀρετή* im neuen und sublimeren Sinne zu erreichen, um zum *ἀγαθός*, oder noch ethischer ausgedrückt, zum *δίκαιος* zu werden. Was ist *ἀρετή*? *χαίρειν τε καλοῖσι καὶ δύνασθαι* war die Antwort, die ein leider durch die Überlieferung nicht genannter aber sicher sehr berühmter Dichter desselben Zeitalters, wahrscheinlich Simonides, gegeben hatte[1]. Die Gesinnung, das *χαίρειν καλοῖσι*, ist wohl Vorbedingung, soll das Ideal erreicht werden, doch ohne den Erfolg, die Macht, die *δύναμις*, die von den Göttern abhängt, ist das Streben auch des besten Mannes umsonst. Der Begriff des *ἀγαθός* war zum Problem geworden; das besagt: die tonangebende Gesellschaft hatte an der Begrenzung, Nüancierung, Steigerung und fast Entrückung ihres Ideales mit derselben schöpferischen Energie gearbeitet wie beispielsweise das Zeitalter der Renaissance, der Macchiavells und Castigliones, am Begriffe des Fürsten und des Höflings, die gesellschaftliche Kultur Frankreichs im siebzehnten Jahrhundert am Begriffe der Größe (das Ideal grandeur geschaffen durch Potenzierung und Sublimierung der Standeseigenschaften des grands), das ästhetisch-literarische achtzehnte Jahrhundert am Begriffe des „Genies" — um gleich durch Häufung sehr verschiedener Typen zu verhüten, daß man etwas Fremdes in das Griechentum hineintrage, vor allem

---

[1] Das Fragment in Platos Meno 77a; Bergk, Lyrici Graeci, Fragm. adesp. 130.

aber um jede christlich-moralisierende Perspektive auszu-
schließen. Fragen, wie die über die Möglichkeit der $\dot{\alpha}\varrho\varepsilon\tau\dot{\eta}$,
über die Umstände und Bedingungen, unter denen der $\dot{\alpha}\nu\dot{\eta}\varrho$
$\dot{\alpha}\gamma\alpha\theta\acute{o}\varsigma$ als Ausnahme und Glücksfall durch der Götter Gunst
zustande kommt, bedurften, um emporzuschießen, eines
langher und sorgfältig vorbereiteten kulturellen Bodens; es
sind Standesfragen, freilich „ethische" Probleme, aber
dennoch in ganz anderer Richtung weisend als dorthin, wo
alles sich in Gut und Böse scheidet, ethisch nur für eine
Gesellschaft, die das, was ihr Ansporn ist und was sie bindet,
ihre „Moral" mit allen Pflichten und Rechten, die sie mit sich
bringt, als ihr ausschließliches Privileg betrachtet; womit
nicht geleugnet werden soll, daß dasselbe Ideal sehr wohl
zugleich seine begeistertsten Wortführer und erhabensten
Verklärer und Verherrlicher bei solchen finden konnte, die
nicht selber, wenigstens doch nicht ganz als voll, in jener
Gesellschaft mitzählten, die sich wohl danach drängen
mochten, in jener Luft auch nur zu atmen, bei den Ver-
schönerern des Lebens, den Dichtern und bildenden Künstlern.

Die wertvollste weil ziemlich einzige umfangreichere
Probe solcher moralistischen aber durchaus nicht etwa in
unserem Sinne moralischen Betrachtungen ist das Skolion
des Simonides an Skopas, für uns um so wichtiger, als sein
Grundgedanke mit dem Gedanken des Xenophanischen Ge-
bets, wie wir ihn glaubten verstehen zu müssen, auf das
Genauste übereinstimmt, somit den Beweis erbringt, daß
dieser Gedanke, so überraschend neu und seltsam er auch auf
den ersten Blick erscheinen mochte, doch nur eine der vielerlei
Ideen widerspiegelt, die für jene Zeit der vorsophistischen
Aufklärung kennzeichnend sind: „Schwer ist es, nach dem
Worte des Pittakos, ein wahrer $\dot{\alpha}\gamma\alpha\theta\acute{o}\varsigma$ zu werden, Tugenden
des Körpers und des Geistes müssen zusammentreffen, die
sich selten genug beieinander finden — und doch sagte ich
noch viel zu wenig, wenn ich mit Pittakos es nur für schwer
hielt, ein $\dot{\varepsilon}\sigma\theta\lambda\acute{o}\varsigma$ zu werden: nur ein Gott allein könnte
so hohe Ehre gewinnen, aber ein Mensch kann gar nicht
anders als $\varkappa\alpha\varkappa\acute{o}\varsigma$ sein, wenn ihn hoffnungsloses Unglück über-

wältigt. So schwankt sein Wert mit seinem Schicksal, ergeht es ihm gut, so ist er ἀγαθός, ergeht es ihm schlecht, so ist er κακός, am höchsten aber steigen immer noch die Lieblinge der Götter. Darum will ich es aufgeben, das Unmögliche zu verlangen, einen Menschen ohne jeden Tadel, auch nur einen einzigen unter allen, die wir der weiten Erde Frucht genießen; jeden will ich gut heißen, der nur mit Willen keine Schande auf sich lädt, denn gegen die Not vermögen selbst die Götter nicht zu kämpfen." Damit ist die Standestugend ein für alle mal über den Stand hinausgehoben in eine Höhe, die sie dem Menschen unerreichbar macht: der Mensch hat nicht die Kraft, ein ἀγαθός zu werden, wenn es den Göttern nicht gefällt, und deren Gunst wird keinem so zuteil, daß er sich rühmen dürfte, dauernd im Besitze der ἀρετή zu sein. Das Lob des guten Willens ist, so gern wir darin eine neue, höhere Forderung erblicken möchten, in des Dichters Augen doch nur ein Verzicht: der Wille, die Gesinnung reicht nicht aus, dem Menschen seinen Wert zu geben, aber der Dichter will trotz allem sich an ihnen genügen lassen[1]. Deutlich spiegelt sich in dieser Überlegung das vielfältige Nebeneinander widerstrebender Begriffe, die sich mit der

---

[1] Das Verständnis des Simonideischen Gedichts verdankt man Wilamowitz, Sappho und Simonides, S. 159ff. Nur an den Hintersinn und die geheime Brechung des Gedankens, die er annimmt, kann ich nicht glauben, sondern verstehe das Gedicht, wie ich auch Theognis v. 384ff. verstehe:

ἔμπης δ'ὄλβον ἔχουσιν ἀπήμονα · τοὶ δ'ἀπὸ δειλῶν
ἔργων ἴσχονται θυμόν, ὅμως πενίην
μητέρ' ἀμηχανίης ἔλαβον, τὰ δίκαια φιλεῦντες,
ἤ τ'ἀνδρῶν παράγει θυμὸν ἐς ἀμπλακίην,
βλάπτουσ' ἐν στήθεσσι φρένας κρατερῆς ὑπ' ἀνάγκης ·
τολμᾷ δ' οὐκ ἐθέλων αἴσχεα πολλὰ φέρειν,
χρησμοσύνῃ εἴκων, ἣ δὴ κακὰ πολλὰ διδάσκει,
ψεύδεά τ' ἐξαπάτας τ' οὐλομένας τ' ἔριδας,
ἄνδρα καὶ οὐκ ἐθέλοντα · κακὸν δέ οἱ οὐδὲν ἔοικεν ·
ἡ γὰρ καὶ χαλεπὴν τίκτει ἀμηχανίην.

Auch was Simonides dem Skopas vorträgt, sind Gedanken seiner „Zeit", d. h. es stehen die geistigen Interessen und Werturteile einer Gesellschaft hinter ihm.

Zeit in einem und demselben Worte ἀγαθός vereinigt hatten.
Um es schematisch auszudrücken, hatte dies Wort schon
damals eine doppelte Verwandlung durchgemacht: es war
zuerst von der Bedeutung eines allgemeinen Wertbegriffs
zum Namen eines Standes avanciert und war dann zweitens,
als der Inbegriff der Standestugenden, zu einem Typus, einer
scharf umrissenen Idealgestalt geworden, ohne doch daß es
scine Vorstufen hätte verleugnen, noch die Variierung und
fortschreitende Moralisierung des allgemeinen Wertbegriffes
hätte verhindern oder aufhalten können. Daraus mußten
sich Konflikte und Probleme mannigfacher Art ergeben;
es mag nicht zu den Seltenheiten gehört haben, daß ein aner-
kannter ἀγαθός, um seine anerkannte ἀρετή zu retten, sich
zu einer Handlung hingerissen sah, die anerkanntermaßen ein
αἰσχρόν war. Ein Problem aus dieser Sphäre ist es, worüber
Simonides philosophiert. Was uns sein Skolion wichtig macht,
ist, daß er dabei denselben Standpunkt einnimmt, von dem
aus Xenophanes in seiner Elegie das altgeheiligte Gebet zu
reformieren vorschlägt. Für beide ist die Abhängigkeit des
sittlichen Menschen von den Umständen, dem Willen der
Götter, eine Tatsache, die keinem Zweifel unterliegt. Aber
während der eine ein vollständiges Gedicht dazu benötigt hat,
um seine Gedanken darüber klarzulegen, hat der andere seine
γνώμη, nur dem Wissenden verständlich, in nur einen einzigen Vers hineingeheimnißt: offenbar doch, weil er sich auf
frühere, ausführlichere Auseinandersetzungen beziehen konnte
und beziehen wollte. Welcher Art diese Betrachtungen
waren, bleibt uns unbekannt, nur soviel läßt sich sagen, daß
der Gedanke, am Gebet Kritik zu üben, jedenfalls der
Zeit nicht allzu fern lag. Unter den Theognideen steht der
Spruch (V. 129):

Μήτ' ἀρετὴν εὔχου, Πολυπαΐδη, ἔξοχος εἶναι
μήτ' ἄφενος· μοῦνον δ' ἀνδρὶ γένοιτο τύχη.[1]

---

[1] Der Sinn ist: Wenn mir nur die τύχη zu teil wird, für ἀρετή und
ὄλβος will ich dann schon selber sorgen. Was diesem Gedanken mit
dem Xenophanischen Gebet wie mit dem Skolion des Simonides
gemeinsam ist, das ist die Abgrenzung der göttlichen Einflußsphäre

Es läßt sich nicht bezweifeln, daß der Dichter dieses Distichons sich gegen die bekannte Formel wendet: δίδου δ' ἀρετήν τε καὶ ὄλβον (Homer. Hymn. 15. 20 am Ende). Alles in allem werden wir daher den Xenophanischen Vers, der über das Beten handelt, wohl nicht anders aufzufassen haben als den unmittelbar vorangegangenen: εὐφήμοις μύθοις καὶ καθαροῖσι λόγοις: d. h. als leicht verhüllte Andeutung und Probe derselben σοφία, deren der Dichter sich auch öffentlich und unverblümt gerühmt hat (vgl. Fr. 2). — Vers 19 ff.: ,,Loben aber soll man den, der beim Trunke e rnste und e dle Proben ablegt, wie es ihm mit seiner μνημοσύνη und mit seinem τόνος, seinem Liederschatze wie mit seiner ,,Weise", einzig um die ἀρετή zu tun ist, nicht die Kämpfe der Titanen und der Giganten zu besingen noch der Kentauren — Märchen der Vorzeit — noch die ungestümen Zwiste — Gegenstände, bei denen weder Nutz noch Frommen ist, sondern die Götter allzeit in gut e m Gedenken zu behalten."[1] Was bisher noch einigermaßen unbestimmt gelassen und hinter Andeutungen zurückgehalten war, drängt jetzt . zu voller Deutlichkeit hervor, und was heraustritt, was zum Vorschein kommt — ist der Rhapsode. Daß die hohen Herren selber sich zum Zeitvertreib Gigantomachien und Titanomachien vorgetragen

gegenüber der menschlichen: die Götter wirken nur von außen, durch die τύχη, an das Innere dringen sie nicht heran, das bildet einen besonderen, unabhängigen Faktor in der Rechnung dieses Lebens, einen Faktor allerdings, der, um in Wirksamkeit zu treten, unbedingt der äußeren Gunst bedarf, als einer Vorbedingung, ohne die das τέλος ebenso unerreichbar ist wie ohne die inneren Qualitäten durch die bloße τύχη. In der Theognissammlung kehrt dieser Gedanke häufig wieder und auch Ion steht in seinem Banne, wenn er in seinem τριαγμός den Satz aufstellt (Fr. B 1, Diels): ἑνὸς ἑκάστου ἀρετὴ τριάς · συνέσις καὶ κράτος καὶ τ ύ χ η.

[1] Ich fasse die Infinitive διέπειν und ἔχειν als epexegetische oder als Infinitive im finalen Sinn; sie geben den Inhalt und die Richtung der μνημοσύνη und des τόνος an. Beispiele siehe bei Bruhn, Anhang zu Sophokles § 126 f., Stahl, Syntax des griech. Verbums S. 601. Am Schluß ist ἀγαθήν überliefert, ἀγαθόν erst von Hermann hergestellt, doch ohne daß ein guter Gedanke noch ein guter Satz zustande käme.

hätten, dieser Gedanke lohnt im Ernste doch wohl nicht die Widerlegung, vielmehr kann der Hieb, den die letzten Verse erteilen, nur einem Konkurrenten vom Metier gegolten haben. „Literarische" Polemik innerhalb der Gelagepoesie war ja nichts Neues mehr; bei Athenaeus stehen mit demselben Xenophanischen Gedicht zusammen überliefert ein paar Verse des Anakreon, die schon genau dasselbe bieten (Fr. 94 B[1]):

> οὐ φιλέω ὃς κρητῆρι παρὰ πλέῳ οἰνοποτάζων
> νείκεα καὶ πόλεμον δακρυόεντα λέγῃ,
> ἀλλ' ὅστις Μουσέων τε καὶ ἀγλαὰ δῶρ' Ἀφροδίτης
> συμμίσγων ἐρατῆς μνήσεται εὐφροσύνης.

Wie Anakreon für seine eigene Μοῦσα παιδική den Vorrang vor dem Kriegslied fordert, so empfiehlt, nur in etwas gewundeneren Ausdrücken, in Wahrheit auch Xenophanes nur seine eigene Poesie. Oder sollen wir glauben, daß er allen Ernstes die Zechgesellschaft, die ihn geladen hatte, hätte auffordern dürfen, ihm zu Liebe auf die altgewohnten Unterhaltungen zu verzichten, um von nun an nur noch Xenophanische Gespräche, Lieder und Epen unter sich zu dulden? Er gibt vielmehr ganz einfach eine Probe seiner Kunst, die ihm in eins zusammenfällt mit seiner „trefflichen" σοφία. Was Anakreon durch οὐ φιλέω ausdrückt, das und nichts anderes bedeutet bei Xenophanes der Vers: ἀνδρῶν δ' αἰνεῖν τοῦτον, ὃς ἐσθλὰ πιὼν ἀναφαίνῃ, denn jeder mußte spüren, daß zu denen, die so edle Proben einer ernsten Muse an den Tag legen, zu allererst der Dichter selber zu gehören beanspruche. Von hier aus läßt sich erst der folgende Vers verstehen: diese μνημοσύνη ist nichts anderes als das Repertoire des fahrenden Sängers, ist dieselbe Μνημοσύνη, die personifiziert zur Mutter der Musen geworden ist; und unter τόνος ist der musikalische Teil des Vortrags zu verstehen, gemäß den Wendungen ἐν τριμέτρῳ τόνῳ, ἐν ἑξαμέτρῳ τόνῳ (Herodot I 47. 174. V 60) oder auch (worauf Diels hinweist) gemäß dem Pseudo-Hippokrates de victu I 8: ἦν δὲ μὴ τύχῃ τῆς ἁρμονίας .. πᾶς ὁ τόνος μάταιος. Das Gedicht an sich ist weder neu noch eigenartig, was es einzig in seiner Art macht, ist allein der

Anspruch des Rhapsoden auf eine σοφία, die das gerade Gegenteil von dem war, was man seinem Stande nach von ihm erwartet hätte.

Daß wir in der Tat dem Dichter ganz und gar kein Unrecht tun, bei seiner Interpretation auch seine äußeren Umstände, Beruf und Rang nicht zu vergessen, diese Gewißheit nehmen wir vor allem aus der zweiten Elegie, die hinsichtlich der Deutlichkeit nichts mehr zu wünschen übrig läßt. Zeigte ihn uns die erste in Konkurrenz mit seinesgleichen, so erblicken wir ihn in der zweiten, wie er, auf weit höherer Warte stehend, die Berühmtheiten des Tages, die Athleten in die Schranken fordert:

$$\textit{ταῦτά κε πάντα λάχοι}$$
$$\textit{οὐκ ἐὼν ἄξιος ὥσπερ ἐγώ· ῥώμης γὰρ ἀμείνων}$$
$$\textit{ἀνδρῶν ἠδ' ἵππων ἡμετέρη σοφίη.}$$
$$\textit{ἀλλ' εἰκῇ μάλα τοῦτο νομίζεται, οὐδὲ δίκαιον}$$
$$\textit{προκρίνειν ῥώμην τῆς ἀγαθῆς σοφίης.}$$

Man wird sich, zumal wenn man das Ganze liest, des Eindrucks kaum erwehren können, daß der Dichter selber sich in Szene setze. Daß ein guter Staatsmann oder Denker über einen Athleten gehe, war gewiß für die wahrhaft führenden, vornehmen Geister jener Zeit nichts Neues mehr, aber um ihrer eigenen Weisheit willen auch die gleichen Ehrungen und Sporteln wie für die Athleten für sich selber zu verlangen, wäre ihnen schwerlich in den Sinn gekommen, denn sich um den Vorrang streiten heißt nicht sich erheben, sondern sich gleichstellen und unterordnen. In dem Anspruch des Xenophanes verrät sich der Rhapsode von Beruf, der aufzutreten, sich bekannt zu machen und nicht anders als der Ringer und Faustkämpfer von Fest zu Fest, von Agon zu Agon zu ziehen gewohnt war, und es nicht verwinden konnte, bei all seiner Weisheit doch an Rang und Schätzung so tief unter den gefeierten Athleten stehen zu müssen. Ja diese Elegie ist selber solch ein Auftreten und sich Verkünden, schwerlich mehr ein Lied für ein Symposion, noch viel weniger das heimliche Bekenntnis einer übervollen Seele, sondern ein öffentlicher Vortrag, Vorgänger der

späteren Sophistenschaustellungen, wer weiß, am Ende gar
an einem derselben Agone gehalten, die dem Sänger wie dem
Athleten seine Triumphe brachten?

Die Behauptung der eigenen Würde und damit verbunden
die abschätzigen Seitenblicke auf die Ehre der andern müssen
in der Tat recht wesentliche Züge dieser heftigen Persönlichkeit
gewesen sein. Es kann kaum Zufall sein, daß auch in Fragment 6, einem gereizten Ausfall gegen einen Zunftgenossen,
wiederum Ruhm, Lohn und Ehre ihre Rolle spielen (nach Diels):
„Du sandtest die Keule eines Böckchens und erhieltest dafür
den fetten Schenkel eines Mastochsen, wie sich das als Preis für
einen Mann gebührt, dessen Ruhm über ganz Hellas reichen
und nimmer verklingen wird, solange nur das Geschlecht der
hellenischen Lieder am Leben bleibt." Und zu diesem Tone
stimmt es wiederum, wie er in Fr. 8, kraft seines allerdings
unglaublichen Alters, als der Nestor von ganz Hellas auftritt,
wie er den Beruf des Mahners in sich fühlt, weil er die alte
ionische Üppigkeit, die zum abschreckenden Exempel geworden war[1], noch selbst mit eigenen Augen gesehen und ihre
Folgen erlebt hat (Fr. 3). Ein naiver Altersstolz, zugleich
auch wieder das Vordrängen der eigenen Person, spricht
auch aus Fr. 22: „Solch Gespräch ziemt sich beim Feuer
zur Winterszeit, wenn man auf weichem Lager daliegt, wohl-
gesättigt, süßen Wein trinkt und Kichern dazu knuspert:
Wer und woher bist du der Männer? Wieviel Jahre zählst
du, Bester? Wie alt warst du, als der Meder kam?" Auch
dieses Bruchstück ist, obwohl den Sillen zugehörig, doch
wieder nur eine Selbstvorstellung wie die erste Elegie, wie
diese beim Gelage vorgetragen, nur daß diesmal an die
Stelle des Gesangs zur Flötenbegleitung bloße Rezitation
getreten ist. Übereinstimmend beginnen beide Stücke mit
derselben, offenbar konventionellen Ausmalung der Situation,
der köstlichen Behaglichkeit, welche die Zecher umfängt,
beide Male ergibt sich, scheinbar aus der Situation, eine Auf-

---

[1] Theognis v. 603; 1103: Ὕβρις καὶ Μάγνητας ἀπώλεσε καὶ Κολο-
φῶνα καὶ Σμύρνην · πάντως, Κύρνε, καὶ ὔμμ' ἀπολεῖ.

forderung an die Versammelten, die Eingangsworte der Parodie
πὰρ πυρὶ χρὴ τοιαῦτα λέγειν entsprechen der Mahnung in
der Elegie: χρὴ δὲ πρῶτον μὲν θεὸν ὑμνεῖν, beide Male bedeutet das nicht mehr als eine Form[1]: so wenig Xenophanes
erwarten durfte, seine theologischen Reformpläne bei einem
Symposion durchgeführt zu sehen, so wenig konnte und wollte
er nach seinem Alter so befragt werden, wie das Gedicht es
schildert. Die Wahrheit war, daß er von seinen Erfahrungen
zu reden wünschte; dazu führt er ein Gespräch ein, und mit
der homerischen Wendung τίς πόθεν εἰς ἀνδρῶν bringt er
sich selber in die Lage, wie ein homerischer Held von seiner
Vergangenheit erzählen zu müssen. Die Verknüpfung des
Lehrhaften mit der Situation ist beide Male nur zum Schein,
in Wahrheit war das Lehrhafte das Frühere, an sich Gegebene,
das es galt als neuen Stoff des Vortrags für den Gebrauch
in der Gelagepoesie zurechtzumachen.

Man wird gut tun, will man für die Beurteilung sowohl der
Persönlichkeit wie ihrer Kunst den rechten Standpunkt
finden, sich des klassischen Rhapsoden-Typus zu erinnern,
der sich im Platonischen Ion darstellt. Denn wenn es sicherlich auch verkehrt wäre, die Zustände einer um so viel späteren
Zeit ganz ohne Abstrich auf die ältere zu übertragen, so eröffnet doch der Platonische Ion wenigstens die Möglichkeit, den seltsamen Sophist-Rhapsoden in ein helleres,
schärferes, auch kälteres Licht zu rücken als den weichen,
idealischen, verschwommenen Glanz, womit die Philosophiegeschichte ihn umhüllt hat. Auch Ion, der Rhapsode
und ὑποκριτής, hat neben seinem Künstlerehrgeiz noch ein
anderes, höheres Streben, er will nicht nur darstellen
und mimen, sondern auch die Weisheit seines Dichters
zu Gehör bringen; er rhapsodiert nicht nur, er hält auch
für ein Publikum, das nach mehr Witz und Salz und Neuigkeit

---

[1] Daß solche Aufforderungen zum allgemeinen Formbestande des
Tischlieds gehörten, das zu zeigen mag hier nur ein Beispiel stehen für
viele, Phokylides Fr. 9:

Χρὴ δ᾽ἐν συμποσίῳ κυλίκων περινισσομενάων
ἡδέα κωτίλλοντα καθήμενον οἰνοποτάζειν.

verlangt, ganz nach der Art der fahrenden Sophisten Vorträge erbaulichen und allegorischen Inhalts, freilich diese auch nur wieder zur Erklärung seines Dichters (S. 530 C): καὶ οἶμαι κάλλιστα ἀνθρώπων λέγειν περὶ Ὁμήρου, ὡς οὔτε Μητρόδωρος ὁ Λαμψακηνὸς οὔτε Στησίμβροτος ὁ Θάσιος οὔτε Γλαύκων οὔτε ἄλλος οὐδεὶς τῶν πώποτε γενομένων ἔσχεν εἰπεῖν οὕτω πολλὰς καὶ καλὰς διανοίας περὶ Ὁμήρου ὅσας ἐγώ. Aber er berührt sich doch darin ersichtlich mit den Ambitionen eines Hippias, nur daß dessen Repertoire weit reicher und umfassender ist und außer den Homervorträgen Prosareden aller Art und über alle möglichen Künste und Wissenschaften umfaßt, dazu an Poesie Tragödien, Epen und Dithyramben. Und wie das Handwerk des Rhapsoden wesentlich durch die Bedürfnisse der Feste gehalten und gestützt wird, so steht die gesamte Tätigkeit des Hippias, wie sie Plato schildert, in so naher, unverkennbarer Beziehung zu den Feiern in Olympia, daß der Schluß fast unabweisbar ist, auch Hippias sei von Haus aus nicht wie Gorgias Lehrer der Beredsamkeit noch Jugenderzieher gewesen, sondern Festredner und Vortragskünstler. Zwischen dem Novellenerzähler, ·dem Rhapsoden und Sophisten dieses Schlages gibt es Unterschiede nur des Grades, nicht der Gattung.

Freilich ist mit dieser Erkenntnis, was Xenophanes betrifft, noch nicht viel gewonnen, solange es nicht gelingt, die fünfzig, sechzig Jahre Zwischenzeit, die ihn von der Sophistik trennen, zu überbrücken. Und es reden in der Tat noch Überlieferungen sehr viel älterer Zeit zu uns: die Anekdote und die Komödie Epicharms. Mag es immerhin nicht viel Wert haben, was man sich von der Armut des Xenophanes erzählte, die so groß gewesen sei, daß seine Söhne ihn mit eigenen Händen hätten begraben mussen, so erweckt doch folgende bei Plutarch überlieferte Geschichte einen sehr viel vorteilhafteren Eindruck (reg. apophth. S 175 C): πρὸς δὲ Ξενοφάνην τὸν Κολοφώνιον εἰπόντα μόλις οἰκέτας δύο τρέφειν · ἀλλ᾽ Ὅμηρος᾽ εἶπεν (Hiero), ὃν σὺ διασύρεις, πλείονας ἢ μυρίους τρέφει τεθνηκώς.᾽ Xenophanes stellt seinem hohen

Gönner vor, daß seine Gage zu gering sei, da sie ihm kaum zwei Sklaven zu halten erlaube; Hiero antwortet: „Und dabei spottest du über Homer, der doch nach seinem Tode noch unzählige ernährt?" Nämlich das ganze Rhapsodenvolk mit allem, was darum und daran hängt. Die Anekdote ist für Xenophanes durchaus nicht schmeichelhaft, und eben darum hat sie ihren Wert. Und zu der Anekdote stimmt durchaus, was sich aus Epicharms Philosophenkomödie über Rang und Stand der Xenophaneer erraten läßt (Diels Fr. 2): ὁ γὰρ λαβὼν πάλαι τὸ χρέος νῦν οὐκ ὀφείλει γεγονὼς ἕτερος · ὁ δὲ κληθεὶς ἐπὶ δεῖπνον ἐχθὲς ἄκλητος ἥκει τήμερον · ἄλλος γάρ ἐστι. — καὶ ἐκωμῴδησεν αὐτὸ ἐπὶ τοῦ ἀπαιτουμένου συμβολὰς καὶ ἀρνουμένου τοῦ αὐτοῦ εἶναι διὰ τὸ τὰ μὲν προσγεγενῆσθαι, τὰ δὲ ἀπεληλυθέναι, ἐπεὶ δὲ ὁ ἀπαιτῶν ἐτύπτησεν αὐτὸν καὶ ἐνεκαλεῖτο, πάλιν κἀκείνου φάσκοντος ἕτερον μὲν εἶναι τὸν τετυπτηκότα, ἕτερον δὲ τὸν ἐγκαλούμενον. Hier ist der Philosoph nur allzu deutlich als der tiefer Stehende, sozial Verschiedene, mit seinem Erwerb auf Gönner Angewiesene charakterisiert, als einer, dessen Kunst nach Brot geht. In seiner Verlegenheit, da er die aufgenommene Schuld dem Gläubiger nicht zurückerstatten kann, verfällt er auf den verzweifelten Ausweg, seine Kunst und Weisheit auch für dies Geschäft nutzbar zu machen; er erklärt dem andern, daß er die Schuld nicht zu bezahlen brauche, weil er bei dem ewigen Wechsel alles Irdischen inzwischen längst ein anderer geworden sei. Zu unserer Überraschung geht der Gönner darauf ein, er scheint aufs tiefste überzeugt von der erhabenen Weisheit, aber nun erst ergeht es dem armen Teufel schlimm: der Gläubiger hatte ihn zum Abendessen eingeladen — für den Philosophen offenbar, bei seinen mageren Umständen, keine geringe Sache — aber da er jetzt nicht mehr derselbe ist wie ehedem, muß er mit Schimpf und Schande, als ein „Ungeladener" abziehen, ja selbst Schläge bleiben ihm nicht erspart, und als er sich beschweren will, muß er zu seiner Betrübnis erfahren, daß sein Beleidiger in dem Augenblick, da er sich über ihn beschwert, ein anderer ist, als der ihn schlug. Hat man erkannt (was zu beweisen hier nicht der Ort ist) bis zu welchem Grade die Komödie

Epicharms sich nach dem Geschmacke, den Formen und Wertschätzungen einer vornehmen Gesellschaft richtet, welche Klasse, um nur ein Beispiel herauszugreifen, an dem so teilnahmvoll geschilderten armen Parasiten, der zum Schaden noch den Spott zu tragen hat, ihren besonderen Gefallen finden mußte, so kann man sich, was den Charakter des geprellten Philosophen anbetrifft, nicht länger mehr der Täuschung hingeben[1]. Es ist zwar der Komödie unbenommen, alles, wie es ihr gefällt, ins Maßlose zu übertreiben, aber sie bedarf dazu des Anhaltes, sie kann, bei aller Freiheit, des Verständnisses und Einverständnisses bei ihrem Publikum nicht entraten. Hätte Epicharm die großen, vornehmen Gestalten eines Heraklit oder Parmenides auf seiner Bühne karikieren wollen, Männer königlichen Geblüts oder berufen ihrer Vaterstadt Verfassung und Gesetz zu geben, so hätte er sich nach sehr anderen Zügen und Erfindungen umsehen müssen — wenn man ihm das Handwerk nicht gelegt hätte. Man wende nicht dagegen ein, dem philosophisch angehauchten Dichter sei es nur um das Gedankliche zu tun gewesen: Epicharms Komödie ist so gut wie jede wahrhafte Komödie noch viel mehr auf die Charakterschilderung gestellt als auf die Handlung; ja es gibt Anzeichen genug, daß häufig nur die Handlung der Charakterschilderung zum Vorwand diente; eine Person der Bühne aber, die ihre Schulden nicht bezahlen kann, die bei der Gasterei leer ausgeht, die geohrfeigt wird, ist sattsam schon durch diese Geschehnisse gekennzeichnet. So stellt sich uns Xenophanes auch in der Karikatur als Novum dar, als homo novus in der vornehmen Gesellschaft älterer Philosophen. Und dies ist das Neue an ihm: er hat ein Publikum, für das er philosophiert, und für dies Publikum zu philosophieren ist im eigentlichsten Sinne sein Beruf.

Die σοφία, auf die seit Alters jeder Μουσῶν θεράπων und

---

[1] Zu Grunde liegt das Schwankmotiv des durch die eigene Kunst geprellten Lehrers wie in der Geschichte von Korax und Tisias und doch wohl auch in Aristophanes Wolken.

so auch der Rhapsode seinen Anspruch hatte[1], hat sich bei
Xenophanes mit einem neuen Inhalte erfüllt, und dieser
Inhalt überrascht durch seine Mannigfaltigkeit: Politik, Ethik,
Theologie, Naturphilosophie, beinahe alle Fächer, die ein
halbes Jahrhundert später die Sophistik umfaßt, finden
sich in ihr vorgebildet. Trotzdem ist diese σοφία nach wie
vor nur das Rhapsodentum des Dichters, sie geht auf in
seiner Kunst, sie ruht nicht auf dem Grunde eines tiefen
Geistes als verborgener Schatz, der nur im Widerschimmer
der Dichtung sich erblicken und erraten ließe, nicht der
Philosoph greift, um zu philosophieren, zum Rhapsoden-
handwerk, sondern der Rhapsode greift, um auf eine ganz
neue Art zu rhapsodieren, zur Philosophie. Das Vortragen
und Schauspielern schafft kein Genügen mehr, der Künstler
strebt nach Höherem, er stellt sich in den Dienst der zeit-
bewegenden Ideen, er wird zum Prediger der Nützlichkeit
und der Vernunft. Durch seine nützliche und tüchtige
Weisheit, deren Erfolg die εὐνομία ist, erhebt er sich hoch
über die gefeierten Athleten, die der Stadt nichts einbringen,
und höher noch über die Zunftgenossen, deren Kunst durch
ihre sagenhaften Stoffe nicht nur unnütz, sondern auch der
εὐνομία schädlich ist. Es ist kein innerliches, gemütstiefes
Erlebnis, wie bei Aischylos, kein Ringen um eine sittliche
Weltanschauung, was ihn zur Kritik der Mythologie geführt
hat — über solche Skrupel war der jonische Vortragskünstler,
dem die Sage nur noch Stoff war, längst hinaus — auch ist
es nicht eigentlich die sittliche Entrüstung, sondern das
Emporstreben des Intellekts, die Einsicht in die Unwahrheit
und Schädlichkeit der Göttersage, die sehr einfache Rechnung:
Sage ist überwundener Standpunkt, πλάσματα τῶν προτέρων,
τοῖς οὐδὲν χρηστὸν ἔνεστι, sie ist widersinnig, aller Vernunft
hohnsprechend, um nichts besser als die Phantasien eines
Ochsen oder Esels, darum fort mit ihr. Und was für die

---

[1] Theognis v. 769: Χρὴ Μουσέων θεράποντα καὶ ἄγγελον, εἴ τι
περισσὸν εἰδείη, σοφίης μὴ φθονερὸν τελέθειν. — Solon εἰς ἑαυτόν v. 51
Ἄλλος Ὀλυμπιάδων Μουσέων πάρα δῶρα διδαχθεὶς ἱμερτῆς σοφίης
μέτρον ἐπιστάμενος.

Sage gilt, gilt für die Religion des Volks und was damit zusammenhängt: philosophorum vero exquisita quaedam argumenta cur esset vera divinatio collecta sunt, e quibus, ut de antiquissimis loquar, Colophonius Xenophanes, unus qui deos esse diceret, divinationem funditus sustulit (Cic. de divin. I 3). Es muß wie über die Göttersagen so auch über die Mantik und das Orakelwesen einen besonderen Sillos des Xenophanes gegeben haben, und wie als Vertreter der Sagendichtung Hesiod und Homer, so hat als mythischer Theosoph und Seher Epimenides den Spott des Aufklärers erfahren müssen (Fr. 20). Daß Pythagoras mit seiner mystischen Seelenlehre gleichfalls der Kritik nicht standhielt (Fr. 7), kann nicht überraschen, wo nichts Anerkennung fand, was der Vernunft, dem Augenschein und der Erfahrung widersprach: „Und als einmal ein Hund gestoßen wurde, da er vorüberging, soll er in Mitleid ausgebrochen sein und dies Wort gesprochen haben: Hör auf mit deinem Schlagen, denn es ist die Seele eines gar lieben Freundes, an ihrer Stimme habe ich sie erkannt." Das Hundegeheul als traute Freundesstimme, das tiefinnerliche Mitleid und die ganze, so sparsam und doch so sicher karikierte Erhabenheit des großen Wundermannes ist unübertrefflich. — So wenig die religiöse Inspiration, so wenig konnte vollends die Autorität der Vorfahren und jedweder Überlieferung auf Schonung rechnen bei diesem Radikalismus, der kein Hehl mehr daraus machte, daß die Menschen nicht durch göttliche Uroffenbarung, sondern erst im Laufe der Zeit durch eigenes Suchen all ihre Einsichten und Güter sich errungen hätten und noch weiter sich erringen müßten (Fr. 18):

οὔτοι ἀπ' ἀρχῆς πάντα θεοὶ θνητοῖσ' ὑπέδειξαν,
ἀλλὰ χρόνῳ ζητοῦντες ἐφευρίσκουσιν ἄμεινον.

Die Frische und der Geist der Freiheit, der durch solche Äußerungen weht, darf uns jedoch nicht davon abhalten, die Frage aufzuwerfen, welchen schöpferischen Anteil Xenophanes an den Ideen haben konnte, die er predigte. Im allgemeinen treibt man Propaganda nur, wo man kein Schaffender mehr ist. Und vieles spricht in der Tat dafür, daß in den

Versen des Xenophanes nur die Debatten wiederklingen, die
in den aufgeklärten Kreisen allgemein damals geführt wurden, von denen nur keine andere Kunde mehr an unser Ohr
dringt. Dahin rechne ich die Ähnlichkeit der ethischen Probleme bei Simonides und Theognis, dahin vor allem die Dariusanekdote bei Herodot III 38: wie überaus dürftig ist es doch
um unser Wissen bestellt, wenn eine einzige, zufällig erhaltene Anekdote uns darüber Aufschluß geben muß, daß
tatsächlich schon zu Darius oder Xerxes Zeit eine vergleí-
chende Betrachtung der verschiedenen Sitten und Rechte
als ein Mittel im Dienste der Aufklärung und Emanzipation
verbreitet war! Aus einer späteren Zeit tritt dann das
Zeugnis des Empedokles hinzu (Aristot. rhet. 1373 b 6):
τοῦτο γὰρ οὐ τισὶ μὲν δίκαιον τισὶ δ' οὐ δίκαιον 'ἀλλὰ τὸ μὲν
πάντων νόμιμον διά τ' εὐρυμέδοντος αἰθέρος ἠνεκέως
τέταται διά τ' ἀπλέτου αὐγῆς.' Noch später, um 400, hat der
sophistische Verfasser der Dialexeis eine ganze Sammlung
widersprechender Sitten seinen Exerzitien einverleibt (Diels
Vors. Nr. 83, 2). Wir würden das, schlecht und recht, wie so
vieles andere, für „Sophistik" halten, wenn sich hier nicht dasselbe Beispiel wiederfände, das auch in die Dariusanekdote eingedrungen ist — denn wenn dort Inder, hier Massageten als das
Volk genannt sind, das seine Vorfahren verspeisen soll, so macht
das keinen Unterschied — so aber verbürgt die Übereinstimmung das hohe Alter des gelehrten Materials, das dem
Verfasser zur Verfügung stand. So viel, nicht mehr ist uns
geblieben von Belegen einer Geistesrichtung, deren Wirkung
gar nicht abzuschätzen ist. Doch geht das Eine wenigstens
mit Sicherheit aus diesem Wenigen hervor, daß die Methode,
die Xenophanes anwendet, um die anthropomorphen Götter-
vorstellungen zu widerlegen, keinesfalls als seine Erfindung
gelten darf. Und wenn er Äthiopen und Thraker, die für den
Griechen typischen Süd- und Nordländer, einander gegenüber-
stellt und schildert, wie die einen sich die Götter schwarz
und stumpfnasig, die anderen blauäugig und rothaarig
dächten, so erscheint in dieser geographischen Entgegensetzung schon das ethnographische Schema vorgebildet, das

wir später in der hippokratischen Schrift περὶ ἀέρων ὑδάτων τόπων und in den dorischen διαλέξεις wiederfinden. Von der Methode aber läßt sich die Tendenz nicht trennen, der sie dient: die Losung ἀλλὰ μάλ' εἰκῇ τοῦτο νομίζεται hat schwerlich erst auf den Rhapsoden warten müssen, um sich über die gärende Gesellschaft Ioniens zu verbreiten. Selbst der Xenophanische Theismus, sofern er wirklich nur Theismus ist und nicht noch etwas ganz anderes, ist etwas viel zu Allgemeines, durch die religiöse Entwicklung von selbst Gegebenes, als daß er die Schöpfung eines einzelnen und noch gar eines fahrenden Dichters hätte sein können, zumal in einer Zeit, in der die großen Denker längst schon über allen Volksglauben hinweg waren, als dessen letzter, feinster, unmöglicher Überrest der Theismus in der Geschichte aufzutreten pflegt. Auch hierzu liefert uns Empedokles ein Beispiel (Fr. 133, 134):

> οὐκ ἔστιν πελάσασθαι ἐν ὀφθαλμοῖσιν ἐφικτόν
> ἡμετέροις ἢ χερσὶ λαβεῖν, ᾗπέρ τε μεγίστη
> πειθοῦς ἀνθρώποισιν ἁμαξιτὸς εἰς φρένα πίπτει...
> οὐδὲ γὰρ ἀνδρομέη κεφαλῇ κατὰ γυῖα κέκασται,
> οὐ μὲν ἀπαὶ νώτοιο δύο κλάδοι ἀΐσσονται,
> οὐ πόδες, οὐ θοὰ γοῦν(α), οὐ μήδεα λαχνήεντα,
> ἀλλὰ φρὴν ἱερὴ καὶ ἀθέσφατος ἔπλετο μοῦνον,
> φροντίσι κόσμον ἅπαντα καταΐσσουσα θοῇσιν.

Hier ist nichts, was nicht auch Xenophanisch sein könnte, weder in der Bestreitung, daß sich Gott mit menschlichen Sinnen erfassen lasse, daß er Körperlichkeit oder gar menschliche Gestalt besitze, noch in der Behauptung, daß er Geist sei und durch den Gedanken allein das All regiere — und doch würde es von mangelnder Einsicht in die Entwicklung religiöser Vorstellungen zeugen, wollte jemand hier die Quellenfrage stellen. Dazu kommt, daß gerade das hier fehlt, was bei Xenophanes als wirklich Eigenartiges hinzutritt: die besondere spekulative Beimischung, die diesen Gott zum Rätsel macht. Was bei Empedokles erscheint, ist erst die Vorstufe der Xenophanischen Theologie, es läßt erraten, wie der Xenophanische Gott aussah, bevor er die Verbindung mit dem unbekannten oder vielmehr uns nur allzu bekannten Wesen einging, das ihm seine mysteriösen Prädikate einbrachte. Kaum etwas anderes zeigt so deutlich, welche Gewalt damit dem Gotte geschah, als der Empedokleische Vers φροντίσι κόσμον ἅπαντα καταΐσσουσα θοῇσιν verglichen mit dem Xenophanischen αἰεὶ δ᾽ ἐν ταὐτῷ μίμνει κινούμενος οὐδέν. Xenophanes muß erst denselben transzendenten Gott geglaubt haben, den auch Empedokles verkündet, ehe er auf den Gedanken kommen konnte, das transzendente ὄν mit diesem Gotte zu verquicken. Es ist möglich, daß zur Zeit, da er die Sillen schrieb, die „eleatische" Spekulation noch nicht auf ihn gewirkt hatte; doch ist das freilich auch nur eine Möglichkeit, nicht mehr, denn die Fragmente sind zu spärlich, ihre Verteilung obendrein zu unsicher, als daß wir hoffen dürften, den Spuren einer Entwicklung zu begegnen.

Bei aller Verschiedenheit in der Behandlung, aller Mannigfaltigkeit der Gegenstände und der Anlässe bekundet sich doch in den Xenophanischen Fragmenten mit bemerkenswerter Konsequenz ein und dieselbe Richtung des Geschmacks, ein und derselbe Grundhang im Erkennen wie im Schildern: die sehr starke Vorliebe für Realität in jederlei Betracht: Erfahrung, Augenschein, Detail, Vernünftigkeit, Zweckmäßigkeit, — es geht nicht an, hier zwischen dem Dichter und dem Denker einen Unterschied zu machen. Wie der Dichter, auch hierin ein ächter Ionier, gleich Hipponax und Archilochos, die Wirklichkeit, ja selbst Alltäglichkeit mit allen ihren Umständen, sofern sie zum Behagen oder Unbehagen beiträgt, mit in seine Kunst hineinbezieht, wie er zum Beispiel die Behaglichkeiten beim Symposion nach der Reihe abschildert und selbst die Knusperei der Kichererbsen zu notieren nicht verabsäumt, oder wie er die altionische τρυφή in ihren charakteristischen Erscheinungsformen, Haltung, Kleidung, Haartracht und Parfüm mit ein paar Strichen hinzuzeichnen weiß, wie er auf seine Höhe kommt, wo er Geschichten vorbringt wie die von Pythagoras und dem geschlagenen Hund, dagegen merklich abflaut, wo er groß, erhaben und bedeutend wirken will wie in dem Gedichte

über die Athleten — so erscheint uns auch der Denker überall
dort am glücklichsten, wo seine Gedanken, einerlei ob eigen
oder fremd, am kräftigsten in das reale Leben eingreifen, wo
er Kritik, Polemik üben, spotten oder agitieren kann, wogegen sich bald empfindliche Mängel einstellen, sobald er
darauf ausgeht, selbst aus sich heraus zu spekulieren und auf
eigene Faust sich ein System zurechtzuzimmern. Seine
Richtung auf das Augenscheinliche, Sinnfällige, von selbst
sich Bietende, die ebenso leichte, leicht mit sich befriedigte
wie aggressive, muntere Art zu denken und Kritik zu üben,
wird ihm hier verhängnisvoll. Seine Physik, ein Empirismus
allergröbster Sorte, müßte, verglichen mit der Welterklärung
Anaximanders, für einen schon kaum mehr faßbaren Rück-
schritt gelten, wenn nicht beiden damit Unrecht geschähe,
daß man sie verglichen. In der Welterklärung kommt Xenophanes zum Vorschein als der philosophierende Dilettant,
sich überall an das Nächste-beste, Gröbste haltend, nirgends
fähig, ein Problem in seine Tiefe zu verfolgen.

Zu Grundstoffen wählt er Wasser und Erde — warum
doch? Weil an ihnen die allmähliche Veränderung im Verhältnis zweier Weltkörper dem Auge unmittelbar sichtbar
wird. Wie Wasser sich in Erde und Gestein verwandelt,
zeigen die Tropfsteinhöhlen; das stetige Wachstum festen
Landes lassen die Flüsse erkennen, die ihre Mündungen
immer weiter ins Meer hinausschieben; die Versteinerungen
von Muscheln, die im Binnenland auf Bergen vorkommen,
die Abdrücke von Fischen und Robben[1], die man im Gestein
bei Syrakus, auf Malta und Paros entdeckt hat, müssen aus
einer Zeit stammen, wo alles Land in Meer und Schlamm ver-
sunken war; und wie seitdem allmählich sich die Erde aus

---

[1] Gomperz Gr. D. I S. 437 vermutet für φωκῶν φυκῶν, weil Abdrücke von Robben, nach der Mitteilung eines Kollegen vom Fach,
bei Syrakus nicht vorkämen; aber Sonnenfinsternisse von der Dauer
eines Monats kommen auch in Wirklichkeit nicht vor, und doch will
Xenophanes solche beobachtet haben. So wird man ihm auch seine
Robben lassen müssen. Wo kämen wir schließlich hin, wenn wir die
Texte nach den Mitteilungen der Fachleute berichtigen wollten?

dem Wasser emporgehoben hat, so wird sie dereinst auch wieder in Wasser und Schlamm zurücksinken, um dann aufs neue wieder emporzusteigen und das Menschengeschlecht von neuem zu erzeugen, und so fort in alle Ewigkeit. So wenig man ihm selbstverständlich seine bei Syrakus und Malta gemachten Beobachtungen streitig machen wird, so darf man doch bezweifeln, ob Xenophanes der erste war, der auf Versteinerungen acht hatte und ihre Bedeutung würdigte. Wie wir durch Eratosthenes (bei Strabo I S. 49) erfahren, hatte der Lyder Xanthos gleichfalls in seiner Lokalgeschichte erzählt, er habe vielerorts im Innern von Kleinasien Muschelabdrücke beobachtet; auch Xanthos schloß daraus, das ganze Land sei einst ein Meer gewesen. Nun fällt zwar die Zeit des Xanthos etliche Jahrzehnte später als Xenophanes, doch wenn ein Reisender um diese Zeit sein Augenmerk auf solche Dinge richten konnte, so beweist das immerhin, daß die Anteilnahme an dergleichen Fragen schon damals allgemein war. Dazu kommt, daß der Naturvorgang, den man durch solche Beobachtungen bestätigt fand, längst schon Anaximandern tief beschäftigt hatte, und kein Physiker seitdem an dem Phänomen gezweifelt hat. Aber was diese nur als Grundlage betrachteten, um Schlüsse über Urstoff, Weltentstehung und Entwicklung des Organischen darauf aufzubauen, ebendas bedeutet für Xenophanes des Rätsels Lösung; Fragen, wie sie in den Worten πύκνωσις ἀραίωσις und σύγκρισις διάκρισις zum Ausdruck kommen, treten in seinen Gesichtskreis überhaupt nicht ein, sie sind zu abliegend, zu weit vom Augenschein entfernt, zu fein, zu schwierig, zu abstrakt, um Einlaß in sein Denken zu gewinnen; den Gedanken des διάκοσμος hat er im Grunde überhaupt nicht konzipiert.

Die Primitivität der Kosmogonie wird überboten durch die Primitivität des Weltbildes. Hier hat Xenophanes sich erlaubt, was sich kein griechischer Philosoph seit Thales mehr erlauben durfte: er hat es fertig gebracht, die Kugelform des Himmels und der Welt und damit den Zusammenhang der Sternbewegungen rundweg zu leugnen. Damt iwar das

fruchtbarste Problem aller seitherigen Naturerklärung auf
die Seite geräumt, mit einer Unbekümmertheit, die schwerlich
ahnen mochte, was es hier zu fragen und zu lösen gab; die Erde
schien unendlich, in die Tiefe wie in die Weite gemessen, ebenso
unendlich wie der Himmel, der sich über ihr wölbt. Und
was ihn zu diesem Schritt verführt hat, ist derselbe selbst-
gewisse kritische Geist, derselbe Glaube an den Augenschein
und an die Richtigkeit gesunden Gefühls, gesunden Men-
schenverstands gewesen, die ihm bei der Bekämpfung der
Volksgötter und des Athletenwesens so erfolgreich beige-
standen haben:

γαίης μὲν τόδε πεῖρας ἄνω παρὰ ποσσὶν ὁρᾶται
ἠέρι προσπλάζον, τὸ κάτω δ᾽ ἐς ἄπειρον ἱκνεῖται. (Fr. 28)

Ja, wenn man den Worten des Hippolytos, der offenbar
auf Theophrast fußt, Glauben schenken darf, so hat Xenophanes von seinem kritischen Standpunkt aus sich auch
ausdrücklich gegen die Angriffe verwahrt, die seine Vorgänger
auf diesen felsensicheren Augenschein gerichtet hatten:

τὴν δὲ γῆν ἄπειρον εἶναι καὶ μήτε ὑπ᾽ ἀέρος μήτε ὑπὸ τοῦ
οὐρανοῦ περιέχεσθαι (=[Plut.] Strom. ἀποφαίνεται δὲ καὶ τὴν
γῆν ἄπειρον εἶναι καὶ μὴ κατὰ πᾶν μέρος περιέχεσθαι ὑπὸ ἀέρος);

denn diese Bestreitung scheint sich doch sehr deutlich gegen
Anaximenes zu richten, Fr. A 7: τὴν δὲ γῆν πλατεῖαν εἶναι καὶ
ἐπ᾽ ἀέρος ὀχουμένην, und es scheint aus ihr derselbe Geist zu
reden, der zwei Menschenalter später den Empiriker Herodot
die Weltkarte des Anaximander kritisieren heißt. Wie anders
doch Parmenides, der dank derselben Kraft der Abstraktion,
durch die er zum Metaphysiker ward, allen mechanischen
Bedenken seiner Vorgänger zum Trotz zum ersten Male
auch die Kugelform der Erde gelehrt hat![1]

---

[1] Sehr mit Vorsicht aufzunehmen sind dagegen die Nachrichten
über die Zonenlehre des Parmenides (Strabo I, S. 94; Achilles, S. 67,
Maaß; Aëtius III, 11), weil sie aus Posidonius stammen und man
dem Posidonius, wo er über die Ursprünge der Dogmen berichtet,
gar nicht genug auf die Finger sehen kann. Ich sage das hier ohne
Begründung, weil ich das Material zu überschauen glaube. Es würde
z. B. für Posidonius schon genügt haben, wenn Parmenides gesagt
hätte, die Erde sei zur Hälfte bewohnt, zur Hälfte von Feuer ver-

Die Schwierigkeiten, die sich bei diesem Weltbild für die Erklärung der Gestirnsbewegungen ergaben, machten dem Xenophanes nur allzuwenig Sorge; er griff auch hier wieder zum Nächsten, Gröbsten: er erwartete und fand des Rätsels Lösung in der Beobachtung der Wolke. Wie die

---

sengt, um daraus eine verbrannte Ione von 90° zu machen: ἀλλ' ἐκεῖνον μὲν σχεδόν τι διπλασίαν ἀποφαίνειν τὸ πλάτος τὴν διακεκαυμένην τῆς μεταξὺ τῶν τροπικῶν Strabo: d. h. also beinahe 2 · 48°; wer die Strabostelle wörtlich nimmt, behauptet damit, daß bereits Parmenides die Schiefe der Ekliptik auf dieselbe Zahl berechnet hatte wie Eudemus oder Posidonius und dann auf den rätselhaften Einfall kam, die Breite der verbrannten Zone, die von dieser Berechnung gänzlich unabhängig war, auf beinahe (!) das Doppelte des Raumes zwischen den Projektionen (!) der Wendekreise anzugeben! Fürwahr, für das Jahr 500 eine wundervoll exakte Breitenbestimmung; nun mußte es jeder wissen: beinahe das Doppelte τῆς μεταξὺ τῶν τροπικῶν! Mag's glauben, wer dazu imstande ist. Mir scheint klar, daß hier die Wendekreise nur durch Posidonius in die Rechnung hineingekommen sind, denn dessen Frage war ja: wie verhalten sich die Wendekreise zu der Ausdehnung der κεκαυμένη? Ganz unmöglich die Vermutung Bergers Gesch. der wissenschaftl. Erdkunde der Griechen, 2. Aufl., S. 212. Ich verstehe überhaupt nicht, wie man verkennen kann, daß die Zoneneinteilung ursprünglich nur dem Himmel und dem Himmelsglobus galt. Die Tatsache, daß man auch später noch, als man die Erde in klimatische Zonen teilte, doch immer noch an dem wandelbaren arktischen Kreise festhielt, bis auf Posidonius, scheint mir für den Ursprung dieser Einteilung beweisend. Bewohnbarkeit der Erde und Einteilung des Himmels waren ursprünglich Fragen, die sich gar nichts angingen. Eine Erdzonenlehre, etwas einem Platon noch gänzlich Fremdes, begegnet zuerst bei Eudoxos (Diodor I 40, verglichen mit Aëtius IV 1,7; die Stelle fehlt bei Berger), aber die Beziehung zu den Himmelskreisen ist auch hier noch nicht vollzogen und die Lehre selbst erscheint als etwas Neues, als Gedanke der ägyptischen Priester. Und auch für Aristoteles ist die Gleichung zwischen Erdzonen und Himmelskreisen noch keineswegs als etwas Selbstverständliches gegeben; er argumentiert: da sich nirgends der Beobachtung ein Schatten, der nach Süden fiele, gezeigt hat, muß der Strich zwischen den Projektionen der beiden Wendekreise unbewohnt sein, Meteor. II 510: ταῦτα δ'οἰκεῖσθαι μόνα δυνατὰ καὶ οὔτ' ἐπέκεινα τῶν τροπῶν · σκιὰ γὰρ οὐκ ἂν ἦν πρὸς ἄρκτον, νῦν δ' ἀοίκητοι πρότερον γίνονται οἱ τόποι πρὶν ἢ ὑπολείπειν ἢ μεταβάλλειν τὴν σκιὰν πρὸς μεσημβρίαν.

Wolken wagrecht über die Erde hinweggleiten und ohne
Hemmung weiter und weiter ziehen, bis sie am Horizont ver-
schwindend für das Auge untergehen, so laufen auch Sonne,
Mond und Sterne wagrecht über die Erde hin, auch ihr Auf-
gang und Untergang und Kreislauf ist nur Schein, in Wahrheit gibt es ebenso unzählig viele Sonnen, Monde und Sterne
wie es unzählig viele Wolken gibt, sie tauchen auf im Osten,
verschwinden im Westen und niemals kehren sie wieder[1].
Ja, die Gestirne selber sind nur leuchtende Wolken; wie die
Wolken sich aus kleinen Dunstteilchen zusammenballen und
in Dunst sich wiederum auflösen, bald hier, bald dort, in
stetigem Wechsel, so auch die Gestirne; sie verlöschen tags-
über und leuchten wieder auf des Abends, wie sich ver-
glommene Kohlen wieder entfachen[2]; ebenso die Monde,
wenn sie in bald größerer, bald kleinerer Gestalt am Himmel
erscheinen oder auch ganz ausbleiben, und ebenso die Sonne,
wenn sie am hellen Tage sich verfinstert und von neuem
sich wieder entzündet — hat man doch Sonnenfinsternisse
beobachtet, die einen ganzen Monat währten![3] Und nicht

---

[1] Aëtius II 24, 9 Ξενοφάνης πολλοὺς εἶναι ἡλίους καὶ σελήνας κατὰ
κλίματα τῆς γῆς καὶ ζώνας, κατὰ δέ τινα καιρὸν ἐκπίπτειν τὸν δίσκον
εἴς τινα ἀποτομὴν τῆς γῆς οὐκ οἰκουμένην ὑφ' ἡμῶν καὶ οὕτως ὥσπερ
κενεμβατοῦντα ἔκλειψιν ὑποφαίνειν (man erwartet: „so scheine er uns
unterzugehen"; es mag wohl ein Xenophanischer Ausdruck mißverstanden sein). ὁ δ' αὐτὸς τὸν ἥλιον εἰς ἄπειρον μὲν προιέναι, δοκεῖν δὲ
κυκλεῖσθαι διὰ τὴν ἀπόστασιν.

[2] Aëtius II 13, 4 Ξ. ἐκ νεφῶν μὲν πεπυρωμένων (τοὺς ἀστέρας γίνεσθαι)· σβεννυμένους δὲ καθ' ἡμέραν ἀναζωπυρεῖν νύκτωρ καθάπερ τοὺς
ἄνθρακας· [τὰς γὰρ ἀνατολὰς καὶ τὰς δύσεις ἐξάψεις εἶναι καὶ σβέσεις].
Das Letzte ist Unsinn; die allerwenigsten Sterne fangen zugleich mit
ihrem Aufgange am Himmel zu leuchten an. II 20, 3 Ξ. ἐκ νεφῶν
πεπυρωμένων εἶναι τὸν ἥλιον. Θεόφραστος ἐν τοῖς Φυσικοῖς γέγραφεν
ἐκ πυριδίων μὲν τῶν συναθροιζομένων ἐκ τῆς ὑγρᾶς ἀναθυμιάσεως, συνα-
θροιζόντων δὲ τὸν ἥλιον. Auch das ist nur gelehrte Umschreibung für
das Wort νέφος. II 25, 4 Ξ. νέφος εἶναι πεπιλημένον (τὴν σελήνην).

[3] Aëtius II 24, 4 Ξ. κατὰ ὑβέσιν (τὴν ἔκλειψιν ἡλίου γίνεσθαι),
ἕτερον δὲ πάλιν πρὸς (om. Stob. extat apud Plut. cf. Cleomed. S. 16,
22; 76, 8 Ziegler; Geminos S. 136, 12 Man.) ταῖς ἀνατολαῖς γίνεσθαι·
παριστόρηκε δὲ καὶ ἔκλειψιν ἡλίου ἐφ' ὅλον μῆνα καὶ πάλιν ἐντελῆ, ὥστε
τὴν ἡμέραν νύκτα φανῆναι. Wiederum kann ich mir die Konfusion, die

anders steht es mit den Kometen, Sternschnuppen und dem
Sankt-Elmsfeuer, ja selbst der Regenbogen ist nichts anderes
als eine buntschillernde Wolke[1]:

ἥν τ' Ἶριν καλέουσι, νέφος καὶ τοῦτο πέφυκε,
πορφύρεον καὶ φοινίκεον καὶ χλωρὸν ἰδέσθαι.   (Fr. 32.)

Man braucht diese Theorie nur gegen die des Anaximenes
zu halten, um sich des abgründlichen Unterschieds sofort
bewußt zu werden, der Xenophanes von jedem strengen, auf
der Höhe seiner Zeit fortschreitenden Philosophieren trennte:
Aëtius III 5, 10: Ἀναξιμένης ἶριν γίνεσθαι κατ' αὐγασμὸν ἡλίου
πρὸς νέφει πυκνῷ καὶ παχεῖ καὶ μέλανι παρὰ τὸ μὴ δύνασθαι
τὰς ἀκτῖνας εἰς τὸ πέραν διακόπτειν ἐπισυνισταμένας αὐτῷ.

Es wäre ein Leichtes, solche Betrachtungen zu häufen, aber
wozu schließlich Vergleiche, wo die allzu frische, allzu einfache Gedankensprache, die aus allen Bruchstücken des
Lehrgedichtes redet, für sich selber zeugt? Eine Sprache,
die lebhaft schon an jenen Grundsatz Epicharmischer Poeten-
philosophie erinnert: τί τούτων χαλεπόν; μηδὲ ἕν — wie denn
auch beide Lehrgedichte die entschiedene Rücksicht auf ein
philosophisch interessiertes Publikum gemein haben. Wie
populär ist doch z. B. die Beweisführung in diesen Versen
(Fr. 30):

πηγὴ δ' ἐστὶ θάλασσ(α) ὕδατος, πηγὴ δ' ἀνέμοιο·
οὔτε γὰρ ἐν νέφεσιν <πνοιαί κ' ἀνέμοιο φύοιντο
ἐκπνείοντος>[2] ἔσωθεν ἄνευ πόντου μεγάλοιο
οὔτε ῥοαὶ ποταμῶν οὔτ' αἰθέρος ὄμβριον ὕδωρ,
ἀλλὰ μέγας πόντος γενέτωρ νεφέων ἀνέμων τε
καὶ ποταμῶν.

---

offenbar hier vorliegt, nur durch die Annahme erklären, der Xenophanische Ausdruck habe es zweifelhaft gelassen, ob Sonnenuntergang
oder Sonnenfinsternis gemeint sei.

[1] Aëtius II 18, 1 Ξ. τοὺς ἐπὶ τῶν πλοίων φαινομένους οἷον ἀστέρας,
οὓς καὶ Διοσκούρους καλοῦσί τινες, νεφέλια εἶναι κατὰ τὴν ποιὰν κίνησιν
παραλάμποντα. III 3, 6 Ξ. πάντα τὰ τοιαῦτα νεφῶν πεπυρωμένων
συστήματα ἤ κινήματα. — Wir haben auch über den zweiten Teil des
Xenophanischen Gedichts Nachrichten genug, um mit Sicherheit urteilen zu können.

[2] Nach Diels' Ergänzung.

Die Abneigung und Scheu vor allen Fragen und Gedanken, die den Augenschein in andersartige Elemente aufzulösen und zu zersetzen drohten, die Vorliebe für alles Greifbare und Sinnlich-Analoge, die Geringschätzung für Gesetz, Zahl, kurz für alle Abstraktion — es zeigt sich in alldem nicht etwa, wie man wohl angenommen hat, die unbeholfene Schwere und Gebundenheit einer Naturerkenntnis, die erst flügge wird und unsicher zum ersten Male die unerprobten Flügel hebt, sondern im Gegenteil ein Denken, das sich schon ein wenig müde geflogen und geflattert hat und sich nun niederläßt auf möglichst festem Grund, noch immer freilich munter und jung genug, doch auch ein wenig jugendlich-enttäuscht bereits, ein wenig mißtrauisch und angehaucht von einer zarten Skepsis. Es ist unverkennbar Absicht und Methode dabei, wenn sich die so verhältnismäßig kurzen Theorien bei Xenophanes durch ihre Fülle von Belegen auszeichnen, wenn wir von Tropfsteinhöhlen hören, von Versteinerungen mit genauer Angabe der Fundorte, von Beobachtungen über Sonnenfinsternisse usw. Er will nichts vorbringen, wofür es an Beweisen fehlt; und dazu mag vielleicht auch noch der Umstand beitragen, daß er nicht mehr für einen engen Schülerkreis seine Erkenntnis niederlegt, sondern vor einem Publikum zu reden hat, das von der Wahrheit überzeugt zu werden wünscht. Die volle Wahrheit freilich, wer dürfte behaupten die zu lehren? Es gibt so viele Möglichkeiten, so Mancherlei haben die Weisen schon gedacht — und selbst wenn man das Richtige unter dem Vielen, was zur Wahl steht, trifft, so fehlt doch immer noch die Gewißheit, daß es das Richtige auch wirklich ist; der Mensch kann immer nur raten und meinen (Fr. 34):

καὶ τὸ μὲν οὖν σαφὲς οὔτις ἀνὴρ γένετ' οὐδέ τις ἔσται
εἰδὼς ἀμφὶ θεῶν τε καὶ ἅσσα λέγω περὶ πάντων·
εἰ γὰρ καὶ τὰ μάλιστα τύχοι τετελεσμένον εἰπών,
αὐτὸς ὅμως οὐκ οἶδε· δόκος δ' ἐπὶ πᾶσι τέτυκται.

Es sind das die berühmten Verse, die ihm seinen Heroenkult bei allen Skeptikern verschafft haben. Doch wohlgemerkt: das, was aus ihnen redet, ist nicht eine Skepsis, die

aus dem Argwohn gegen die Sinneserkenntnis erwächst,
es ist vielmehr die Skepsis des Eklektikers und Empirikers,
der sich die Welt zurechtlegt, wie es ihm wahrscheinlich
dünkt, und dabei doch ein stilles Mißtrauen gegenüber aller
kühneren Spekulation nicht überwinden kann. Will man auch
hier ein Gegenstück? Nun denn, so stelle man diesen Versen
das Bekenntnis gegenüber, das Parmenides zu Anfang seines
Gedichtes von sich ablegt, so vergleiche man, mit welchen
Empfindungen, mit welchen Farben er den Aufstieg schildert,
der ihn auf den Gipfel aller Erkenntnis führte, wo er die Reiche
beide, der Wahrheit und des Sinnentrugs, zu seinen Füßen
ausgebreitet liegen sah. Und dann trete man von neuem an
die längst von uns erhobene Frage heran, deren Beantwortung, wie wir uns eingestanden, freilich eine Sache des Gefühls ist, die aber darum nicht weniger gebieterisch eine Entscheidung von uns fordert: in welchem von den beiden haben
wir den großen revolutionären Genius zu erkennen, der die
Naturerkenntnis aus den Angeln hob? Dem es zu danken ist,
daß alle frühere Philosophie in sich zusammenbrach und
aus den Trümmern rätselhaft, gespenstisch, ungeheuerlich,
die große Sphinx, die Metaphysik, zum ersten Male ihr Haupt
erhob? — Kurzum die Frage: wer von beiden hat den besseren Anspruch, für den Urheber der eleatischen Seinsbestim-
mungen zu gelten?

Für Xenophanes gehörte das Dasein eines ewigen, allmächtigen, außerweltlichen Gottes ebenso zu den Tatsachen
der Erfahrung wie die gewordene, veränderliche Welt. Nur zu
deutlich lehrte der Augenschein das Walten eines Wesens,
dessen bloßer Gedanke genügte, um das All vor sich erzittern zu machen. Auch als Theologe war Xenophanes
Empiriker, Rationalist und Realist, wie Herodot. Wenn er
die Einheit, Ewigkeit und Allmacht Gottes rational zu
machen und sich zu beweisen suchte, so entsprang auch dieser
Wunsch demselben Bedürfnis, das ihn seine physikalischen
Lehren durch Beweise stützen hieß. Da lernte er in dem
Seienden ein Wesen kennen, das gleichfalls außerweltlich,

ewig und einheitlich war wie seine Gottheit, das sich durch Verstandesschlüsse bewies, um die man nicht herumkonnte; das brachte ihn auf den Gedanken, dieses Seiende mit seinem Gotte gleichzusetzen: et id esse deum neque natum umquam et sempiternum. Seine Philosophie wurde dadurch zum Zwitterwesen; sie verwandelte sich zur Hälfte in Metaphysik und Logik, ohne doch vom Empirismus ablassen zu können[1].

Noch ein Bedenken gilt es zum Schlusse hinwegzuräumen: das Bedenken der Form. Die Frage, was Xenophanes bewog, statt in der Prosa der Milesier in Hexametern zu schreiben, ist leicht zu beantworten: er war Rhapsode; seine Philosophie war dazu da, um rhapsodiert zu werden. So hat man sich denn nur zu schnell zu schließen gewöhnt, Parmenides, sein Schüler, habe in blinder und geistloser Nachahmung des Meisters übersehen, daß die äußere Bedingung und damit alle Berechtigung zu einer poetischen Form für ihn nicht mehr vorhanden war. Und man findet in der Hölzernheit und Steifheit seiner versifizierten Prosa einen neuen Beweis für die verhältnismäßig späte Zeit seines Gedichtes, treu dem alten stoischen Dogma, daß die Sprache Schritt für Schritt von ihrer alten poetischen Höhe ἐπὶ τὸ λογοειδέστερον herabgestiegen sei. Aber das Rätsel, das Parmenides uns aufgibt, bleibt gleich groß, ob man ihn nun vor oder nach Xenophanes datiert. Wie hätte der Rhapsode jemals ihm Vorbild sein können, wo sein Gedicht dem Eingeweihten galt, dem Eingeweihten nur verständlich war, die Form der Offenbarung an der Stirn trug und folglich seiner Gattung nach von aller Xenophanischen Dichtung himmelweit entfernt war? Und diese Ungeübtheit in der Handhabung

---

[1] Ich kann es mir nicht versagen, um auf einen parallelen Vorgang aufmerksam zu machen, auf das jüngst erschienene Buch Oldenbergs, Die Lehre der Upanishaden und die Anfänge des Buddhismus S. 078 ff. zu verweisen. Auch in der indischen Philosophie hat sich die Idee des Absoluten und All Einen unabhängig von der Gottesvorstellung entwickelt, auch hier ist der Theismus erst nachträglich von außen in die philosophische Spekulation gedrungen und hat durch die Gleichung zwischen Gott und dem All-Einen Mischvorstellungen und Kompromisse erzeugt.

der Form, das Fehlen der Vergleiche, der gänzliche Mangel
an jener poetischen Routine, die Empedokles so überreichlich
hat, zuletzt die Seltsamkeit der ganzen Konzeption — kann
das nicht alles ebenso sehr, wenn nicht noch mehr, für einen
frühen Ansatz sprechen wie für einen späten? Es ist wahr:
in diese Verse ist zuviel Gedanke hineingepreßt; sie fließen
nicht, sie bleiben in ihrem eigenen Inhalt stecken, statt sich
über ihn zu erheben und mit ihm zu spielen. Sollte Parmenides
so wenig von Xenophanes gelernt haben? Figuren, wie sie
in den Versen des Xenophanes begegnen:

πηγὴ δ' ἐστὶ θάλασσ' ὕδατος, πηγὴ δ' ἀνέμοιο

lassen sich wohl bei Empedokles nachweisen (Fr. 17, 3):

δοιὴ δὲ θνητῶν γένεσις, δοιή δ' ἀπόλειψις,

-aber fehlen bei Parmenides gänzlich. Und die Behauptung
des Hermippos, daß Empedokles sich in der Form nicht an
Parmenides, sondern an Xenophanes angeschlossen habe, muß
doch wohl auf literarischer Kritik beruhen (Parm. Fr. A 5:
῞Ερμιππος οὐ Παρμενίδου, Ξενοφάνους δὲ γεγονέναι ζηλωτήν,
ᾧ καὶ συνδιατρῖψαι καὶ μιμήσασθαι τὴν ἐποποιίαν). Und
selbst gesetzt, die Schöpfung des Parmenides müßte als
Form für uns ein Rätsel bleiben: so wäre das doch immer
noch nicht das Rätselhafteste unter dem vielen Rätselhaften,
das uns bei ihm aufstößt. Aber er mochte seine Gründe haben:
die poetische Form hängt mit der Einkleidung zusammen,
die doch so viel mehr ist als nur eine Einkleidung, sie hängt
zusammen mit der Einführung der Göttin und der Sterblichen, sie hängt zusammen mit der visionären Zweiteilung,
die wiederum ein Ausdruck seines metaphysischen Dualismus ist — sie hängt mit allzu vielem zusammen, als daß sie
sich ohne Schaden von den Gedanken trennen ließe. Sie
bedeutet nicht zuletzt auch eine Steigerung des Selbst-
bewußtseins, eine Stärkung des Gefühls der ewigen Gültigkeit: ein Gespräch unter vier Augen mit der Wahrheit selber—
der abstrakteste, der unerreichteste Gedanke strebte wohl
nicht umsonst nach Einkleidung in die altfeierliche Formen-
sprache orphischer Offenbarung.

III

Über das zeitliche Verhältnis zwischen den Systemen des Xenophanes, Parmenides und Heraklit gab es im Altertum zwei Ansichten; die eine hatte ihre Herkunft aus der peripatetischen Philosophiegeschichte, sie begegnet in besonderer Fassung bei Eusebios und Hippolytos, und geht in dieser Gestalt zurück auf Sotion; wesentlich ist ihr die zeitliche wie inhaltliche Angleichung der Heraklitischen Philosophie an die Empedokleische; für Sotion waren beide Schößlinge am Stamme des Pythagoreismus[1]. Aber diese Angleichung an sich ist nicht erst abhängig von Sotions Pythagoreerhypothese, sie reicht in erheblich frühere Zeit hinauf, sie findet sich schon ausgesprochen in Platons Sophistes 242 D: τὸ δὲ παρ᾿ ἡμῶν Ἐλεατικὸν ἔθνος, ἀπὸ Ξενοφάνους τε καὶ ἔτι πρόσθεν ἀρξάμενον, ὡς ἑνὸς ὄντος τῶν πάντων καλουμένων οὕτω διεξέρχεται τοῖς μύθοις. Ἰάδες δὲ καὶ Σικελαί τινες ὕστερον Μοῦσαι (Heraklit und Empedokles) ξυνενόησαν, ὅτι συμπλέκειν ἀσφαλέστατον ἀμφότερα καὶ λέγειν, ὡς τὸ ὂν πολλά τε καὶ ἕν ἐστιν, ἔχθρᾳ δὲ καὶ φιλίᾳ συνέχεται. ῾διαφερόμενον γὰρ ἀεὶ ξυμφέρεται᾿, φασὶν αἱ συντονώτεραι τῶν Μουσῶν (Her. Fr. 12 B 10), αἱ δὲ μαλακώτεραι τὸ μὲν ἀεὶ ταῦθ᾿ οὕτως ἔχειν ἐχάλασαν, ἐν μέρει δὲ ποτὲ μὲν ἓν εἶναί φασι τὸ πᾶν καὶ φίλον ὑπ᾿ Ἀφροδίτης, τοτὲ δὲ πολλὰ καὶ πολέμιον αὐτὸ αὑτῷ διὰ Νεῖκός τι (Emped. Fr. 21 B 17)[2].

---

[1] Die Zeugnisse bei Jacoby, Apollodors Chronik S. 229. Diels Doxographi Graeci S. 144 ff.

[2] Daß zwischen Hippolytos und Platon ein Zusammenhang besteht, scheint mir gewiß; vgl. Philosophumena II 4, 2 (Diels Dox. S. 558): καὶ αὐτὸς δὲ (Heraklit) σχεδόν σύμφωνα τῷ Ἐμπεδοκλεῖ ἐφθέγξατο, στάσιν καὶ φιλίαν φήσας τῶν ἁπάντων ἀρχὴν εἶναι — καὶ πῦρ νοερὸν τὸν θεόν — συμφέρεσθαί τε τὰ πάντα καὶ οὐχ ἑστάναι.

Neben dieser rein auf einer konstruierenden Betrachtung
der Systeme ruhenden Kombination und gegen sie hat sich
die kritische, gelehrte des Grammatikers Apollodor behauptet
und behauptet sich noch heute. Apollodor bestimmte, gleich-
viel aus welchen Erwägungen, die „Blüte" des Xenophanes
nach der sechzigsten Olympiade (540/37), setzte folglich seine
Geburt um rund zehn Olympiaden früher (580/77), die Blüte
seines Schülers Parmenides um rund zehn Olympiaden später
(504/1), wie er wiederum dessen Schüler Zeno in einem Ab-
stande von 10 Olympiaden seinem Lehrer folgen ließ (464/0).
Für Heraklit ergab sich, da er den Xenophanes in seiner
Schrift bereits zitierte (Fr. 40), dieselbe Blütezeit wie für
Parmenides, also rund 504/1. Empedokles schied überhaupt aus dieser Gruppe aus, da sich ein festes Datum für
ihn fand, das ihn in spätere Zeit verwies, sein Aufenthalt
im jüngst gegründeten Thurii; wonach sich eine Gleichung
zwischen seiner Blüte und dem Gründungsjahre der Stadt
(444/3) empfahl. Man sieht, auch das ist alles in allem Konstruktion, der einzige Fixpunkt war Xenophanes, und selbst
dessen Lebenszeit war nicht, wie es wohl möglich gewesen
wäre, aus den chronologischen Angaben in seinen Gedichten
ermittelt, sondern synchronistisch durch die Gleichung seiner
Blüte mit dem Gründungsjahre der Stadt Elea (540—39)[1].
An Daten besaß Apollodor nicht mehr als wir auch heute
noch besitzen, und so heikle Fragen wie die über Abhängigkeit
und Priorität mied er grundsätzlich. Seine Chronologie wird
wertlos für uns mit dem Augenblick, wo die Fragmente selber
anfangen, uns Aufschlüsse zu bringen.

Heraklit hat den Xenophanes zusammen mit Pythagoras,
Hesiod und Hekataios als ein Beispiel jener πολυμαθίη ange-
führt, die νόον οὐ διδάσκει (Fr. 40). Ein solches Urteil
konnte er erst fällen, als die philosophische Dichtung des
Xenophanes bereits berühmt geworden war, das heißt nicht
allzulange vor der Zeit, da auch Empedokles seiner Verachtung für die Philosophie „der Vielen" Ausdruck gab (Fr. 39)
und damit jedermann verständlich auf Xenophanes hindeutete,

---

[1] Vgl. Burnet, Early Greek Philosophy S. 125.

und kaum viel früher als zu der Zeit, da Epicharm zum Gaudium seines Publikums den Xenophaneer auf die Bühne brachte. Denn was auch den Aristokraten Heraklit zum Widerspruch aufforderte, war nicht zuletzt die volkstümliche Berühmtheit der vier Männer und des Ideals, als dessen Verkörperungen sie der Menge erschienen. Für das Ansehen, dessen sich Pythagoras um dieses Ideals willen erfreute, bedarf es keiner Belege; wie man über Hekataios dachte, zeigen die Anekdoten bei Herodot V 36; 125 Aber noch mehr: ein Urteil, wie es Heraklit in dem genannten Bruchstück fällt, ein Urteil, das eine Persönlichkeit samt ihrem Lebenswerk zum Typus macht, um diesen Typus zu verwerfen, scheint kaum anders möglich, jedenfalls nur· dann natürlich und dem Stilgefühl zum mindesten des späteren Griechentums nicht widersprechend, wenn der Verurteilte dem allzunahen Anblick schon entrückt war, wenn er nicht mehr zu den Lebenden gehörte. Nun fallen aber die letzten Lebensjahre des Xenophanes unter die Regierungszeit des Hieron, und auch Hekataios hat den ionischen Aufstand noch bis zu Ende erlebt. Und damit stimmt wiederum überein, daß die politischen Zustände, die Heraklit für Ephesus voraussetzt, was man auch darüber geschrieben hat, sich doch am einfachsten erklären lassen, wenn man annimmt, Heraklit habe sein Buch erst nach dem Jahre 478 und nicht allzubald danach geschrieben. Denn sein Urteil über die Ephesier, sie hätten allsamt durch die Verbannung Hermodors den Strick verdient, bedeute doch diese Tat, daß sie von nun an keinen ὀνήιστον mehr in ihrer Mitte leiden wollten — dieses Urteil setzt doch eine Konsolidierung demokratischer Zustände voraus, die dem Aristokraten keinerlei Hoffnung mehr auf eine so baldige Veränderung übrig ließ. Wir kommen also auf diesem Wege zu einer ganz wohl in sich gefestigten äußeren Chronologie, sobald wir uns nur von zwei alten Irrtümern befreit haben: dem einen, daß Parmenides als Schüler des Xenophanes den Schülern Heraklits den Krieg habe erklären wollen, und dem anderen, daß Epicharm bei seinem Publikum Bekanntschaft mit den Gedanken Heraklits voraussetze. Aber damit beginnt erst das Problem der inneren Chronologie, der Chronologie der Gedanken und der Systeme. Wenn das seither noch von keinem Zweifel angetastete Verhältnis der beiden ersten Eleaten auf den Kopf zu stehen kommt, muß dann nicht notwendig Heraklit Bekanntschaft mit dem Seinsproblem verraten? Wiederum muß ich erst einen Umweg machen, um zum Ziele zu gelangen.

Fast ein Sechstel aller Heraklitischen Fragmente ist uns nur durch einen einzigen Autor überliefert, und dies Sechstel steht auf einem Raume von kaum drei Seiten beieinander. Es sind das die Kapitel 9 und 10 des neunten Buches der Philosophumena des Hippolytos, die einzige zusammenhängende Abhandlung über die Lehre Heraklits, die uns das Altertum vermacht hat. Die sehr dürftigen Angaben der Doxographen kommen dagegen nicht in Betracht, die Philosophie des Dunkeln widerstrebte der Einschachtelung unter doxographische Rubriken. Aber wie kommt Hippolytos zu solcher Gelehrsamkeit? zumal der Anlaß, den er haben mochte, über Heraklit zu reden, außer allem Verhältnis steht zu der Ausführlichkeit dieser Betrachtung, deren Ziel weit abliegt von dem Ziele, auf das er selber zustrebt. Was er selber zu erreichen sucht, und zwar durch jedes Mittel der Verleumdung und Verdächtigung, ist die Vernichtung des Noetianertums; um dieses heiligen Zweckes willen scheut er selbst vor dem abgeschmacktesten Einfall nicht zurück, er wirft den Noetianern vor, Erneuerer des Heraklitischen Heidentums zu sein. Das ist sein großer Einfall, seine Entdeckung und in seiner Polemik einer seiner letzten Trümpfe. Daß die Noetianer selbst ganz ahnungslos über die heidnische Gefahr in ihrem Glauben seien, muß er ihnen zugestehen, IX 10: φανερὸν δὲ πᾶσι τοὺς ἀνοήτους Νοητοῦ διαδόχους καὶ τῆς αἱρέσεως προστάτας, εἰ καὶ Ἡρακλείτου λέγοις ἂν αὐτοὺς μὴ γεγονέναι ἀκροατάς, ἀλλά γε τὰ Νοητῷ δόξαντα αἱρουμένους ἀναφανδὸν ταὐτὰ ὁμολογεῖν. Fragt man ihn aber, wodurch nur eigentlich das Heraklitische in ihrem Glauben sich bekunde, so weiß er mit

dem besten Willen nichts Gescheiteres zu antworten, als daß
sie dadurch, daß sie Vater, Sohn und Geist für dreierlei Form
desselben Wesens hielten, alle Unterschiede zwischen den
Dingen aufhöben — wie Heraklit (IX 10): λέγουσι γὰρ οὕτως·
ἕνα καὶ τὸν αὐτὸν θεὸν εἶναι πάντων δημιουργὸν καὶ πατέρα,
εὐδοκήσαντα δὲ πεφηνέναι τοῖς ἀρχῆθεν δικαίοις, ὄντα ἀόρατον·
ὅτε μὲν γὰρ οὐχ ὁρᾶται, ἦν ἀόρατος, <ὅτε δὲ ὁρᾶται, ὁρατός>,
ἀχώρητος δέ, ὅτε μὴ χωρεῖσθαι θέλει, χωρητὸς δέ, ὅτε χωρεῖται·
οὕτως κατὰ τὸν αὐτὸν λόγον ἀκράτητος <καὶ κρατητός>, ἀγέννητος
<καὶ γεννητός>, ἀθάνατος καὶ θνητός· πῶς οὐχ Ἡρακλείτου οἱ
τοιοῦτοι δειχθήσονται μαθηταί; μὴ αὐτῇ τῇ λέξει διαφθάσας
ἐφιλοσόφησεν ὁ σκοτεινός; ὅτι δὲ καὶ τὸν αὐτὸν υἱὸν εἶναι λέγει
(Noetus) καὶ πατέρα, οὐδεὶς ἀγνοεῖ· λέγει δὲ οὕτως· ῾ὅτε μὲν
οὖν μὴ γεγένητο ὁ πατήρ, δικαίως πατὴρ προσηγορεύετο· ὅτε
δὲ ηὐδόκησεν γένεσιν ὑπομεῖναι, γεννηθεὶς ὁ υἱὸς ἐγένετο αὐτὸς
ἑαυτοῦ, οὐχ᾽ ἕτερος ἑτέρου.᾽ οὕτως γὰρ δοκεῖ μοναρχίαν συνιστᾶν,
ἓν καὶ τὸ αὐτὸ φάσκων ὑπάρχειν πατέρα καὶ υἱὸν καλούμενον usw.

Je gekünstelter, hervorgezerrter dieser Vergleich ist, desto
mehr fällt auf, daß die vorangegangenen Mitteilungen über
Heraklit weit mehr enthalten, als was der Vergleich erfordert.
Und seltsamer Weise haben diese Mitteilungen ebenfalls den
Zweck in Heraklit den Vorläufer und Zeugen einer christlichen Lehre nachzuweisen, nur freilich nicht der noeti-
anischen sondern einer anderen, unbekannten, gnostischen.
Stellen wir, so weit das geht, die Merkmale dieser Doktrin
zusammen, vielleicht daß sich dann auch die Sekte selber
namhaft machen läßt.

Vor allem ist der unbekannte Gnostiker, der Heraklit
zum Zeugen ruft wie Valentinus den Pythagoras, Bekenner
einer ausgeprägten Einheitslehre: Ἡράκλειτος μὲν οὖν φησιν
εἶναι τὸ πᾶν διαιρετὸν ἀδιαίρετον, γενητὸν ἀγένητον, θνητὸν
ἀθάνατον, λόγον αἰῶνα, πατέρα υἱόν, θεὸν δίκαιον. ῾οὐκ ἐμοῦ
ἀλλὰ τοῦ λόγου ἀκούσαντας ὁμολογεῖν σοφόν ἐστιν ἓν
πάντα εἶναι,᾽ ὁ Ἡράκλειτός φησι. Und zwar umfaßt die Einheit, die er in den Rätselworten Heraklits zu finden glaubt,
die Gegensätze der Materie und des Geistes, des Gewordenen
und Ungewordenen, des Sichtbaren und Unsichtbaren, des

Lichtes und der Finsternis, des Oben und Unten, des Guten
und Bösen, des Sterblichen und Unsterblichen: ὅτι δέ ἐστιν ὁ
πατὴρ πάντων τῶν γεγονότων γενητὸς ἀγένητος, κτίσις δημιουργός,
ἐκείνου λέγοντος ἀκούωμεν [folgt Fr. 53]. — ὅτι δέ ἐστιν .....
'ἁρμονίη ὅκως περ τόξου καὶ λύρης.' "Οτι δὲ ... ἀφανὴς
ὁ ἀόρατος ἄγνωστος ἀνθρώποις, ἐν τούτοις λέγει· 'ἁρμονίη
ἀφανὴς φανερῆς κρείττων.' ἐπαινεῖ καὶ προθαυμάζει πρὸ τοῦ
γινωσκομένου τὸ ἄγνωστον αὐτοῦ καὶ ἀόρατον τῆς δυνάμεως·
ὅτι δέ ἐστιν ὁρατὸς ἀνθρώποις καὶ οὐκ ἀνεξεύρετος, ἐν τούτοις
λέγει· 'ὅσων ὄψις ἀκοὴ μάθησις, ταῦτα ἐγὼ προτιμέω,
φησί, τουτέστι τὰ·ὁρατὰ τῶν ἀοράτων. — οὕτως Ἡράκλειτος ἐν
ἴσῃ μοίρᾳ τίθεται καὶ τιμᾷ τὰ ἐμφανῆ τοῖς ἀφανέσιν, ὡς ἕν τι
τὸ ἐμφανὲς καὶ τὸ ἀφανὲς ὁμολογουμένως ὑπάρχον.
'ἔστι γάρ, φησίν, ἁρμονίη ἀφανὴς φανερῆς κρείττων· καί· 'ὅσων
ὄψις, ἀκοή, μάθησις (τουτέστι τὰ ὄργανα), ταῦτα, φησίν, ἐγὼ
προτιμέω', οὐ τὰ ἀφανῆ προτιμήσας. τοιγαροῦν οὐδὲ σκότος
οὔτε φῶς, οὐδὲ πονηρὸν οὐδὲ ἀγαθὸν ἕτερόν φησιν εἶναι ὁ
Ἡράκλειτος, ἀλλὰ ἓν καὶ τὸ αὐτό· ἐπιτιμᾷ γοῦν Ἡσιόδῳ, ὅτι ἡμέραν
καὶ νύκτα <οὐκ> οἶδεν· ἡμέρα γάρ, φησί, καὶ νὺξ ἐστιν ἕν, λέγων
ὧδέ πως [folgt Fr. 57]. καὶ ἀγαθὸν καὶ κακόν [folgt Fr. 58]. καὶ
εὐθὺ δέ, φησί, καὶ στρεβλὸν τὸ αὐτό ἐστι [folgt Fr. 59]. καὶ τὸ
ἄνω καὶ τὸ κάτω ἕν ἐστι καὶ τὸ αὐτό· 'ὁδὸς ἄνω κάτω μίη
καὶ ὠυτή'. — λέγει δὲ ὁμολογουμένως τὸ ἀθάνατον εἶναι θνητὸν
καὶ τὸ θνητὸν ἀθάνατον διὰ τῶν τοιούτων λόγων [folgt Fr. 62].
Neben diesen Sätzen über die Einheit Gottes mit der
Welt begegnen andere auch allgemein christlichen Inhalts.
Lassen diese auch die Eigenart des Interpreten weniger
scharf hervortreten, so zeigen sie doch immerhin wes
Geistes Kind er ist: ὅτι δέ ἐστι παῖς τὸ πᾶν καὶ δι' αἰῶνος
αἰώνιος βασιλεὺς τῶν ὅλων οὕτως λέγει [folgt Fr. 52]. — λέγει
δὲ καὶ σαρκὸς ἀνάστασιν ταύτης <τῆς> φανερᾶς ἐν ᾗ γεγενήμεθα,
καὶ τὸν θεὸν οἶδε ταύτης τῆς ἀναστάσεως αἴτιον οὕτως λέγων·
[folgt Fr. 63]. λέγει δὲ καὶ τοῦ κόσμου κρίσιν καὶ πάντων τῶν
ἐν αὐτῷ διὰ πυρὸς γίνεσθαι λέγων οὕτως· 'Τὰ δὲ πάντα
οἰακίζει κεραυνός', τουτέστι κατευθύνει· κεραυνὸν τὸ πῦρ λέγων
τὸ αἰώνιον. Aber zuletzt erscheint doch wieder etwas für einen
Christen überaus Seltsames: der Gott, an den er glaubt, ist

— 161 —

Feuer: *λέγει δὲ καὶ φρόνιμον τοῦτο εἶναι τὸ πῦρ καὶ τῆς διοικήσεως τῶν ὅλων αἴτιον· καλεῖ δὲ αὐτὸ χρησμοσύνην καὶ κόρον· χρησμοσύνη δέ ἐστιν ἡ διακόσμησις κατ' αὐτόν, ἡ δὲ ἐκπύρωσις κόρος· πάντα γάρ, φησί, τὸ πῦρ ἐπελθὸν κρινεῖ καὶ καταλήψεται.*

Faßt man diese Merkmale zusammen und vergleicht, wo sie sich wiederfinden, so bleibt als die einzige Lehre, die zuletzt, alles erwogen, überhaupt in Frage kommt, die Gnosis übrig, die unter dem Namen des Magiers Simon ging und in der *Μεγάλη ἀπόφασις* auf eine höchst weitschweifige Art erklärt war. Auch „Simon" hatte zum Urprinzip das Feuer erhoben und als Zeugen gleichfalls Heraklit genannt: Hippolytos VI 9: *λέγει δὲ ὁ Σίμων μεταφράζων τὸν νόμον Μωϋσέως ἀνοήτως τε καὶ κακοτέχνως· Μωσέως γὰρ λέγοντος, ὅτι ὁ θεὸς πῦρ φλέγον ἐστὶ καὶ καταναλίσκον, δεξάμενος τὸ λεχθὲν ὑπὸ Μωσέως οὐκ ὀρθῶς, πῦρ εἶναι τῶν ὅλων λέγει τὴν ἀρχήν, οὐ νοήσας τὸ εἰρημένον, ὅτι θεὸς οὐ πῦρ, ἀλλὰ καὶ πῦρ φλέγον καὶ καταναλίσκον, οὐκ αὐτὸν διασπῶν μόνον τὸν νόμον Μωσέως ἀλλὰ καὶ τὸν σκοτεινὸν Ἡράκλειτον συλαγαγῶν.* Denn wenn Hippolytos dem Simon vorwirft, daß er nicht nur den Moses mißverstanden sondern auch den Heraklit geplündert habe, so bleibt uns nur zu schließen übrig, Simon habe alle beide unter seine Propheten gerechnet. Daß wir durch Hippolytos von seinem Herakliteertum nicht mehr erfahren, darf uns nicht beirren, da doch alles, was wir von Simon lesen, nur in stark verkürztem Auszuge vorliegt. Und daß Simon in der Tat auf seine Übereinstimmung mit älteren Philosophen großen Wert legte, zeigt die Gewaltsamkeit, mit der er selbst Empedokles seinen Zwecken dienstbar macht, VI 11: *τοιούτου δὲ ὄντος, ὡς δι' ὀλίγων εἰπεῖν, κατὰ τὸν Σίμωνα τοῦ πυρός, καὶ πάντων τῶν ὄντων ὁρατῶν καὶ ἀοράτων, ὡσαύτως ἐνήχων καὶ ἀνήχων, ἀριθμητῶν καὶ ‹ἀν›αρίθμων, ἐν τῇ Ἀποφάσει τῇ μεγάλῃ καλεῖ τέλειον νοερόν, οὕτως ὡς ἕκαστον τῶν ἀπειρώκις ἀπείρων ἐπινοηθῆναι δυναμένων καὶ λαλεῖν καὶ διανοεῖσθαι καὶ ἐνεργεῖν, οὕτως ὡς φησὶν Ἐμπεδοκλῆς* (Fr. 109)·

γαίῃ μὲν γὰρ γαῖαν ὀπώπαμεν, ὕδατι δ' ὕδωρ,
αἰθέρι δ' αἰθέρα ‹δῖον›, ἀτὰρ πυρὶ πῦρ ἀΐδηλον,
καὶ ‹στοργῇ› στοργήν, νεῖκος δέ τε νείκεϊ λυγρῷ.

Reinhardt, Parmenides.   11

*πάντα γάρ, φησίν, ἐνόμιζε τὰ μέρη τοῦ πυρὸς τὰ ὁρατὰ καὶ τὰ
ἀόρατα φρόνησιν ἔχειν καὶ νώματος αἶσαν· γέγονεν οὖν ὁ κόσμος ὁ γεννητὸς ἀπὸ τοῦ ἀγεννήτου πυρός.* Zugleich erscheint
in diesen Worten auch noch eine zweite, noch genauere
Übereinstimmung zwischen dem Magier und dem Herakliteer:
das göttliche Urfeuer, von dem der Magier aussagt, daß es
φρόνησις besitze, ist dasselbe Vernunftfeuer, das auch der
Gnostiker bei Heraklit zu finden glaubt: *λέγει δὲ καὶ φρόνιμον
εἶναι τοῦτο τὸ πῦρ.* Ebenso gemeinsam haben beide die Begriffe *γεννητός-ἀγέννητος* und *ὁρατός-ἀόρατος* oder was dem
gleichkommt, *φανερός-κρυπτός* (*ἀφανής*): Simon VI 9: *καὶ
τὸ μὲν φανερὸν τοῦ πυρὸς πάντα ἔχει ἐν ἑαυτῷ ὅσα ἄν τις
ἐπινοήσῃ ἢ καὶ λάθῃ παραλιπὼν τῶν ὁρατῶν· τὸ δὲ κρυπτὸν πᾶν
ὅ, τι ἐννοήσει τις νοητὸν καὶ πεφευγὸς τὴν αἴσθησιν ἢ καὶ παρα-
λείπει μὴ διανοηθείς· καθόλου δέ ἐστιν εἰπεῖν, πάντων τῶν
ὄντων αἰσθητῶν τε καὶ νοητῶν, ὧν ἐκεῖνος κρυφίων καὶ φανερῶν
προσαγορεύει, ἔστι θησαυρὸς τὸ πῦρ τὸ ὑπερουράνιον.* Ebenso
das Bild des Lichtes und der Finsternis, samt seiner escha-
tologischen Beziehung, deren Sinn ist: wenn das irdische
Prinzip im Menschen sich nicht nach dem überirdischen, das
Dunkel sich nicht nach dem Lichte formt, so wird es untergehen, wenn es sich aber formt, so wird es ewig leben
(VI 12): *προσλαβοῦσα γὰρ ἡ δύναμις τέχνην φῶς τῶν γινομένων
γίνεται, μὴ προσλαβοῦσα δὲ ἀτεχνία καὶ σκότος, καὶ ὡς ὅτε οὐκ
ἦν, ἀποθνήσκοντι τῷ ἀνθρώπῳ συνδιαφθείρεται.* Und auch für
Simon ist das Bild des Untergangs das Feuer VI 9: *γέγονε
μὲν γάρ, φησίν, ὁ καρπός, ἵνα εἰς τὴν ἀποθήκην τεθῇ, τὸ δὲ
ἄχυρον, ἵνα παραδοθῇ τῷ πυρί.* Ebenso simonisch-gnostisch
ist der symbolische Gegensatz von oben und unten, VI 17:
*ἔστιν οὖν κατὰ τὸν Σίμωνα τὸ μακάριον καὶ ἄφθαρτον ἐκεῖνο ἐν
παντὶ κεκρυμμένον δυνάμει, οὐκ ἐνεργείᾳ, ὅπερ ἐστὶν ὁ ἑστώς
στὰς στησόμενος, ἑστὼς ἄνω, ἐν τῇ ἀγεννήτῳ δυνάμει, στὰς κάτω,
ἐν τῇ ῥοῇ τῶν ὑδάτων ἐν εἰκόνι γεννηθείς, στησόμενος ἄνω, παρὰ
τὴν μακαρίαν ἀπέραντον δύναμιν, ἐὰν ἐξεικονισθῇ.* Und auch
für Simon schließen sich all diese Gegensätze zu derselben
untrennbaren Einheit zusammen wie für den Herakliteer
(VI 17): *αὕτη, φησίν, ἐστὶ δύναμις μία, διῃρημένη ἄνω κάτω,*

αὐτὴν γεννῶσα, αὐτὴν αὔξουσα, αὐτὴν ζητοῦσα, αὐτὴν εὑρίσκουσα, αὐτῆς μήτηρ οὖσα, αὐτῆς πατήρ, αὐτῆς ἀδελφή, αὐτῆς σύζυγος, αὐτῆς θυγάτηρ, αὐτῆς υἱός, μήτηρ, πατήρ, ἕν, οὖσα ῥίζα τῶν ὅλων. — (VI 18) ἐκ μὲν τῶν ἄνω εὑρίσκεται δύναμις, ἐκ δὲ τῶν κάτω ἐπίνοια· ἔστιν οὖν οὕτως καὶ τὸ φανὲν ἀπ᾽ αὐτῶν, ἓν ὄν, δύο εὑρίσκεσθαι, ἀρσενόθηλυς, ἔχων τὴν θήλειαν ἐν ἑαυτῷ· οὕτως ἐστὶ νοῦς ἐν ἐπινοίᾳ· ἃ χωριστὰ ἀπ᾽ ἀλλήλων, ἓν ὄντες δύο εὑρίσκονται. Nach alldem scheint es mir nicht zweifelhaft, daß Hippolytos seine ganze Weisheit der μεγάλη ἀπόφασις verdankt. Denn auch die Interpretationskünste seines Herakliteers scheinen eines Simons durchaus würdig, der seine Gedanken gleichfalls allen möglichen und unmöglichen, christlichen wie heidnischen Autoritäten unterschob: Hippolytos VI 19: ταῦτα μὲν οὖν ὁ Σίμων ἐφευρὼν οὐ μόνον τὰ Μωσέως κακοτέχνως εἰς ὃ ἐβούλετο μεθηρμήνευσεν, ἀλλὰ καὶ τὰ τῶν ποιητῶν, ὅσα μετάγ‹ων εἰς› τὰ αὐτοῦ καινὰς (conieci: καὶ τῆς) ἐπινοίας πλαστολογεῖ (Roeper: πλείστους λέγει).

Das System der μεγάλη ἀπόφασις entstammt alexandrinischer Religionsphilosophie, wie Waitz in der Realencyklopädie für prot. Theologie XVIII S. 359 bewiesen hat. Es wird kein Zufall sein, daß dieser Pseudo-Simon mit dem Alexandriner Clemens wie in der Verehrung so auch in der Auffassung der Philosophie des Dunklen, wie sich uns noch zeigen wird, überraschend übereinstimmt.

Aber was hilft es für die Erklärung Heraklits, zu wissen, welche Hände ihn uns überliefert haben? Was kann viel auf ein solches Wissen ankommen? Nicht weniger als alles, wie ich glaube — wenn man zugibt, daß das Verständnis seiner Lehre an der Frage hängt, was seine Gedanken über Weltgericht und Weltverbrennung waren. Wissen wir, daß unser Gewährsmann Gnostiker ist, so wissen wir auch, daß doppelt Vorsicht nottut, daß uns nicht am Ende noch Heraklit selbst unversehens zum Gnostiker werde. Nun ist von den Rätselworten des Dunklen, die dem Interpreten auf ein Weltgericht zu deuten scheinen, das erste mit ganz offenkundiger Gewalt mißdeutet: πάντα οἰακίζει κεραυνός: mit einer κόσμον κρίσις

11*

hat dies Wort wahrhaftig nichts zu schaffen. Beim zweiten ist es mindestens vollkommen unerwiesen, daß die Deutung auch die richtige ist; was überliefert ist, sind einzig und allein die beiden Worte χρησμοσύνη und κόρος; alles übrige ist Interpretation[1]. Aber all unsere Zweifel überwindet siegreich, wie es scheint, das dritte und letzte Sätzchen: πάντα γάρ, φησί, τὸ πῦρ ἐπελθὸν κρινεῖ καὶ καταλήψεται. Wenigstens hat man seither diese Worte unbedenklich für ein wörtliches Zitat genommen. Nimmt man sich jedoch die Mühe, den Hippolytos einmal genauer auf seine Zitate durchzusehen, so stößt man auf unzählige Fälle, wo wie hier direkte Rede vorliegt, eingeführt durch ein φησίν, und doch eine genaue Wiedergabe nicht in Frage kommt. Ja dies φησί kann dazu dienen, im geraden Gegensatz zu einer wortgetreuen Anführung, eine Erklärung einzuleiten, die des Interpreten unbestrittenes Eigentum ist; es bedeutet dann nicht mehr als: „damit meint der Autor..." Hier ein Beispiel (Refut. VI 26): ὅθεν ὁ Πλάτων ἐρωτηθεὶς ὑπό τινος· τί ἐστι φιλοσοφία; ἔφη· χωρισμὸς ψυχῆς ἀπὸ σώματος, Πυθαγόρου καὶ τούτων τῶν λόγων γενόμενος μαθητής, ἐν οἷς λέγει καὶ δι' αἰνιγμάτων καὶ τοιούτων λόγων· ἐκ τῆς ἰδίας ἐὰν ἀποδημῇς, μὴ ἐπιστρέφου· εἰ δὲ μή, Ἐριννύες Δίκης ἐπίκουροί σε μετελεύσονται· ἰδίην καλῶν τὸ σῶμα, Ἐρυννύας δὲ τὰ πάθη. ἐὰν οὖν, φησίν, ἀποδημῇς, τουτέστιν ἐὰν ἐξέρχῃ ἐκ τοῦ σώματος, μὴ αὐτοῦ ἀντιποιοῦ· ἐὰν δὲ ἀντιποιήσῃ, πάλιν σε τὰ πάθη καθείρξουσιν εἰς σῶμα. Der Fall des Heraklitzitats hat in der Tat mit dieser Stelle eine verzweifelte Ähnlichkeit; auch ihm geht ein καλεῖ voraus, und nur zu deutlich ist die Absicht, eine Erklärung für den Heraklitischen κόρος und die χρησμοσύνη beizufügen: λέγει δὲ καὶ φρόνιμον τοῦτο εἶναι τὸ πῦρ καὶ τῆς διοι-

---

[1] Diese Interpretation ist selbstverständlich stoisch; vgl. Philo de anim. sacrif. idon. Vol. II Mang. p. 242 (die Unterscheidung zwischen μέρος und μέλος weist auf Podisonius; näheres kann ich hier nicht ausführen): ἡ δὲ εἰς μέλη τοῦ ζῴου διανομὴ δηλοῖ, ἤτοι ὡς ἓν τὰ πάντα ἢ ὅτι ἐξ ἑνός γε καὶ εἰς ἕν · ὅπερ οἱ μὲν κόρον καὶ χρησμοσύνην ἐκάλεσαν, οἱ δ' ἐκπύρωσιν καὶ διακόσμησιν. Aber es fragt sich eben, ob die Stoiker mit ihrer Deutung recht hatten.

κήσεως τῶν ὅλων αἴτιον· καλεῖ δὲ αὐτὸ χρησμοσύνην καὶ κόρον·
χρησμοσύνη δέ ἐστιν ἡ διακόσμησις κατ᾿ αὐτόν, ἡ δὲ ἐκπύρωσις
κόρος. πάντα γάρ, φησί, τὸ πῦρ ἐπελθὸν κρινεῖ καὶ καταλήψεται.
Und worauf sollte sich auch das γάρ in diesem Satze beziehen als auf ἐκπύρωσις? Dazu kommt aber, was die Hauptsache ist, daß der Begriff der κρίσις als des Weltgerichts,
verbunden mit der Vorstellung des richtenden Feuers, doch
gar zu bedenklich nah an christliche Lehren streift, als
daß man ihn ohne Verdacht als Heraklitisch hingehen lassen
dürfte, zumal die Sprache, ausgenommen vielleicht das Verbum
καταλήψεται, auch nicht den geringsten Archaismus oder
Heraklitismus aufweist; κρίνειν τινά „über jemanden richten" (nicht περί τινος und nicht mit dem Objekt der Sache
wie δίκην κρίνειν) ist überhaupt erst spät, vom jüngsten
Gericht verstanden durchaus christlich: κρίνειν ζῶντας καὶ
νεκρούς 2. Timoth. 4, 1, τὴν οἰκουμένην Act. 17, 31, τὸν
κόσμον Römer 3, 6, ebenso ἐπέρχομαι vom jüngsten Tage:
ἀπὸ φόβου καὶ προσδοκίας τῶν ἐπερχομένων τῇ οἰκουμένῃ
Lukas, 21, 26. κλαύσατε ὀλολύζοντες ἐπὶ ταῖς ταλαιπωρίαις ὑμῶν
ταῖς ἐπερχομέναις Jacobus 5, 1. Aber nun klammert man sich
um so fester an das καταλήψεται, vergleicht es mit dem Fr. 28:
δίκη καταλήψεται ψευδῶν τέκτονας καὶ μάρτυρας, sowie mit
dem Sprachgebrauche des Antiphon, nach dem καταλαμβάνειν als das Gegenteil von ἀπολύειν und ἀφιέναι und als Aktiv zu
ἁλῶναι einen Terminus der alten Gerichtssprache bedeute[1].
Aber mögen wir es hier mit „schuldig sprechen", „verurteilen", übersetzen, so dürfen wir doch nicht vergessen, daß
der Begriff des Urteils oder der Schuld in der eigentlichen
und bei Antiphon sehr klar empfundenen Wortbedeutung
nicht enthalten ist; mit καταγιγνώσκειν, κατακρίνειν, καταμαρ-
τυρεῖν, καταψηφίζεσθαι hat dieses καταλαμβάνειν nichts gemein,
es heißt „ergreifen", „festnehmen", wie ἀναλύειν freigeben
und lösen heißt, und ist entstanden aus derselben Vorstellung,
für die der Kläger der Verfolger, der Angeklagte der Fliehende

---

[1] Vgl. Wilamowitz Hippolytos S. 237; Dittenberger Hermes
XXXII S. 34.

ist¹. Dieselbe Vorstellung erklärt es auch, weshalb ursprünglich als Subjekt der Kläger, nicht der Richter auftritt; so bei Antiphon Tetr. 3, 4, 9: τόν τε γὰρ διώκοντα οὐ δίκαιον καταλαμβάνειν, μὴ σαφῶς διδάξαντα ὅτι ἀδικεῖται· τόν τε φεύγοντα ἀνόσιον ἁλῶναι, μὴ φανερῶς ἐλεγχθέντα ἃ ἐπικαλεῖται, und ebenso in den Urkunden, d. h. den Inschriften: aus Teos (523b 56 Dittenberger) ὁ δὲ ἁλισκόμενος ἐκτινέτω διπλάσιον... τὸ δὲ ἥμισυ τοῦ καταλαβόντος ἔστω; aus Olbia Anfang 4. Jahrh., Ditt. 546, 20: πράξονται δὲ τὸς παρὰ τὸ ψήφισμά τι παρανομῶντας οἳ ἂν τὴν ὠνὴν πρίωνται τῶν παρανομησάντων δίκηι καταλαβόντες. „Verurteilen" heißt καταλαμβάνειν streng genommen überhaupt nicht, grob genommen erst in übertragener und sehr

¹ Antiph. Tetr. 1, 2, 10: ἀπολύεσθαι δὲ ὑφ' ὑμῶν, εἰ καὶ εἰκότως μὲν ὄντως δὲ μὴ ἀπέκτεινα τὸν ἄνδρα, πολὺ μᾶλλον (ἢ καταλαμβάνεσθαι) δίκαιός εἰμι; ἐγώ τε γὰρ φανερὸν ὅτι μεγάλα ἀδικούμενος ἠμυνόμην — οὐ γὰρ ἂν εἰκότως ἐδόκουν ἀποκτεῖναι αὐτόν — τούς τε ἀποκτείναντας καὶ οὐ τοὺς αἰτίαν ἔχοντας ἀποκτείνειν ὀρθῶς ἂν καταλαμβάνοιτε. 1, 4, 4: ἀξιῶ δ' ὑμᾶς ἀπολύσαντάς με μακαρίσαι μᾶλλον ἢ καταλαβόντας ἐλεῆσαι. 1, 4, 11: τὸν ἀναίτιον καταλαβόντας τὸν αἴτιον ἀφεῖναι. 2, 3, 11: καταλαβόντες μὲν γὰρ αὐτόν..., ἀπολύσαντες δὲ ὑπαίτιοι καθίστασθε. 2, 4, 9: οὐκ οὖν ἐὰν ἀπολύσητε ἡμᾶς, ἀλλ' ἐὰν καταλάβητε ἐνθύμιον ὑπολείψετε. 3, 2, 8: ὑμᾶς δὲ χρὴ τὸ ὑμέτερον σκοποῦντας ἀπολῦσαί με μᾶλλον ἢ καταλαβεῖν βούλεσθαι · ἀδίκως μὲν γὰρ ἀπολυθείς.. μὴ ὀρθῶς δὲ καταληφθεὶς ὑφ' ἡμῶν.. 4, 3, 7: οὐδ' οὕτω δίκαιος ὑφ' ὑμῶν καταλαμβάνεσθαί ἐστι. 4, 3, 9: εἰ δέ τις κοινὴν μὲν τὴν πρᾶξιν, κοινὴν δὲ τὴν ἀτυχίαν αὐτῶν ἡγούμενος εἶναι μηδὲν ἀπολύσιμον μᾶλλον ἢ καταλήψιμον ἐκ τῶν λεγομένων γιγνώσκει αὐτὸν ὄντα, καὶ οὕτως ἀπολύειν μᾶλλον ἢ καταλαμβάνειν δίκαιός ἐστι. Subjekt in allen diesen Sätzen sind die Richter; insofern diese im Namen des Gesetzes Recht sprechen, kann auch der νόμος deren Stellvertreter sein, wie man auch sagt: ὑπὸ τοῦ νόμου ἀπολύεται. 2, 4, 9: ὁ νόμος ἀπολύων ἡμᾶς τῆς αἰτίας τὸν ἀποκτείναντα καταλαμβάνει. 3, 3, 2: τὸν γὰρ ἄρξαντα τῆς πληγῆς τοῦτον αἴτιον τῶν πραχθέντων γενόμενον καταλαμβάνεσθαι ὑπὸ τοῦ νόμου. 2, 3, 7: τὸ παράπαν δὲ ἀρνούμενος μὴ ἀποκτεῖναι αὐτὸν οὐδ' ὑπὸ τοῦ νόμου καταλαμβάνεσθαί φησιν, ὃς ἀπαγορεύει μήτε δικαίως μήτε ἀδίκως ἀποκτείνειν. Man kann freilich angesichts der anderen Stellen bei den letzten beiden Sätzen schwanken, ob der νόμος nicht auch als der Kläger vorgestellt sein könne; wie es scheint, ist auch der Kläger, der Verfolger, als Subjekt gedacht in 1, 4, 10: οὐκ ἐὰν ἀποφύγω οὐκ ἔστιν ἐξ ὧν ἐλεγχθήσονται οἱ κακουργοῦντες, ἀλλ' ἐὰν καταληφθῶ, οὐδεμία ἀπολογία τοῖς διωκομένοις ἀρκοῦσά ἐστιν.

abgeleiteter Bedeutung. Aber was soll man sagen zu dem Satze: *πάντα γὰρ τὸ πῦρ ἐπελθὸν κρινεῖ καὶ καταλήψεται*? Gesetzt, dies alles wäre Heraklitisch: soll man glauben, daß ein Sprachgenie wie Heraklit die Bildlichkeit und Kraft des Wortes *καταλήψεται* so ganz und gar verwischen und übertünchen, ja bis zur Unkenntlichkeit hätte entstellen können? Welcher Gedanke! Das Feuer, als Richter oder Kläger gedacht, soll verfolgen und ergreifen! Wen ergreifen? *Πάντα*! Doch des Rätsels Lösung läßt nicht auf sich warten, sobald man nur, anstatt mit Worten und Zufälligkeiten der einzelnen Autoren sich herumzuschlagen, nach der Überlieferung als einem Ganzen fragt, oder, um mit Lachmann zu reden, sobald man nur die recensio vor die emendatio stellt. Wenn alles dafür spricht, daß *πῦρ*, *κρινεῖ* und *πάντα* Interpretationen sind, so bleibt als sicher Heraklitisch einzig *καταλήψεται*. Nun trifft es sich, daß noch ein zweiter Zeuge gleichfalls aus demselben Worte auf die Lehre von der Weltverbrennung schließt, Clemens in den Stromata V cap. 1, 7: *διὰ τοῦτο καὶ ὁ ἀπόστολος παρακαλεῖ, 'ἵνα ἡ πίστις ἡμῶν μὴ ᾖ ἐν σοφίᾳ ἀνθρώπων' τῶν πείθειν ἐπαγγελλομένων, 'ἀλλ' ἐν δυνάμει θεοῦ' τῇ μόνῃ καὶ ἄνευ τῶν ἀποδείξεων διὰ ψιλῆς τῆς πίστεως σώζειν δυναμένῃ. 'δοκέοντα γὰρ ὁ δοκιμώτατος γινώσκει φυλάσσει'· καὶ μέντοι καὶ[1] 'δίκη καταλήψεται ψευδῶν τέκτονας καὶ μάρτυρας'* (Fr. 28) *ὁ Ἐφέσιός φησιν. οἶδεν γὰρ καὶ οὗτος ἐκ τῆς βαρβάρου φιλοσοφίας μαθὼν τὴν διὰ πυρὸς κάθαρσιν τῶν κακῶς βεβιωκότων, ἣν ὕστερον ἐκπύρωσιν ἐκάλεσαν οἱ Στωικοί· καθ' ὃν καὶ τὸν ἰδίως ποιὸν ἀναστήσεσθαι δογματίζουσι, τοῦτ' ἐκεῖνο τὴν ἀνάστασιν περιέποντες.* Wie Clemens oder vielmehr schon sein stoischer Gewährsmann die *δίκη* auf das Weltfeuer deutet, so sind auch bei Hippolytos die Worte *πάντα τὸ πῦρ ἐπελθὸν κρινεῖ* nur Interpretation des Textes *δίκη καταλήψεται*. Ein dritter Zeuge für dieselbe stoische Exegese ist Themistios Paraphr. Arist., S. 231, 8 Spengel: *ὥσπερ Ἡρά*-

---

[1] Die Worte *καὶ μέντοι καὶ* gehören doch wohl dem Clemens selber, nicht dem Heraklit; Clemens sieht in dem ersten Satze einen Hinweis auf die *σοφία ἀνθρώπων τῶν πείθειν δυναμένων*, in dem zweiten einen Hinweis auf das Weltgericht. (Nach einer Mitteilung Brinkmanns.)

κλειτος τὸ πῦρ οἴεται μόνον στοιχεῖον καὶ ἐκ τούτων γεγονέναι τὸ
πᾶν. ἐντεῦθεν γὰρ ἡμᾶς καὶ δειδίττεται, συμφλεγήσεσθαί ποτε
τὸ πᾶν ἀπειλῶν, ἐπειδὴ διαλυθήσεται εἰς τοῦτο, ἐξ οὗ καὶ γέγονεν.
Auch hier dürfen als Überlieferung nur die Worte gelten
ἡμᾶς καὶ δειδίττεται, und diese wollen wiederum nur das
28. Fragment, dasselbe, das bei Clemens überliefert ist, umschreiben. Als Tatsache der Überlieferung bleibt nur die
Androhung des künftigen Gerichts: der δίκη nach dem Ausdruck Heraklits, des Feuers nach der Auffassung der Stoiker
und Christen[1]. Die Zahl der Belege für die Heraklitische
ἐκπύρωσις ist ohnedies im Altertum beschränkt gewesen; es
sind dieselben wenigen Fragmente, die als Unterlage der
antiken Erklärungen beständig wiederkehren. Daß Hippolytos einen Beweis beibrächte, der sich sonst nicht wiederfände, ist an sich schon wenig glaublich; und da sich das
καταλήψεται in Fr. 66 und in Fr. 28 nun als dasselbe darstellt,
so fällt aller Grund in Zukunft fort, das erste als besonderes
Fragment zu führen.

Scheidet aber diese Stelle aus der Zahl der Heraklitfrag-
mente aus, so fällt damit der einzige Halt, die einzige wirklich sichere Gewähr dafür, daß Heraklit dem stoischen Dogma
von der Weltverbrennung angehangen habe. Ich weiß wohl,
was ich damit behaupte, weiß auch wohl, daß man mir
Aristoteles entgegenhalten wird. Aber ich kann kein Hehl
mehr daraus machen, daß ich es für einen schweren und ver-
hängnisvollen Fehler der Zellerschen Philosophiegeschichte,
in dieser wie in so vielen anderen Fragen, halte, daß sie es
vorzog, sich die Wahrheit, formuliert und fertig, aus den
Angaben des Aristoteles zu holen, statt sie aus den Fragmenten selbst durch unbefangene Interpretation heraus-
zuarbeiten. Aristoteles war durchaus Philosoph und stand
als solcher allen älteren Philosophen durchaus anders

---

[1] Auch in Fr. 14 trägt Clemens das Weltfeuer hinein (Protr. 22):
τίσι δὴ μαντεύεται Ἡράκλειτος ὁ Ἐφέσιος; νυκτιπόλοις, μάγοις, βάκχοις,
λήναις, μύσταις · τούτοις ἀπειλεῖ τὰ μετὰ θάνατον, τούτοις μαντεύεται τὸ
πῦρ. τὰ γὰρ νομιζόμενα κατ' ἀνθρώπους μυστήρια ἀνιερωστὶ μυεῦνται.
Vermutlich standen beide Prophezeiungen bei Heraklit zusammen.

gegenüber als der Philologe oder Historiker; in seinen Augen
gingen die vorsokratischen Philosophien sämtlich auf in
einem einzigen, wohl organisierten, einheitlichen Reiche,
das es seiner eigenen, alles überwältigenden Spekulation
nicht weniger zu unterwerfen galt, als etwa die Naturgeschichte
oder Politik; sie waren in seinen Augen nur der Stoff, der
seine Form erst durch die Einsichten erhielt, die sich ihm
selber aufgeschlossen hatten, andererseits als ebensolcher
Stoff zugleich ein Mittel, um die eigenen Fragestellungen und
Lösungen auf ihre Richtigkeit zu prüfen. Fast überall, wo
uns noch heute größere Massen von Fragmenten vorliegen,
sind wir vor die Notwendigkeit gestellt, uns über seine Erklärungen hinwegzusetzen; sein Fehlgriff in der Beurteilung
der Parmenideischen $\delta\delta\xi\alpha$ ist für sein Verfahren überhaupt
bezeichnend: er uniformiert, er setzt das ihm geläufige $\theta\varepsilon\varrho\mu\delta\nu$,
$\psi\nu\chi\varrho\delta\nu$ für $\sigma\varkappa\delta\tauo\varsigma$ und $\varphi\tilde{\omega}\varsigma$, und um in der Angleichung
an andere, ihm geläufigere Theorien noch weiter zu gehen,
setzt er wiederum diese beiden Elemente dem Feuer und der
Erde gleich. Um ein Verständnis war es damit ein für allemal
geschehen. Mag er daher auch den Heraklit für einen Physiker
nach Art der anderen Physiker gehalten haben, mag er ihm
noch so sehr, nach Art der andern, eine Weltentstehungs-
und Weltuntergangshypothese beigelegt haben, so erledigt
sich doch damit noch keineswegs für uns die Frage, was die
Lehre Heraklits gewesen ist, zumal die allgemein verbreitete,
antike wie moderne Auffassung, die ihn zum Vater der Flußlehre macht, erwiesenermaßen falsch ist. Und wenn gar erst,
gestützt auf Aristoteles, die Stoiker den Heraklit zu einem
der Ihren machten, so hatten sie beinahe ein gutes Recht
dazu; war es doch ihr Prinzip, überall sich selbst hineinzuinter-
pretieren. Aber soll man es für möglich halten, daß selbst
Zeller, ohne Verdacht zu schöpfen, eine Exegese hinnahm,
der zufolge Heraklit zwischen dem ewigen $\dot{\iota}\delta\dot{\iota}\omega\varsigma$ $\pi o\iota\dot{o}\varsigma$ $\varkappa\delta\sigma\mu o\varsigma$
und dem vergänglichen $\varkappa\delta\sigma\mu o\varsigma$ der $\delta\iota\alpha\varkappa\delta\sigma\mu\eta\sigma\iota\varsigma$ schulmäßig
wie nur ein orthodoxer Stoiker unterschieden hätte?[1]

---

[1] Daß Heraklit den Weltbrand habe lehren wollen, haben von den
älteren Erklärern bekanntlich Schleiermacher und Lassalle be-

Clemens Stromata V 104, 1: σαφέστατα δ' Ἡράκλειτος ὁ Εφέσιος, ταύτης ἐστὶ τῆς δόξης, τὸν μέν τινα κόσμον ἀίδιον εἶναι δοκιμάσας τὸν δέ τινα φθειρόμενον τὸν κατὰ τὴν διακόσμησιν εἰδὼς οὐχ ἕτερον ὄντα ἐκείνου πως ἔχοντος· ἀλλ' ὅτι μὲν ἀίδιον τὸν ἐξ ἁπάσης τῆς οὐσίας ἰδίως ποιὸν κόσμον ᾔδει, φανερὸν ποιεῖ λέγων οὕτως· ᾽κόσμον <τόνδε>[1] (τὸν αὐτὸν ἁπάντων) οὔτε τις θεῶν οὔτε

stritten; von den neueren nur Burnet. Aber Burnet irrt, wenn er die Theorie des Hippokratikers de victu zur Erklärung Heraklits verwenden zu dürfen glaubt. Daß die Welt zwischen zwei Maximalzuständen ewig hin und herschwanke, größter Wärmeentwicklung und größter Feuchtigkeit, und durch ihren Pendelschlag sich selber reguliere, findet sich in der Überlieferung über Heraklit mit keinem Worte angedeutet.

[1] Τόνδε fehlt bei Clemens, steht dagegen bei Plutarch de anima c. 5: ᾽κόσμον τόνδε', φησὶν ᾽Ἡράκλειτος, ᾽οὔτε τις θεῶν οὔτε ἀνθρώπων ἐποίησεν' wie bei Simplicius de caelo S. 294 Heiberg: καὶ ᾽Ἡράκλειτος δὲ δι' αἰνιγμῶν τὴν ἑαυτοῦ σοφίαν ἐκφέρων οὐ ταῦτα, ἅπερ δοκεῖ τοῖς πολλοῖς, σημαίνει· ὁ γοῦν ἐκεῖνα εἰπὼν περὶ γενέσεως, ὡς δοκεῖ, τοῦ κόσμου (vorausgeht die auf S. 138 Anm. angeführte Stelle: man sieht, Simplicius mißtraut dem Theophrast) καὶ τάδε γέγραφε · ᾽κόσμον τόνδε οὔτε τις θεῶν οὔτε ἀνθρώπων ἐποίησεν, ἀλλ' ἦν ἀεί'. πλὴν ὅτι ὁ 'Ἀλέξανδρος βουλόμενος τὸν ᾽Ἡράκλειτον γενητὸν καὶ φθαρτὸν λέγειν τὸν κόσμον ἄλλως ἀκούει τοῦ κόσμου νῦν. ᾽οὐ γὰρ μαχόμενα, φησί, λέγει ὡς ἄν τῳ δόξαι · κόσμον γάρ, φησίν, ἐνταῦθα οὐ τήνδε λέγει τὴν διακόσμησιν, ἀλλὰ καθόλου τὰ ὄντα καὶ τὴν τούτων διάταξιν, καθ' ἣν εἰς ἑκάτερον ἐν μέρει ἡ μεταβολὴ τοῦ παντός, ποτὲ μὲν εἰς πῦρ, ποτὲ δὲ εἰς τὸν τοιόνδε κόσμον. ἡ γὰρ τοιαύτη τούτων ἐν μέρει μεταβολὴ καὶ ὁ τοιοῦτος κόσμος οὐκ ἤρξατό ποτε, ἀλλ' ἦν ἀεί.'
Man darf dieser Kontroverse mit Sicherheit entnehmen, daß weder Simplicius noch Alexander den Zusatz τὸν αὐτὸν ἁπάντων kannte. Ebensowenig kannte ihn Plutarch. Wenn aber zwei oder gar drei von einander unabhängige Zeugen gegen einen vierten stehen, so müßte ein seltsamer Zufall walten, sollte die Wahrheit nicht auf ihrer Seite sein. Konziliatorische Kritik ist schwerlich hier am Platz. Die Frage ist vielmehr: wie erklärt sich die Variante τὸν αὐτὸν ἁπάντων? Wie mir scheint, sehr einfach: sie weist auf die vorangehenden Worte τὸν ἐξ ἁπάσης τῆς οὐσίας ἰδίως ποιὸν κόσμον und bezeichnet die Weltordnung, die ein und dieselbe ist für alle κόσμοι, zum Unterschiede von dem Kosmos der διακόσμησις. Mit dem Gedanken des Fragmentes selber steht sie in keinerlei Zusammenhang, erst von der stoischen Fragestellung aus wird sie verständlich. So definiert z. B. Arius Didymus bei Euseb. praep. evang. XV 15 (Diels Doxogr. S. 464): ὅλον τὸν κόσμον σὺν τοῖς ἑαυτοῦ μέρεσι προσαγορεύουσι θεόν ·

ἀνθρώπων ἐποίησεν, ἀλλ᾽ἦν ἀεὶ καὶ ἔστιν καὶ ἔσται·
πῦρ ἀείζωον, ἁπτόμενον μέτρα καὶ ἀποσβεννύμενον
μέτρα᾽ (Fr. 30). ὅτι δὲ καὶ γενητὸν καὶ φθαρτὸν αὐτὸν εἶναι
ἐδογμάτιζεν, μηνύει τὰ ἐπιφερόμενα· ῾πυρός τροπαὶ πρῶτον
θάλασσα, θαλάσσης δὲ τὸ μὲν ἥμισυ γῆ, τὸ δὲ ἥμισυ πρησ-
τήρ᾽ (Fr. 31). δυνάμει γὰρ λέγει, ὅτι πῦρ ὑπὸ τοῦ διοικοῦντος
λόγου καὶ θεοῦ τὰ σύμπαντα δι᾽ ἀέρος τρέπεται εἰς ὑγρὸν τὸ ὡς
σπέρμα τῆς διακοσμήσεως, ὃ καλεῖ θάλασσαν· ἐκ δὲ τούτου αὖθις γίνεται γῆ καὶ οὐρανὸς καὶ τὰ ἐμπεριεχόμενα· ὅπως δὲ πάλιν
ἀναλαμβάνεται καὶ ἐκπυροῦται, σαφῶς διὰ τούτων δηλοῖ· ῾θάλασσα
διαχέεται καὶ μετρέεται εἰς τὸν αὐτὸν λόγον ὁκοῖος πρόσθεν ἦν ἢ γενέσθαι γῆ.᾽ ὁμοίως καὶ περὶ τῶν ἄλλων στοιχείων τὰ αὐτά.
παραπλήσια τούτῳ καὶ οἱ ἐλλογιμώτατοι τῶν Στωϊκῶν δογματίζουσι
περί τε ἐκπυρώσεως διαλαμβάνοντες καὶ κόσμου διοικήσεως καὶ τοῦ
ἰδίως ποιοῦ κόσμου τε καὶ ἀνθρώπου καὶ τῆς τῶν ἡμετέρων ψυχῶν
ἐπιδιαμονῆς. Die säuberliche Trennung, in der hier Text und
Interpretation geboten werden, gibt uns die Möglichkeit,
die Auffassung der Stoiker und ihres Vorgängers Aristoteles auch heute noch zu prüfen. Denn auch Aristoteles zog
seine Schlüsse aus denselben Worten, auf denen der Stoiker bei
Clemens seine Erklärung aufbaut. Es ist eine Tatsache von
größter Wichtigkeit, daß Theophrast beim Ausarbeiten der
Entwürfe seines Meisters ebenfalls denselben Text zur
Unterlage nahm und offenbar nehmen mußte, um die
Gedanken Heraklits über Entstehung und Untergang der
Welt zur Darstellung zu bringen: Diogenes Laert. IX 7:
ἕνα εἶναι κόσμον (=῾κόσμον τόνδε᾽)· γεννᾶσθαί τε αὐτὸν

τοῦτον δὲ ἕνα μόνον εἶναί φασι καὶ πεπερασμένον καὶ ζῷον καὶ ἀίδιον καὶ
θεόν. ἐν γὰρ τούτῳ πάντα περιέχεσθαι τὰ σώματα, ⟨οὐδενὸς ἁπλῶς ἐκτὸς
αὐτοῦ ὑπάρχοντος: aus Cleomedes c. 1 statt des sinnlosen κενὸν δὲ μηδὲν
ὑπάρχειν ὃν αὐτῷ⟩. τὸ γὰρ ἐκ πάσης τῆς οὐσίας ποιὸν προσαγορεύεσθαι
⟨θεόν, οὐ suppl. Arnim Stoicor. vet. fragm. II S. 169⟩ τὸ κατὰ τὴν
διακόσμησιν τὴν τοιαύτην διάταξιν ἔχον. Demnach haben wir in den
Worten τὸν αὐτὸν λέγοντων eine stoische Erklärung zu erblicken, beigefügt, um die vermeintliche Zweideutigkeit des Ausdrucks κόσμον
τόνδε zu beseitigen. Übrigens würde ein solcher Zusatz auch der
archaischen Wortbedeutung, wie sie sich uns später ergeben wird
widersprechen.

ἐκ πυρός καὶ πάλιν ἐκπυροῦσθαι κατά τινας περιόδους ἐναλλὰξ τὸν σύμπαντα αἰῶνα (='ἀλλ' ἦν ἀεὶ καὶ ἔστι καὶ ἔσται· πῦρ ἀείζωον, ἁπτόμενον μέτρα καὶ ἀποσβεννύμενον μέτρα')[1]. τοῦτο δὲ γίνεσθαι καθ' εἱμαρμένην· τῶν δὲ ἐναντίων τὸ μὲν ἐπὶ τὴν γένεσιν ἄγον καλεῖσθαι πόλεμον καὶ ἔριν (='εἰδέναι δὲ χρὴ τὸν πόλεμον ἐόντα ξυνόν, καὶ δίκην ἔριν, καὶ γινόμενα πάντα κατ' ἔριν καὶ χρεώμενα' [χρεών? Diels] Fr. 80), τὸ δ' ἐπὶ τὴν ἐκπύρωσιν ὁμολογίαν καὶ εἰρήνην, καὶ τὴν μεταβολὴν ὁδὸν ἄνω κάτω (=ὁδὸς ἄνω κάτω μία καὶ ὡυτή Fr. 60), τόν τε κόσμον γίνεσθαι κατ' αὐτήν (dies ist Interpretation). πυκνούμενον γὰρ τὸ πῦρ ἐξυγραίνεσθαι συνιστάμενόν τε γίνεσθαι ὕδωρ, πηγνύμενον δὲ τὸ ὕδωρ εἰς γῆν τρέπεσθαι (='πυρὸς τροπαὶ πρῶτον θάλασσα, θαλάσσης δὲ τὸ μὲν ἥμισυ γῆ')· καὶ ταύτην ὁδὸν ἐπὶ τὸ κάτω εἶναι (auch dies ist Interpretation). πάλιν τε αὖ τὴν γῆν χεῖσθαι, ἐξ ἧς τὸ ὕδωρ γίνεσθαι (= 'θάλασσα διαχέεται καὶ μετρέεται εἰς τὸν αὐτὸν λόγον, ὁκοῖος πρόσθεν ἦν ἢ γενέσθαι γῆ'), ἐκ δὲ τούτου τὰ λοιπά, σχεδὸν πάντα (scil. τὰ οὐράνια) ἐπὶ τὴν ἀναθυμίασιν ἀνάγων τὴν ἀπὸ τῆς θαλάσσης (= 'θαλάσσης .. τὸ δὲ ἥμισυ πρηστήρ')· αὕτη δέ ἐστιν ἢ ἐπὶ τὸ ἄνω ὁδός.[2] Auch

---

[1] Daß Theophrast sich in der Tat auf dieses und kein anderes Fragment bezog, beweist Simplicius in Aristot. de cael. S. 294 Heib. καὶ Ἡράκλειτος δὲ ποτὲ μὲν ἐκπυροῦσθαι λέγει τὸν κόσμον, ποτὲ δὲ ἐκ τοῦ πυρὸς συνίστασθαι πάλιν αὐτὸν κατά τινας χρόνων περιόδους, ἐν οἷς φησι · 'μέτρα ἁπτόμενος καὶ μέτρα σβεννύμενος'. Simplicius hat das Zitat zum Teil erhalten, das bei Diogenes ausgefallen ist. Beide fußen auf Theophrast.

[2] Auch bei Aëtius I 3, 11 liegt derselbe Grundtext vor: Ἡράκλειτος καὶ Ἵππασος ὁ Μεταποντῖνος ἀρχὴν τῶν ἁπάντων τὸ πῦρ · ἐκ πυρὸς γὰρ τὰ πάντα γίνεσθαι καὶ εἰς πῦρ πάντα τελευτᾶν λέγουσι, τούτου δὲ κατασβεννυμένου κοσμοποιεῖσθαι τὰ πάντα · πρῶτον μὲν γὰρ τὸ παχυμερέστατον αὐτοῦ εἰς αὑτὸ συστελλόμενον γῆ γίνεται, ἔπειτα ἀναχαλωμένην τὴν γῆν ὑπὸ τοῦ πυρὸς φύσει ὕδωρ ἀποτελεῖσθαι, ἀναθυμιώμενον δὲ ἀέρα γίνεσθαι. πάλιν δὲ τὸν κόσμον καὶ τὰ σώματα πάντα ὑπὸ τοῦ πυρὸς ἀναλοῦσθαι ἐν τῇ ἐκπυρώσει. Vergleicht man beide Berichte, so läßt sich gut beobachten, wie die Unterscheidung zwischen Text und Interpretation allmählich sich immer mehr verwischt hat. Der originale Theophrast wird wieder ein Stück genauer gewesen sein, als der Auszug, den Diogenes bietet; auch was Clemens an Belegen anführt, wird im Originale nicht gefehlt haben.

Theophrast verhehlt nicht, daß man die Worte Heraklits erst deuten müsse, um mit ihnen etwas anzufangen; und seine Interpretationsmethode, äußerlich getrennte Aphorismen inhaltlich einander gleichzusetzen, um so unter den verschiedenen Hüllen den gemeinsamen Gedanken zu entdecken, läßt zum mindesten das Eine klar erkennen, daß eine vollständige, ausgeführte Kosmogonie im ganzen Buche des Heraklit nicht vorkam. Die Deutung Theophrasts stützt sich hauptsächlich, um von Neben- und Seitenstützen abzusehen, auf zwei Textstellen, das Wort von der ὁδὸς ἄνω κάτω und dasselbe Fragment, das uns durch Clemens überliefert ist. Zu diesen Stellen hat ein späterer Stoiker, vermutlich Posidonius, dem daran noch nicht genug war, eine dritte hinzugefügt, die Worte über den κόρος und die χρησμοσύνη; überliefert ist uns seine Deutung bei Hippolytus und Philo de anim. sacrif. II, S. 442 Mang.: ἡ δὲ εἰς μέλη τοῦ ζῴου διανομὴ δηλοῖ, ἤτοι ὡς ἓν τὰ πάντη ἢ ὅτι ἐξ ἑνός τε καὶ εἰς ἕν· ὅπερ οἱ μὲν κόρον καὶ χρησμοσύνην ἐκάλεσαν, οἱ δ' ἐκπύρωσιν καὶ διακόσμησιν. Ebenso viel und ebenso wenig hat es endlich zu bedeuten, wenn die Stoiker auch noch in einer rätselhaften Prophezeiung eine Stütze für ihre Auffassung zu finden glaubten und die Christen, Clemens und Hippolytus, wiederum den stoischen Weltbrand in das jüngste Gericht umdeuteten. All diese Versuche beweisen schon durch ihre Zahl das gerade Gegenteil von dem, was sie beweisen sollen. Nur aus dem Fehlen einer wirklichen Kosmogonie erklärt sich die behutsame Bemerkung des Theophrast am Anfang seines Berichtes: καὶ τὰ ἐπὶ μέρους δὲ αὐτῷ ὧδ' ἔχει τῶν δογμάτων· πῦρ εἶναι στοιχεῖον καὶ πυρὸς ἀμοιβὴν τὰ πάντα, ἀραιώσει καὶ πυκνώσει γινόμενα· σαφῶς δὲ οὐδὲν ἐκτίθεται. Nur bei dem Fehlen einer Kosmogonie konnte eine Auffassung laut werden, wie die bei Aëtius (Doxogr. 331): Ἡράκλειτος οὐ κατὰ χρόνον εἶναι γεννητὸν τὸν κόσμον, ἀλλὰ κατ' ἐπίνοιαν. Und wie hätte auch anders Platon im Sophistes die Unwandelbarkeit und Ewigkeit des Heraklitischen Kosmos dem periodischen Wechsel des Empedokleischen entgegensetzen können?

Um die bei Clemens überlieferten Fragmente zu verstehen, muß man vor allen Dingen wissen, welcher Sinn dem Worte κόσμος in der älteren Sprache zukommt. Melissos Fr. 7: ἀλλ᾽ οὐδὲ μετακοσμηθῆναι ἀνυστὸν (τὸ ὄν)· ὁ γὰρ κόσμος ὁ πρόσθεν ἐὼν οὐκ ἀπόλλυται οὔτε ὁ μὴ ἐὼν γίνεται. Es bedarf keines Worts, daß κόσμος hier weder die Welt noch ihren „Bau" bedeutet, sondern einen bestimmten Zustand, eine Phase dieser Welt im Gegensatz zu anderen κόσμοι, anderen Phasen, vergangenen oder zukünftigen. Diogenes von Apollonia Fr. 2: εἰ γὰρ τὰ ἐν τῷδε τῷ κόσμῳ ἐόντα νῦν, γῆ καὶ ὕδωρ καὶ ἀὴρ καὶ πῦρ καὶ τὰ ἄλλα ὅσα φαίνεται ἐν τῷδε τῷ κόσμῳ ἐόντα, εἰ τούτων τι ἦν ἕτερον τοῦ ἑτέρου... Auch hier ist κόσμος zeitlich zu verstehen, als Ausdruck für die gegenwärtige Weltordnung, zum Unterschiede von dem Urzustand, wo Wasser, Erde und Luft noch ungeschieden eine gleichförmige, dünne Masse bildeten. Damit stimmt wiederum Parmenides überein, Fr. 2: οὐ γὰρ ἀποτμήξει τὸ ἐὸν τοῦ ἐόντος ἔχεσθαι οὔτε σκιδνάμενον πάντῃ πάντως κατὰ κόσμον οὔτε συνιστάμενον, denn auch hier wird zwischen zwei kosmischen Perioden unterschieden, der unendlichen Zerstreuung der Materie und ihrer Zusammenziehung und Weltwerdung. Empedokles Fr. 26: ἄλλοτε μὲν Φιλότητι συνερχόμεν᾽ εἰς ἕνα κόσμον, ἄλλοτε δ᾽ αὖ δίχ᾽ ἕκαστα φορεύμενα Νείκεος ἔχθει. Der εἷς κόσμος, der Zustand der vollkommenen Einheit, gleichbedeutend mit dem σφαῖρος κυκλοτερής, tritt der getrennten Erscheinungsform der Elemente gegenüber, die in der gegenwärtigen Weltgestalt die Herrschaft hat. So hat auch Anaxagoras zwischen der Welt als einer einheitlichen und vielfältigen Ordnung unterschieden, Fr. 8: οὐ κεχώρισται ἀλλήλων τὰ ἐν τῷ ἑνὶ κόσμῳ οὐδὲ ἀποκέκοπται πελέκει οὔτε τὸ θερμὸν ἀπὸ τοῦ ψυχροῦ οὔτε τὸ ψυχρὸν ἀπὸ τοῦ θερμοῦ. Auch hier ist ὁ εἷς κόσμος im Gegensatz gedacht zu einem anderen κόσμος, kurz das Wort hat keine dingliche, selbständige Bedeutung, sondern steht bezogen und bedeutet einen Zustand, wie auch φύσις ursprünglich die natürliche Beschaffenheit, sei es des Menschen, sei es der ganzen Welt ausdrückte und verhältnismäßig spät erst sich von diesen Beziehungen gelöst und zum

Begriffe „Natur" verallgemeinert hat[1]. Dieselbe Grundbedeutung für κόσμος ist auch aus den Bildungen διάκοσμος und διακοσμεῖν zu folgern — jede Ableitung, die diesen Zusammenhängen gegenüber versagt, spricht sich selbst das Urteil. Διάκοσμος kann nur die Entwicklung sein, durch die die verschiedenen κόσμοι auseinander hervorgehen. Auch dies Wort ist
altbezeugt: Parmen. Fr. 8, 60: τόν σοι ἐγὼ διάκοσμον ἐοικότα
πάντα φατίζω; dazu die Titel der Schriften des Leukipp
und Demokrit: Μέγας διάκοσμος, Μικρὸς διάκοσμος. Dasselbe
gilt für διακοσμεῖν: Anaxagoras Fr. 12: καὶ ὁποῖα ἔμελλεν ἔσεσθαι καὶ ὁποῖα ἦν, ἄσσα νῦν μὴ ἔστι, καὶ ὁποῖα ἔστι, πάντα
διεκόσμησε νοῦς, καὶ τὴν περιχώρησιν ταύτην, ἣν νῦν περιχω-
ρέει τά τε ἄστρα καὶ ὁ ἥλιος καὶ ἡ σελήνη καὶ ὁ ἀὴρ καὶ ὁ
αἰθὴρ οἱ ἀποκρινόμενοι. Ich muß nach alldem für wahrscheinlich halten, daß in dem Berichte des Theophrast über die Kosmogonie des Anaximander der ursprüngliche Wortlaut wie
aus anderen Wendungen so auch noch aus dieser hervorblickt,
wo es heißt (Fr. 9): φύσιν ἄπειρον, ἐξ ἧς ἅπαντας γίνεσθαι
τοὺς οὐρανοὺς καὶ τοὺς ἐν αὐτοῖς κόσμους; denn verschiedene
κόσμοι innerhalb desselben Himmels ist für spätere griechische Begriffe ein Unding (eher schon innerhalb desselben
κόσμος die verschiedenen οὐρανοί). Dagegen erweist sich
als vollkommenes Phantasiestück das angebliche Fragment
des Anaximenes, für dessen späten Ursprung übrigens ein
jedes Wort und nicht zuletzt auch der Gedanke selber spricht
(bei Aëtius, S. 278 Diels): οἷον ἡ ψυχή, φησίν, ἡ ἡμετέρα ἀὴρ
οὖσα συγκρατεῖ ἡμᾶς, καὶ ὅλον τὸν κόσμον πνεῦμα καὶ ἀὴρ περιέχει.
Und was für Schlüsse und Luftschlösser hat man nicht auf
dieser Vermutung eines Doxographen aufgebaut!

Um zu Heraklit zurückzukehren, so muß jetzt einleuchten,
daß κύυμον τόνδε nicht die Weltordnung, die uns umgibt
und uns vor Augen liegt, bedeuten kann, sondern nur die Welt

[1] Ebenso stellt Heraklit dem εἷς καὶ κοινὸς κόσμος der Wachenden den ἴδιος κόσμος der Schlafenden gegenüber, Fr. 89; auch hier
bedeutet κόσμος nicht die Welt, sondern den Zustand der Zertren-
nung oder Einigung; Heraklit setzt schon den Sprachgebrauch des
Anaxagoras voraus. Über den Sinn vgl. S. 216 Anm.

in ihrer gegenwärtigen Gestalt zum Unterschied von anderen denkbaren Gestaltungen. Und diese gegenwärtige Gestalt des Alls, die hat nach Heraklit weder Gott noch Mensch, d. h. kein wie auch immer geartetes Wesen[1], geschaffen, sondern sie bestand allzeit und besteht und wird bestehen: ewig lebendiges Feuer, nach Maßen erglimmend und nach Maßen verlöschend[2]: das heißt, die Welt kann weder ganz in Feuer untergehen noch ganz zu Wasser und Erde werden, ihr Entflammen und Verlöschen ist an ein bestimmtes Maß gebunden, es ist proportional: was sich in ihr entzündet, ist nicht mehr als was in ihr verlöscht, durch ihren Wechsel hält sie sich im Gleichgewicht. Der gang und gäben Auffassung zufolge müßte ἁπτόμενον μέτρα καὶ ἀποσβεννύμενον μέτρα heißen, daß eine jede Weltperiode, von der ἐκπύρωσις bis zu der διακόσμησις gemessen, dieselbe Zeit brauche, dieselbe Entwicklung dar-

---

[1] Über die polare Ausdrucksweise vgl. Wilamowitz Kommentar zum Herakles v. 1106 u. S. 298.

[2] Die Worte ἦν τε καὶ ἔστι καὶ ἔσται formelhaft, ein Ausdruck für die Unveränderlichkeit; ebenso bei Anaxagoras Fr. 48 (Philodem de piet. p. 66 G.), wo trotz der indirekten Rede das archaische Kolorit noch durchschimmert: [θε]ὸν γεγονέναι τε καὶ εἶναι καὶ ἔσεσθαι καὶ πάντων ἄρχειν καὶ κρατεῖν. Ursprünglich mag gestanden haben: νοῦς δὲ ἦν τε καὶ ἔστι καὶ ἔσται καὶ πάντων ἄρχει καὶ κρατεῖ. Der Nus bleibt ewig derselbe, während die anderen Dinge alle sich verändern; darum ist er auch sich selbst in allen seinen Teilen gleich, während die andern Dinge alle ungleich sind, Fr. 12: νοῦς δὲ πᾶς ὅμοιός ἐστι καὶ ὁ μείζων καὶ ὁ ἐλάττων · ἕτερον δὲ οὐδέν ἐστιν ὅμοιον οὐδενί. Ähnlich steht dieselbe Formel bei Anaxagoras Fr. 12: καὶ ὁποῖα ἔμελλεν ἔσεσθαι καὶ ὁποῖα ἦν, ἄσσα νῦν μὴ ἔστι, καὶ ὁποῖα ἔστι, πάντα διεκόσμησε νοῦς. Ebenso Melissos Fr. 2: ὅτε τοίνυν οὐκ ἐγένετο, ἔστι τε καὶ ἀεὶ ἦν καὶ ἀεὶ ἔσται. In all solchen Verbindungen dient εἶναι nie als Copula, sondern bedeutet Dasein und Bestehen. Folglich kann der Sinn des Heraklitfragments nur sein: die Welt ist nicht geworden, sondern ewig. Der Zusatz πῦρ ἀείζωον ist aufzufassen als erklärende Apposition, nach einer Konstruktion, die sich bei Heraklit als besondere Kunstform ausgebildet findet; vgl. Fr. 51: οὐ ξυνιᾶσιν ὅκως διαφερόμενον ἑωυτῷ ὁμολογέει · παλίντονος ἁρμονίη ὅκωσπερ τόξου καὶ λύρης. Wie hier das παλίντονος (oder παλίντροπος) aus dem Voraufgegangenen den Begriff des Widerstreits wieder aufnimmt, so das ἀείζωον den der Ewigkeit. Faßt man dagegen πῦρ ἀείζωον als Prädikat, so hat man nichts als leere Häufungen und einen Satz, der ohne Kola wäre.

stelle wie alle übrigen. Aber um das zu lehren, bedurfte
es nicht erst eines Heraklit, das war der Gedanke des
διάκοσμος von Anbeginn, wie ihn die alten Milesier längst
gelehrt hatten. Und wie sollte auch ein solcher Sinn in
solchen Worten stecken? *Μέτρα* muß vielmehr die Quantität
der durch Verbrennung und Verlöschen umgesetzten Stoff-
masse bedeuten, da auch *μετρεῖται* kurz danach in diesem Sinne
steht: *θάλασσα διαχέεται καὶ μετρέεται εἰς τὸν αὐτὸν λόγον,
ὁκοῖος πρόσθεν ἦν ἢ γενέσθαι γῆ.* Wenn das Feuer sich zu
Meer, das Meer zur Hälfte in Erde, zur Hälfte in Gluthauch sich verwandelt, so sollte man glauben, daß am Ende
von dem also verwandelten Meere nichts mehr übrig bliebe,
aber nein, dasselbe Feuer, das zu Erde wurde, zerfließt auch
wieder als Meer und nimmt dasselbe Maß, denselben Raum
ein, den es eingenommen hatte, ehe es Erde wurde. Anders ausgedrückt: das Maß des Meeres bleibt dasselbe, während der
Stoff fortwährend wechselt: *ποταμοῖς τοῖς αὐτοῖς ἐμβαίνομέν τε
καὶ οὐκ ἐμβαίνομεν* (Fr. 49a), das Wasser fließt vorüber, aber
der Fluß bleibt stets derselbe: *ποταμοῖσι τοῖσιν αὐτοῖσιν
ἐμβαίνουσιν ἕτερα καὶ ἕτερα ὕδατα ἐπιρρεῖ* (Fr. 12). Die Sonne ist
mit jedem Tage neu (Fr. 6), und doch wird sie in alle Ewigkeit
ihr Maß nicht überschreiten (Fr. 94): *ἥλιος γὰρ οὐχ ὑπερβή-
σεται μέτρα· εἰ δὲ μή, Ἐρινύες μιν Δίκης ἐπίκουροι ἐξευρήσουσιν.*
Wie sollte diese Welt in Flammen aufgehen, in der ein Tag ist
wie alle Tage (Fr. 106): „unus dies par omni est[1]"? So sind
auch die *πυρὸς τροπαί*, die Wandlungen des Feuers, keine abwechselnden Perioden, sondern ein fortwährender Übergang
zwischen den materiellen Gegensätzen, kraft des Gesetzes, das
die Welt, so wie sie jetzt ist, ewig erhält. Das Himmelsfeuer
wird zu Wasser, umgekehrt steigt aus dem Wasser als *πρηστήρ*
die feurige Ausdünstung zum Himmel wieder empor; jedoch

---

[1] Wenn Plutarch Camillus 19 schreibt: *περὶ δ' ἡμερῶν ἀποφράδων
εἴτε χρὴ τίθεσθαί τινας εἴτε μή, ὀρθῶς Ἡράκλειτος ἐπέπληξεν Ἡσιόδῳ τὰς μὲν
ἀγαθὰς ποιουμένῳ, τὰς δὲ φαύλας ὡς ἀγνοοῦντι φύσιν ἡμέρας ἁπάσης
μίαν οὖσαν, ἑτέρωθι διηπόρηται,* so hat er sich den Sinn nach eigenem
Geschmack zurecht gemacht, so gut wie Marcus und wohl jeder
Leser Heraklits im Altertum zu tun pflegte. Er hat dabei vor allem
wohl an Fr. 57 gedacht.

nur aus der einen Hälfte alles Wassers, aus der nämlich,
die wieder auf dem „Wege nach oben" ist; die andere, die
von oben kommt, muß erst zu Erde werden, um aus Erde
sich wieder in Wasser zurückzuverwandeln[1]. Das Feuchte
ist das Durchgangsstadium für die Welt wie für die Seele,
denn auch für die Seele bedeutet es Ergötzen oder Tod,
feucht zu werden, je nachdem sie von oben kommt oder
nach oben geht, ob sie vom Geisterreich ins Leben eintritt

---

[1] Diels erklärt (Herakleitos S. 24): „Ὁ Πρηστήρ (später Windhose mit
elektrischer Entladung) erscheint als Himmel und Erde, Wasser und
Feuer verbindender Typus des Wechselzustandes. Da die Erde durch
Austrocknen des Meeres entsteht, so findet dabei durch das Auf-
dampfen des erwärmten Wassers eine nach oben gehende Rückbildung
des Wassers in Gluthauch ($πρηστήρ = πῦρ$) statt. Die Weltzer-
störungsepoche durchläuft umgekehrt die drei Stadien der Weltentstehung. Das zu Erde Gewordene verschwindet zuerst in der allgemeinen Sintflut. Das zu Wasser Gewordene nimmt wieder denselben Raum ein ($λόγος$ = Gesetz, Proportion, Maßverhältnis) wie
bei der ersten Weltbildung, d. h. es umfaßt jetzt auch den früher von
der Erde eingenommenen Teil des Kosmos. Dann dampft es empor
und alles geht in das Eine Feuer auf." Um mit dem Letzten
anzufangen, so steht von einem solchen Empordampfen nichts
da, und hätte etwas dagestanden, so würde es Clemens oder
sein Gewährsmann schwerlich unterdrückt haben, da er doch diesen
Satz nur anführt, um die ἐκπύρωσις zu belegen. Zweitens ergeben
sich die folgenden Unzuträglichkeiten: das Feuer wird zu Wasser:
erstes Zwischenstadium, die Erde ist noch nicht entstanden; das
Wasser wird zur Hälfte zu Erde, zur Hälfte zu πρηστήρ: erstes Endstadium, das Wasser ist verschwunden, alles ist Erde und πρηστήρ;
die Erde wird wieder zu Wasser, zweites Zwischenstadium; alles wird
zu Feuer, zweites Endstadium; was unterdessen aus dem πρηστήρ
geworden ist, bleibt uns verschwiegen. Das wäre also eine Kosmogonie, in der die gegenwärtige Weltordnung, der Kosmos, überhaupt
nicht mitzählte, der doch in allen Kosmogonien, selbst der Empedokleischen, als der Endzustand betrachtet wird. Statt dessen verweilt,
nach dieser Erklärung, Heraklit bei einem Zwischenstadium, das
weder an sich gegeben ist noch Dauer haben kann, er hebt hervor,
das Maß in beiden Zwischenstadien sei dasselbe, wo sich das doch
von selbst versteht, wenn alle Materie Wasser wird. Und ist es auch
dasselbe? Ich dächte, es müßte um die Hälfte differieren, da doch
der πρηστήρ in Abzug kommt. Oder soll sich auch der wieder in
Meer verwandelt haben?

oder aus dem Leben scheidet, Fr. 77: ὅθεν καὶ Ἡράκλειτον ψυχῇσι φάναι τέρψιν ἢ θάνατον ὑγρῇσι γενέσθαι, τέρψιν δὲ εἶναι αὐταῖς τὴν εἰς γένεσιν πτῶσιν. Leben und Sterben ist nicht nur im Gleichnis für den Makrokosmos und Mikrokosmos dasselbe, sondern in aller Wirklichkeit, ein Übergang aus dem einen Gegensatz in den andern (Fr. 16): ζῇ πῦρ τὸν γῆς θάνατον καὶ ἀὴρ ζῇ τὸν πυρὸς θάνατον· ὕδωρ ζῇ τὸν ἀέρος θάνατον, γῆ τὸν ὕδατος. Denn enthalten diese Worte auch nur eine Paraphrase des Urtextes, erscheint vor allem der ἀήρ in dieser Reihe als zu viel, so ist das erste Glied doch darum als echt zu betrachten, weil es den späteren Elementenlehre widerspricht; ursprünglich mag gestanden haben: ζῇ πῦρ τὸν γῆς θάνατον καὶ γῆ ζῇ τὸν πυρὸς θάνατον. Doch mögen die Worte gelautet haben wie sie wollen, jedenfalls standen sie in wohlberechneter Beziehung zu Fr. 62: ἀθάνατοι θνητοί, θνητοὶ ἀθάνατοι, ζῶντες τὸν ἐκείνων θάνατον, τὸν δὲ ἐκείνων βίον τεθνεῶτες, wie denn die gesamte Psychologie aufs Kunstvollste, stilistisch wie gedanklich, zur Kosmologie in Parallele gebracht war, nach jenem Kompositionsprinzip, das sich uns oben ergeben hat. So wenig daher ein periodischer Wechsel zwischen der Gesamtzahl aller Toten und Lebendigen stattfindet, so wenig kann die gesamte Materie auf einmal zu Feuer oder zu Erde werden, der Übergang zwischen den Formen, hier wie dort, ist regelmäßig, ununterbrochen, ewig. Der Satz: ὁδὸς ἄνω κάτω μία καὶ ωὐτή kann gar nicht wörtlich genug verstanden werden: Erde ist nur umgewandeltes Feuer, Feuer umgewandelte Erde, wie Tote nur gestorbene Lebendige, Lebendige ins Leben wiedererweckte Tote sind; erst mit dem Gegensatz tritt jedes Ding ins Dasein, und die innere Einheit, das ταὐτόν, die ,,unsichtbare Harmonie" (Fr. 54) wird sichtbar erst durch Zweiheit, Widerspruch und ewigen Wechsel. Feuer ist der Gegenwert für alle Dinge und alle Dinge sind der Gegenwert für Feuer, wie die Waren gleich dem Golde gelten und das Gold gleich den Waren (Fr. 90): πυρός τε ἀνταμοιβὴ τὰ πάντα καὶ πῦρ ἁπάντων ὅκωσπερ χρυσοῦ χρήματα καὶ χρημάτων χρυσός. Und Heraklit wird nicht müde über diesem Gedanken Variation auf Variation, Gleichnis auf Gleichnis zu häufen (Fr. 88):

ταὐτό τ' ἔνι ζῶν καὶ τεθνηκὸς καὶ τὸ ἐγρηγορὸς καὶ τὸ καθεῦδον καὶ
νέον καὶ γηραιόν · τάδε γὰρ μεταπεσόντα ἐκεῖνά ἐστι κἀκεῖνα πάλιν
μεταπεσόντα ταῦτα. Wie das Meerwasser zugleich süß und
bitter ist, für die Fische trinkbar und lebenerhaltend, für die
Menschen untrinkbar und tödlich (Fr. 61), wie die Ärzte durch
dieselbe Operation den Kranken wohl und wehe tun (Fr. 58),
so steckt in allem Zwiespalt eine unsichtbare Einheit, sei es
Gesetz, sei es Verhältnis, sei es Gott, sei es Substanz. Wie das
Opferfeuer, wenn es sich mit Räucherwerk mischt, bald so bald
so benannt wird, je nach dem Geruche, den es hervorbringt[1], so
sind auch Tag und Nacht, Sommer und Winter, Krieg und
Frieden, Sättigung und Hunger Formen, aber wesentliche und
notwendige Formen eines und desselben Urwesens (Fr. 67).[2]

---

[1] Καθ' ἡδονὴν ἑκάστου: vgl. Anaxagoras F. 4. ἰδέας παντοίας ἔχοντα
καὶ χροιὰς καὶ ἡδονάς. Hippokr. de victu 29: ἀκοὴ ψόφου, ὄψις φανερῶν, ῥῖνες ὀδμῆς, γλῶσσα ἡδονῆς καὶ ἀηδίης. Diogenes Fr. 5: καὶ ἄλλαι
πολλαὶ ἑτεροιώσιες ἔνεισι καὶ ἡδονῆς καὶ χροιῆς ἄπειροι. Heraklit kennt
bereits diese Terminologie.

[2] Einen ähnlichen Sinn hat Fr. 7: εἰ πάντα τὰ ὄντα καπνὸς γένοιτο, ῥῖνες
ἂν αὐτὰ διαγνοῖεν. Um die hypothetische Form zu verstehen, muß man
Fr. 15 hinzunehmen: εἰ μὴ γὰρ Διονύσῳ πομπὴν ἐποιοῦντο καὶ ὕμνεον ᾆσμα
αἰδοίοισιν, ἀναιδέστατα εἴργαστ' ἂν · ὡυτὸς δὲ Ἀίδης καὶ Διόνυσος, ὅτεῳ μαίνον-
ται καὶ ληναΐζουσιν. Wäre nicht das Leben der Tod, so wäre ihr Treiben
unerträglich schamlos; nun aber ist Dionysos gleich Hades; folglich
feiern sie, indem sie Dionysos feiern, ihr eigenes Gericht. So ist in den
Augen Gottes alles gut und gerecht, und nur die Menschen vermögen
die Coinzidenz von Gerecht und Ungerecht nicht zu erkennen" (vgl.
Fr. 102). Ebenso ist auch der Bedingungssatz in Fr. 99 zu verstehen:
εἰ μὴ ἥλιος ἦν, ἕνεκα τῶν ἄλλων ἄστρων εὐφρόνη ἂν ἦν. Solche Bedin-
gungssätze sind verkürzte Beweise: „Tag und Nacht sind
eins; denn fehlte dem Tage die Sonne (und die Sonne ist doch
nur ein großer, erdennaher Stern) so könnten auch unsere Sinne keinen
Unterschied mehr wahrnehmen." Ebenso Fr. 7: „In aller stofflichen
Verschiedenheit der Dinge steckt eine verborgene Einheit; gesetzt,
es würden alle Dinge zu Rauch, so sähen wir mit unseren Augen eine
Einheit, und doch würde die Nase noch zwischen den Gerüchen
unterscheiden; nun ist aber zwischen dem Geruchsinne und den übrigen Sinnen kein Unterschied." Heraklit kennt schon sehr wohl den
hypothetischen Beweis; wir dürfen aus der Besonderheit seines be-
wußten, sehr preziösen Stiles keine Rückschlüsse auf die allgemeine
Entwicklung der philosophischen Rede- und Beweiskunst machen.

Aber sind nicht Sommer und Winter, Tag und Nacht periodische Wechsel, also Störungen des Gleichgewichts und Überschreitungen der ewig unverrückbaren Grenzen und Maße, die allen Dingen gesetzt sind? Heraklit ist sich der Gefahr, die von dem Wechsel der Naturerscheinungen her seinem metaphysischen Grundsatze drohten, wohl bewußt gewesen; seine gesamte Kosmologie kennt keinen andern Zweck, als aus dem Einwand, der ihm hier entgegenstand, sich eine neue Stütze und Sicherung zu schaffen. Theophrast, der ihn für einen Physiker nach Art der andern hielt, mußte mit Verwunderung feststellen, daß er auch nicht ein einziges Wort für die Gestalt der Erde und des Universums noch für die Gestirnsbewegungen noch die Ursache der Himmelsdrehung übrig hatte, sondern all sein kosmologisches Interesse mit der Erklärung der Wechselerscheinungen erschöpft war, alles kosmologische Detail nur dazu diente, Sommer und Winter, Tag und Nacht, Gewitter und Regen als verschiedene Formen eines und desselben Wesens zu begreifen[1]. Die Atmosphäre, so lehrte Heraklit, besteht aus zweierlei Ausdünstungen, von denen die eine aufwärts, die andere abwärts steigt, die eine in Himmelsfeuer übergehend, die andere in Wasser und Erde, und wie die eine sich im Hohl des Meeres sammelt, so die andere in den Hohlschalen, den σκάφαι der Gestirne. Je näher der Erde, desto dichter und dunkler sind die Dämpfe, je höher, desto heller und reiner.

---

[1] Der Auszug des Diogenes (IX 9) aus Theophrast ist so ausführlich und so ausgezeichnet, daß er sichere Schlüsse gestattet; ich setze ihn zur Kontrolle her: γίνεσθαι δὲ ἀναθυμιάσεις ἀπό τε γῆς καὶ θαλάττης, ἃς μὲν λαμπρὰς καὶ καθαράς, ἃς δὲ σκοτεινάς · αὔξεσθαι δὲ τὸ μὲν πῦρ ὑπὸ τῶν λαμπρῶν, τὸ δὲ ὑγρὸν ὑπὸ τῶν ἑτέρων· τὸ δὲ περιέχον ὁποῖόν ἐστιν οὐ δηλοῖ · εἶναι μέντοι ἐν αὐτῷ σκάφας ἐπεστραμμένας κατὰ κοῖλον πρὸς ἡμᾶς. ἐν αἷς ἀθροιζομένας τὰς λαμπρὰς ἀναθυμιάσεις ἀποτελεῖν φλόγας, ἃς εἶναι τὰ ἄστρα · λαμπροτάτην δὲ εἶναι τὴν ἡλίου φλόγα καὶ θερμοτάτην. τὰ μὲν γὰρ ἄλλα ἄστρα πλεῖον ἀπέχειν ἀπὸ γῆς καὶ διὰ τοῦτο ἧττον λάμπειν καὶ θάλπειν, τὴν δὲ σελήνην προσγειοτέραν οὖσαν μὴ διὰ τοῦ καθαροῦ φέρεσθαι τόπου. τὸν μέντοι ἥλιον ἐν διαυγεῖ καὶ ἀμιγεῖ καὶ σοῦσθαι καὶ σύμμετρον ἀφ' ἡμῶν ἔχειν διάστημα · τοιγάρτοι μᾶλλον θερμαίνειν καὶ φωτίζειν. ἐκλείπειν τε ἥλιον καὶ σελήνην ἄνω στρεφομέων τῶν σκαφῶν, τούς τε κατὰ μῆνα τῆς σελήνης σχηματισμοὺς γίνεσθαι στρεφομένης ἐν

Darum leuchtet die Sonne heller als der Mond, den irdische
Dämpfe trüben. Geht aber die Sonne auf, das heißt die
Schale, die nächst dem Monde in größter Erdennähe kreist,
so sammelt sich in ihr wie in den anderen Schalen der auf-
steigende helle Dunst als Sonnenscheibe, bringt die gesamte
hellere Dunstmasse, die unter ihr liegt, zum Leuchten und
überstrahlt die weiter entfernten Schalen der übrigen Gestirne; das ist der Tag; versinkt die Sonnenschale wieder,
so steigt derselbe Dunst in höhere Fernen zu den Sternen auf,
und Dunkelheit nimmt wieder um die Erde überhand; das
ist die Nacht: ,,Wäre die Sonne nicht, der übrigen Gestirne
wegen wäre auch bei Tage Nacht" (Fr. 99 εἰ μὴ ἥλιος ἦν,
ἕνεκα τῶν ἄλλων ἄστρων εὐφρόνη ἂν ἦν). Mit andern Worten:
der Tag ist eine erleuchtete Nacht, die Nacht ein verfinsterter
Tag, der Wechsel zwischen beiden und ihr Gegensatz besteht
nur innerhalb der Erdennähe, eine Veränderung des Gleichgewichts zwischen den dreierlei Erscheinungsformen der
Materie hat nicht statt.[1] Aus derselben Ursache hat Heraklit,
nach Theophrast, auch den Wechsel von Sommer und Winter
erklärt, d. h. nicht als periodisches Überwiegen bald des
Feuers über die Nässe, bald der Nässe über das Feuer, son-

αὐτῇ κατὰ μικρὸν τῆς σκάφης, ἡμέραν τε καὶ νύκτα γίνεσθαι καὶ μῆνας
καὶ ὥρας ἐτείους καὶ ἐνιαυτοὺς ὑετούς τε καὶ πνεύματα καὶ τὰ τούτοις
ὅμοια κατὰ τὰς διαφόρους ἀναθυμιάσεις · τὴν μὲν γὰρ λαμπρὰν ἀναθυμίασιν φλογωθεῖσαν ἐν τῷ κύκλῳ τοῦ ἡλίου ἡμέραν ποιεῖν, τὴν δὲ ἐναν-
τίαν ἐπικρατήσασαν νύκτα ἀποτελεῖν · καὶ ἐκ μὲν τοῦ λαμπροῦ τὸ θερμὸν
αὐξόμενον θέρος ποιεῖν, ἐκ δὲ τοῦ σκοτεινοῦ τὸ ὑγρὸν πλεονάζον χειμῶνα
ἀπεργάζεσθαι · ἀκολούθως δὲ τούτοις καὶ περὶ τῶν ἄλλων αἰτιολογεῖ. περὶ
δὲ τῆς γῆς οὐδὲν ἀποφαίνεται ποία τίς ἐστιν · ἀλλ' οὐδὲ περὶ τῶν σκαφῶν.

[1] So verstehe ich auch Fr. 120: ἠοῦς καὶ ἑσπέρας τέρματα ἡ
ἄρκτος καὶ ἀντίον τῆς ἄρκτου οὖρος αἰθρίου Διός. ,,Die Grenzen für
Morgen und Abend sind der Bär und gegenüber dem Bären der
Wind des Äther-Zeus." Ἄρκτος nicht der Pol sondern der Bär,
die nördliche Region des Himmels, und ihr gegenüber der οὖρος
αἰθρίου Διός, der Wind des Äthers, dem homerischen Διὸς οὖρος (Od.
5, 175; 15, 296) nachgebildet, die Luft oder das Pneuma, worauf die
Erde schwebend ruht. Sie beide bilden die Grenzen, an denen
Morgen und Abend aufhört, denn Tag und Nacht kreisen nur um
die Erde herum.

dern als wechselnde Gruppierungen der beiden an „Maß"
stets gleichen Ausdünstungen; wenn die Sonne sich im
Winter von der Erde entfernt, nimmt um die Erde die
dunklere, kältere Luft überhand, indessen der hellere Dunst
sich in entferntere Himmelsräume verzieht, während im
Sommer der dunklere Dunstkreis, wenn er auch nach wie
vor bestehen bleibt, so doch an Wirkung einbüßt, wie ihn
auch Tag für Tag die Sonne überstrahlt.

Man hat endlich gemeint, im sogenannten „großen
Jahre" des Heraklit, d. h. einer zehntausendachthundert-
jährigen Periode, ein unzweifelhaftes Zeugnis für den Heraklitischen Ursprung der ἐκπύρωσις-Theorie zu besitzen. Aber
mit diesem Zeugnis ist es eine eigene Sache. Censorin, nachdem er über die ägyptische Sothisperiode gehandelt hat[1],
fährt fort 18, 11: „est praeterea annus quem Aristoteles
(Fr. 25)[2] maximum potius quam magnum appellat, quem
solis et lunae vagarumque quinque stellarum orbes con-
ficiunt, cum ad idem signum, ubi quondam simul fuerunt,
una referentur; cuius anni hiemps summa est cataclysmos,
quam nostri diluvionem vocant, aestas autem ecpyrosis,
quod est mundi incendium. nam his alternis temporibus mun-
dus tum ignescere tum exaquescere videtur. hunc Aristarchus putavit esse annorum vertentium IICCCCLXXXIIII,
Aretes Dyrrachinus VDLII, Heraclitus et Linus XDCCC, Dion
XDCCCLXXXIIII, Orpheus CXX, Cassandrus tricies sexies
centum milium: alii vero infinitum esse neque umquam in
se reverti existimarunt." Das Erste, was sich in diesen Worten
unterscheiden läßt, ist eine große Konfusion. Das große Jahr
der Astronomen und die Planetenumdrehung, die bald zur

---

[1] Die vorausgehenden Worte Censorins „hic annus etiam ἡλιακός
a quibusdam dicitur et ab aliis θεοῦ ἐνιαυτός" beziehen sich nur
auf das ägyptische „große Jahr", und die ägyptische Periode hat mit
den Perioden des Aristarch, Aretes usw. nichts zu tun. Die Vermutung,
θεοῦ ἐνιαυτός sei Ausdruck Heraklits, entbehrt daher der Begründung.

[2] Das Aristoteleszitat stammt wahrscheinlich aus dem Protrep-
tikos des Aristoteles; jedenfalls hat es mit den übrigen Exzerpten
nichts zu tun; vgl. Usener Rh. M. 1873 S. 391ff; Kl. Schr. III S. 11ff.

Sintflut, bald zur Weltverbrennung führen soll, sind die getrenntesten Dinge, die es auf der Welt nur geben kann; das eine durch exakte astronomische Berechnungen gewonnen, eine Zeitperiode, welche die Umlaufzeiten aller Planeten und des Fixsternhimmels auf denselben Nenner bringen sollte, das andere eine wilde astrologische Phantasterei, aller Berechnung spottend, nicht einmal griechischen Ursprungs, sondern ausgeheckt im fernen Babylon und ausgegeben für eine Uroffenbarung Bels. Als solche wenigstens hatte Berossos sie in seiner babylonischen Geschichte vorgetragen: wenn alle sieben Planeten, so war die Lehre, auf derselben Geraden im Tierzeichen des Steinbocks aufeinanderstoßen, so müsse die Welt durch Wasser untergehen, vereinigen sie sich im Krebs, so breche der Weltbrand aus (Seneca nat. quaest. III 29). Aber den älteren Stoikern lag nichts ferner als der Gedanke, kosmische und astronomische Perioden miteinander zu verknüpfen, und dasselbe, was von den stoischen Schulhäuptern gilt, gilt noch viel mehr von aller älteren Naturphilosophie. Auch im Timaios 39 D, wo das große astronomische Jahr zum ersten Male uns in der Literatur entgegentritt, erscheint es lediglich als Rechenexempel, ohne kosmogonische und eschatologische Bedeutung[1]. Erst ein Babylonier, der zugleich ein Stoiker war, Diogenes, hat die astronomischen Perioden des Berossos in die stoische Lehre eingeführt. Wie aber das große Jahr bei Censorinus doppelter Herkunft ist, so scheiden sich auch die Autoritäten, die er aufbringt, deutlich nach zwei Gruppen; Orpheus, Linus und Heraklit als Zeugen geheimnisvoller Urweisheit sind erst durch Exzerptoren-Unkritik unter die Forscher geraten, die durch astronomische Berechnungen das große Jahr zu finden suchten. Es ist klar, daß die drei Namen zu den stoischen Weltperioden in Beziehung standen, anders aus-

---

[1] Zellers Annahme, das Weltjahr Platons seien die 10 000 Jahre, die die Seele brauche, um ihre große Wanderung zurückzulegen (Phädr. 248 C E, Rep. X 615 A C, 621 D), entbehrt jeder Begründung (Philos. d. Gr. II 3. Aufl. S. 684).

gedrückt, daß eine stoische Exegese vorliegt, die das Dogma der *ἐκπύρωσις* in der Erwähnung irgendwelcher Zeitmaße bei Heraklit, Linus und Orpheus wiederzufinden glaubte. So erhebt sich die Frage nach der wahren Bedeutung dieser Maße.

Was Orpheus betrifft, so finden wir die Antwort auf diese Frage gegeben im Kommentare des Servius zu Vergils Eklogen IV 10: „Nigidius de diis lib. IV. quidam deos et eorum genera temporibus et aetatibus dispescunt, inter quos et Orpheus primum Saturni, deinde Jovis, tum Neptuni, inde Plutonis; nonnulli etiam, ut Magi, aiunt Apollinis fore regnum. in quo videndum, ne ardorem sive illa ecpyrosis appellanda est, dicant.‟ Also handelte es sich bei Orpheus lediglich um eine Geschlechterrechnung. Linus nannte dieselbe Zahl wie Heraklit, das heißt der Verfasser des pseudonymen Lehrgedichts *περὶ φύσεως κόσμου*, von dem noch bei Stobaeus 13 Verse erhalten sind (Eclog. X, I, S. 119 Wachsm.), hatte den Heraklit selber zu Rate gezogen, wie denn die Anleihen bei diesem und der alten philosophischen Lehrdichtung auch in den erhaltenen Versen recht erheblich sind. Was aber war der wahre Sinn der Heraklitischen Periode? Er ergibt sich, wie ich glaube, aus Plutarch de defectu oraculorum 11,. S. 415 Dff.

Ich muß, damit man die Bedeutung dieser Stelle würdigen könne, vorausschicken, daß ein gelehrtes *ζήτημα* als Quelle vorliegt, nur sehr obenhin und äußerlich in dialogische Form gebracht und dem Gespräche der pythischen Festteilnehmer eingegliedert. Gebaut war dieses *ζήτημα*, wie eben *ζητήματα* gebaut zu werden pflegten: auf die Lösungsversuche der Früheren und deren Widerlegung folgte die eigene, neue Deutung des Verfassers. Der strittige Text waren die Hesiodverse über die Lebenszeiten der Krähe, des Hirsches, des Raben, des Phönix und der Nymphen (Fr. 171 Rzach): *ἐννέα τοι ζώει γενεὰς λακέρυζα κορώνη ἀνδρῶν ἡβώντων*. Von den früheren Deutungen, die unter *γενεά* „Geschlecht‟ verstanden hatten, hatte die eine sich auf Platon und die Pythagoreer berufen, die

andere, stoische, auf Heraklit und Orpheus; nach der
neuen Erklärung sollte γενεά nicht das Geschlecht sondern
das Jahr bedeuten. Aber nun mögen die Worte für sich
selber sprechen: τοῦτον τὸν χρόνον εἰς πολὺ πλῆθος ἀριθμοῦ
συνάγουσιν οἱ μὴ καλῶς δεχόμενοι τὴν γενεάν· ἔστι γὰρ ἐνιαυτός,
ὥστε γίγνεσθαι τὸ σύμπαν ἐννακισχίλια ἔτη καὶ ἑπτακόσια καὶ
εἴκοσι τῆς τῶν δαιμόνων ζωῆς. ἔλαττον μὲν οὖν νομίζουσιν οἱ
πολλοὶ τῶν μαθηματικῶν, πλέον δὲ οὐδὲ Πίνδαρος εἴρηκεν εἰπὼν
τὰς νύμφας ζῆν ῾ἰσοδένδρου τέκμαρ αἰῶνος λαχοίσας᾿ (Fr. 165 B),
διὸ καὶ καλεῖν αὐτὰς ἁμαδρυάδας (soweit die Widerlegung). —
ἔτι δ᾽ αὐτοῦ λέγοντος Δημήτριος ὑπολαβών ῾πῶς, ἔφη, λέγεις, ὦ
Κλεόμβροτε, γενεὰν ἀνδρὸς εἰρῆσθαι τὸν ἐνιαυτόν; οὔτε γὰρ
῾ἡβῶντος᾿ οὔτε ῾γηρῶντος᾿, ὡς ἀναγιγνώσκουσιν ἔνιοι, χρόνος
ἀνθρωπίνου βίου τοσοῦτός ἐστιν. ἀλλ᾽ οἱ μὲν ῾ἡβώντων᾿ ἀναγιγνώσκοντες ἔτη τριάκοντα ποιοῦσι τὴν γενεὰν καθ᾽ Ἡράκλειτον
(Fr. A 19), ἐν ᾧ χρόνῳ γεννῶντα παρέχει τὸν ἐξ αὐτοῦ γεγεννημένον
ὁ γεννήσας· οἱ δὲ ῾γηρώντων᾿ πάλιν, οὐχ ῾ἡβώντων᾿ γράφοντες
ὀκτὼ καὶ ἑκατὸν ἔτη νέμουσι τῇ γενεᾷ· τὰ γὰρ πεντήκοντα καὶ
τέσσαρα μεσούσης ὅρον ἀνθρωπίνου ζωῆς εἶναι, συγκείμενον ἔκ
τε τῆς ἀρχῆς καὶ τῶν πρώτων δυεῖν ἐπιπέδων καὶ δυεῖν τετραγώνων
καὶ δυεῖν κύβων, οὓς καὶ Πλάτων ἀριθμοὺς ἔλαβεν ἐν τῇ ψυχογονίᾳ·
καὶ ὁ λόγος ὅλως ἠνίχθαι δοκεῖ τῷ Ἡσιόδῳ πρὸς τὴν ἐκπύρωσιν,
ὁπηνίκα συνεκλείπειν τοῖς ὑγροῖς εἰκός ἐστι τὰς Νύμφας, ῾αἱ
τ᾽ ἄλσεα καλὰ νέμονται καὶ πηγὰς ποταμῶν καὶ πίσεα ποιήεντα᾿
(Hom. Υ 8). — Καὶ ὁ Κλεόμβροτος ῾ἀκούω ταῦτ᾽, ἔφη, πολλῶν
καὶ ὁρῶ τὴν Στωικὴν ἐκπύρωσιν ὥσπερ τὰ Ἡρακλείτου καὶ τὰ
Ὀρφέως ἐπινεμομένην ἔπη οὕτω καὶ τὰ Ἡσιόδου καὶ συνεξάπτου-
σαν· ἀλλ᾽ οὔτε τοῦ κόσμου τὴν φθορὰν ἀνέχομαι λεγομένην κτλ.
Es folgt die grammatische Begründung der zuerst gegebenen
Erklärung, die γενεά für ἐνιαυτός nimmt, nach der Regel: τὸ
πολλάκις τὸ μετροῦν καὶ τὸ μετρούμενον τοῖς αὐτοῖς ὀνόμασι προσαγορεύεσθαι.

Plutarch fand also bei seinem gelehrten Gewährsmann
eine stoische Exegese, allem Anschein nach mit großer
Ausführlichkeit berichtet und mit noch größerer widerlegt.
Möglicherweise war auch der Gewährsmann selber Stoiker,
da er, wie sich noch zeigen wird, zum Teil sich das gelehrte

Material des Gegners seinerseits zunutze gemacht hat.
Aber wie kommt Plutarch dazu, die stoische Deutung nicht
nur für Hesiod und Orpheus, sondern auch für Heraklit
mit derselben Schroffheit von der Hand zu weisen, wo
doch kein Mensch bezweifelte, daß Heraklit tatsächlich die
ἐκπύρωσις gelehrt habe? Das Unberechtigte der stoischen
Methode konnte für Plutarch nur darin liegen, daß sie mit
Gewalt das Schuldogma auch solchen Stellen aufzwang, die
ihm offenkundig widerstrebten. Was er verhüten wollte,
war nur, daß der stoische Weltbrand zu so vielem, was er
schon verschlungen, nicht auch noch die Heraklitischen
γενεαί ergreife. Also hatte der Stoiker die orphische, Hesio-
dische und Heraklitische Geschlechterrechnung in denselben
Topf geworfen und in ihnen allen Hindeutungen auf die
stoische ἐκπύρωσις gefunden. Aber Zeiträume von nicht
mehr als dreißig Jahren konnten selbst in dem voreinge-
nommensten Interpreten noch keine Erinnerung an die
kosmischen Perioden wachrufen. Folglich müssen die γενεαί
bei Heraklit zu einer größeren Zahl addiert gewesen sein.
Gab etwa diese Zahl den Anlaß, daß man auch bei Heraklit
ein großes Jahr erwähnt zu finden glaubte? Es wird wohl
nichts übrig bleiben als die Frage zu bejahen.

Bei Censorinus finden wir zusammen erwähnt 1. das große
Jahr des Orpheus, 2. des Heraklit, 3. den Weltbrand, endlich
eine Reihe der erlesensten und ausgefallensten Astronomen-
namen samt einem Verzeichnisse ihrer Berechnungen des großen
Jahres. Das ist aber genau dasselbe höchst gelehrte Material,
das auch der Stoiker bei Plutarch verwendet: Weltverbrennung, Orpheus, Heraklit — und daß auch die astronomischen
Berühmtheiten nicht fehlten, zeigt das Sätzchen: ἔλαττον μὲν
οὖν νομίζουσιν οἱ πολλοὶ τῶν μαθηματικῶν, „weniger" nämlich als 9720 Jahre: was kann damit anders als das große
Jahr gemeint sein? Und was sollen wir unter den „Mathe-
matikern" verstehen, wenn nicht die Astronomen, die es berechnet hatten? Wenn dabei die Mehrzahl, wie Plutarch
versichert, über 9720 Sonnenjahre nicht hinausgegangen
war, so hatten also doch einige auch größere Zahlen genannt,

ein Verhältnis, das durchaus zum Kataloge des Censorinus stimmt. Wenn nun Plutarch und Censorinus oder, was dasselbe ist, Varro bei so grundverschiedener literarischer Betätigung, der eine aus einem Doxographen, der andere aus einem Grammatiker, dasselbe stoische Material zutage fördern, so versteht es sich für jeden, der in der literarischen Überlieferung Bescheid weiß, daß die Zeit des Stoikers, von dem sie beide abhängen, kaum später als in den Beginn des ersten vorchristlichen Jahrhunderts fallen kann, wahrscheinlich aber noch erheblich höher hinaufzurücken ist. Und dank Aëtius können wir diesen Stoiker auch noch mit Namen nennen: es war Diogenes aus Babylon, der Schüler des Chrysippos.

Auch Aëtius schaltet mit demselben Material wie Censorin, wie folgender Vergleich beweist:

Aëtius, S. 363 Diels:

Τὸν δὲ μέγαν ἐνιαυτὸν οἱ μὲν ἐν τῇ ὀκταετηρίδι τίθενται,

Censorinus c. 18:

Hoc quoque tempus, quod ad solis modo cursum nec ad lunae congruere videbatur, duplicatum est et octaeteris facta . . . hunc circuitum vere annum magnum esse pleraque Graecia existimavit, quod ex annis vertentibus solidis constaret, ut proprie in anno magno fieri par est. . hanc octaeterida vulgo creditum est ab Eudoxo Cnidio institutam, sed alii Cleostratum Tenedium primum ferunt composuisse et postea alios aliter . . .

οἱ δὲ ἐν τῇ ἐννεακαιδεκαετη- ρίδι,

Praeterea sunt anni magni complures, ut Metonicus, quem Meton Atheniensis ex annis undeviginti constituit, eoque enneadecaeteris appellatur . . .

οἱ δὲ ἐν τοῖς ἑξήκοντα ἑνὸς δέουσιν . . .

'Ηράκλειτος ἐκ μυρίων ὀκτακισχιλίων ἡλιακῶν.
Διογένης ἐκ πέντε καὶ ἑξήκοντα καὶ τριακοσίων ἐνιαυτῶν τοσούτων, ὅσων ὁ κατὰ 'Ηράκλειτον ἐνιαυτός.

est et Philolai Pythagorici annus ex annis quiquaginta novem . . .

Est praeterea annus quem Aristoteles maximum potius quam magnum appellat . . . hunc Aristarchus putavit esse annorum vertentium IICCCCLXXXIIII, Aretes Dyrrhachinus VCLII, Heraclitus et Linus XDCCC etc.

Es bedarf wohl keines Wortes, daß die Notiz über Heraklit bei Aëtius nur aus Diogenes selbst geschöpft sein kann; folglich geht auch Censorinus letzthin auf Diogenes zurück. Dasselbe Ergebnis läßt sich auch noch auf anderem Wege erreichen. Wie wir wissen, hatte Heraklit die γενεά auf 30 Jahre angesetzt; sein sogenanntes großes Jahr umfaßte also 360 γενεαί. Und offenbar war auch die Summe, die er angab, nicht die Zahl der Jahre, sondern der Geschlechter, denn nur so läßt sich die bessernde Bemerkung des Diogenes verstehen, die Zahl sei viel zu klein, in Wahrheit möchten es nicht 360, sondern 360 mal 360 γενεαί sein, die das große Jahr ausmachten. Damit hat Diogenes natürlich keine Berechnung aufstellen, sondern nur eine ganz ungefähre Vorstellung der ungeheuren Zeitdauer erwecken wollen. Aber das setzt doch immerhin voraus, daß er bei seiner Kritik von einer sehr bestimmten Vorstellung geleitet war. Lassen wir, da doch nur runde Zahlen überhaupt in Frage kommen, von den 10800 Jahren Heraklits die letzten 800 Jahre fahren, so ergibt sich als Produkt der 360 mal 10000 Jahre 3600000, eine Zahl, die sich mit keiner der erwähnten astronomischen Schätzungen des großen Jahres auf 2484, 5552, 10884

Sonnenjahre auch nur von fern vergleichen ließe, ausgenommen die des Kassandros auf ebenfalls genau 3 600 000 Jahre. Kein Zweifel, Diogenes hat den Kassandros gekannt, und alle Kenntnis, die wir von dem sonst verschollenen Manne besitzen, ist uns einzig und allein durch ihn vermittelt. Folglich hat dem unbekannten Doxographen, aus dem Varro-Censorinus und Aëtius gleichermaßen ihre Weisheit schöpften, eine Schrift des Babyloniers vorgelegen, und ein anderer, sehr verschiedener Weg muß auch den stoischen Grammatiker Plutarchs zu demselben Urquell hingeführt haben. Das Verhältnis der drei Zeugen läßt sich also kurz durch folgende Zeichnung wiedergeben:

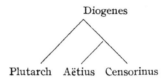

Diogenes

Plutarch   Aëtius   Censorinus

Auch von der Beschaffenheit der Quelle können wir uns jetzt ein ungefähres Bild machen: eine weit ausgesponnene Untersuchung über die Dauer der Weltperiode, reich beladen mit gelehrtem Material und „Angleichungen" (συνοικειώσεις) aller Art, zu Anfang paradierend die παλαιοὶ φυσιολόγοι, Orpheus, Hesiod und Heraklit als die erlauchten Vorverkünder stoischer Doktrin, mit umschweifigen, wunderlichen Deutungen bedacht, es folgten die Berechnungen der Astronomen, kosmische und astronomische Periode wurde nach dem Muster des Berossos miteinander gleichgesetzt, kurzum es war ein Werk, so abenteuerlich, so verstiegen und barock in seinen Aufstellungen, daß es sich würdig der phantastischen Schrift desselben Babyloniers περὶ τῆς Ἀθηνᾶς zur Seite stellt. Fließt unser ganzes Wissen über das große Jahr des Heraklit allein aus dieser trüben Quelle, so taugt dieses unser Wissen herzlich wenig. Woher kommt es doch, daß von den anderen Zeugen, die doch alle mit dem größten Eifer nach einwandfreien Belegen für die ἐκπύρωσις bei Heraklit gesucht haben, auch nicht ein ein-

ziger an das große Jahr gedacht hat?[1] Offenbar doch, weil
dergleichen überhaupt bei Heraklit nicht vorkam und die
Zeitperiode, die genannt war, mit der Weltverbrennung
nichts zu tun hatte. Ist es doch eben die Verquickung
und Vermischung beider Vorstellungen gewesen, die den
Widerspruch Plutarchs hervorgerufen hat. Aber wenn es
falsch ist, mit Diogenes die 360 Geschlechter als Hinweis auf
die Weltverbrennung aufzufassen, welche Auffassung bleibt
als die wahre übrig? Oder, um dasselbe besser und bündiger
zu fragen, was bezweckte Heraklit mit seiner ganzen Lehre
von den γενεαί? Denn schwerlich war doch über denselben
Gegenstand in einem so wenig umfangreichen Buche doppelt
und verschiedenen Orts gehandelt; beide Fragen müssen,
bis nicht das Gegenteil erwiesen ist, in eine einzige für uns
zusammenfallen.

Darüber nun, was er sich unter einer γενεά gedacht hat, sind wir durch verschiedene Zeugen wohl
berichtet: Plutarch an der angeführten Stelle: οἱ μὲν ʽ ἡβών-
των᾽ ἀναγιγνώσκοντες ἔτη τριάκοντα ποιοῦσι τὴν γενεὰν καθ᾽
Ἡράκλειτον, ἐν ᾧ χρόνῳ γεννῶντα παρέχει τὸν ἐξ αὑτοῦ γεγεννημένον ὁ γεννήσας. Philo Fr. Harris (Cambr. 1886) S. 20:
δυνατὸν ἐν τριακοστῷ ἔτει αὖ τὸν ἄνθρωπον πάππον γενέσθαι, ἡβᾶν
μὲν περὶ τὴν τεσσερεσκαιδεκαετῆ ἡλικίαν, ἐν ᾗ σπείρει, τὸ δὲ
σπαρὲν ἐνιαυτοῦ γενόμενον πάλιν πεντεκαιδεκάτῳ ἔτει τὸ ὅμοιον
ἑαυτῷ γεννᾶν. Aëtius V 23: Ἡράκλειτος καὶ οἱ Στωικοὶ ἄρχεσθαι
τοὺς ἀνθρώπους τῆς τελειότητος περὶ τὴν δευτέραν ἑβδομάδα,
περὶ ἣν ὁ σπερματικὸς κινεῖται ὀρρός. Censorinus 17, 2:
„quare qui annos triginta saeculum putarunt multum

---

[1] Die Worte des Simplicius in Aristot. phys. S. 24, 4, Diels ποιεῖ
δὲ καὶ τάξιν τινὰ καὶ χρόνον ὡρισμένον τῆς τοῦ κόσμου μεταβολῆς κατά
τινα εἱμαρμένην ἀνάγκην beziehen sich nicht auf das große Jahr, sondern auf Fr. 30, wie sich aus Simplic. in Aristot. de cael. S. 294,
Heiberg ergibt: καὶ Ἡράκλειτος δὲ ποτὲ μὲν ἐκπυροῦσθαι λέγει τὸν κόσμον,
ποτὲ δὲ ἐκ τοῦ πυρὸς συνίστασθαι αὐτὸν αὐτὸν κατά τινας χρόνων περιόδους,
ἐν οἷς φησι · ʽμέτρα ἁπτόμενος καὶ μέτρα σβεννύμενος᾽. Des Simplicius
Quelle ist an beiden Stellen Theophrast (siehe oben S. 172). Aber
hätte wohl Theophrast sich so ausgedrückt, wenn Heraklit die
Dauer einer Weltperiode bis auf Jahr und Tag berechnet hätte?

videntur errasse. hoc enim tempus genean vocari Heraclitus auctor est, quia orbis aetatis in eo sit spatio;
orbem autem vocat aetatis, dum natura ab sementi
humana ad sementim revertitur." Also verstand Heraklit unter einer γενεά den denkbar kürzesten Kreislauf von
Geburten, durch die sich der Ring eines Geschlechtes, die
Periode zwischen Großvater und Enkel, schließt. Mit zweimal sieben Jahren wird der Knabe zeugungsfähig, ein Jahr
geht auf das Reifen der erzeugten Frucht, so kann ein Mensch
nach frühestens einunddreißig Jahren Urgroßvater werden[1].
Wenn Heraklit diese Rechnung so ausführlich vortrug, so
ist selbstverständlich, daß er das nicht der bloßen Kuriosität
wegen getan hat, sondern um ein Gleichnis anzudeuten, ein
Rätsel aufzugeben: wie das ganze Leben in seinen Augen nur
ein Gleichnis ist des Todes, wie der Schlafende zum Wachenden
nicht anders sich verhält als der Verstorbene zum Schlafenden und in eben diesem Verhältnis eine Bürgschaft für die
Fortdauer der Seele nach dem Tode liegt, so kann auch der
orbis aetatis als der denkbar kleinste Kreislauf der Geburten
für ihn nur ein Gleichnis, eine geheimnisvolle Hindeutung
gewesen sein auf einen unendlich viel mal größeren, Leben
und Tod umfassenden Ring des Werdens, auf die große
Wanderschaft der Seele zur Verdammnis oder zur Seligkeit.

Heraklits Psychologie ist ihrem innersten Wesen, ihrer
letzten, geheimsten Absicht nach eine Rechtfertigung und
philosophisch möglichst einwandfreie Ausgestaltung religiöser Hoffnungen, die sich mit den pythagoreisch-orphischen
auf das Engste berühren, ein Versuch, die Fortdauer der Seele
nach dem Tode und zugleich damit das Walten einer aus-
gleichenden Gerechtigkeit aus den Gesetzen der Physik
und nach der allgemeinen Weltordnung als notwendig zu
erweisen. Diese Einsicht springt sofort heraus, sobald man
nur die allernötigste und allernächste Frage aufwirft, die

---

[1] Der Kreislauf läuft also vom Zeugungsakte des Großvaters bis
zum Zeugungsakt des Enkels; über den Volksglauben, der dem zugrunde liegt, die Vorstellung, daß der Großvater im Enkel wieder-
kehre, vgl. A. Dieterich, Mutter Erde, 2. Aufl. S. 23 ff.

man bei einem jeden Philosophen aufzuwerfen hätte und die doch so oft verabsäumt wird: was will der Philosoph nur eigentlich? „Größerer Tod empfängt größere Belohnung." „Im Kriege Gefallene ehren Götter und Menschen." „Die Menschen erwartet nach dem Tode, was sie nicht erwarten noch glauben." „Wach werden Wächter über die Lebendigen und Toten[1]." „Strafe wird die Lügenschmiede und falschen Zeugen ereilen." Das sind Worte, deren Absicht auf die Rettung göttlicher Gerechtigkeit und deren Zusammenhang mit religiösen Strömungen nicht wohl bezweifelt werden kann, so wenig, wie daß überhaupt die Philosophie Heraklits im Gegensatz zur Parmenideischen auf einen religiösen Endzweck abzielt. Für die Psychologie wird dieser Zweck erreicht durch den Vergleich des Mikrokosmos mit dem Makrokosmos, der uns hier zum ersten Male als Methode, als Prinzip begegnet: als bewußtes Mittel, um die Bedürfnisse des

---

[1] Fr. 63 aus Hippolytos: λέγει δὲ καὶ σαρκὸς ἀνάστασιν ταύτης ⟨τῆς⟩ φανερᾶς ἐν ᾗ γεγενήμεθα, καὶ τὸν θεὸν οἶδε ταύτης τῆς ἀναστάσεως αἴτιον, οὕτως λέγων· ῾ἔνθα δέοντι ἐπανίστασθαι᾽ καί ῾φύλακας γίνεσθαι ἐγερτὶ ζώντων καὶ νεκρῶν᾽. Hier scheint δέοντι korrupt; und ich werde mich wohl hüten, irgend etwas zu konjizieren. Aber um der These des Hippolytos willen die Erwähnung eines mysteriösen Gottes aus den unverständlichen Buchstaben herauszulesen, muß ich für bedenklich halten. Was Hippolytos in seinen Heraklit hineininterpretiert, sind zwei verschiedene und sehr deutlich von einander getrennte Dinge, erstens die Auferstehung des Fleisches, zweitens der Gedanke, daß Gott selbst diese Auferstehung bewirken werde. Den ersten Gedanken findet er in den Worten: ἔνθα δέοντι ἐπανίστασθαι, denn in dem Worte ἐπανίστασθαι erkennt er die ἀνάστασις, mit welchem Rechte, können wir nicht entscheiden, den zweiten Gedanken in den Worten φύλακας γίνεσθαι ἐγερτὶ ζώντων καὶ νεκρῶν, denn diese φύλακες sind ihm doch offenbar die Gottheit, die den Gläubigen zur Auferstehung erweckt, während der Unbekehrte, in dem das göttliche Prinzip nicht obgesiegt hat, dem ewigen Tode verfällt (siehe des Magiers Simon Eschatologie). Daß er beide Zitate durch ein bloßes καί verbindet, ist durchaus nach seiner Art: ῾ἔστι γάρ, φησίν, ἁρμονίη ἀφανὴς φανερῆς κρειττων᾽ καί· ῾ὅσων ὄψις, ἀκοή, μάθησις (τουτέστι τὰ ὄργανα) ταῦτα, φησίν, ἐγὼ προτιμέω᾽. Daß die beiden Sätze miteinander zusammengehangen hätten, ist mir nicht wahrscheinlich; das Subjekt in beiden ist ein anderes, die Auferstandenen sind jedenfalls verschieden von den φύλακες: das sagt genug.

Herzens, seinen tiefsten Wunsch nach Göttlichkeit, durch
Wissenschaft und Forschung zu erfüllen — denn das angebliche Anaximenesfragment kann, wie wir sahen, unmöglich
echt sein. Wie im Kosmos alle Dinge nur vergehen, um in
anderer Erscheinung und Gestalt ein neues Dasein zu beginnen, wie im Kosmos jeder Tod zugleich Geburt ist (Fr. 76),
so, schließt Heraklit, muß auch die Seele mit dem Tode in
ein neues Leben eingehen; wie das Wasser nur als Gegensatz
des Feuers Existenz hat, so könnte es keine Seelen der Lebendigen geben, wären nicht auch die Seelen der Toten. In beiden,
in der Welt wie in der Seele, waltet einerlei Gesetz. Auch die
Seele ist eine stoffliche Erscheinung, aber wie alles, was
Dauer und Maß hat, hat auch sie Bestand nur durch den
Wechsel; wie der Fluß nicht dauern könnte, wenn nicht neue
und immer neue Wasser durch sein Bett strömten, so strömen
auch der Seele ewig neue Stoffe als ihre Nahrung zu (Fr. 12),
und ewig gibt sie die verbrauchten ab, weil ihre Sättigung
zugleich ihr Hunger ist, und aller Stoff im ewigen Welten-
kreislauf umgetrieben wird. So hält sie sich im Gleichgewicht
und so erhält sie sich, als eine ἀναθυμίασις, ein ewiger
Übergang, ein Hauch, der aufsteigt aus der Feuchtigkeit:
ψυχῇσιν θάνατος ὕδωρ γενέσθαι, ὕδατι δὲ θάνατος γῆν γενέσθαι,
ἐκ γῆς δὲ ὕδωρ γίνεται, ἐξ ὕδατος ψυχή (Fr. 36)[1]. Aber damit
wird sie mit nichten selbst zu Wasser oder Erde noch
verliert sie sich im Weltfeuer, so wenig die Erde aufhört,
Erde zu sein, und Sonne und Meer ihr Maß überschreiten.
Wird sie ihres Daseins müde, so erholt sie sich von ihrer
Müdigkeit in einem anderen Dasein, einem Jenseits — so
wie der Schlafende des Wachens müde geworden ist und der
Aufwachende des Schlafens, und wie auch die Welt sich
wandelt, um sich auszuruhen[2]. So schafft die religiöse

---

[1] Θάνατος in übertragener Bedeutung, nicht im eigentlichen
Sinne von dem Tode des Menschen, sondern von dem Wandel der
Materie wie in Fr. 76. Ist vielleicht auch Fr. 77 so zu verstehen: ὅθεν
καὶ Ἡράκλειτον ψυχῇσι φάναι τέρψιν ἢ θάνατον ὑγρῇσι γενέσθαι?

[2] Ἀναπαύεσθαι vom Makrokosmos Fr. 84 (Plotin Enn. IV 8, 1):
ὁ μὲν γὰρ Ἡράκλειτος, ὃς ἡμῖν παρακελεύεται ζητεῖν τοῦτο (wie die Seele
in den Körper kommt), ἀμοιβάς τε ἀναγκαίας τιθέμενος ἐκ τῶν ἐναντίων

Forderung sich eine philosophische Begründung. Wie für die Psychologie des Volksglaubens, schwebt auch für Heraklit die Seele nach dem Tode unsichtbar im unsichtbaren Luftreich, im Ἀίδης, körperlos, als bloßer Hauch; Gesicht, Gehör sind ihr genommen, da sie Hauch ist, nimmt sie wahr durch Wittern (Fr. 98): αἱ φυχαὶ ὀσμῶνται καθ᾽ ἅιδην; aber sie bleibt, sie zerfließt nicht, denn es gibt nichts Sterbliches, was nicht zugleich unsterblich wäre. Aller Tod ist Gegensatz und darum kein Ansich der Dinge, sondern nur eine andere Form der Ewigkeit, wie umgekehrt das Ewige nur eine andere Erscheinung des Vergänglichen ist, ein jedes durch das andere bedingt, nicht wechselnd, sondern gleichzeitig, und mehr noch, gleichen Wesens, wenn auch dem gemeinen Verstande nur als Gegensatz erkennbar. So verhalten sich Vergänglichkeit und Ewigkeit zueinander wie Leben und Tod: ἀθάνατοι

ὀδόν τε ἄνω καὶ κάτω εἰπὼν καὶ ʽμεταβάλλον ἀναπαύεται᾽, καὶ ʽκάματός ἐστι τοῖς αὐτοῖς μοχθεῖν καὶ ἄρχεσθαιʼ εἰκάζειν ἔδωκεν ἀμελήσας σαφῆ ἡμῖν ποιῆσαι τὸν λόγον. Ἀναπαύεσθαι vom Mikrokosmos Fr. 20: γενόμενοι ζώειν ἐθέλουσι μόρους τ᾽ ἔχειν, μᾶλλον δὲ ἀναπαύεσθαι, καὶ παῖδας καταλείπουσι μόρους γενέσθαι. „Sind sie geboren, so wollen sie leben und — den Tod haben, d. h. sich wieder ausruhen, und Kinder hinterlassen sie, damit — der Tod nicht aussterbe.“ παῖδας und μόρους ist ein wohlberechneter Kontrast, ebenso ζώειν und μόρους ἔχειν; das Ganze überaus pointiert. Vgl. Fr. 111: νοῦσος ὑγίειαν ἐποίησεν ἡδύ, κακὸν ἀγαθόν, λιμὸς κόρον, κάματος ἀνάπαυσιν. Ebendahin beziehe ich Fr. 75: τοὺς καθεύδοντας ἐργάτας εἶναι, denn den Zusatz καὶ συνεργοὺς τῶν ἐν τῷ κόσμῳ γινομένων kann ich nicht für Heraklitisch halten. Man lese das Fragment in seinem Zusammenhang bei Marcus Anton. VI 42: πάντες εἰς ἓν ἀποτέλεσμα συνεργοῦμεν, οἱ μὲν εἰδότως καὶ παρακολουθητικῶς, οἱ δὲ ἀνεπιστάτως · ὥσπερ καὶ τοὺς καθεύδοντας, οἶμαι, ὁ Ἡράκλειτος ἐργάτας εἶναι λέγει, καὶ συνεργοὺς τῶν ἐν τῷ κόσμῳ γινομένων · ἄλλος δὲ κατ᾽ ἄλλο συνεργεῖ · ἐκ περιουσίας δὲ καὶ ὁ μεμφόμενος, καὶ ὁ ἀντιβαίνειν πειρώμενος καὶ ἀναιρεῖν τὰ γινόμενα · καὶ γὰρ τούτου ἔχρῃζεν ὁ κόσμος. Dieser Begriff des συνεργεῖν und dieser Begriff des κόσμος sind doch gar zu ausgesprochen stoisch, vollends die Verbindung τὰ ἐν τῷ κόσμῳ γινόμενα doch gar zu unarchaisch, um für etwas anderes als eine Interpretation des Marcus selbst zu gelten (vgl. S. 237). Und wozu hätte Marcus auch ein οἶμαι zuzusetzen brauchen, wenn er die Worte συνεργοὺς τῶν ἐν τῷ κόσμῳ γινομένων in dem Texte seines Heraklit gefunden hätte?

θνητοί, θνητοὶ ἀθάνατοι, ζῶντες τὸν ἐκείνων θάνατον, τὸν δὲ ἐκείνων βίον τεθνεῶτες.[1] Und wieder finden wir das Endergebnis aus halb begrifflichen, halb physiologischen Spekulationen in Übereinstimmung mit religiösen Glaubenssätzen, denn auch für die Orphik sind die Seelen göttlich und unsterblich, Empedokles in den Katharmen (Fr. 115) redet von ihnen als den δαίμονες, οἵτε μακραίωνος λελάχασι βίοιο.[2]

Aber der Vergleich des Mikrokosmos mit dem Makrokosmos leistet noch weit mehr als eine Bürgschaft für die bloße Fortdauer der Seele nach dem Tode, er bestätigt zugleich auch den Glauben an einen Kreislauf der Geburten, an eine Verflechtung jeder Seele in ihre eigene Kette von

---

[1] Diels versteht dies nicht nur von den Menschen: „Überall in der Welt wird das unsterbliche Feuer zeitweilig in die Sterblichkeit gebannt und durch den Tod wieder daraus erlöst." Aber Heraklits Vorliebe geht gerade dahin, die Seele als parallele Erscheinung zum Weltganzen aufzufassen; zudem scheint mir der Gedanke der Zeitweiligkeit und eines Wechsels in der Zeit im Sinne der Worte nicht zu liegen. Und endlich spielte, wie ich glaube, überhaupt das Weltfeuer bei Heraklit eine viel untergeordnetere Rolle, als man gewöhnlich annimmt.

[2] Es ist sehr schwer zu sagen, welcher Sinn in einem Worte wie ἦθος ἀνθρώπῳ δαίμων (Fr. 119) liege; aber mir scheint, daß auch dies Wort Heraklits auf seine Jenseitshoffnungen Bezug hatte, daß er auch hier wie so oft einen religiösen Glauben philosophisch umgedeutet hat; vgl. Plat. Phäd. 107 D λέγεται δὲ οὕτως, ὡς ἄρα τελευτήσαντα ἕκαστον ὁ ἑκάστου δαίμων, ὅσπερ ζῶντα εἰλήχει ... Dagegen Platon Rep. 10, 617 D οὐχ ὑμᾶς δαίμων λήξεται, ἀλλ' ὑμεῖς δαίμονα αἱρήσεσθε. Vgl. Rhode Psyche[1] 607; Vergil VI 743 „quisque suos patimur manes" und dazu Norden in der Einleitung zu seinem Kommentare S. 32. Zur Personifikation des ἦθος vgl. Fr. 85 „Mit der Begierde kämpfen ist schwer, denn was sie will, dafür gibt sie zum Preis — die Seele." Der θυμός als Seelenverkäufer: wohl absichtlich doppelsinnig, jedenfalls sehr preziös. ψυχῆς ὠνεῖσθαί τι muß im üblichen Sinne bedeutet haben: ,sein Leben für etwas einsetzen'. Dieser Sinn wird umgedeutet: darum ist der θυμός als Gegner so unwiderstehlich, weil er überall das Leben, d. h. die Seele einsetzt — indem er sie verdirbt. Also dasselbe Spiel mit den verschiedenen Bedeutungen der Worte wie in Fr. 124 mit κόσμος, in Fr. 114 mit νόμος. — In dem Epigramm auf die in Potidäa Gefallenen heißt es: ψυχὰς δ'ἀντίρροπα θέντες ἠλλάξαντ' ἀρετήν.

Geburt und Tod, und schafft dadurch die Möglichkeit, die sittliche Forderung eines Ausgleichs zwischen Schuld und Sühne, Tugend und Belohnung in der Welt auf spekulativem Wege zu befriedigen. Überall, wo uns die Lehre von der Seelenwanderung in einiger Ausführlichkeit entgegentritt, begegnen wir auch Angaben über die Dauer des Weges, den die Seele zu durchwandern habe, um an denselben Ort zurückzukehren, von dem sie einst ausging. Bei Empedokles (Fr. 115) sind es τρὶς μυρίαι ὧραι, 30 000 Jahre, offenbar für große Zeitperioden eine herkömmliche Zahl, da auch die Fesselung des Prometheus in der Trilogie des Äschylus so lange dauert. Nach Platon währt die Reise (πορεία) jeder Seele von je einem Erdendasein zum anderen 1000 Jahre, ihre gesamte Wanderschaft, die sie an ihren Ausgangspunkt zurückbringt, das Zehnfache einer solchen Reise (Phaidr. S. 248 Cff.; Staat 614Bff.). Bei Vergil, VI 745, erlangen die Auserwählten im Kreislauf eines „großen Jahres" (donec longa dies perfecto temporis orbe!) ihre ursprüngliche Reinheit wieder, während die übrigen nach 1000 Jahren wieder in irdische Geburten eingehen[1]. Auch Plutarch, De facie in orbe lunae, S. 943c, spricht von einem χρόνος τεταγμένος.

Der Gedanke einer Zeitrechnung war demnach in der orphischen Psychologie seit alters ebenso heimisch, wie er der Physik von Anbeginn an fremd war. Und nur folgerichtig war es, wenn man, um das einmal erwachte zahlenmystische Bedürfnis noch besser zu befriedigen, die typische Dauer oder Reife eines Menschenlebens mit einer heiligen Zahl multiplizierte. Eine solche Berechnung liegt z. B. vor bei Augustin de civitate dei XXII c. 28, der nach Varro berichtet: Genethliaci quidam scripserunt, inquit, esse in renascendis hominibus quam appelant παλιγγενεσίαν Graeci; hac scripserunt confici in annis numero quadringentis quadraginta, ut idem corpus et eadem anima, quae fuerint coniuncta in homine aliquando, eadem rursus redeant in coniunctionem. $440 = 11 \cdot 40$. Das elfte Geschlecht entspricht,

---

[1] Vgl. Norden, Kommentar, S. 19.

als die Vollendung der Wiedergeburt, dem ersten, die Periode zählt demnach zehen Lebensblüten oder *γενεαί*, die *γενεά* zu 40 Jahren gerechnet. Auf dieselbe Weise ist das Resultat gewonnen in den Commenta Bernensia zu Lucan S. 289 Usener: Alii (dicunt animam) ire per corpora multorum animalium, quadringentesimo sexagesimo et altero anno rursus in corpora reverti humana; huius opinionis conditor Pythagoras. 462 Jahre gleich 7 mal je zwei *γενεαί*, wenn man mit Herodot (2, 142) die *γενεά* zu 33 Jahren rechnet. Dazu kommt drittens ein Zitatennest von ausgesuchtester Gelehrsamkeit in den Theologumena Arithmeticae S. 40 Ast: Ἀνδροκύδης δὲ ὁ Πυθαγορικὸς ὁ περὶ τῶν συμβολαίων γράψας καὶ Εὐβουλίδης ὁ Πυθαγορικὸς καὶ Ἀριστόξενος καὶ Ἱππόβοτος καὶ Νεάνθης, οἱ ‹τὰ›κατὰ τὸν ἄνδρα ἀναγράψαντες, σις΄ ἔτεσι τὰς μετεμψυχώσεις τὰς αὐτῷ συμβεβηκυίας ἔφασαν γεγονέναι, μετὰ τοσαῦτα γοῦν ἔτη εἰς παλιγγενεσίαν ἐλθεῖν Πυθαγόραν καὶ ἀναζῆσαι. 216 = 2 · 108 = 4 · 54. Dieselben Zahlen 108 und 54 werden bei Plutarch dazu verwandt, um die Dauer (*γενεά*) und Blütezeit des menschlichen Lebens zu bestimmen (siehe oben S. 186); und der Name des Aristoxenus, zusammen mit den übrigen Autoren, bürgt dafür, daß solche Berechnungen schon im vierten Jahrhundert gang und gäbe waren. Aber der Gedanke selbst muß noch viel älter sein: trügt nicht alles, so hat schon Heraklit ihn aus der Orphik übernommen und versucht, ihn philosophisch zu begründen. Auch Heraklit glaubt an einen Kreislauf, einen orbis aetatis, wie der Orphiker an den Kreislauf der Geburten. Und das Symbol der Schicksalsmacht, durch die der Makrokosmos wie der Mikrokosmos in den Ring rastloser Veränderung gebannt sind, ist für ihn dasselbe Zeichen, in dem auch der gläubige Orphiker die Macht erblickt, die seine göttliche Seele aus dem Himmel, ihrer Heimat, auf die Erde geschleudert und dem Fluche der Geburten preisgegeben hat, der · Blitz: τὰ δὲ πάντα οἰακίζει κεραυνός (Fr. 64); denn so spricht die Seele des Mysten, wenn sie vor die Richter der Unterwelt tritt (Goldplättchen aus einem Grabe bei Thurioi, Diels, Vors. 66 B 19):

καὶ γὰρ ἐγὼν ὑμῶν γένος εὔχομαι ὄλβιον εἶναι,
ποινὰν δ' ἀνταπέτεισ(α) ἔργων ἕνεκ(α) οὔτι δικαίων,
εἴτε με Μοῖρ(α) ἐδάμασσσ'› ἄτο‹ς›[1] στεροπῆτι κεραυνῷ.

Aber durch die Entdeckung der Zusammenhänge zwischen
Welt und Seele wird ihm, was bei den Orphikern nur frommes
Ahnen war, zur spekulativen Gewißheit. Wie der Glaube an
die Schicksalsmacht des Blitzes sich aus der Physik bewahr-
heitet, durch die Erkenntnis, daß das Feuer die Urform der
Materie und die Seele des Universums ist, so wird die dunkel
dem Geweihten geoffenbarte Lehre von dem Kreislauf der
Geburten hell, durchsichtig und mit dem Verstande erkennbar dem, der in Mikrokosmos und Makrokosmos das „gemeinsame Gesetz" zu lesen weiß und in den regelmäßigen
Wechseln der Natur ein Gleichnis auf die wechselnden Daseins-
formen der Seele erblickt. Wie der Tag in der Natur die kürzeste Periode darstellt, deren Ende gleich dem Anfang ist, ein
Jahr die längste, so muß auch die Seele ihren kürzesten und
längsten Kreislauf haben; wie die *γενεά* im Mikrokosmos
einem Tage gleicht, so muß auch das Jahr der Seele, ihre
Wanderung durch den Kreislauf der Geburten, 360 solcher
Tage, folglich 30 mal 360 Sonnenjahre währen. So tritt an
die Stelle bloßer Zahlenspielerei, der wir bei Platon und
Empedokles begegneten, eine Berechnung, aufgestellt mit
Hilfe derselben Entdeckung, durch die Heraklit den Schlüssel
zum Geheimnis aller Geheimnisse in seine Hand gegeben
glaubte. Erst Diogenes der Babylonier hat diese Rechnung
mit dem großen Jahre und dann alles beides mit den stoischen
Weltperioden konfundiert.

Um endlich noch einen letzten Grund gegen die Gleichsetzung der Heraklitischen und Stoischen Physik ins Feld
zu führen· wohl niemand wird leugnen wollen, daß die

---

[1] *ἄτος* von mir hergestellt. Daß ein zweiter Satz mit *εἴτε* ausgefallen wäre, ist mir darum unwahrscheinlich, weil die Frage, die
der Myste offen läßt, doch offenbar die ist, ob er durch eigene Schuld
oder das Schicksal der Geburt verfallen sei. — *Κεραυνός* als Schicksalsmacht, soviel ich weiß, nur orphisch; die bei Usener Rh. Mus.
60, 3 verzeichneten Stellen reichen, wie ich glaube, zur Erklärung
Heraklits nicht ganz hin.

Äußerungen Heraklits über das Leben nach dem Tode mit der Lehre von der Weltverbrennung unvereinbar sind. Sollen z. B. die Seelen der Tapferen dereinst zu Heroen und Wächtern über die Lebendigen und Toten werden, so ist unerläßliche Voraussetzung für solchen Glauben, daß weder an Toten noch Lebendigen in alle Ewigkeit ein Mangel sein wird. Nun liebt man es freilich, wo es sich um Fragen des Systemzusammenhanges handelt, in der Beurteilung der alten Philosophen eine Milde und Toleranz zu üben, die fast Zweifel und Verdacht erwecken könnte, ob man sich auch gegenwärtig halte, was für ein unbändiger Trieb und Ehrgeiz diese alten Denker und Weltüberwältiger beseelen mußte, daß sie so reden konnten, wie sie zu uns reden — was das war, das sie befähigte, so schnell mit immer höheren Forderungen, immer feineren Lösungen einander abzulösen und zu überbieten. Aber man will nun einmal, daß Xenophanes den offenen Widerspruch seiner Gedanken über das All-Eine zu seiner Elementenlehre nicht gewahr geworden sei, man will nun einmal, daß Parmenides in einem und demselben Gedichte zwei Lehren vorgetragen habe, die einander ausschlossen — und so ist man denn nur zu geneigt zu glauben, daß es vollends einen so großen Geist wie Heraklit kaum überhaupt zu kümmern brauchte, wenn seine Gedanken über das Jenseits sich mit seiner Naturerklärung nicht vertrugen. Was jeder obskure Hippokratiker als Mindestmaß von Konsequenz von sich verlangt, das hält man noch für viel zu viel, sobald man es mit Namen wie Parmenides und Heraklit zu tun hat. Lieber noch läßt man die Folgerung aus Worten wie den Fragmenten 50 und 41 (ἓν τὸ σοφὸν ἐπίσταται γνώμην ἐτεῇ · κυβερνῆσαι πάντα διὰ πάντων[1]) ungezogen,

---

[1] Das Fr. ist bei Diogenes überliefert und lautet: εἶναι γὰρ ἓν τὸ σοφὸν ἐπίστασθαι γνώμην ὅτέη κυβερνῆσαι πάντα διὰ πάντων. Die Verderbnis muß in dem ὅτέη stecken, weil es als Form doch wohl unmöglich ist; sollte nicht ἐτεῇ zu lesen sein wie in Demokrits Fr. 6 ἐτεῇ οὐδὲν ἴσμεν ? Ferner kann ἐπίστασθαι γνώμην doch kaum heißen ‚die Vernunft erkennen‘, sondern muß bedeuten ‚die Vernunft besitzen‘. Endlich macht es der Parallelismus mit Fr. 32 doch sehr wahrscheinlich, daß ἓν τὸ σοφόν auch hier die göttliche und nicht die menschliche Vernunft

als daß man an die Stelle des genialischen Wirrwarrs ein System und einen Gedanken setzte. Und doch ist es eine Tatsache, die, einmal erkannt, ihre Wirkung nicht verfehlen kann: daß Heraklit genau so viel Naturerklärung bietet, als für den Vergleich des Mikrokosmos mit dem Makrokosmos in Betracht kommt; der Rest ist für ihn wertlos. Und was gleichfalls zu denken gibt, ist, daß uns überhaupt bei ihm zum ersten Male eine Psychologie begegnet, die des Namens wert ist. Den Milesiern hatte sich die Seele als Problem noch nicht gezeigt, Parmenides bekam nur die Erkenntnisfrage zu Gesicht; erst Heraklit „durchforschte sich selbst", erst er entdeckte die Seele für die Erkenntnis; er durchzog ihr unbekanntes Reich in allen Richtungen und konnte an kein Ende gelangen, so unergründlich fand er ihren Logos. Daß es so kam, erklärt sich nur daraus, daß hier ein neuer Trieb, zum ersten Male ein religiöser Trieb zur Herrschaft in der Philosophie gelangt war. Brauche ich noch weiter zu erklären, weshalb mir gerade bei Heraklit ein Widerspruch zwischen der religiösen Forderung und dem Systeme, zwischen seinen Jenseitshoffnungen und seiner übrigen Philosophie nicht wahrscheinlich scheinen will?

Wenn Heraklits Physik in Wahrheit nicht eine Erneuerung, wie man geglaubt hat, sondern eine Widerlegung

---

bedeutet, daß es auch hier Subjekt, nicht Prädikat ist. Aber dann muß das Prädikat in dem ἐπίστασθαι gesucht werden. Diogenes hat offenbar die indirekte Rede, die er in seiner Quelle vorfand, falsch gedeutet; er hat das Fragment auch in einen anderen als den ursprünglichen Zusammenhang gerückt; er bringt ja auch noch an anderer Stelle eine Auslese von Heraklitworten. In direkter Rede lautete der Satz: ἓν τὸ σοφὸν ἐπίνυσται γνώμην ἐτεῇ · κυβερνῆσαι πάντα διὰ πάντων: „Wahre Einsicht hat allein das Eine, das Allweise, als die ist. alles durch alles zu regieren." So liebt es Heraklit auch sonst, die menschliche und göttliche Vernunft einander gegenüber zu stellen: Fr. 78 ἦθος γὰρ ἀνθρώπειον μὲν οὐκ ἔχει γνώμας, θεῖον δὲ ἔχει. Oder Fr. 102 τῷ μὲν θεῷ καλὰ πάντα καὶ ἀγαθὰ καὶ δίκαια, ἄνθρωποι δὲ ἃ μὲν ἄδικα ὑπειλήφασιν, ἃ δὲ δίκαια. Zur Form der Apposition vgl. Fr. 29, 30, 34, 51, 52.

und Verurteilung des kosmogonischen Gedankens war, so
hat sie aus der milesischen Lehrentwicklung ein für allemal
für uns auszuscheiden. Mag uns die Gestalt des einsam
schreitenden, tiefsinnigen Wanderers, dem sich in der Natur
auf Schritt und Tritt, in Donner und Blitz, im Wellenschlage
des Meeres, im Dahingleiten der Ströme und im Segen der
Wolke die Gottheit offenbart, mag dieses Bild uns lieb geworden sein, so kann uns doch keine Liebe auf die Dauer vor
der Entdeckung schützen, daß die Wurzeln seines Denkens,
die Bedingungen zu seiner Fragestellung und Methode nicht
in ahndevoller Naturanschauung lagen, sondern im Probleme
des Parmenides. Es bezeichnet die Hilflosigkeit, mit der die
Philosophiegeschichte auch heute noch mitunter den Vorsokratikern gegenübersteht, daß man nach Übergängen von der
Flußlehre zur Lehre von der Relativität der Eigenschaften und
von dieser wiederum zum Satze von der Koinzidenz der Gegensätze sucht, gleich als ob Begriff und Stoff für Denker wie Parmenides und Heraklit etwas wesentlich Verschiedenes wäre. Wie
die $\Delta \delta \xi a$ des Parmenides darum nicht weniger als eine Auseinandersetzung mit dem Probleme des Widerspruchs zu gelten hat,
weil sie Physik ist, so will auch Heraklits Physik nur eine andere
Lösung desselben Problems darstellen; sie ist bedingt durch
dies logische Problem, nicht umgekehrt das logische Problem
durch die Physik; kurz gesagt: die Lehre von den Gegensätzen ist kein Beiwerk, das dem Denker neben der Haupt-
arbeit gelungen wäre, dem er, um nichts umkommen zu
lassen, in seinem Buche nebenbei noch einen Platz verschafft
hätte, sondern sie ist die innere Bindung, durch die erst die
Teile seiner Gedankenwelt zur Einheit werden, der Grund,
auf dem das Ganze steht; es ist derselbe Grund, auf dem
Parmenides gebaut hat.

Wie das Problem des Widerspruchs die Eleaten trieb, die
Welt der Sinne zu verwerfen, zeigt am deutlichsten Melissos
als der beste Kommentar zur $\Delta \delta \xi a$ des Parmenides. Melissos
folgert: ,,Wenn die Welt, die uns die Sinne zeigen, wahr
wäre, wenn das Wasser und das Feuer und die Luft und das
Lebendige und Tote wäre und wir richtig sähen und hörten,

so müßte jedes Ding so sein und bleiben, wie es sich uns einmal dargestellt hätte, und dürfte nicht in sein Gegenteil umschlagen (μεταπίπτειν) noch sich verändern (ἑτεροιοῦσθαι). Nun aber behaupten wir zwar recht zu sehen und zu hören und zu begreifen, und doch scheint uns das Warme kalt und das Kalte warm zu werden und das Lebendige zu sterben und aus Unlebendigem Lebendiges zu werden ... und all dies fortwährend sich zu verändern und nichts Gegenwärtiges Vergangenem gleich zu sein, so daß wir die Dinge weder sehen noch überhaupt erkennen können. Also liegt hier ein Widerspruch: wir behaupten zwar, es gebe eine Vielheit ewiger, bestimmter, standhaltender Dinge, und doch scheint uns, bei jeder neuen Wahrnehmung, sich alles zu verändern und in sein Gegenteil umzuschlagen (μεταπίπτειν). Daraus folgt, daß unser Sehen und jener Schein der Vielheit falsch war." Alles was diese Sätze negieren, bejaht Heraklit, und zwar nicht etwa nebenbei und zufällig, sondern mit einem Nachdruck, der uns zwingt, die Frage aufzuwerfen: muß er nicht, um so bejahen zu können, die Negationen gekannt haben? Melissos: καὶ τὸ ζῷον ἀποθνῄσκειν καὶ ἐκ μὴ ζῶντος γίνεσθαι. Heraklit Fr. 88: ταὐτό τ' ἔνι ζῶν καὶ τεθνηκός .. τάδε γὰρ μεταπεσόντα (!) ἐκεῖνά ἐστι κἀκεῖνα πάλιν μεταπεσόντα ταῦτα. Melissos: τό τε θερμὸν ψυχρὸν γίνεσθαι καὶ τὸ ψυχρὸν θερμόν. Heraklit Fr. 126: τὰ ψυχρὰ θέρεται, θερμὸν ψύχεται, ὑγρὸν αὐαίνεται, καρφαλέον νοτίζεται. Melissos: πάντα ἑτεροιοῦσθαι ἡμῖν δοκεῖ καὶ μεταπίπτειν ἐκ τοῦ ἑκάστοτε ὁρωμένου. Heraklit Fr. 67: ἀλλοιοῦται δὲ ὅκωσπερ ⟨πῦρ⟩, ὁπόταν συμμιγῇ θυώμασιν, ὀνομάζεται καθ' ἡδονὴν ἑκάστου. Der letzte Satz scheint freilich auf den ersten Blick die Relativität, wenn nicht gar Subjektivität der Eigenschaften aussprechen zu sollen, aber nur auf den ersten Blick: sein wahrer Sinn will auf das gerade Gegenteil hinaus: so wie es in der Natur des Opferfeuers liegt, als dieser und jener Wohlgeruch empfunden zu werden, so kann auch die Einheit in der Welt, Gott, Logos oder, ins Materielle übersetzt, das Weltfeuer, als Einheit, nur in gegensätzlicher Gestalt sich offenbaren: sei es als Sommer und Winter, Tag und Nacht, sei es als Krieg und Frieden oder Sättigung und Hunger. Die

Ärzte heilen, indem sie brennen und schneiden (Fr. 58)[1]; so
ist Krankheit und Gesundheit (Fr. 111), Gut und Übel ein
und dasselbe[2]. ,,Das Meerwasser ist das reinste und ver-
dorbenste: für Fische trinkbar und lebenerhaltend, für
Menschen untrinkbar und tödlich." Es liegt ganz und gar
nicht in der Absicht solcher Beispiele, die Eigenschaften und
Wirkungen als etwas Äußerliches, Relatives von den Dingen
loszulösen, sondern im Gegenteil die Kraft des Widerspruchs
als etwas Wesenhaftes, aller Einheit Inhärentes zu beweisen.
Die Wahrheit ist eine Paradoxie: das predigt, sollte man
meinen, Heraklit wahrhaftig eindringlich genug; und doch gibt
es noch immer Erklärer, die versuchen, gerade dieses Paradoxe von seinen Gedanken abzustreifen. Zwischen der begrifflichen und materiellen Welt gibt es für ihn so wenig
eine Grenzscheide wie für Parmenides; und auch Melissos
könnte sich genau derselben Beispiele bedient haben, es ist
ein bloßer Zufall, wenn sie bei ihm fehlen; um so unzweideutiger erscheint dieselbe uns so befremdliche Verschmelzung
des Begrifflichen und Stofflichen als eleatische, d. h. Xenophanische Lehre in der Parodie des Epicharm (vgl. S. 120).

Der Schluß, der sich aus diesen Tatsachen ergibt, liegt
klar: die Heraklitische Naturphilosophie beansprucht gleichsam eine physikalische Lösung des Problems des Widerspruchs zu sein; erst unter diesem Gesichtspunkt läßt sie

---

[1] Bei der Bedeutung, die dem ταὐτόν in Heraklits Philosophie
zukommt, kann kein Zweifel sein, wie das ταὐτὰ ἐργαξόμενοι in Fr. 58
zu verstehen ist. Ebenso unverkennbar ist der Sinn in Fr. 23: ,,Ge-
recht und Ungerecht ist dasselbe,. denn wäre es nicht dasselbe
(εἰ ταὐτὰ μὴ ἦν), so wüßten sie den Namen der Dike nicht."

[2] Wenn in Fr. 111 (Stob.) Krankheit und Gesundheit neben Gut
und Übel genannt sind (νοῦσος ὑγιείην ἐποίησεν ἡδύ, κακὸν ἀγαθόν:
d. h. das eine wäre nicht ohne das andere), so beweist das,
daß Hippolytos das Beispiel von den Ärzten recht verstanden hat;
es ist keine Polemik gegen die Ärzte, sondern ein Beweis dafür, daß
Gut und Übel, als Gegensätze, einerlei Wesens sind. Wenn der Verfasser der Heraklitischen Briefe aus denselben Heraklitworten auf
schlimme persönliche Erfahrungen des Autors schloß, so tat er das
nach einer allgemein im Altertum verbreiteten Methode; aber diese
Methode ist für uns nicht verbindlich.

sich verstehen. Nichts liegt ihr ferner als der Versuch, die Welt aus einem Urzustande durch mechanische Prozesse stufenweise in ihre jetzige Gestalt zu überführen. Welcher innere Vorgang hinter dem Phänomen verborgen sei, daß Feuer zu Wasser und Erde werde, wie es komme, daß die Erde in der Mitte, der Himmel um sie her sei, kurz die alte Frage der Milesier, die erst mit Anaxagoras und Leukippos wieder ihre Auferstehung feiern sollte, machte ihm kein Kopfzerbrechen, oder vielmehr, sie war für ihn, nach seiner Art, die Dinge anzusehen, gar nicht vorhanden. Theophrast, sein Interpret, geriet, als er die Lücke bemerkte, in eine nur zu begreifliche Verlegenheit; er mußte zu Vermutungen und Auslegungen seine Zuflucht nehmen, um die Aristotelische Auffassung der Heraklitischen Lehre vor sich selbst zu retten und zu rechtfertigen. Die Wahrheit war, daß er die Philosophie des Dunkeln nicht verstand, weil ihm entgangen war, nach welcher Frage hin sie orientiert war; der Stoffwechsel geschieht nach Heraklit nicht, wie er annehmen zu müssen glaubte, durch ἀραίωσις und πύκνωσις, sondern kraft des Gesetzes, das die Gegensätze zur innern Einheit, zum ταὐτόν, zur Harmonie zusammenzwingt.

Heraklits Prinzip, das, was bei ihm dem ἄπειρον des Anaximander und dem ὄν des Parmenides entspricht, ist nicht das Feuer, sondern τὸ σοφόν oder noch deutlicher ἓν τὸ σοφόν. 'Das Weise' ist keine Bestimmung, kein Prädikat des Feuers, sondern umgekehrt das Feuer gleichsam eine Erscheinungsform, ein Ausdrucksmittel der Weltvernunft, die Form, durch die sie sich in der materiellen Welt manifestiert: ὁκόσων λόγους ἤκουσα, οὐδεὶς ἀφικνεῖται ἐς τοῦτο, ὥστε γινώσκειν, ὅτι σοφόν ἐστι πάντων κεχωρισμένον (Fr. 108): „So vieler Rede ich hörte, keiner kommt dahin zu erkennen, daß es eine Vernunft gibt jenseits aller Dinge." Mit denen, deren Wort er hörte, können doch nur die Philosophen gemeint sein. Das Bewußtsein, die Welt nicht nur aus einem andern, sondern auch andersartigen Prinzip erklärt zu haben als alle seine Vorgänger, ließ sich kaum stärker ausdrücken. Es ist dieselbe Weltvernunft, die Zeus

genannt sein will, weil sie alles regiert — so hat auch Anaximander von seinem ἄπειρον behauptet: πάντα κυβερνᾷ — und
doch nicht Zeus genannt sein will, weil alles Persönliche ihr
fehlt, weil sie Prinzip ist (Fr. 32): ,,Wahre Einsicht hat allein
das Eine, das Allweise, als die da ist: alles durch alles zu
regieren'' (Fr. 41; vgl. S. 200 Anm.). Inhaltlich bestimmt,
ist dies Prinzip die Einheit aller Gegensätze, so wie das Feuer,
seine sichtbare Erscheinungsform, die Einheit aller materiellen
Gegensätze ist: ὁ θεὸς ἡμέρη εὐφρόνη, χειμὼν θέρος, πόλεμος
εἰρήνη, κόρος λιμός (τἀναντία ἅπαντα). (Fr. 67.) Doch um die
letzte Einheit aller Dinge nicht nur zu ahnen und zu erschließen, sondern zu verstehen, dazu reicht die menschliche Vernunft nicht hin: ,,Denn des Menschen Sinn hat
keine Einsichten, wohl aber der göttliche'' (Fr. 78). Oder
dasselbe mit anderen Worten: ,,Für Gott ist alles schön und
gut und gerecht, die Menschen nur halten das eine für ungerecht, das andere für gerecht'' (Fr. 102). Auch das Wissen
des Weisesten bleibt subjektiv, bleibt δόξα: δοκέοντα γὰρ ὁ
δοκιμώτατος γινώσκει, φυλάσσει (Fr. 28). Wahres Wissen hat
allein das Wesen, das es versteht, die Welt geheimnisvoll
zugleich in Widerspruch und Harmonie und in Zwietracht
und doch in Eintracht zu regieren. Alle Dinge sind eins,
so lehrt der λόγος (Fr. 50); und doch ist aller Dinge Vater
der Krieg (Fr. 53; 80): das ist das Rätsel, an dem der weise
Homer zugrunde ging — Knaben gaben's ihm auf; es lautet:
was wir sahen und griffen, das ließen wir, doch was wir weder
sahen noch griffen, das bringen wir — ja das bringe ich
euch, die ihr's nie versteht (Fr. 56).

Braucht es endlich noch gesagt zu werden, daß auch die
Flußlehre als Lehre Heraklits nur ein Mißverständnis ist, her-
vorgesponnen aus dem immer wiederkehrenden Gleichnis von
dem Strome, der derselbe bleibt, während das Wasser in
ihm fortwährend zu- und abströmt? Nicht ein einziges Fragment drückt den Gedanken aus, daß alle Dinge sich im
Flusse befänden, überall nur Übergang und Wechsel, nirgends
Dauer und Beharrlichkeit zu finden sei — es wird sich uns
noch zeigen, wo in Wahrheit das πάντα ῥεῖ zu Hause ist —

der Grundgedanke Heraklits ist vielmehr das denkbar genauste Gegenteil zur Flußlehre: Beharren im Wechsel, Konstanz in der Veränderung, ταὐτόν im μεταπίπτειν, μέτρον im μεταβάλλειν, Einheit im Zwiespalt, Ewigkeit in der Vergänglichkeit[1]. Wie stellt sich, nach dieser Klarlegung, die Lehre Heraklits zu der der Eleaten?

[1] Auch Fr. 91 darf keineswegs im Sinne des πάντα ῥεῖ verstanden werden; die hier auftretende Form des Gleichnisses vom Strome ποταμῷ γὰρ οὐκ ἔστιν ἐμβῆναι δὶς τῷ αὐτῷ gehört nicht Heraklit, sondern den Herakliteern (über deren Unterschied von Heraklit siehe S. 245): Aristot. Metaph. 1010 a 13 Κράτυλος .. Ἡρακλείτῳ ἐπετίμα εἰπόντι, ὅτι δὶς τῷ αὐτῷ ποταμῷ οὐκ ἔστιν ἐμβῆναι · αὐτὸς γὰρ ᾤετο οὐδ' ἅπαξ. Plato Krat. 402 A λέγει που Ἡράκλειτος ὅτι πάντα χωρεῖ καὶ οὐδὲν μένει, καὶ ποταμοῦ ῥοῇ ἀπεικάζων τὰ ὄντα λέγει ὡς δὶς ἐς τὸν αὐτὸν ποταμὸν οὐκ ἂν ἐμβαίης. Auf Aristoteles oder Plato, jedenfalls auf indirektem Wege letzthin auf die Herakliteer gehen Simplikios und Plutarch zurück: Simplik. in Ar. Phys. S. 77, 88 Diels; Plut. Qu. nat. 2 S. 912 A: ποταμοῖς γὰρ δὶς τοῖς αὐτοῖς οὐκ ἂν ἐμβαίης, ὥς φησιν Ἡράκλειτος · ἕτερα γὰρ ἐπιρρεῖ ὕδατα (hier ist die Verschmelzung der Platonischen Fassung mit dem Originale evident: ποταμοῖσι τοῖσιν αὐτοῖσιν ἐμβαίνουσιν ἕτερα καὶ ἕτερα ὕδατα ἐπιρρεῖ. Fr. 12). Ebenso Plut. de E S. 392. Doch um an dieser letzten Stelle das Plutarchische vom Heraklitischen zu scheiden, bedarf es erst einer Betrachtung des Zusammenhangs: ἡμῖν μὲν γὰρ ὄντως τοῦ εἶναι μέτεστιν οὐδέν, ἀλλὰ πᾶσα θνητὴ φύσις ἐν μέσῳ γενέσεως καὶ φθορᾶς γενομένη φάσμα παρέχει καὶ δόκησιν ἀμυδρὰν καὶ ἀβέβαιον αὐτῆς · ἂν δὲ τὴν διάνοιαν ἐπερείσῃς λαβέσθαι βουλόμενος, ὥσπερ ἡ σφοδρὰ περίδραξις ὕδατος τῷ πιέζειν εἰς ταὐτὸ καὶ συνάγειν διαρρεῖον ἀπόλλυσι τὸ περιλαμβανόμενον, οὕτω τῶν παθητῶν καὶ μεταβλητῶν ἑκάστου τὴν ἄγαν ἐνάργειαν ὁ λόγος διώκων ἀποσφάλλεται τῇ μὲν εἰς τὸ γιγνόμενον αὐτοῦ τῇ δ' εἰς τὸ φθειρόμενον, οὐδενὸς λαβέσθαι μένοντος οὐδ᾽ ὄντος ὄντως δυνάμενος · ποταμῷ γὰρ οὐκ ἔστιν ἐμβῆναι δὶς τῷ αὐτῷ καθ᾽ Ἡράκλειτον οὐδὲ θνητῆς οὐσίας δὶς ἅψασθαι κατὰ ἕξιν · ἀλλ' ὀξύτητι καὶ τάχει μεταβολῆς σκίδνησι καὶ πάλιν συνάγει, μᾶλλον δ' οὐδὲ πάλιν οὐδ᾽ ὕστερον ἀλλ' ἅμα συνίσταται καὶ ἀπολείπει καὶ πρόσεισι καὶ ἄπεισι· ὅθεν οὐδ' εἰς τὸ εἶναι περαίνει τὸ γιγνόμενον αὐτῆς . . . ἀλλ' ἡμεῖς ἕνα φοβούμεθα γελοίως θάνατον, ἤδη τοσούτους τεθνηκότες καὶ θνήσκοντες. Man hat bisher für Heraklitisch nur die Worte σκίδνησι καὶ πάλιν συνάγει καὶ πρόσεισι καὶ ἄπεισι erklärt und das Dazwischenstehende in Klammern gesetzt. Ich halte diese Lösung für unmöglich, nicht nur wegen ihrer syntaktischen Gewaltsamkeit: σκίδνησι καὶ πάλιν συνάγει, von der θνητὴ οὐσία gesagt, entspricht durchaus der Ausdrucksweise kaiserzeitlicher Moralphilosophie; da war σκεδάννυσθαι in diesem Sinne Lieblingswort: Marcus VII 32

Auf ihre kürzeste Formel gebracht, besagt die Lehre der
Eleaten: alles in der Welt ist Gegensatz; die Gegensätze
schließen einander aus; folglich ist diese Welt der Gegensätze
falsch, und wahr ist nur das ewig unveränderliche *Ὄν*. Die
Lehre Heraklits: alles in der Welt ist Gegensatz, aber die
Gegensätze bedingen einander; das ist das große Geheimnis,
das vor aller Augen liegt und doch allen verborgen bleibt,
daß Widerstrebung Einheit ist und alles miteinander harmoniert, indem es sich widerstreitet; folglich ist der Gegensatz das Wesen aller Dinge, und die Welt der Gegensätze
ist die einzig wahre Welt. Wer ist hier der Abhängige? Denn
jede Möglichkeit, sie beide als von einander unabhängig zu
betrachten, entschwindet angesichts der Gleichheit in den
obersten Problemen, in den Formulierungen und Zuspitzun-
gen der Gedanken, endlich angesichts der gemeinsamen
Kluft, die beide von den Milesiern trennt.

Das Problem, das sich Parmenides gestellt hatte, war
dies: wie kann etwas nicht widersprechend sein, was nicht

περὶ θανάτου · ἢ σκεδασμός, εἰ ἄτομοι. X 18 διαλυόμενον καὶ ἐν μεταβολῇ καὶ
οἷον σήψει καὶ σκεδάσει γινόμενον. VI 4 πάντα τὰ ὑποκείμενα τάχιστα
μεταβαλεῖ, καὶ ἤτοι ἐκθυμιαθήσεται, εἴπερ ἥνωται ἡ οὐσία, ἢ σκεδα-
σθήσεται. VIII 25 ὅτι δεήσει ἤτοι σκεδασθῆναι τὸ συγκριμάτιόν σου ἢ
σβεσθῆναι. Dagegen kann ich aus archaischer Zeit σκίδναναι in demselben Sinne nicht belegen: Parmen. Fr. 2 οὔτε σκιδνάμενον πάντῃ
πάντως κατὰ κόσμον οὔτε συνιστάμενον bedeutet etwas ganz anderes;
Plutarch denkt an die Auflösung des Leiblichen (vgl. τῇ μὲν εἰς τὸ
γιγνόμενον αὐτοῦ, τῇ δ'εἰς τὸ φθειρόμενον), Parmenides an kosmische
Perioden. Formen von σκιδνάναι hat Plutarch auch sonst: de facie in
orbe lunae. 933 D σκίδνησι γὰρ ἡ θερμότης καὶ διαχεῖ. 939 B ὁ ἀὴρ σκίδνησι
καὶ διαχεῖ τὴν αὐγήν. Qu. conv. VI 688 B θρύπτοντα τὴν ὕλην διαφορεῖ
καὶ σκίδνησιν. Für συνάγειν, das bei den Vorsokratikern ebenfalls fehlt,
bedarf es aus späterer Literatur keiner Belege. Nun hat man sich freilich
auf den sechsten Heraklitischen Brief berufen: οὐκ ἴσασιν ὅτι θεὸς
ἐν κόσμῳ μεγάλα σώματα ἰατρεύει ἐπανισῶν αὐτῶν τὸ ἄμετρον · τὰ θρυπ-
τόμενα ἑνομοιεῖ, τὰ ὀλισθήσαντα ὑποφθὰς πιέζει, συνάγει τὰ σκιδνάμενα,
φαιδρύνει τὰ ἀπρεπῆ usw. Aber auch das ist alles stoisch, nichts in dem
ganzen Briefe Heraklitisch, und man könnte mit demselben Rechte
daraus, daß Plutarch wie der Verfasser der Briefe beide πιέζειν
neben συνάγειν, gebrauchen (τῷ πιέζειν εἰς ταὐτὸ καὶ συνάγειν), schließen,
auch die Worte πιέζει, συνάγει hätten bei Heraklit gestanden. Oder

ein Ganzes, Einheitliches, *οὖλον μουνογενές* ist? Wie kann aus der Vielheit, die uns die Sinne zeigen, eine Einheit werden? Die Frage war für ihn unlösbar, die Erfahrung mit den Begriffen unvereinbar, das machte ihn zum Metaphysiker. Empedokles glaubt sie gelöst zu haben (Fr. 17):

δίπλ᾽ ἐρέω· τοτὲ μὲν γὰρ ἕν• ηὐξήθη μόνον εἶναι
ἐκ πλεόνων, τοτὲ δ᾽ αὖ διέφυ πλέον᾽ ἐξ ἑνὸς εἶναι.

Es ist nur eine andere Antwort auf dieselbe Frage, was im zehnten Heraklitfragment zu lesen steht: *συνάψιες ὅλα καὶ οὐχ ὅλα, συμφερόμενον διαφερόμενον, συνᾷδον διᾷδον, καὶ ἐκ πάντων ἕν καὶ ἐξ ἑνὸς πάντα.* — Für Parmenides beruhte jeder Gegensatz und jede Veränderung letzthin auf dem Gegensatze des Seins zum Nichtsein:

γίγνεσθαί τε καὶ ὄλλυσθαι, εἶναί τε καὶ οὐχί,
καὶ τόπον ἀλλάσσειν διά τε χρόα φανὸν ἀμείβειν (Fr. 8, 40).

Melissos Fr. 8: *ἦν δὲ μεταπέσῃ, τὸ μὲν ἐὸν ἀπώλετο, τὸ δὲ οὐκ ἐὸν γέγονεν* usw. Dagegen Heraklit Fr. 49a: *ποταμοῖς τοῖς αὐτοῖς ἐμβαίνομέν τε καὶ οὐκ ἐμβαίνομεν, εἶμέν τε καὶ οὐκ εἶμεν.* Wie hängt das Seinsproblem mit der Kon-

man könnte z. B. mit genau demselben Rechte aus Nemesios c. 2 S. 70 Matthaei eine Anspielung auf Heraklit herauslesen: *τὰ σώματα τῇ οἰκείᾳ φύσει τρεπτὰ ὄντα καὶ σκεδαστά . . δεῖται τοῦ συντιθέντος καὶ συνάγοντος.* Dagegen ist *συνίσταται καὶ ἀπολείπει* im Sinne von Entstehen und Vergehen tadellos archaisch: Empedokl. Fr. 17, 3 *διοὴ δὲ θνητῶν γένεσις, δοιὴ δ᾽ ἀπόλειψις*; Diogenes Fr. 7 *καὶ αὐτὸ μὲν τοῦτο καὶ ἀΐδιον καὶ ἀθάνατον σῶμα, τῶν δὲ τὰ μὲν γίνεται, τὰ δὲ ἀπολείπει.* Empedokl. Fr. 35, 6 *συνίσταμεν᾽ ἄλλοθεν ἄλλα.* Diog. Fr. 2 *οὔτε ζῷον οὐδὲ ἄλλο γενέσθαι οὐδέν, εἰ μὴ οὕτω συνίστατο ὥστε ταὐτὸ εἶναι.* Also behalten wir als Heraklitisch nur die Worte *ἅμα συνίσταται καὶ ἀπολείπει καὶ πρόσεισι καὶ ἄπεισι.* Subjekt wird wohl der Strom gewesen sein, der späteren Zeiten als das Sinnbild der *θνητὴ οὐσία* galt. Doch kommt im Grunde wenig darauf an, ob der Naturvorgang bei Namen genannt oder durch sein Symbol bezeichnet war, ob wir die Seele oder den Körper oder den Fluß uns als Subjekt denken. Zur Bedeutung von *πρόσεισι καὶ ἄπεισι* vgl. Plato Tim. S. 42 A: *ὁπότε δὴ σώμασιν ἐμφυτευθεῖεν (αἱ ψυχαὶ) ἐξ ἀνάγκης, καὶ τὸ μὲν προσίοι, τὸ δ᾽ ἀπίοι τοῦ σώματος αὐτῶν.* S. 33 B (vom Kosmos, der weder der Nahrung noch der Ausscheidung bedarf) *ἀπῄει τε γὰρ οὐδὲν οὐδὲ προσῄειν αὐτῷ ποθεν — οὐδὲ γὰρ ἦν · — αὐτὸ γὰρ ἑαυτῷ τροφὴν τὴν ἑαυτοῦ φθίσιν παρέχον* usw.

stanz im Stoffwechsel zusammen? Wie das Gleichnis mit
der These? Es ist klar, es sollte die Lösung des Problems
enthalten; aber dann mußte das Problem zuvor gegeben sein.
— Die Zurückführung des Werdens und Vergehens auf Sein
und Nichtsein ist der Angelpunkt des Parmenideischen
Systems. Heraklit behauptet, wie die Coinzidenz des Seins
und Nichtseins, so auch die des Werdens und Vergehens, er
gebraucht dieselben Gleichnisse, um beides zu veranschaulichen: ‹ποταμὸς› ἅμα συνίσταται καὶ ἀπολείπει καὶ πρόσεισι
καὶ ἄπεισι (Fr. 91; s. S. 207 Anm.). τῷ οὖν τόξῳ ὄνομα βίος,
ἔργον δὲ θάνατος (Fr. 48) usw.; aber die beiden Gegensätze
sind nun von einander unabhängig, beide nur ein Beispiel
mehr für das Gemeinsame, das alle Dinge und alle
Gedanken lenkt nach seinem Willen. — Die Eleaten lehren:
es gibt in der Welt der Sinne kein ταὐτόν, da das Warme
kalt und das Kalte warm wird usw.; wie könnte Ein Ding
nicht zweierlei sein, das von einem Gegensatz in den andern
übergeht? Heraklit lehrt: es ist alles in der Welt ταὐτόν,
da das Warme kalt und das Kalte warm wird usw.; wie
könnten zwei Gegensätze nicht Ein Ding sein, die fortwährend
miteinander wechseln? ταὐτό τ᾽ ἔνι ζῶν καὶ τεθνηκὸς καὶ τὸ
ἐγρηγορὸς καὶ τὸ καθεῦδον καὶ νέον καὶ γηραιόν· τάδε γὰρ μεταπεσόντα ἐκεῖνά ἐστι κἀκεῖνα πάλιν μεταπεσόντα ταῦτα (Fr. 88).
τὰ ψυχρὰ θέρεται, θερμὸν ψύχεται, ὑγρὸν αὐαίνεται, καρφαλέον
νοτίζεται (Fr. 126). — Die Eleaten hatten alle Verwandlung
(ἑτεροίωσις, ἀλλοίωσις) als Entstehen und Vergehen erklärt
und diese Begriffe zurückgeführt auf Sein und Nichtsein:
Melissos Fr. 7: εἰ γὰρ ἑτεροιοῦται, ἀνάγκη τὸ ἐὸν μὴ ὁμοῖον
εἶναι, ἀλλὰ ἀπόλλυσθαι τὸ πρόσθεν ἐόν, τὸ δὲ οὐκ ἐὸν γίνεσθαι.
εἰ τοίνυν τριχὶ μιῇ μυρίοις ἔτεσιν ἑτεροῖον γίνοιτο, ὀλεῖται πᾶν
ἐν τῷ παντὶ χρόνῳ. Ebenso Parmenides Fr. 8,40 f. Vom
Probleme des Seins aus kamen sie dazu, die Frage aufzuwerfen: Ist Verwandlung eines Seienden möglich? Sie
konnten die Frage nur verneinen. Dem 67. Fragmente
Heraklits läßt sich ein eigentlicher Sinn erst abgewinnen,
wenn man von derselben Frage an es herantritt: ὁ θεὸς
ἡμέρη εὐφρόνη, χειμὼν θέρος, πόλεμος εἰρήνη, κόρος λιμός·

ἀλλοιοῦται δὲ ὅκωσπερ <πῦρ>, ὁπόταν συμμιγῇ θυώμασιν·
ὀνομάζεται καθ᾽ ἡδονὴν ἑκάστου. Darin steckt an Gedanken:
1. Gott ist die Einheit aller Gegensätze. 2. Als die Einheit
aller Gegensätze muß Gott sich verwandeln, denn Verwandlung ist das Auseinandertreten einer Einheit in zwei Gegensätze. 3. Aber wie ist das zu verstehen, daß die Einheit
in zwei Gegensätze auseinandertritt, daß sie zu Sommer und
Winter, Tag und Nacht, zu Krieg und Frieden und zu
Sättigung und Hunger wird? Oder um dieselben Beispiele
verständlicher in eleatischer Terminologie zu geben (denn
Heraklit liebt es, die Ausdrücke der Schule zu umschreiben
oder durch konkretere, geheimnisvollere Begriffe zu ersetzen;
vgl. z. B. Fr. 126), wie kann das ἓν καὶ ὄν zu σκότος und
φῶς, θερμόν und ψυχρόν, ἔρως und ἔρις, πλῆρες und κενόν
werden? Wiederum muß ein Gleichnis helfen. Wie das
Bild des Stromes die Einheit und den Zusammenfall von
Sein und Nichtsein, Werden und Vergehen erklärt, so das
Bild des Räucherwerks das Problem der Verwandlung. Wenn
das Feuer mit Räucherwerk gemischt wird, so verschwindet
scheinbar seine Einheit und an ihre Stelle treten die verschiedenen und einander entgegengesetzten Düfte; und doch
könnte es keine Verschiedenheit der Düfte geben ohne die sie
bedingende Einheit, das Feuer.—Die Eleaten lehren: was einen
Anfang und ein Ende hat, kann nicht ein und dasselbe sein und
bleiben; folglich kann es überhaupt nicht sein; Melissos Fr. 2:
ὅτε τοίνυν οὐκ ἐγένετο, ἔστι τε καὶ ἀεὶ ἦν καὶ ἀεὶ ἔσται, καὶ ἀρχὴν
οὐκ ἔχει οὐδὲ τελευτήν, ἀλλ᾽ ἄπειρόν ἐστιν. εἰ μὲν γὰρ ἐγένετο,
ἀρχὴν ἂν εἶχεν (ἤρξατο γὰρ ἄν ποτε γενόμενον) καὶ τελευτήν (ἐτελεύτησε γὰρ ἄν ποτε γενόμενον). ὅτε δὲ μήτε ἤρξατο μήτε ἐτελεύτησεν ἀεί τε ἦν καὶ ἀεὶ ἔσται, οὐκ ἔχει ἀρχὴν οὐδὲ τελευτήν.
οὐ γὰρ ἀεὶ εἶναι ἀνυστόν, ὅ τι μὴ πᾶν ἐστι. Parmenides Fr. 8,3:
ὡς ἀγένητον ἐὸν καὶ ἀνώλεθρόν ἐστιν, οὖλον μουνογενές τε καὶ
ἀτρεμὲς ἠδ᾽ ἀτέλεστον· οὐδέ ποτ᾽ ἦν οὐδ᾽ ἔσται, ἐπεὶ νῦν ἔστιν
ὁμοῦ πᾶν: d. h. es hat weder ἀρχή noch τελευτή; und ähnlich
Epicharm in Fr. 1. Heraklit lehrt die Coincidenz des Anfangs mit dem Ende: ξυνὸν γὰρ ἀρχὴ καὶ πέρας ἐπὶ κύκλου
περιφερείας (Fr. 103). Daß der Kreis ihm nur als Gleichnis

14*

und Symbol diente, und welche Tragweite dies Gleichnis für ihn hatte, darüber belehrt, wenn es denn der Belehrung noch bedarf, die Hippokratische Schrift de locis in hom. 1 (VI 276 Littré : ἐμοὶ δοκεῖ ἀρχὴ μὲν οὖν οὐδεμία εἶναι τοῦ σώματος, ἀλλὰ πάντα ὁμοίως ἀρχὴ καὶ πάντα τελευτή· κύκλου γὰρ γραφέντος ἡ ἀρχὴ οὐχ εὑρέθη. Meine Frage ist: mußte nicht erst der Gegensatz a l s G e g e n s a t z entdeckt sein, ehe man sich auf die Suche nach Sinnbildern machen konnte, um seine Vereinigung zu veranschaulichen ? — Für Parmenides kann diese Welt die wahre Welt nicht sein, weil sie entstanden ist und sich fortwährend noch verändert; was in Wahrheit i s t, muß sich ewig gleich bleiben, es darf weder Vergangenheit noch Zukunft haben, es muß ewig gegenwärtig sein: εἰ γὰρ ἔγεντ᾽ οὐκ ἔστιν οὐδ᾽ εἴ ποτε μέλλει ἔσεσθαι (Fr. 8, 20); ὁ γὰρ κόσμος ὁ πρόσθεν ἐὼν οὐκ ἀπόλλυται οὔτε ὁ μὴ ἐὼν γίνεται (Melissos Fr. 7). Dagegen Heraklit: κόσμον τόνδε οὔτε τις θεῶν οὔτε ἀνθρώπων ἐποίησεν, ἀλλ᾽ ἦν ἀεὶ καὶ ἔστιν καὶ ἔσται.. (Fr. 30) —: die Welt in ihrem jetzigen Zustand bleibt sich ewig gleich, w e i l sie in unaufhörlicher Veränderung begriffen ist. — Parmenides folgert: soll das Seiende mangellos sein, ein und dasselbe, ungeworden und unvergänglich, so muß es unbewegt sein: αὐτὰρ ἀκίνητον μεγάλων ἐν πείρασι δεσμῶν ἔστιν ἄναρχον ἄπαυστον (Fr. 8,26). Heraklit dagegen: καὶ ὁ κυκεὼν διίσταται ⟨μὴ⟩ κινούμενος (Fr. 125): Ruhe wäre Zerfall, nur durch Bewegung ist Bestand, ταὐτόν, Identität der Dinge möglich. — Bei Parmenides ist das Problem des Werdens und die Lehre von den Gegensätzen mit Notwendigkeit aus dem Probleme des Seins hervorgegangen; Heraklit verwendet das Problem des Werdens und die Lehre von den Gegensätzen zur Begründung einer sittlich-religiösen Weltanschauung; er geht aus von diesen Fragen — aber sein Blick ist auf ein anderes Ziel gerichtet. — Parmenides schließt aus dem Widerspruche der Sinnenwelt, die Sinneserkenntnis müsse falsch sein: νωμᾶν ἄσκοπον ὄμμα καὶ ἠχήεσσαν ἀκουήν (Fr. I 35); νοῦς ὁρῇ καὶ νοῦς ἀκούει· τἆλλα κωφὰ καὶ τυφλά (Epicharm Fr. 12 Diels); νῦν δέ φαμεν ὀρθῶς ὁρᾶν καὶ ἀκούειν καὶ συνιέναι (Melissos Fr. 7;

man beachte die drei Glieder!). Dagegen Heraklit: ὅσων ὄψις ἀκοὴ μάθησις, ταῦτα ἐγὼ προτιμέω (Fr. 55). ,,Was man sehen, hören, lernen kann, Symbol und Gleichnis ziehe ich abstrakter Logik vor."[1] Das Fragment ist echt, Hippolytos bürgt für seine Echtheit; an seiner erkenntnistheoretischen Bedeutung kann kein Zweifel sein. Aber wie konnte es einem Philosophen einfallen, die Sinne in Schutz zu nehmen, wenn niemand sie zuvor verdächtigt und verworfen hatte? Ja, wie konnte überhaupt die sinnliche Erkenntnis zum Problem werden, wenn nicht durch die Entdeckung einer übersinnlichen Erkenntnis? Welche Nötigung lag für den Physiker vor, eine Erkenntnistheorie zu erfinden? Wo dagegen gibt es einen Metaphysiker, der nicht zugleich Erkenntnistheoretiker sein müßte? Ist aber Heraklit ein Metaphysiker? Kennt er zwei Welten wie Parmenides, von denen die eine falsch, die andere wahr ist? Seine Philosophie will vielmehr auf das Gegenteil hinaus, auf die Versöhnung zwischen den αἰσθήσεις und dem λόγος; sie entdeckt auch hier, wie überall, die Harmonie im Widerspruch, die Eintracht im Zwiespalt. Wohl sind auch seiner Überzeugung nach die Sinne trügerisch, doch nur für den, der ihre Sprache nicht zu deuten weiß: ,,Schlechte Zeugen sind Augen und Ohren für Menschen mit kauderwelschen Seelen" (Fr. 107). Wohl ist auch seine Erkenntnis Logos-Erkenntnis, aber sein Logos ist ξυνός, er wohnt allem und jedem inne, ja selbst den Gedanken derer, die ihn nicht begreifen. Das ,,Gemeinsame", ξυνόν, gibt keine Richtschnur für das Handeln, sondern für das Erkennen, und insofern erst, als das Erkennen auf das Handeln rückwirkt, auch für die Moral, Fr. 2 διὸ δεῖ ἕπεσθαι τῷ ξυνῷ (was vorausging, war gleichfalls Erkenntnistheorie, da es sich an das erste Bruchstück anschloß: ὀλίγα προσδιελθών sagt Sextus). τοῦ λόγου

---

[1] In demselben Sinne hat Heraklit wohl auch das Sprichwort angewandt (Fr. 101a): ὀφθαλμοὶ γὰρ τῶν ὤτων ἀκριβέστεροι μάρτυρες. ,,Die Wahrheit ist etwas kaum Glaubliches (Fr. 86); sie läßt sich nicht durch Hörensagen begreifen, man muß sie schon mit eigenen Augen sehen." Vgl. auch das auf S. 63 über Fr. 93 Gesagte.

δὲ ἐόντος ξυνοῦ ζώουσιν οἱ πολλοὶ ὡς ἰδίαν ἔχοντες φρόνησιν: „die meisten leben, als ob sie ihre eigene Einsicht hätten, während sie in Wahrheit mit ihren Gedanken nur ein Teil des Gemeinsamen sind; darum muß man dem Gemeinsamen folgen, denn es führt allein zur Wahrheit."

Derselbe Gedanke, nur mit anderen Worten ausgedrückt, kehrt wieder in Fr. 72: ᾧ μάλιστα διηνεκῶς ὁμιλοῦσι λόγῳ (τῷ τὰ ὅλα διοικοῦντι) τούτῳ διαφέρονται, καὶ οἷς καθ᾽ ἡμέραν ἐγκυροῦσι, ταῦτα αὐτοῖς ξένα φαίνεται. Oder in Fr. 17: οὐ γὰρ φρονέουσι τοιαῦτα [πολλοί]¹, ὁκόσοι ἐγκυρεῦσι, οὐδὲ μαθόντες γινώσκουσιν, ἑωυτοῖσι δὲ δοκέουσι²: all ihr Reden und Tun zeugt von dem Logos, ja sie kennen ihn, sie wissen um ihn sehr wohl (μανθάνουσι), aber ihr eigenes Wissen bleibt ihnen verborgen; so scheint ihnen das Alltägliche fremd, das Offenbare dunkel: ἐξηπάτηνται οἱ ἄνθρωποι πρὸς τὴν γνῶσιν τῶν φανερῶν παραπλησίως Ὁμήρῳ usw. (Fr. 56). Derselbe Gedanke kann so paradoxe Form annehmen, daß er das delphische Gebot: „Erkenne dich selbst", die schwerste Aufgabe, welche die alte Sieben-Weisen-Weisheit dem Menschen zu stellen gewußt hatte, für erfüllt erklärt, und zwar erfüllt von allen Menschen ohne Ausnahme: ἀνθρώποισι πᾶσι μέτεστι γινώσκειν ἑαυτοὺς καὶ φρονεῖν (Fr.116). ξυνόν ἐστι πᾶσι τὸ φρονεῖν (Fr. 113): womit selbstverständlich nicht gesagt sein sollte, daß jeder Dummkopf, wenn er nur strebend sich bemühe, es noch zum Weisen bringen könne — wenn Einer an eine natürliche Rangordnung der Geister glaubte, so war es Heraklit, er, dem jedwede Ordnung, von der größten bis zur kleinsten, in der Natur wie in der Gesellschaft, und der Gegensatz von Herren und Sklaven ebenso gut wie der von Göttern und Menschen, als geschaffen galt durch das allen gemeinsame Gesetz, den Krieg, den Vater aller Dinge (Fr.53) — sondern auch diese Sätze sind erkenntnistheoretisch zu ver-

---

¹ Ich halte πολλοί für eine alte Erklärung, beigefügt aus Stellen wie Fr. 2, 29 oder 104; daß wir mit solchen Erklärungen im Texte des Clemens zu rechnen haben, zeigt Fr. 26, worüber die übernächste Anm.

² Übersetzt: „Denn sie denken an solches nicht, so viel ihrer auch darauf stoßen, und wenn sie es auch erfahren, so verstehen sie es nicht, bilden sich's aber ein."

stehen: sie alle haben Teil (μέτεστι) am Logos, aber, so müssen wir ergänzen, sie merken's nicht, mit hörenden Ohren sind sie taub: ἀξύνετοι ἀκούσαντες κωφοῖσιν ἐοίκασι· φάτις αὐτοῖσιν μαρτυρεῖ· παρεόντας ἀπεῖναι (Fr. 34).

Hiernach ergibt sich endlich auch der Sinn von Fr. 114: ξὺν νόῳ λέγοντας ἰσχυρίζεσθαι χρὴ τῷ ξυνῷ πάντων, ὅκωσπερ νόμῳ πόλις, καὶ πολὺ ἰσχυροτέρως. τρέφονται γὰρ πάντες οἱ ἀνθρώπειοι νόμοι ὑπὸ ἑνὸς τοῦ θείου· κρατεῖ γὰρ τοσοῦτον ὁκόσον ἐθέλει καὶ ἐξαρκεῖ πᾶσι καὶ περιγίνεται. „Um mit Verstand (ξὺν νόῳ) zu reden, muß man sich stützen auf das ξυνόν." Das ist zunächst ein Wortspiel derselben Art wie Fr. 25: μόροι γὰρ μέζονες μέζονας μοίρας λαγχάνουσι. Und weil es ein Wortspiel ist, wird man es lassen müssen, wie es überliefert ist: wollte man, dem Sinne zu Liebe, hinter λέγοντας ein καὶ ποιοῦντας einschieben, so würde das Übergewicht des doppelten Ausdrucks die wohl abgewogene, sehr gewählte Fassung des Gedankens aus den Fugen bringen: während doch jede Herakliterklärung, die zum Ziele kommen will, vom Satzbau ausgehen muß[1]. Folglich kann es sich auch hier nur wieder um das Prinzip der wahren Erkenntnis, nicht des rechten Handelns handeln. Zu demselben Ergebnis führt noch sicherer eine zweite Überlegung: der politische νόμος, auf den der Staat sich gründet, soll ersichtlich hier nur zum Vergleiche dienen; folglich müssen die ἀνθρώπειοι νόμοι von den staatlichen Gesetzen und Sitten wesentlich verschieden sein: es sind die Satzungen der ganzen Menschheit, νόμοι in demselben erkenntnistheoretischen Sinne, den wir bei Parmenides entdeckten, und ihr Gegenteil, der θεῖος νόμος, ist das Ding an sich, die φύσις, die über alles obsiegt und deren Macht sich selbst bis in die Menschensatzungen hinein erstreckt. Also auch hier wieder ein Wortspiel, nur diesmal mit verschiedenen Bedeutungen desselben Wortes, ähnlich wie

---

[1] Darum halte ich auch Wilamowitz Erklärung von Fr. 26 für die einzig mögliche: ἄνθρωπος ἐν εὐφρόνῃ φάος ἅπτεται ἑαυτῷ [ἀποθανών] ἀποσβεσθεὶς ὄψεις· ζῶν δὲ ἅπτεται τεθνεῶτος εὕδων [ἀποσβεσθεὶς ὄψεις] ἐγρηγορὼς ἅπτεται εὕδοντος. „Der Mensch zündet in der Nacht ein Licht sich selber an, wenn seiner Augen Licht erloschen; im Leben aber ist er im Schlafe wie im Tode und im Wachen wie im Schlafe."

in Fr. 124: σάρμα εἰκῆ κεχυμένον ὁ κάλλιστος κόσμος. Im Gedanken stimmt mit Heraklit genau der Hippokratiker περὶ διαίτης überein, c. 11: πάντα γὰρ ὅμοια ἀνόμοια ἐόντα, καὶ σύμφορα πάντα διάφορα ἐόντα (Herakl. Fr. 10), διαλεγόμενα οὐ διαλεγόμενα (alles redet, indem es stumm ist), γνώμην ἔχοντα ἀγνώμονα (alles hat Vernunft, indem es dumm ist), ὑπεναντίος ὁ τρόπος ἑκάστων ὁμολογεόμενος· νόμος γὰρ καὶ φύσις, οἶσι πάντα διαπρησσόμεθα, οὐχ ὁμολογεῖται ὁμολογεόμενα (all unser Tun und Denken ist φύσις und νόμος zugleich, νόμος sofern wir dabei unseren falschen und beschränkten Vorstellungen folgen, φύσις, sofern dieselben falschen Vorstellungen sich in Übereinstimmung befinden mit dem göttlichen Gesetz). νόμον μὲν ἄνθρωποι ἔθεσαν αὐτοὶ ἑωυτοῖσιν, οὐ γινώσκοντες περὶ ὦν ἔθεσαν, φύσιν δὲ πάντων θεοὶ διεκόσμησαν· τὰ μὲν οὖν ἄνθρωποι διέθεσαν, οὐδέποτε κατὰ τωυτὸ ἔχει οὔτε ὀρθῶς οὔτε μὴ ὀρθῶς (die menschlichen Gedanken sind in einem Betrachte richtig, im anderen falsch, so sind sie niemals κατὰ τωυτό) ὅσα δὲ θεοὶ διέθεσαν, ἀεὶ ὀρθῶς ἔχει καὶ τὰ ὀρθὰ καὶ τὰ μὴ ὀρθά (das göttliche Gesetz ist richtig, selbst da, wo es falsch ist: im menschlichen Erkennen)· τοσοῦτον διαφέρει[1].

[1] Ebenso verstehe ich auch Fr. 89 ὁ Ἡράκλειτός φησι τοῖς ἐγρηγορόσιν ἕνα καὶ κοινὸν κόσμον εἶναι, τῶν δέ κοιμωμέων ἕκαστον εἰς ἴδιον ἀποστρέφεσθαι. Die Wachenden befinden sich im Zustande des εἰς κόσμος, die Schlafenden im Zustande der Einzelexistenz (über κόσμος siehe S. 174). So ist der Mensch zugleich ein ἴδιον und ξυνόν. Aber auch sein ἴδιον, seine Absonderung, sein „Schlaf", sein Mißverständnis über sich selbst und über die Welt ist wiederum doch nur ein Teil des Ganzen und Gemeinsamen. Wie der Schlafende sich zur umgebenden Welt verhält, verhält sich der gewöhnliche Verstand zum Wesen alles Seins: τοὺς δὲ ἄλλους ἀνθρώπους λανθάνει ὁκόσα ἐγερθέντες ποιοῦσιν, ὅκωσπερ ὁκόσα εὕδοντες ἐπιλανθάνονται (Fr. 1). Und das ist wiederum derselbe Gedanke wie in Fr. 2: τοῦ λόγου δὲ ἐόντος ξυνοῦ ζώουσιν οἱ πολλοὶ ὡς ἰδίαν ἔχοντες φρόνησιν. In dieselbe Gedankenreihe gehört Fr. 21: θάνατός ἐστιν ὁκόσα ἐγερθέντες ὁρέομεν, ὁκόσα δὲ εὕδοντες ὕπνος. So wie Schlaf das ist, was wir im Schlafen sehen (d. i. ein subjektives Trugbild, ἴδιος κόσμος), so ist das, was wir im Wachen sehen, in Wirklichkeit nicht Leben, sondern der Tod. Wer weise sein will, darf nicht handeln wie im Schlafe (Fr. 73): οὐ δεῖ ὥσπερ καθεύδοντας ποιεῖν καὶ λέγειν, er darf nicht leben, als ob er eine ἰδία φρόνησις

Auch das berühmte Rätsel, das der Anfang des Heraklit-
schen Buches aufgibt, läßt sich, wie ich glaube, restlos dann
erst lösen, wenn man ihm von dem erkenntnistheoretischen
Grundgedanken Heraklits aus beizukommen sucht. *Τοῦ
λόγου τοῦδε ἐόντος ἀεὶ ἀξύνετοι γίνονται ἄνθρωποι*[1]. Die merk-
würdige Prägnanz und Spannung Heraklitischer Sätze beruht zum nicht geringen Teile darauf, daß die Satzglieder
als weit stärkere, selbständigere Kräfte wirken, als es die
spätere, rhetorisch durchgebildete Sprache verträgt; man
muß, um solchen Satzbau zu verstehen, imstande sein, im
Subjekte die Antithese seines Prädikats, im Attribute die
Antithese seines Verbums zu empfinden. Die Gedanken-
striche, die ich hie und da in meinen Übersetzungen angewandt habe, um diese Eigentümlichkeit hervortreten zu
lassen, sind freilich ein nur sehr unvollkommenes Ausdrucksmittel, lassen aber vielleicht doch wenigstens verstehen, wie
sie gemeint sind. In späterer, verständlicherer Stilisierung
würde der erste Satz ungefähr lauten: *ὁ μὲν λόγος ὅδε ἔστιν,
ἄνθρωποι δ'οὐδέποτε ξυνιᾶσιν αὐτόν*. „Dies Denkgesetz besteht,
ist wahr, und doch begreifen es die Menschen nie.'' Es gehört fast schon Bekanntschaft mit dem eleatischen Problem
dazu, um den doppelten Gegensatz zwischen dem *εἶναι* und
dem *μή ξυνιέναι*, zwischen *λόγος* und *ἄνθρωποι* und die sich
überkreuzende Entsprechung der vier Glieder, diese von
Heraklit so überaus beliebte Figur, als archaische Kunst-

---

besäße, sondern muß dem Gemeinsamen folgen, denn Weisheit ist: d a s
W a h r e sagen und tun in richtiger Erkenntnis (Fr. 112, erklärt auf
S. 223 Anm. 1). Danach ist kaum daran zu zweifeln, daß auch Fr. 26
im erkenntnistheoretischen und nicht im physikalischen Sinne zu
deuten ist; vgl. S. 215 Anm.

[1] Diels und Bywater schreiben *τοῦ δὲ λόγου τοῦδε*. Aber das *δὲ*
beruht nur auf der Gewährschaft des Hippolytos; *τοῦ λόγου τοῦδε*
Aristoteles, *λόγον τοῦδε* Sextus. Nun wäre freilich nichts dagegen
einzuwenden, wenn nach der archaischen Überschrift mit einem *δέ*
fortgefahren würde. Aber dann kommt man kaum darum herum,
unter dem Logos Heraklits eigene Rede oder Lehre zu verstehen.
Dem aber scheint mir Fr. 50 und 72 und besonders Fr. 2 und 45
zu widersprechen.

form nachzufühlen. Und wieder echt archaisch, wird nun
der Begriff ἀεί geteilt, das heißt erklärt und ausgeführt:
καὶ πρόσθεν ἢ ἀκοῦσαι καὶ ἀκούσαντες τὸ πρῶτον. Im Grunde
bleibt der λόγος immer unbegreiflich, auch wenn ihn der
Mensch vernommen und selbst wenn er ihn hat einsehen
lernen. Aber inwiefern besteht dies Denkgesetz und inwiefern begreifen es die Menschen nie? Die erste Antithese
wird erklärt und aufgenommen durch die zweite: den Worten
τοῦ λόγου τοῦδ᾽ἐόντος entspricht: γινομένων γὰρ πάντων κατὰ
τὸν λόγον τόνδε. Das Denkgesetz besteht, denn alles in der
Welt geschieht danach. Das zweite Glied ἀεὶ ἀξύνετοι γίνονται
ἄνθρωποι erklärt der Nachsatz: ἀπείροισιν ἐοίκασι. Wie ist
es möglich, daß die Menschen ihre eigene Denknotwendigkeit
nicht einsehen? Antwort: Sie gleichen den Unerfahrenen,
scheinen wie die Unerfahrenen (denn im Grunde sind sie
wohl erfahren, wenn auch unbewußt erfahren; Fr. 116), so-
oft sie sich versuchen in Worten und Taten, ἔπη καὶ ἔργα...
Die Absicht des doppelten Ausdrucks kann nur sein, das
ganze menschliche Gebahren zu umschreiben, nicht bestimmte Einzelphänomene aus dem Gebiete der Erkenntnis
und Moral herauszugreifen, die allein für sich zu deuten
wären. Aber da das menschliche Gebahren vom Standpunkte
des wahrhaft Erkennenden aus betrachtet wird und überdies der Gedanke sich einstellt: ebendies sich selber miß-
verstehende Gebahren will ich jetzt nach seiner wahren
Beschaffenheit (κατὰ φύσιν) erklären, so hat der ganze Satz
die Form gewonnen: ἀπείροισιν ἐοίκασι, πειρώμενοι καὶ ἐπέων
καὶ ἔργων τοιούτων, ὁκοίων ἐγὼ διηγεῦμαι διαιρέων ἕκαστον κατὰ
φύσιν καὶ φράζων ὅκως ἔχει: „So oft sie sich versuchen in
Worten und Werken solcher Art, wie ich sie erkläre ein
jedes nach seiner wahren Natur zerlegend und zeigend, wie
es sich damit verhält.“ Endlich der letzte Satz, der wiederum
den vorangegangenen präzisiert: τοὺς δὲ ἄλλους ἀνθρώπους
λανθάνει ὁκόσα ἐγερθέντες ποιοῦσιν, ὅκωσπερ ὁκόσα εὔδοντες
ἐπιλανθάνονται. Τοὺς ἄλλους ἀνθρώπους im stärksten Gegensatze zu dem hervorgehobenen ἐγώ. Wie ist es möglich, daß
ein einzelner, daß Heraklit das Tun der Menschen deuten

kann und alle übrigen es mißverstehen? Die Antwort ist:
die Menschen sind im Wachen wie im Schlafe; so wie der
Schlafende seinen physischen Zustand vergessen hat und
falsch interpretiert, so der gewöhnliche Erkennende und
Handelnde das Wesen alles Seins und seiner selbst. — Der
Logos Heraklits ist, wie ich glaube, nicht Weltgesetz noch
Weltvernunft noch überhaupt göttliches Prinzip — dafür gebraucht er τὸ σοφόν. — sondern die Denknotwendigkeit, das
logische Gesetz, die philosophische Einstellung, die er gefunden, λόγος in demselben erkenntnistheoretischen Sinne
wie bei Parmenides Fr. 1,36: κρῖναι δὲ λόγῳ πολύδηριν ἔλεγχον,
und wie auch noch bei Sokrates und Plato: Phaedo S. ὲ99 E:
ἔδεισα, μὴ παντάπασι τὴν ψυχὴν τυφλωθείην βλέπων πρὸς τὰ
πράγματα τοῖς ὄμμασι καὶ ἑκάστῃ τῶν αἰσθήσεων ἐπιχειρῶν
ἅπτεσθαι αὐτῶν. ἔδοξε δή μοι χρῆναι εἰς τοὺς λόγους καταφυγόντα
ἐν ἐκείνοις σκοπεῖν τῶν ὄντων τὴν ἀλήθειαν ... καὶ ὑποθέμενος
ἑκάστοτε λόγον ὃν ἂν κρίνω ἐρρωμενέστατον εἶναι, ἃ μὲν ἄν μοι
δοκῇ τούτῳ συμφωνεῖν, τίθημι ὡς ἀληθῆ ὄντα, καὶ περὶ αἰτίας
καὶ περὶ τῶν ἄλλων ἁπάντων τῶν ὄντων, ἃ δ᾽ ἂν μή, ὡς οὐκ ἀληθῆ.
Faßt man den Logos Heraklits als Weltgesetz, so gerät man
zumal mit dem zweiten Satze in einen kaum mehr verständlichen Gedankengang: „Denn obwohl alles nach dem Welt-
gesetze geschieht, so gleichen sie doch den Unerfahrenen, so-
oft sie sich versuchen in solchen Worten und Werken, wie
ich sie nach ihrer wahren Natur erkläre." Heraklit beginnt
vielmehr sein Buch damit, daß er in Rätseln von dem rätselhaften und doch zwingenden Denkgesetze redet, gleichwie
Parmenides und Empedokles die Darstellung ihrer Systeme
mit methodischen, erkenntnistheoretischen Lehrsätzen eröffnen. Das 50. Fragment, welches, vielleicht zum ersten
Male, die neue Logoserkenntnis inhaltlich bestimmt, setzt
die erkenntnistheoretischen Bestimmungen der Einleitung
voraus, nicht umgekehrt diese erkenntnistheoretische Bestimmung den Lehrinhalt: „Nicht mir, sondern dem Logos
in euch selber müßt ihr Recht geben und eingestehen, daß
alles eins ist (Fr. 50); wird doch ein jeder bis in seine kleinsten
und alltäglichsten Gedanken hinein bestimmt durch das Ge-

meinsame, das eben dieser Logos ist (Fr. 2); es gibt keinen Augenblick, wo er nicht mit ihm verkehrte (Fr. 72), denn nur durch ihn denkt und handelt er; darum muß, wer ihn verstehen will, damit anfangen, daß er sich selbst erforscht, gleich mir (Fr. 101)."

Meine Frage, angesichts all dieser Beziehungen, ist diese: mußten nicht erst die Gegensätze als Gegensätze entdeckt, als etwas mit sich selbst im Widerspruche Befindliches empfunden und gelehrt werden, bevor die Entdeckung ihrer Vereinigung wie eine neue Offenbarung wirken konnte? Mußten nicht erst die beiden Erkenntnisarten, die sinnliche und die geistige, für unvereinbar miteinander gegolten haben, bevor man danach trachten konnte, beide miteinander zu versöhnen? Mußte nicht erst das Werden, als der Gegensatz zum wahren Sein, für etwas Unwahres, Unwirkliches, Unmögliches angesehen werden, ehe man sich die Mühe nehmen konnte, seine Möglichkeit mit allen nur verfügbaren Mitteln zu beweisen? Und bekanntlich dreht sich Heraklits Philosophie um die Behauptung, daß ein Werden wirklich möglich sei, ja daß das Sein nur durch das Werden möglich sei. Aber wo wäre einem Anaximander eingefallen, eine Unmöglichkeit darin zu finden, daß Eins aus dem andern wird? daß τὰ ψυχρὰ θέρεται, θερμὸν ψύχεται, ὑγρὸν ἀυαίνεται, καρφαλέον νοτίζεται? Man sagt, Heraklit habe die unbewußte Grundlage der älteren Systeme sich zum ersten Male bewußt gemacht und das Gesetz der Abwandlung in allen Erscheinungen als wirksam nachgewiesen. Aber damit setzt man voraus, daß Heraklit den Fluß der Dinge, das ewige Werden schlechthin hätte lehren wollen — was erwiesenermaßen falsch ist — davon abzusehen, daß dies nicht die Art ist, wie Systeme auseinander hervorgehen. Die Geschichte der Philosophie ist die Geschichte ihrer Probleme; will man Heraklit erklären, so zeige man zuerst, wo sein Problem lag. — Und endlich fallen auch die Parallelen aus dem Indischen für die Entscheidung ins Gewicht, daß das Problem des Werdens vom Probleme des Seins untrennbar sein müsse: Mânḍûkya-Kârikâ 4, 3f. (nach Deussen Upanishads des Veda S. 593):

„Ein Werden ist nur des, was ist",
So sagen manche Denker uns; —
„Nein des, was nicht ist", so andre,
Gegenseitig im Widerspruch.
„Was ist, das kann doch nicht werden!"
„Was nicht ist, kann auch werden nicht!" —
So streitend, für das Nichtwerden,
Gleich Nichtzweiheitlern, zeugen sie.

Wenn so die philosophische Entwicklung auf dem Wege über Parmenides zu Heraklit auf glatterer, natürlicherer Bahn zu schreiten kommt als auf dem umgekehrten Wege zu den Eleaten über Heraklit, so bestätigt sich dadurch nur ein Ergebnis, das für jeden, der sich nicht vor Konsequenzen fürchtete, auch ohnedies durch die gegebenen äußeren Daten feststehen mußte: wenn es wahr ist, was die Überlieferung einstimmig bezeugt, daß schon Xenophanes die fertige, voll ausgebildete „eleatische" Spekulation seinerseits voraussetzt, so muß Heraklit, der den Xenophanes mit Namen nennt, erst recht auch mit Parmenides bekannt gewesen sein. Platon behält recht damit, daß er ihn mit Empedokles zusammenstellte und beider Lehren als gleichstrebende Bemühungen auffaßte, die eleatische Negation zu überwinden, über sie hinaus zu einer neuen Welterklärung zu gelangen; äußere und innere Indizien kommen überein, um der Platonischen Konstruktion gegen die jetzt herrschende Recht zu geben. Jahrzehnte mußten nach der Entstehung des Parmenideischen Gedichtes vergangen sein, ehe die eleatische Frage alt und reif genug geworden war, um neue Lösungen und Systeme aus sich aufkeimen zu lassen.

So stehen wir vor zwei Möglichkeiten: entweder Parmenides soweit hinaufzurücken, bis der nötige Abstand erreicht ist, oder Heraklit soweit hinabzurücken; ohne Zweifel hat das zweite die weit größere Wahrscheinlichkeit für sich. Erinnern wir uns all dessen, was bei Heraklit als spät und der Sophistik nächst verwandt erscheint, der Wortspiele, Antithesen, Gorgianischen Figuren, die er mit bewußter Kunst, als Schmuckmittel der Prosarede handhabt, und bereits mit

einer Übertreibung handhabt, daß ihm auch kein Wort vom
Munde fällt, das nicht durch die Kunst der Form Aufsehen er-
regte; erinnern wir uns, daß sein Stil noch unter den Hippo-
kratikern Liebhaber und Nachahmer findet, folglich zur Zeit
der entwickelten Rhetorik noch empfunden werden konnte;
halten wir uns klar, daß Heraklit zum Ausdruck geistiger
Beziehungen und Gesetze im Naturgeschehen nicht mehr, wie
Parmenides, die Sprache der Mythologie zu reden sich gezwungen sieht, daß er, um vom Weltgesetz als einer Ordnung
über und außer dem selbstschöpferischen Urstoff der Milesier
zu reden, weder Götter noch Göttinnen, weder Δίκη noch Ἔρις
noch Ἔρως zu zitieren braucht, sondern ein rein geistiges Vermögen zum Prinzip erhebt, das Weise, τὸ σοφόν, gleichwie
Anaxagoras den νοῦς, daß ihm erst recht also dasselbe
Wort als Ausdruck für ein menschliches Vernunftideal geläufig sein mußte, demnach τὸ σοφόν schon ihm bereits in der
entwickelten Bedeutung vorlag, die es bei Euripides gewonnen
hat[1] — mir scheint unzweifelhaft, daß auch für Heraklit Wort
und Begriff etwas Gegebenes war, so gut wie für den
syrakusanischen Komödiendichter, dem das vierte Epicharmfragment gehört — man hat ihn, wie ich glaube, zu Unrecht,
wegen eben dieser Übereinstimmung zum Herakliteer machen
wollen[2] —; vergessen wir ferner nicht, daß φύσις, allbereits
absolut und ohne Genetivbestimmung, von der wahren Beschaffenheit der Dinge ausgesagt, bei Heraklit erscheint:

---

[1] Bakchen 395 τὸ σοφὸν δ' οὐ σοφία τό τε μὴ θνητὰ φρονεῖν. 897
τί τὸ σοφὸν ἢ τί τὸ κάλλιον παρὰ θεῶν γέρας ἐν βροτοῖς ἢ χεῖρ' ὑπὲρ
κορυφᾶς τῶν ἐχθρῶν κρείσσω κατέχειν.

[2] Epicharm Fr. 4: Εὔμαιε, τὸ σοφόν ἐστιν οὐ καθ' ἓν μόνον,
ἀλλ' ὅσσα περ ζῆ, πάντα καὶ γνώμαν ἔχει.
καὶ γὰρ τὸ θῆλυ τᾶν ἀλεκτορίδων γένος,
αἰ λῆς καταμαθεῖν ἀτενές, οὐ τίκτει τέκνα
ζῶντ(α), ἀλλ' ἐπῴζει καὶ ποιεῖ ψυχὰν ἔχειν.
τὸ δὲ σοφὸν ἁ φύσις τόδ' οἶδεν ὡς ἔχει
μόνα· πεπαίδευται γὰρ αὐταύτας ὕπο.

Hier ist von σοφόν im Sinne eines göttlichen Gesetzes wie bei Heraklit
überhaupt nicht die Rede; die Natur weiß τὸ σοφόν. Und im übrigen
scheint mir alles so unheraklitisch wie nur möglich.

φύσις κρύπτεσθαι φιλεῖ (Fr. 123)[1], daß sogar *νόμος* in erkenntnistheoretischer Bedeutung bei ihm vorkommt, endlich daß auch *κόσμος* seiner späteren Bedeutung schon sehr nahe kommt in jenem schillernden und spielerischen Rätselworte: *σάρμα εἰκῇ κεχυμένον ὁ κάλλιστος κόσμος* (Fr. 124): „es ist nichts als lauter Zufall und doch der allerschönste *κόσμος*" (die Entdeckung der unsichtbaren Harmonie hat ihm wohl auch über diesen tiefsten aller Widersprüche hinweggeholfen): halten wir uns diese Erscheinungen alle gegenwärtig, so werden wir uns zum mindesten soviel eingestehen müssen, daß sie einer späteren Datierung Heraklits viel eher günstig als ungünstig zu sein scheinen, mögen sie immerhin an sich allein und ohne zwingendere Beweise nicht Gewicht genug besitzen, um eine Datierung, sei es welche es wolle, zu begründen.

Doch soll es uns, über Möglichkeiten und Wahrscheinlichkeiten hinaus, auch noch gelingen, wenigstens an einer Stelle zu einem wirklich festen Anhalt zu gelangen: Heraklit kennt bereits die in der späteren Physik kanonischen vier Qualitäten: *θερμόν, ψυχρόν, ξηρόν, ὑγρόν* (Fr. 126): *τὰ ψυχρὰ θέρεται, θερμὸν ψύχεται, ὑγρὸν αὐαίνεται, καρφαλέον νοτίζεται*[2].

---

[1] Auch in Fr. 112: *τὸ φρονεῖν ἀρετὴ μεγίστη, καὶ σοφίη ἀληθέα λέγειν καὶ ποιεῖν κατὰ φύσιν ἐπαΐοντας* heißt *κατὰ φύσιν* nicht „gemäß der Natur" in unserem und im stoischen Sinne, sondern „nach der wahren Beschaffenheit der Dinge". Ebenso Fr. 1 *διαιρέων ἕκαστον κατὰ φύσιν καὶ φράζων ὅκως ἔχει*. Vgl. Platon Theait. 157b (in dem Berichte über die Lehre der *ῥέοντες*): *τὸ δ' οὐ δεῖ, ὡς ὁ τῶν σοφῶν λόγος, οὔτε τι συγχωρεῖν οὔτε τοῦτο οὔτε τόδε οὔτ᾽ ἐκεῖνο οὔτε ἄλλο οὐδὲν ὄνομα ὅ τι ἂν ἰστῇ, ἀλλὰ κατὰ φύσιν φθέγγεσθαι γιγνόμενα καὶ ποιούμενα καὶ ἀπολλύμενα καὶ ἀλλοιούμενα. Κατὰ φύσιν ἐπαΐειν* heißt demnach: etwas nach seiner wahren Beschaffenheit wahrnehmen und verstehen. Das ganze Fragment übersetzt: „Die größte Tugend ist die Vernunft; und Weisheit ist, das Wahre sagen und tun (durch Tat und Wort der Wahrheit dienen) in richtiger Erkenntnis." — Die Titel der philosophischen Schriften *περὶ φύσεως* sind, wie bekannt, erst späten Ursprungs.

[2] Vgl. Diels, Elementum S. 15, Anm. 2. Über die ältere Lehre von den Qualitäten handelt C. Fredrich, Hippokratische Forschungen S. 31ff., 134ff.; über die spätere vgl. W. W. Jaeger, Nemesios von Emesa S. 76ff.

Angesichts der Leere, die sich überall auftut, wo man in der späteren vorsokratischen Physik nach Heraklitischen Einflüssen sucht, und angesichts der unverhohlenen Geringschätzung, die Heraklit, als erklärter Anti-Physiker, für physikalische Fragen an den Tag legt, fällt es schwer zu glauben, daß die Theorie der vier Stoffqualitäten sich aus einer absichtslosen, nur zufällig hingeworfenen Aufzählung im Buche Heraklits auf eine rein literarische Art entwickelt hätte, vielmehr muß die typische Vereinigung der vier Qualitäten schon vor Heraklit vollzogen worden sein, er selber erweist sich wiederum als abhängig von einer fremden und in diesem Falle uns unbekannten Schule. Es wird viel damit geholfen sein, wenn es gelingen sollte, diese Schule zu benennen. Die Milesier scheiden bei dieser Frage aus; nach ihrer Lehre gab der Stoff sich selber seine Form, indem er das mit sich vollbrachte, was am meisten seiner Stoffnatur entsprach und gleichsam sein angeborener Trieb war: sich verdickte und verdünnte, durch ἀραίωσις und πύκνωσις; so waren Wärme und Kälte, wie Licht und Finsternis, nur Folgeerscheinungen, nur Begleitzustände, nichts Primäres, Ursächliches, Wirkendes. Und was für die Milesier gilt, gilt, wie sich von selbst versteht, auch für die Eleaten: auch sie kennen als Prinzipien physikalischer Welterklärung nur πυκνόν und ἀραιόν oder σκληρόν und μαλθακόν, und beides fällt für sie zusammen mit ψυχρόν und θερμόν (Melissos Fr. 7: πυκνόν δὲ καὶ ἀραιόν οὐκ ἂν εἴη). Ὑγρόν und ξηρόν in Aufzählungen materieller Gegensätze begegnen weder bei Parmenides noch bei Melissos. Merkwürdig erscheint, als Glied in der Geschichte dieser Begriffspaare betrachtet, Anaxagoras. Wohl ist ihm der Gegensatz zwischen dem Feuchten und Trocknen bereits ebenso geläufig wie der zwischen dem Warmen und Kalten, aber trotzdem hat er es, wenigstens in der Mehrzahl der Fragmente, noch vermieden, diese Begriffe zur typischen Vierzahl zu vereinigen, offenbar in der Absicht, sie den Grundbegriffen der milesischen Physik, πυκνόν und ἀραιόν, zu unterwerfen und anzugliedern. So steht bei ihm ξηρόν auf seiten des ἀραιόν, θερμόν, λαμπρόν, ὑγρόν auf seiten des πυκνόν, ψυχρόν und ζοφερόν, Fr. 15: τὸ μὲν πυκνὸν καὶ διερὸν καὶ ψυχρὸν καὶ τὸ ζοφερὸν ἐνθάδε συνεχώρησεν, ἔνθα νῦν ‹ἡ γῆ›, τὸ δὲ ἀραιὸν καὶ τὸ θερμὸν καὶ τὸ ξηρὸν ἐξεχώρησεν εἰς τὸ πρόσω τοῦ αἰθέρος. Fr. 12: καὶ ἀποκρίνεται ἀπό τε τοῦ ἀραιοῦ τὸ πυκνὸν καὶ ἀπὸ τοῦ ψυχροῦ τὸ θερμὸν καὶ ἀπὸ τοῦ ζοφεροῦ τὸ λαμπρὸν καὶ ἀπὸ τοῦ διεροῦ τὸ ξηρόν. Doch erscheinen an einer Stelle bei ihm auch schon die Qualitäten in der Vierzahl; also muß er sie gekannt haben: Fr. 4: ἀπεκώλυε γὰρ ἡ σύμμιξις πάντων χρημάτων, τοῦ τε διεροῦ καὶ τοῦ ξηροῦ καὶ τοῦ θερμοῦ καὶ τοῦ ψυχροῦ καὶ τοῦ λαμπροῦ καὶ τοῦ ζοφεροῦ. Es mag damit zusammenhängen, daß in seinen Augen auch schon die Kälte eine Kraft darstellt, nicht mehr, wie bei den Milesiern, eine Begleiterscheinung der Verdichtung und Zusammenziehung, vielmehr deren Ursache, Fr. 16: ἐκ μὲν γὰρ τῶν νεφελῶν ὕδωρ ἀποκρίνεται, ἐκ δὲ τοῦ ὕδατος γῆ, ἐκ δὲ τῆς γῆς λίθοι συμπήγνυνται ὑπὸ τοῦ ψυχροῦ. So zeigt sich, wie die Lehre von den vier Qualitäten als etwas Neues und nach Ausgleich Suchendes zur alten Lehre von den Aggregatzuständen sich hinzugesellt. Aber die alte Anschauung bleibt herrschend, wie bei Anaxagoras so auch noch bei Archelaos und Diogenes von Apollonia[1]; und doch zählten, wenigstens für diesen letzten, die vier Qualitäten zu den allergangbarsten Begriffen: um zu erklären, wie die

---

[1] Diogenes Fr. A 5 (aus Theophrast): ἀέρος . . ἐξ οὗ πυκνουμένου καὶ μανουμένου καὶ μεταβάλλοντος τοῖς πάθεσι τὴν τῶν ἄλλων γίνεσθαι μορφήν. Bei Archelaos scheint die Überlieferung sich selbst zu widersprechen: Aëtius: A. ἀέρα ἄπειρον καὶ τὴν περὶ αὐτὸν πυκνότητα καὶ μάνωσιν. τούτων δὲ τὸ μὲν εἶναι πῦρ τὸ δ᾽ ὕδωρ. Dagegen Hippol. ref. εἶναι δ᾽ ἀρχὴν κινήσεως ‹τὸ› ἀποκρίνεσθαι ἀπ᾽ ἀλλήλων τὸ θερμὸν καὶ τὸ ψυχρόν, καὶ τὸ μὲν θερμὸν κινεῖσθαι, τὸ δὲ ψυχρὸν ἠρεμεῖν. τηκόμενον δὲ τὸ ὕδωρ εἰς μέσον ῥεῖν, ἐν ᾧ καὶ κατακαιόμενον ἀέρα γίνεσθαι καὶ γῆν, ὧν τὸ μὲν ἄνω φέρεσθαι, τὸ δὲ ὑφίστασθαι κάτω. Aber auch hier bedeutet τὸ ψυχρόν den Teil des Stoffes, der in geschmolzenem Zustande zu Wasser, getrocknet und gebrannt zu Luft und Erde wird, kurz τὸ πυκνόν. Der Unterschied ist nur, daß nach Hippolytos das Warme und das Kalte, das Lockere und das Feste in dem Urzustande miteinander gemischt und folglich zwei verschiedene Stoffe waren, während Aëtius beides für die Aggregatzustände eines und desselben luftartigen Urstoffes erklärt. Hippolytos mag recht haben.

Luft, als allgemeiner Seelenstoff, in den verschiedenen Organismen die verschiedenartigsten Beseelungen bewirke, weist er auf ihre Wandlungsfähigkeit (Fr. 5): ἔστι γὰρ πολύτροπος, καὶ θερμότερος καὶ ψυχρότερος καὶ ξηρότερος καὶ ὑγρότερος καὶ στασιμώτερος καὶ ὀξυτέρην κίνησιν ἔχων καὶ ἄλλαι πολλαὶ ἑτεροιώσιες ἔνεισι καὶ ἡδονῆς καὶ χροιῆς ἄπειροι. Die Qualitäten sind Eindringlinge in der Physik; daran kann kein Zweifel sein. Das zeigen schon die mancherlei vergeblichen Versuche, ihre Vierzahl mit den vier Elementen in Übereinstimmung zu bringen. Aristoteles band sie zu diesem Zwecke paarweise zusammen und erhielt so für den Äther die Bestimmungen ξηρόν und θερμόν, für die Luft θερμόν und ὑγρόν, das Wasser ὑγρόν und ψυχρόν, die Erde ψυχρόν und ξηρόν (de gener. et corr. II c. 3—4). Aber die Stoiker widersprachen; sie beharrten dabei, daß die Luft ein ψυχρόν sein müsse, und verschafften einer einfacheren Gleichung wieder Geltung, wonach Feuer gleich θερμόν, Luft gleich ψυχρόν, Wasser gleich ὑγρόν, Erde gleich ξηρόν war (Chrysipp Fr. 249f. Arnim; Plutarch de Stoicor. repugn. c. 43). Sie griffen damit auf eine ältere, voraristotelische Theorie zurück, die nach dem Londoner Anonymus schon Philistion von Lokroi, der Arzt, gelehrt hatte (Pap. Lond. XX 25): Φιλιστίων δὲ οἴεται ἐκ δ' ἰδεῶν συνεστάναι ἡμᾶς, τοῦτ' ἔστιν ἐκ δ' στοιχείων· πυρός, ἀέρος, ὕδατος, γῆς. εἶναι δὲ καὶ ἑκάστου δυνάμεις, τοῦ μὲν πυρὸς τὸ θερμόν, τοῦ δὲ ἀέρος τὸ ψυχρόν, τοῦ δὲ ὕδατος τὸ ὑγρόν, τῆς δὲ γῆς τὸ ξηρόν. Ja, nach Theophrast hatte schon Anaxagoras zwischen Äther und Luft in der Weise zu scheiden gesucht, daß er den Äther für ein θερμόν, die Luft für ein ψυχρόν erklärte, de sensu 59: ὅτι τὸ μὲν μανὸν καὶ λεπτὸν θερμόν, τὸ δὲ πυκνὸν καὶ παχὺ ψυχρόν· ὥσπερ Ἀναξαγόρας διαιρεῖ τὸν ἀέρα καὶ τὸν αἰθέρα. Das Ursprüngliche kann aber auch in dieser Gleichung nicht enthalten sein; denn wie sollte die Luft, der zweitleichteste Körper, auf natürlichem Wege dazu kommen, als der stärkste Gegensatz zum leichtesten, dem Feuer und Äther, zu gelten? Und wie schwankend und ungeregelt in früherer Zeit die Beziehungen zwischen den Qualitäten und Elementen waren, dafür liefert die Hippokratische Schrift περὶ

σαρκῶν ein recht lehrreiches Beispiel, c. 2: δοκέει δέ μοι, ὃ καλέομεν θερμόν, ἀθάνατόν τε εἶναι καὶ νοέειν πάντα καὶ ὁρῆν καὶ ἀκούειν, καὶ εἰδέναι πάντα ἐόντα τε καὶ ἐσόμενα. τοῦτο οὖν τὸ πλεῖστον, ὅτε ἐταράχθη πάντα, ἐξεχώρησεν εἰς τὴν ἀνωτάτω περιφορήν. καὶ ὀνομῆναί μοι αὐτὸ δοκέουσιν οἱ παλαιοὶ αἰθέρα. ἡ ‹δὲ›δευτέρα μοῖρα κάτωθεν αὐτὴ[1] καλέεται μὲν γῆ, ψυχρὸν καὶ ξηρὸν καὶ πουλὺ κινοῦν. καὶ ἐν τούτῳ ἔνι δὴ πουλὺ τοῦ θερμοῦ. ἡ δὲ τρίτη μοῖρα, ἡ τοῦ ἠέρος, μέσον χωρίον εἴληφε, θερμὸν καὶ ὑγρόν. ἡ δὲ τετάρτη ἡ τοῦ ἐγγυτάτω πρὸς τῇ γῇ, ὑγρότατον καὶ παχύτατον·
Genug, man hat es im ganzen Altertum nicht dahin bringen
können, die vier Qualitäten einwandfrei mit den vier Elementen zu vereinigen. So fremd und unverträglich aber allzeit die Qualitäten im Makrokosmos waren, so untrennbar
waren sie von jeher von der antiken Theorie des Mikrokosmos.
Alle Hippokratiker, soweit sie einem Systeme folgen, kennen
sie und bauen auf ihnen als einer gemeinsamen und uner-
schütterlichen Grundlage. Es ist schon eine chronologische
Unmöglichkeit, die Stammbäume so vieler verschiedener
Schulen, wie sie im Hippokratischen Corpus vereinigt sind,
um dieser Gemeinsamkeit willen sämtlich auf den einzigen
Empedokles zurückzuführen, vielmehr wird Empedokles,
als Arzt, die Vierzahl aus der Medizin gekannt und erst vom
Mikrokosmos auf den Makrokosmos übertragen haben.
Dazu kommt, daß auch Sinn und Funktion der Qualitäten
oder δυνάμεις, wie sie medizinisch heißen, erst aus dem
Mikrokosmos zu verstehen sind, denn im menschlichen
Körper sind allerdings Hitze und Kälte nicht mehr Eigen-
schaften, wie im Makrokosmos, sondern Kräfte, von denen
Krankheit und Gesundheit, Leben und Tod abhängt, und
bilden, zusammen mit dem Trocknen und dem Feuchten,
eine Art Koordinatensystem, dergestalt, daß jedes ξηρόν
und jedes ὑγρόν sowohl ψυχρόν als auch θερμόν sein
kann. Und das war wohl doch auch der Lehre ursprünglichster
Sinn. In dieser Gestalt gehörte sie zum festen und erblichen
Besitz der unteritalischen und sizilischen Ärzteschulen von
Alkmaion bis auf Philistion: Aëtius V 30 Ἀλκμαίων τῆς μὲν

---

[1] Korrupt.

15*

ὑγείας εἶναι συνεκτικὴν τὴν ἰσονομίαν τῶν δυνάμεων, ὑγροῦ ξηροῦ, ψυχροῦ θερμοῦ, πικροῦ γλυκέος καὶ τῶν λοιπῶν, τὴν δ᾿ ἐν αὐτοῖς μοναρχίαν νόσου ποιητικήν. φθοροποιὸν γὰρ ἑκατέρου μοναρχίαν. καὶ νόσον συμπίπτειν ὡς μὲν ὑφ᾿ οὗ ὑπερβολῇ θερμότητος ἢ ψυχρότητος usw.¹ In dem Maße, wie die Rücksicht auf den Mikrokosmos an Bedeutung für die Theorie des Makrokosmos zunahm, drangen die Qualitäten tiefer und tiefer ein in die Physik, bis sie am Ende die alten physikalischen Grundbegriffe ganz aus ihr verdrängten. Der Verfasser περὶ ἑβδομάδων hält es noch für nötig, darauf aufmerksam zu machen, daß er die Qualitäten von dem Mikrokosmos auf den Makrokosmos übertrage, c. 13: „ubi ergo dico hominis animam, illic me dicere originale calidum (τὸ σύμφυτον θερμόν) frigidum concretum . . . et quando <dicam> aerem (L virum A aerum P) frigidum aut aridum spriritum, non originale aut ipsius animae hominis frigidum dico, sed totius mundi animae"²; bei Aristoteles haben sich dieselben Qualitäten bereits so fest im Makrokosmos eingenistet, daß sie schon anfangen, dem Verständnisse der vorsokratischen Physik im Wege zu stehen.

---

¹ Ebenso Hippon von Rhegion, Anom. Lond. Col. XI 32: ἐν ἄλλῳ δὲ βυβλίῳ αὐτὸς ἀνὴρ (Hippon) λέγει τὴν κατωνομασμένην ὑγρότητα μεταβάλλειν δι᾿ ὑπερβολὴν θερμότητος καὶ δι᾿ ὑπερβολὴν ψυχρότητος καὶ οὕτως νόσους ἐπιφέρειν · μεταβάλλειν δέ φησιν αὐτὴν ἢ ἐπὶ τὸ πλεῖον ὑγρὸν ἢ ἐπὶ τὸ ξηρότερον ἢ ἐπὶ τὸ παχυμερέστερον ἢ ἐπὶ τὸ λεπτομερέστερον ἢ εἰς ἕτερα. Und ebenso auch Petron, An. Lond. Col. XX,1: ὁ δὲ Α[ἰγινήτης] Πέτρων συνεστάναι φησὶν τὰ ἡμέτερα σώματα ἐκ δισσῶν στοιχείων, ψυχροῦ τε καὶ θερμοῦ, ἐφ᾿ ἑτέρῳ δὲ τούτων ἀπολείπει τι ἀντίστοιχον, τῷ μὲν θερμῷ τὸ ξηρόν, τῷ δὲ ψυχρῷ τὸ ὑγρόν, καὶ ἐγ μὲν δὴ τούτων συνεστάναι τὰ σώματα.

² Ebenso in c. 15 (VIII S. 641 Littré): calidum quidem solis parte; liquore autem omnem aque; quod autem frigidum flatum erit; quod autem ossosum et carnosum (d. i. τὸ ξηρόν) terre. Der Verfasser stellt also ossosum und carnosum in Eine Reihe mit θερμόν ὑγρόν ψυχρόν. Das konnte er nur dann, wenn er als den ursprünglichen Bereich der Qualitäten ausschließlich den Mikrokosmos betrachtete. Daß im Körper Fleisch und Knochen gleich ξηρόν sei, ist ihm selbstverständlich; daß im Makrokosmos das ξηρόν die Erde sei, erst ein Ergebnis der Spekulation. (Ich brauche wohl nicht zu sagen, daß mir Roschers Beurteilung der Schrift verfehlt scheint.)

Ziehen wir die Konsequenz aus dieser Entwicklung für die Stellung Heraklits in der Geschichte der Philosophie, so muß der Abstand, der ihn ohnedies von den Milesiern trennte, durch seine Bekanntschaft mit den Qualitäten noch um ein gutes Stück vergrößert erscheinen. Um so dringender wird die Frage nach dem Verhältnis Heraklits zum Kreise des Alkmaion. Es sind ja nicht nur die Qualitäten, was beide miteinander gemeinsam haben, es ist noch viel mehr die veränderte Gesamtauffassung der Welt als eines Gegenübers zu der Seele, die entschiedene Abkehr von der Physik, die religiöse Grundstimmung, die alle beide nach Gesetzen, nach geheimnisvollen Beziehungen zwischen Mikrokosmos und Makrokosmos zu forschen antreibt. Wenn Alkmaion das Sterbliche mit einer geraden Linie, das Unsterbliche mit einem Kreise vergleicht und den Grund des Sterbens darin findet, daß dem Vergänglichen die Fähigkeit abgehe, das Ende mit dem Anfang zu verknüpfen, wie es bei den Gestirnen der Fall, wenn er die Göttlichkeit und Unvergänglichkeit der Seele wie der Gestirne lehrt und damit zugleich die Unvergänglichkeit und Göttlichkeit der ganzen Welt, wenn er die Phasen und Finsternisse des Mondes aus den Drehungen seiner mit Licht gefüllten Hohlschale erklärt (Fr. A 4: κατὰ τὴν τοῦ σκαφοειδοῦς στροφήν), so drängen sich die Ähnlichkeiten mit Methode, Anschauungen und Sätzen Heraklits so stark hervor, daß man nicht zögern sollte, beide auch in der Philosophiegeschichte zu einer besonderen, von den Milesiern unabhängigen, westlichen Gruppe zu vereinigen. Ein dritter, der in denselben Kreis gehört, ist Hippasos aus Kroton oder Metapont, dem sich, gleich Heraklit, der Grund der Seele wie der Welt im göttlichen, beseelten Feuer geoffenbart hat; denn nur um der Seele willen hat auch Heraklit im Feuer das Urwesen der Welt erkannt. Und daß Heraklit durchaus nicht nur der Gebende in dieser Gesellschaft war, beweist seine Bekanntschaft mit den Qualitäten, die er gewiß nicht selbst erfunden hat; und irre ich nicht, so spricht auch seine Vertrautheit mit der Theorie der Hohlschalen für seine Abhängigkeit

vom Westen: war diese Lehre doch, nach Theophrasts Versicherung, das Einzige von Astronomie, dem Heraklit den
Einlaß in seine Gedanken nicht verwehrt hatte, und auch
dies Einzige hatte er nur darum nicht verbannt, weil er es
zum Beweise für sein Weltgesetz benötigte. So ragt es
mitten hinein in seinen eng umgrenzten Tiefsinn wie ein
Teil aus einer anderen, helleren, regeren Welt, als käme es
von jener πολυμαθίη und σοφίη her, auf die er selber sonst
so erhaben blickte, darum, weil sie für das Eine und Einzige, was ihm alle Weisheit in sich zu schließen schien, kein
Auge hatte.

IV

Aber vielleicht hat man schon allzu lange sich im stillen gewundert, bei diesen Versuchen, eine neue Entwicklungsreihe herzustellen, nicht längst schon einem Namen begegnet zu sein, der uns gewiß im Sinne und öfters auf der Zunge lag: Pythagoras. Waren nicht Hippasos und Alkmaion Pythagoreer? Und muß folglich nicht auch Heraklit pythagoreische Einflüsse erfahren haben? Und ist es nicht ein Hauptziel in der Geschichte der vorsokratischen Philosophie, die wahre und ächte Lehre des Pythagoras aus ihren Nachwirkungen zurückzugewinnen? Ich muß gestehen, für all solche Fragen und Hoffnungen am Ende nichts als Skepsis übrig behalten zu haben. Woher soll man die Beweise nehmen dafür, daß Pythagoras ein Philosoph war? Etwa aus dem Pythagoreer-Kataloge des Jamblichos? Darin strotzt es allerdings von Namen wissenschaftlicher Berühmtheiten, von Namen wie Hippasos, Alkmaion und denen Alkmaions Schrift gewidmet war, Brontinos, Leon und Bathyllos (denn der Bathylaos aus Poseidonia soll doch wohl dieselbe Person vorstellen), aber, was bedenklich macht, da stehen auch Namen wie Parmenides, Melissos, Hippon, Heraklit, daneben Förderer der Mathematik aus aller Welt, und nur allzu deutlich verrät sich in der ganzen Zusammenstellung die Absicht, dem erwiesenen Mangel an jeder festen und zusammenhängenden Lehrtradition, die von dem alten Pythagoreertum bis auf die Zeit des Philolaos und Archytas reichte, durch die Willkür philosophiegeschichtlicher Konstruktion nach Kräften abzuhelfen. Den Alkmaion nennen wir wohl heute einen Pythagoreer; aber mit welchem Rechte? Aristoteles stellt ihn geradeswegs den Pythagoreern gegenüber (Metaph. I 986 a 22). Was für Daumenschrauben wir auch der Überlieferung anlegen, wir vermögen ihr doch kein Zeugnis über eine altpythagoreische Philosophie zu entpressen; alle Aussagen, zu denen sie sich herbeiläßt, gelten nur für die Bewegung einer pythagoreischen Romantik, die gegen Ende des 5. und im Anfang des 4. Jahrhunderts in den aristokratischen und zugleich spekulativ und religiös ergriffenen Kreisen Unteritaliens und Siziliens sich ausgebreitet hatte. Und es gibt kein Mittel, die Schlußfolgerung zu entkräften, daß der Philosoph Pythagoras erst eine Schöpfung dieser Zeit und dieser Kreise sei. Mag noch so viel von ächter Pythagoreer-Moralität und -Religiosität, das wie unter der Asche eines großen Brandes fortgeglommen hatte, damals sich aufs neue wieder entzündet haben — Wissenschaft, zumal in diesem so erfindungssüchtigen Zeitalter, war etwas viel zu Regsames und Wechselndes, als daß es sich wie religiöse Vorstellungen über hundert Jahre auf demselben Punkte hätte festhalten lassen. Wenn unter den zehn Pythagoreischen Gegensätzen unter anderm auch $\varkappa\iota\nu o\dot{\upsilon}\mu\varepsilon\nu o\nu$ $\dot{\alpha}\varkappa\dot{\iota}\nu\eta\tau o\nu$, $\sigma\varkappa\dot{o}\tau o\varsigma$ und $\varphi\tilde{\omega}\varsigma$ erscheinen, so empfiehlt es sich immer noch mehr an eleatische Einflüsse zu glauben, als an eine alte Pythagoreer-Weisheit, die schon auf Parmenides gewirkt hätte. Es hilft erst recht nichts, das unzweifelhaft Gemeinsame, das Männer wie Heraklit, Alkmaion und Hippasos in ihrem Denken aufweisen, synthetisch zu vereinigen, um aus dieser Mischung die geklärte, lautere Lehre des Pythagoras herauszudestillieren; denn man kann die Quellen geistiger Strömungen nicht „rekonstruieren", wie man die Quellen von Exzerptensammlungen rekonstruiert; und es ist nicht im geringsten ausgemacht, daß, wo geistige Gemeinsamkeiten auftreten, auch immer ein großer und berühmter auctor an der Spitze stehen müsse. Der Pythagoras, den uns die älteste Überlieferung zeigt, von dem Empedokles, Ion, Heraklit und Xenophanes zu erzählen wissen, der erhob freilich den Anspruch, mehr als alle andern ein $\sigma o\varphi\dot{o}\varsigma$

zu sein, doch seine σοφία war nicht Wissenschaft und Forschung, sondern Offenbarung und Erleuchtung. Alle Dinge im Himmel und auf Erden wollte er wissen, alles Zukünftige und Vergangene, jedem Menschen seine Vorexistenzen sagen, über alle Strafen und Belohnungen im Jenseits Auskunft geben können. Aber davon, daß derselbe Mann ein großer Mathematiker und Philosoph gewesen wäre, scheinen diese ältesten Zeugen jedenfalls noch nichts gehört zu haben. Auch Heraklit macht keine Ausnahme; sein Urteil über Pythagoras gilt nicht dem wissenschaftlichen, nach Erkenntnis dürstenden, der Menge unbekannten „wahren" Menschen, sondern gehört in die Reihe seiner Proteste gegen das volkstümliche Ideal des Weisen. „Zum Lehrer haben die meisten den Hesiod; ihm legen sie das größte Wissen bei, der doch selbst Tag und Nacht nicht einmal kannte; sind sie doch eins" (Fr. 57). „Sie halten den Homer für weiser als alle anderen Hellenen (Fr. 56), und doch hat Homer den Wunsch getan, es möge der Streit aus der Welt verschwinden, derselbe Streit, der doch der Vater aller Dinge ist" (Fr. A 22). „Pythagoras gilt ihnen für weise — in Wahrheit war er ein Betrüger, ein Erzscharlatan, κοπίδων ἀρχηγός[1]; er sammelte

---

[1] Schol. Euripid. Hek. 131 κόπις] ὁ λάλος · ὅθεν καὶ ⟨δημοκόπος καὶ⟩ κόβαλος, ὁ κομψός . . κοπίδας τε τὰς τῶν λόγων τέχνας ⟨ἔλεγον⟩ ἄλλοι τε καὶ ὁ Τίμαιος οὕτως γράφων [FHG IV S. 640] ῾ὥστε καὶ φαίνεσθαι μὴ τὸν Πυθαγόραν εὑράμενον (ἀρξάμενον Diels Arch. f. Gesch. d. Philos. III S. 454) τῶν ἀληθινῶν κοπίδων ἀλλ' αὐτὸν ⟨τὸν⟩ Ἡράκλειτον εἶναι τὸν ἀλαζονευόμενον᾽. Philodem Rhetorik I S. 351 u. 354 Sudhaus. τὰ μὲν γὰρ οὐθὲν εὐφυὲς προσφέρεται πρὸς ἀπάτην μεμηχανημένον, ἡ δὲ τῶν ῥητόρων εἰσαγωγὴ πάντα τὰ θεωρήματα πρὸς τοῦτ᾽ ἔχει τείνοντα καὶ κατὰ τὸν Ἡράκλειτον ῾κοπίδων᾽ ἐστὶν ῾ἀρχηγός᾽. Daß Heraklit rhetorische Kunstgriffe oder dialektische Rabulistereien mit κοπίδες habe bezeichnen können, davon kann selbstverständlich keine Rede sein; auch geht aus Philodem zur Genüge hervor, daß für den Stoiker Diogenes κοπίδων ἀρχηγός soviel bedeutete wie „Erzbetrüger"; es entspricht den Worten πρὸς ἀπάτην μεμηχανημένον. Wenn Timaios, wie es den Anschein hat (d. h. wenn nicht der Unsinn erst durch einen Grammatiker hereingekommen ist), den Vorwurf des Betruges auf Rhetorik, Rabulistereien, λόγων τέχναι deutete, so beweist das nur, daß er den Vorwurf mißverstand, und zwar darum, weil κόπις allerdings in späterer Zeit zu einem Schimpf-

die Traditionen und das Wissen seines Volkes wie kein anderer, las alle Urkunden und Schriften, deren er habhaft werden
konnte, und machte sich seine Weisheit aus Vielwisserei
und Betrug": *Πυθαγόρης Μνησάρχου ἱστορίην ἤσκησεν ἀνθρώπων μάλιστα πάντων καὶ ἐκλεξάμενος ταύτας τὰς συγγραφὰς*
worte für Rhetoren geworden war: Schol. zu Lykophr. Alex. 763
u. 1464 *κόπις ὁ ῥήτωρ παρὰ τὸ κόπτειν τοὺς λόγους, ἢ ὁ ἔμπειρος.*
Und so auch schon Euripides Hek. 130 von Odysseus:

> *σπουδαὶ δὲ λόγων κατατεινομένων*
> *ἦσαν ἴσαι πως, πρὶν ὁ ποικιλόφρων*
> *κόπις ἡδυλόγος δημοχαριστὴς*
> *Λαερτιάδης πείθει στρατιάν κτλ.*

Daß Heraklit den Vorwurf des Betruges gegen Pythagoras erhoben
haben könne, das zu bezweifeln liegt nicht der geringste Grund vor,
zumal diese Beschuldigung vortrefflich mit der Anklage wegen
κακοτεχνία übereinstimmt; Fr. 81 und 129 stützen sich gegenseitig.
Und endlich scheint mir die Beziehung auf Pythagoras schon darum festzustehen, weil es in späterer Zeit ein auf Pythagoras Namen gefälschtes Buch mit dem Titel *κοπίδες* gab (vgl. Diels Arch.
f. Gesch. d. Philos. III 455): Diog. VIII 8 *αὐτοῦ λέγουσι καὶ τὰς κοπίδας*
(Diels: *καὶ τοὺς κατασκοπιάδας*), *οὗ ἡ ἀρχή · μὴ ἀναδίδευ* [Diels: *ἀναίδευ*]
μηδενί. — Ich verstehe übrigens unter *κοπίδες* nicht, wie Diels,
Schlachtmesser sondern „Streiche", Ränke, Betrügereien; vgl.
Athen. IV, S. 173 c: *Ἀχαιὸς δ' ὁ Ἐρετριεὺς ἐν Ἀλκμαίωνι τῷ σατυρικῷ*
καλεῖ τοὺς Δελφοὺς διὰ τούτων (S. 749 N). *'καρυκκοποιοὺς προσβλέπων*
βδελύττομαι', παρόσον τὰ ἱερεῖα περιτέμνοντες δῆλον ὡς ἐμαγείρευον αὐτὰ
καὶ ἐκαρύκευον.. κἂν τοῖς ἑξῆς δ' ὁ Ἀχαιός φησιν· 'τίς ὑποκεκρυμμένος
μένει σαραβακῶν κοπίδων συνομώνυμε;' ἐπισκώπτουσι γὰρ οἱ Σάτυροι
τοὺς Δελφοὺς ὡς περὶ τὰς θυσίας καὶ θοίνας διατρίβοντας. Hier kann von
Schlachtmessern wohl ebensowenig die Rede sein wie von dem spar-
tanischen Volksfeste *κοπίς,* mag Athenaeus immerhin die Stelle so
verstanden haben. Vielmehr sind die *Σαραβακαὶ κοπίδες* doch wohl
Schwindeleien wie die des berühmten platäischen Weinhändlers
Σάραμβος oder *Σάραβος*; vgl. Pollux 7, 193: *κάπηλοι δὲ οὐ μόνον οἱ*
μεταβολεῖς, ἀλλὰ καὶ οἱ τὸν οἶνον κεραννύντες · ὅθεν καὶ Σαράβωνα ὁ Πλάτων
(Gorg. 518 b) *'κάπηλον' ὠνόμασεν, ἐπαινῶν αὐτὸν ἐπ' οἰνουργίᾳ.* Der An-
geredete bei Achaios könnte z. B. Oineus sein. Aber wie dem auch
sei, an der Stammesbedeutung von *κόπις, κοπίς, κοπίζειν,* dem Vor-
wurfe des Betrugs und Schwindels lassen die zahlreichen Zu-
sammensetzungen desselben Stammes keinen Zweifel: *δημοκόπος,*
δημοκοπίδες, neben *αὐτοσχεδίδες* als Schuhwerk eines feinen Volks-
helden, etwa des Alkibiades, genannt in den Demoten des Hermippos
(Pollux 7, 89); *ῥησικοπεῖν* Polybios, Pollux, Septuag.; *ἑλληνοκοπεῖν*

ἐποιήσατο ἑαυτοῦ σοφίην πολυμαθείην, κακοτεχνίην (Fr. 129).[1]
Man kann sich doch darüber nicht täuschen wollen, was
κακοτεχνίη nach ionischem Sprachgebrauche heißen muß:
κακοτεχνεῖν bei Antiphon Tetral. 1, 22 und Herodot VI 74
heißt intrigieren und betrügen, κακότεχνος „betrügerisch" in

Polyb. 20, 10, 7; δοξοκόπος; ὀχλοκόπος, ὀχλοκοπεῖν; στηλοκόπας 'In-
schriftenschwindler', Spitzname des Periegeten Polemon; κοπίζειν ·
ψεύδεσθαι Hesych; πραγματοκοπεῖν 'intrigieren' Polyb. 29, 30, 10; 38,
11, 8; πραξικοπεῖν 'überrumpeln' bei demselben 1, 18, 9; 1, 55, 6 u.
öfter. Die betrügerischen Freunde des Solon hießen χρεοκοπίδαι (Plut.
Solon c. 15) nicht, wie die Lexica erklären, weil sie die Schulden ab-
gehauen, sondern weil sie ihre Gläubiger beschwindelt hatten. Dieselbe Bedeutung hat auch später χρεωκοπεῖν, z. B. bei Plutarch de
vitando aere alieno c. 5: αὐτοὶ δὲ παρανόμως δανείζουσι τελωνοῦντες,
μᾶλλον δ', εἰ δεῖ τἀληθὲς εἰπεῖν, ἐν τῷ δανείζειν χρεωκοποῦντες. ὁ γὰρ οὐ
γράφει λαμβάνων ἔλαττον, χρεωκοπεῖται; dasselbe Wort in der Bedeutung
'unterschlagen' bei Heraklit Quaest. Hom. S. 14, 10. Auch Wendungen wie Aeschyl. Agam. 479 φρενῶν κεκομμένος 'um den Verstand
gebracht' und Herondas 6, 84 ὅκως τὸν ωὐτῆς μὴ τετρωβόλου κόψῃ
mögen hierher gehören. Die ältesten Zeugnisse, verbunden mit den
Belegen aus der Koine, lassen darauf schließen, daß κόπις, κοπίς,
κοπίζειν in der Bedeutung des Betrügens und als Schimpfwörter
dem altionischen Sprachschatze angehört haben. Denn auch Achaios
ist Ionier, seine Heimat ist Eretria.

[1] Gesetzt, daß Fr. 129 (bei Diogenes VIII 6) gefälscht wäre zu
dem Zwecke, eine Fälschung auf den Namen des Pythagoras zu
akkreditieren, so müßte jedenfalls der Fälscher sich die Sache selber
unbegreiflich schwer gemacht haben, denn aus den Worten ἐκλεξάμενος ταύτας τὰς συγγραφάς folgt noch nicht im mindesten, daß
Pythagoras die Aufzeichnungen (συγγράφειν = literis mandare),
die er sammelte oder auswählte (nämlich für seine Zwecke: so wie ein
χρησμολόγος einer ist, der sich aufs Sammeln von Orakelsprüchen
gelegt hat; und auch dessen Kunst bestand nicht nur im Sammeln,
sondern auch im Auswählen, ἐκλέγεσθαι: vgl. Herodot VII 6) selbst
geschrieben haben müsse, viel eher noch das gerade Gegenteil;
und die Gewißheit, mit der der Interpret den Worten eine solche
Bedeutung unterschiebt ('Ηράκλειτος γοῦν ὁ φυσικὸς μονονουχὶ κέκραγε
ιια! ρησιν), spricht doch entschieden sehr dafür, daß er tatsächlich
nur der Interpret und nicht zugleich noch im Geheimen der Verfasser ist. Wenn ταύτας τὰς συγγραφάς auf ἱστορίη bezogen steht
und solche Schriften bedeutet, die auf ἱστορίη Bezug haben, so ist
das eine Härte, die man nur in archaischer Sprache vertragen kann;
vgl. Demokrit Fr. 182: τὰ μὲν καλὰ χρήματα τοῖς πόνοις ἡ μάθησις

der Ilias 15, 14 (ἦ μάλα δὴ κακότεχνος, ἀμήχανε, σὸς δόλος, Ἥρη),
κακοτεχνίας δίκη im Attischen die Klage wegen Stellung falscher
Zeugen. Heraklit beschuldigt den Pythagoras, das Volk durch
scheinbare Beweise übermenschlichen Wissens hinters Licht
geführt zu haben, wie z. B. dadurch, daß er den Schild des
Euphorbos wiederzuerkennen vorgab, daß er den Myllias
zum Grabe des Midas schickte, daß er Erdbeben und Todes-
fälle voraussagte, und was man sich dergleichen mehr von
ihm erzählte; er setzt ebenso die populäre Tradition voraus,
die in Pythagoras einen Albertus Magnus sah, wie Ion und
Empedokles, und er brandmarkt, ähnlich wie Xenophanes
in seinen Sillen, diesen Wundermann Pythagoras als Arche-
geten aller ψευδῶν τέκτονες καὶ μάρτυρες (Fr. 28), die ihre
Sünden im Jenseits würden zu büßen haben.

★   ★
⁂

Die Lehre von den Gegensätzen ist entsprungen auf den
Höhen der Logik und der Metaphysik, nicht in den Tiefen
und dem Dämmer der Mystik und der Theosophie. An diesem
Ergebnis kann auch die Aufzählung der Gegensätze in dem
Sühnegedichte des Empedokles nichts ändern, Fr. 122:

ἐξεργάζεται, τὰ δ' αἰσχρὰ ἄνευ πόνων αὐτόματα καρποῦται. καὶ γὰρ οὖν
οὐκ ἐθέλοντα πολλάκις ἐξείργει τοιοῦτον εἶναι, wo τοιοῦτον auf τὰ αἰσχρά
bezogen werden muß. Wie hätte ein Fälscher auf dergleichen verfallen können? Und endlich müßte in diesem Falle die Fälschung auf
den Namen des Pythagoras das Frühere, die auf den Namen Heraklits
das Spätere und Abgeleitete sein; aber das Umgekehrte ist der Fall,
die pythagoreische Fälschung hat den Tadel Heraklits genau so
zur Voraussetzung wie das unter dem Titel κοπίδες gefälschte Pytha-
gorasbuch das Heraklitwort von den κοπίδες: οὕτω δὲ εἶπεν ἐπειδήπερ
ἐναρχόμενος ὁ Πυθαγόρας τοῦ φυσικοῦ συγγράμματος λέγει ὧδε· οὐ
μὰ τὸν ἀέρα τὸν ἀναπνέω, οὐ μὰ τὸ ὕδωρ τὸ πίνω, οὔκοτ' οἴσω (Diels:
οὐ κατοίσω) ψόγον περὶ τοῦ λόγου τοῦδε: so beginnt auch Heraklit:
τοῦ λόγου τοῦδε ... Und man braucht die beiden Fragmente nur
gegeneinander zu halten, um in dem einen alle Spuren der Echtheit,
in dem anderen alle Spuren des ungeschicktesten Fälschertums zu
entdecken. Wie soll demselben Manne der Betrug das eine Mal so
schlecht, das andere Mal so täuschend gut gelungen sein?

ἔνθ᾽ ἦσαν Χθονίη τε καὶ Ἡλιόπη ταναῶπις,
Δῆρίς θ᾽ αἱματόεσσα καὶ Ἁρμονίη θεμερῶπις,
Καλλιστώ τ᾽ Αἰσχρή τε, Θόωσά τε Δηναίη τε,
Νημερτής τ᾽ ἐρόεσσα μελάγκουρός τ᾽ Ἀσάφεια.
Fr. 123: ὡς γὰρ Ἐμπεδοκλῆς φυσικῶς ἐξαριθμεῖται
Φυσώ τε Φιμένη τε, καὶ Ἐνναίη καὶ Ἔγερσις,
Κινώ τ᾽ Ἀστεμφής τε, πολυστέφανος τε Μεγιστώ . .
καὶ Φορύην καὶ Σωπήν τε καὶ Ὀμφαίην καὶ πολλὰς ἄλλας.

Dunkel und Licht oder, um genauer zu sein, πυκνόν und
ἀραιόν, der Gegensatz des dichten, dunklen Erdstoffs zu
dem dünnen, hellen Feuerstoff, Streit und Eintracht, Werden
und Vergehen (oder Wachstum und Tod), Wachen und
Schlafen, Bewegung und Ruhe, Schnell und Langsam, Groß
und Klein — denn der Megisto, als der Personifikation des
Großen muß die Personifikation des Kleinen gegenüber-
gestanden haben; Cornutus, unser Gewährsmann, hat die
Reihe mit dem zweiten Verse abgebrochen und nur noch
drei Namen aus der Fülle der übrigen herausgegriffen —
Schön und Häßlich, Ordnung und Zufall (φορυτός heißt
Kehricht), Wahrheit und Ungewißheit, Rede und Schweigen:
es sind dieselben Begriffe, die uns aus Heraklit und Parmenides
bekannt sind. In der Bildersprache des Dunklen nehmen
sie sich freilich wohl ein wenig dunkler und prächtiger aus:
„Tag und Nacht sind eins" (Fr. 57). „Der schönste Affe ist
häßlich, mit dem Menschen verglichen" (Fr. 82). „Der
weiseste und schönste Mensch ist nur ein Affe gegen Gott"
(Fr. 82). „Der schönste κόσμος — ein Kehrichthaufe" (Fr.
124). „Die unendliche Sonne — eines Menschen Fuß breit"
(Fr. 3)[1]: d. h. schön und häßlich und groß und klein sind
ein und dasselbe, da uns das Häßliche schön und das Große
klein erscheint. „Als ein und dasselbe wohnt den Wesen
die Kraft des Lebens und des Todes inne und des Wachens
und des Schlafens und des Jungseins und des Alterns"
(Fr. 88). Der Gegensatz der Ruhe und der Bewegung kehrt
wieder in den Fragmenten 125, 84, 111, 75, und daß auch

---

[1] Epikur muß seine übereinstimmende Schätzung der scheinbaren Sonnengröße aus der Vorsokratik haben.

der Gegensatz der Rede und des Schweigens dem Heraklit oder doch dem Kreise, aus dem die Philosophie des Heraklit hervorgegangen ist, nicht unbekannt war, dürfen wir wohl aus der Schrift de victu c. 11 schließen: *διαλεγόμενα οὐ διαλεγόμενα, γνώμην ἔχοντα ἀγνώμονα, ὑπεναντίος ὁ τρόπος ἑκάστων ὁμολογεόμενος.*

Die Übereinstimmung mag überraschen, aber es geht nicht an, sie dadurch zu erklären, daß man den Empedokles von Heraklit abhängig sein läßt — von der Verschiedenheit der Fassungen abgesehen, schon darum nicht, weil Heraklit im Zwiespalt ein Problem erblickt, ihn zu versöhnen trachtet und über ihn hinaus zur Harmonie und Einheit strebt, während für Empedokles wie für Parmenides die Gegensätze schlechtweg Gegensätze sind, von einer Einfachheit und Offenheit, die nichts an ihnen zu deuteln läßt. So bleibt nur Eine Erklärung: beide als Repräsentanten Einer Tradition und abhängig von einer und derselben Fragestellung zu betrachten. In der Tat begegneten wir denn auch schon in der eleatischen Ableitung der Gegensätze, in der *δόξα* des Parmenides, dem Dreiverein Tod, Schlaf und Altern, der als sein Komplement die Kräfte des Lebens, des Erwachens und der Jugend erfordert. Und daß auch schon bei Parmenides die *Σιωπή*, zusammen mit dem Tode, der Finsternis, der Kälte und dem Vergessen, auf der Seite der Verneinung stand, als Gegensatz zur Macht des Lautbaren, ergibt sich aus den Angaben des Theophrast über die Sinneswahrnehmungen: *ὅτι δὲ καὶ τῷ ἐναντίῳ καθ' αὑτὸ ποιεῖ τὴν αἴσθησιν, φανερὸν ἐν οἷς φησι τὸν νεκρὸν φωτὸς μὲν καὶ θερμοῦ καὶ φωνῆς οὐκ αἰσθάνεσθαι διὰ τὴν ἔκλειψιν τοῦ πυρός, ψυχροῦ δὲ καὶ σιωπῆς καὶ τῶν ἐναντίων αἰσθάνεσθαι.* Überhaupt mag die Aufzählung der Mächte bei Parmenides, die mit Eros und Eris begann, von der Empedokleischen nicht allzu verschieden gewesen sein. Der Gegensatz der Ruhe und Bewegung ist ein eleatischer Hauptbegriff und wenn nicht aus Parmenides, so ist doch aus Epicharm (Fr. 2) auch der Gegensatz des Großen und Kleinen als eleatisch hinreichend gesichert. Für die Gegensätze *καλόν αἰσχρόν, ἀγα-*

θόν κακόν (Herakl. Fr. 58) sind allerdings eleatische Parallelen nicht vorhanden, doch daß auch die Heimat dieser Begriffe der Westen ist, darf aus Alkmaions Schrift geschlossen werden, Fr. A 3: φησὶ γὰρ εἶναι δύο τὰ πολλὰ τῶν ἀνθρωπίνων, λέγων τὰς ἐναντιότητας οὐχ ὥσπερ οὗτοι (die Pythagoreer), διωρισμένας ἀλλὰ τὰς τυχούσας, οἷον λευκὸν μέλαν, γλυκὺ πικρόν ἀγαθὸν κακόν, μέγα μικρόν. Hier sind eleatisch die Begriffe λευκὸν μέλαν, μέγα μικρόν; und γλυκὺ πικρόν kehrt wieder in dem Heraklitischen Gleichnisse vom Meerwasser, Fr. 61. Als einen Absenker derselben Entwicklung haben wir endlich auch die Kategorientafel der Pythagoreer zu betrachten (Arist. Metaph. S. 986 a): πέρας καὶ ἄπειρον, περιττὸν καὶ ἄρτιον, ἓν καὶ πλῆθος, δεξιὸν καὶ ἀριστερόν, ἄρρεν καὶ θῆλυ, ἠρεμοῦν καὶ κινούμενον, εὐθὺ καὶ καμπύλον, φῶς καὶ σκότος, ἀγαθὸν καὶ κακόν, τετράγωνον καὶ ἑτερομῆκες. Davon sind eleatisch πέρας καὶ ἄπειρον, ἓν καὶ πλῆθος, ἄρρεν καὶ θῆλυ (Parmenides Fr. 12 πέμπουσ' ἄρσενι θῆλυ μιγῆν τό τ' ἐναντίον αὖτις ἄρσεν θηλυτέρῳ), ἠρεμοῦν καὶ κινούμενον, φῶς καὶ σκότος; in den Kreis des Heraklit und Alkmaion weisend ἀγαθὸν καὶ κακόν und εὐθὺ καὶ καμπύλον, denn um die Koinzidenz auch dieses Gegensatzes zu beweisen, hat Heraklit das Gleichnis von der Walkerschraube doch wohl recht an den Haaren herbeigezogen (Fr. 59): γναφείῳ ὁδὸς εὐθεῖα καὶ σκολιὴ μία ἐστὶ καὶ ἡ αὐτή. Wie denn auch der Heraklitische Gegensatz des oben und unten zugleich pythagoreisch ist: Simplicius zu Arist. phys. S. 386, 20 (Diels Vors. 45 B 30) τὸ γοῦν δεξιὸν καὶ ἄνω καὶ ἔμπροσθεν καὶ ἀγαθὸν ἐκάλουν, τὸ δὲ ἀριστερὸν καὶ κάτω καὶ ὄπισθεν καὶ κακὸν ἔλεγον, ὡς αὐτὸς Ἀριστοτέλης ἱστόρησεν ἐν τῇ τῶν Πυθαγορείοις ἀρεσκόντων συναγωγῇ. So bleiben, nach der einfachsten Regel der recensio, als rein pythagorische Bestandteile der Kategorientafel nur die mathematischen Begriffe übrig, und selbst von diesen haben den Gegensatz des Geraden und Ungeraden die Eleaten den Pythagoreern gleichfalls schon vorweggenommen: „Wenn man zu einer geraden oder ungeraden Zahl eins zufügt oder von ihr wegnimmt, bleibt dann noch dieselbe Zahl?" fragt schon der Xenophaneer bei Epicharm. Nur ist freilich bei

Epicharm der Gegensatz noch ohne geheimnisvolle Bedeutung, nur eines der beliebig vielen Beispiele für die Unmöglichkeit des Werdens oder, entsprechend der Xenophanischen Umdeutung des eleatischen Gedankens, für den Wechsel und die Zwiespältigkeit des Irdischen im Gegensatze zur Gottheit. Die Mystik hat sich all dieser Begriffe erst bemächtigen können, nachdem die Philosophie des Seins das Denken aus dem Banne der Physik befreit und auf die geistigen Phänomene gelenkt hatte. Zum ersten Male erwachen sehen wir diesen Trieb zur religiösen Deutung bei Xenophanes, er steigert sich alsdann ins Mystisch-Erhabene bei Alkmaion, in der Lehre von dem irdischen Dualismus, der als tieferer Sinn der medizinischen Theorie der Qualitäten erkannt wird, und — wie wir ergänzen dürfen — der göttlichen Harmonie, um seinen stärksten Ausdruck zu erreichen im Symbolismus Heraklits, des Priesters, der in das Problem des Widerspruchs sein übervolles Herz ausschüttet und es, wie Platon die Ideen, mit dem Tiefsten erfüllt, was des Menschen Brust bewegt, gleich einem Tonkünstler, der uns mit der einfachsten Melodie durch alle Tiefen und Höhen der Seele führt. Und so ist denn schließlich die Lehre von den Gegensätzen auch in die Orphik eingedrungen und hat die Gestalten hervorgebracht, die bei Empedokles die Seele bei ihrem Eintritt in den irdischen Leib umringen. Der Gedanke freilich, daß das Werden und der Zwiespalt Ursache des Leidens sei, daß die Erkenntnis des All-Einen und des Sinnentruges die Seele auf den Weg führe, sich von dem Leiden zu befreien — um diesen Gedanken zu erfassen und durchzuführen, dazu waren, wie es scheint, die Griechen doch nicht Inder genug. Der Pessimismus hat in ihrem philosophischen Denken wohl hie und da den Ausdruck bestimmt, doch hat er kein Problem erzeugt, er hat wohl Nebengedanken erregt, wie bei Parmenides in den trüben Worten: πάντα γὰρ ἦ στυγεροῖο τόκου καὶ μίξιος ἄρχει oder in den πολύκλαυτοι γυναῖκες bei Empedokles oder in der Behauptung des Melissos, das All-Eine kenne weder Schmerz noch Krankheit, doch solche Ansätze und Möglichkeiten sind nur Möglichkeiten und Ansätze geblieben — hat es vielleicht nur an einem Buddha gefehlt, um eine Religion daraus zu machen? Aber nicht gründlicher könnte man jedenfalls die Tatsachen der Überlieferung auf den Kopf stellen, als wenn man die willkürliche Verwendung der Gegensätze in der Orphik für ihre ursprüngliche Bestimmung halten und die eleatische Logik aus einer orphisch-pythagoreischen Mystik ableiten wollte. Auch die Lehre von den Gegensätzen, auch die Kategorientafel eröffnet keinen Weg, der von den Pythagoreern hinauf zu Pythagoras führte.

★   ★
★

Daß eine Philosophenschule sich aus freier Wahl nach einem Manne benennt, der auf die Entwicklung ihrer Lehre nicht den geringsten Einfluß hatte, dieser Fall steht nicht vereinzelt da in der Geschichte der Philosophie des ausgehenden fünften Jahrhunderts: in noch befremdlicherer Lage als die Pythagoreer befinden sich, was ihren Namen anlangt, ihre heraklitéischen Zeitgenossen. Freilich ist es bis jetzt, soviel ich weiß, noch keinem Philosophiehistoriker in den Sinn gekommen, an der Urkundlichkeit und historischen Berechtigung des Herakliteernamens einen Zweifel laut werden zu lassen, ja man hat nicht einmal eine Schwierigkeit dabei gefunden, dem Einsiedler eine Schule anzuhängen, die sich bis in Platons Jugendzeit gehalten und es sogar in dem Athen der Sophisten zu einigem Erfolge gebracht hätte; noch mehr, man hat den Ursprung der etymologischen Forschungen eines Kratylos bei Heraklit selbst zu entdecken geglaubt, und daß vollends die Flußlehre, zu der sich diese Männer bekannten, von dem Ephesier herstamme, schien über allen Zweifel erhaben. Nun begibt sich das Erstaunliche, daß Platon im Theätet dieselben Herakliteer mit Protagoras zusammenwirft, und was noch seltsamer berührt, daß in der Tat kein wesentlicher Unterschied in ihren Theorien aufzuspüren ist. Folglich ist auch Protagoras ein Herakliteer?

So hat man allerdings geschlossen. Aber wäre da nicht eine andere Frage ebenso am Platze: ob auch diese Herakliteer — wirklich Herakliteer sind?

Mir steht fest, daß auch Protagoras vor allem Schüler der Eleaten war, daß auch sein Relativismus aus der eleatischen δόξα entwickelt ist. Hatte das Problem der Gegensätzlichkeit Parmenides dazu verführt, die Sinnenwelt als leeres Wahngebilde zu betrachten, so sucht Protagoras dasselbe Problem dadurch zu lösen, daß er die Widersprüche und Wechsel der Erscheinungen aus den Beziehungen des Menschen zu dem „Dinge an sich" erklärt. Was den Eleaten gleichsam auf dieselbe Fläche projiziert und darum als Trugbild, als ein Bild des inneren Widerspruches erscheinen mußte, teilt sich in seinen Augen, rückt auseinander und schiebt sich zu einer Perspektive zurecht. Die Widersprüche bestehen, so lehrt er, weder in den Dingen selbst, noch in dem Menschen selbst, sie finden ihre Lösung weder in einer mystischen Vereinigung von Dissonanz und Harmonie, der Lehre Heraklits, noch in der Unterscheidung eines reinen, wahren Seins von einer trügerischen Welt der Sinne. Sie erklären sich vielmehr aus dem wechselnden Verhältnis des Erkennenden zu seinem Gegenstande. So wird der Erkennende selbst, der Mensch, zum Maße für alles Sein und Nichtsein; einzig und allein von seinem Zustande hängt es ab, ob eine Wahrnehmung in ihm entsteht oder ausbleibt, ob sie so oder so beschaffen ist, ob die Benennungen, die er den Dingen beilegt, möglich oder unmöglich, wahr oder falsch, ob sie ὄντα oder οὐκ ὄντα sind. Hatten die Eleaten aus dem Wechsel zwischen Sein und Nichtsein auf die Falschheit aller Benennungen und Wahrnehmungen geschlossen: οὐ γὰρ ἂν μετέπιπτεν, εἰ ἀληθῆ ἦν .. ἦν δὲ μεταπέσῃ, τὸ μὲν ἐὸν ἀπώλετο, τὸ δὲ οὐκ ἐὸν γέγονεν (Mel. Fr. 9), so zieht Protagoras den entgegengesetzten Schluß: πάντων χρημάτων μέτρον ἐστὶν ἄνθρωπος, τῶν μὲν ὄντων ὡς ἔστι, τῶν δὲ οὐκ ὄντων ὡς οὐκ ἔστιν. Es läßt sich schwerlich daran zweifeln, daß „der Mensch" in diesem Satze zunächst und ursprünglich, wie auch bei den Eleaten, generell gedacht war, aber der generelle Sinn des Wortes schloß zugleich den individuellen in sich. Schon um des Problemes willen durfte hier Protagoras nicht scheiden, selbst gesetzt, daß er es überhaupt gekonnt hätte; schon um des Problemes willen mußte er davon ausgehen, daß der Erkennende, als Genus, etwas durchaus Schwankendes, Vielfältiges und in fortwährendem Übergange und Flusse Begriffenes sei, und daß der generellen Wandelbarkeit des Menschen eine unendliche Vielfältigkeit des individuellen Erkennenden entsprechen müsse. So schien sich ihm die Relativität aller Erkenntnis ebenso sehr durch das Genus Mensch wie durch das Individuum zu beweisen. Der Gedanke an eine Subjektivierung und Kritik der Erkenntnis im modernen Sinne lag ihm ebenso fern wie der Wunsch, die Wirklichkeit der äußeren Welt zu leugnen oder den Skeptizismus als die einzig mögliche Denkart zu empfehlen. So ist es nicht verwunderlich, sondern im Gegenteil nur in der Ordnung, daß er, wiederum als getreuer Schüler der Eleaten, als Grundlage und Komplement zu seiner Erkenntnislehre einer Stofflehre bedurfte, daß er sich selbst seinen Relativismus nur durch metaphysische Voraussetzungen zu erklären wußte. Waren die Wahrnehmungen, die Begriffe und alle Erkenntnis-etwas Schwankendes und Fließendes, so konnte das nur daran liegen, daß der Mensch, als Stoff betrachtet, etwas Fließendes und Übergehendes, niemals in derselben Form Beharrendes war; und da nach altem Eleatengrundsatz das Erkennende seiner Struktur nach dem Erkannten gleich sein mußte, so ergab sich gleichfalls für das Ding an sich, daß es aller Bestimmtheit bar in ewigem Flusse begriffen war, zwar alle Möglichkeiten der Gestaltung und Prädizierung in sich trug, doch niemals selbst Gestaltungen hervorbrachte. Nur wo zwischen den beiden Strömen eine Verbindung stattfand, wo von beiden Gleiches sich mit Gleichem traf, entstand ein Sein, Erkenntnis, Urteil, Wahrnehmung und Form. Wenn daher dasselbe Ding bald groß, bald klein, bald warm, bald kalt, bald süß, bald bitter erscheint, so folgt daraus nicht, wie die Eleaten geschlossen hatten, daß alle empirische Erkenntnis falsch sein müsse, sondern im Gegenteil, daß jede Erkenntnis wahr sein, ja daß der Begriff der falschen Erkenntnis eine contradictio in adiecto sein müsse. Erinnern wir uns der Mischungen von Dunkel und Licht, die nach Parmenides nicht nur im Menschen, sondern in allen Dingen ohne Ausnahme, wo sich zwei gleiche Mischungen begegnen, auch Erkenntnis hervorrufen, bedenken wir dazu, daß auch Parmenides nicht anders konnte als sich zu jedem Stoffe einen Begriff, zu jedem Begriffe einen Stoff hinzuzudenken, in der δόξα wie in der ἀλήθεια, daß sich auch ihm jede begriffliche Operation als materieller Vorgang, jeder materielle Vorgang als begriffliches Phänomen darstellte, so werden wir nicht zweifeln, wo wir die historische Anknüpfung für die Erkenntnislehre des Protagoras, sofern sie zugleich Stofflehre ist, zu suchen haben. Der einzige wesentliche Unterschied zwischen ihr und der δόξα ist, daß an die Stelle der Mischungen der „Fluß" getreten ist; und daß dieser Ersatz der Theorie an sich nicht eben sehr zum Vorteil war, liegt auf der Hand[1].

Die Herakliteer des ausgehenden fünften Jahrhunderts haben mit Protagoras Problem wie Lösung gemein; auch sie sind Anhänger der Flußlehre lediglich, weil sie Erkenntnistheoretiker und als solche Relativisten sind; ἡρακλειτίζειν und Relativist sein ist für Aristoteles dasselbe. Ich glaube, es versteht sich und bedarf nicht erst der Auseinandersetzung, daß dieser Relativismus ganz und gar nicht sich als

---

[1] Daß der Bericht des Sextus (Pyrrh. Hyp. I 216) durchaus zuverlässig ist und nicht etwa von Platons Theätet abhängt, beweisen, von allem anderen abgesehen, die eleatischen Begriffe, die sich in ihm vorfinden: φησὶν οὖν ὁ ἀνὴρ τὴν ὕλην ῥευστὴν εἶναι, ῥεούσης δὲ αὐτῆς συνεχῶς προσθέσεις ἀντὶ τῶν ἀποφορήσεων γίγνεσθαι (vgl. Hippokr. de victu I 6 οὔτε προσθέσιος οὔτε ἀφαιρέσιος δεομένη τῶν μερέων) καὶ τὰς αἰσθήσεις μετακοσμεῖσθαί τε καὶ ἀλλοιοῦσθαι παρά τε ἡλικίας καὶ παρὰ τὰς ἄλλας κατασκευὰς τῶν σωμάτων: dieselben beiden Arten der Veränderung, die räumliche und die qualitative, bei Melissos Fr. 7: εἰ γὰρ ἑτεροιοῦται... ἀλλ' οὐδὲ μετακοσμηθῆναι ἀνυστόν. Zu dem Argumente von den Altersunterschieden vgl. Epicharms Fr. 7: ὁ μὲν γὰρ αὔξεθ' ὁ δέ γα μὰν φθίνει.. καὶ τὺ δὴ κἀγὼ χθὲς ἄλλοι καί νυν ἄλλοι τελέθομες.

eine natürliche und folgerichtige Fortentwicklung aus der
Lehre von dem materiellen Flusse und Werden aller Dinge darstellt, daß durchaus nicht das erkenntnistheoretische Problem
erst durch das Problem der Materie hat gezeitigt werden
müssen, sondern daß umgekehrt die logische und erkenntnistheoretische Frage das war, was hier kommandierte und voran-
ging, daß die Flußlehre nur eine Auslegung und Lösung dieser
Frage, nichts als eine Folge und Konsequenz war aus dem
Relativismus. Nun ist es Tatsache, daß Heraklit weder eine
solche Flußlehre noch einen solchen Relativismus kennt — das
einzige Fragment, das sich in diesem Sinne mißverstehen ließe,
das Gleichnis von dem Strome hat in Wahrheit, wie wir sahen,
eine ganz andere Bedeutung — geschweige denn, daß jene
für Protagoras wie für die Herakliteer so charakteristische
Verbindung zwischen Erkenntnistheorie und Flußlehre bei
dem ächten Heraklit in irgendwelcher Weise angedeutet
oder vorbereitet wäre. Wenn er die Sinne schlechte Zeugen
schilt, so tadelt er an ihnen, daß sie die Einheit im Zwiespalt,
die Identität in der Erscheinungen Flucht nicht wahrnehmen,
wogegen die Herakliteer die Vorstellungen für eine Täuschung erklären, weil sie Beharren und Identität vorspiegeln,
wo nur Fluß und Wechsel sei; das eine ist Kritik der Sinne
und nicht wesentlich verschieden von den Betrachtungen
über die Paradoxie des Weltgesetzes wie Fr. 86: ἀπιστίη δια-
φυγγάνει μὴ γιγνώσκεσθαι, das andere Kritik des Denkens, die
die Erkenntnis überhaupt in Frage zieht, das eine zugunsten
des ταὐτόν, das andere zugunsten des ἑτεροιοῦσθαι.. Kann es
noch größere Unterschiede geben? Dagegen finden wir alle Bedingungen, die für die letzte Vorstufe und Vorbereitung dieser
Theorie zu fordern sind, erfüllt in dem Beweise des Melissos
über die Tru̇glichkeit der Sinnenwelt (Fr. 8): δοκεῖ δὲ ἡμῖν τό
τε θερμὸν ψυχρὸν γίνεσθαι καὶ τὸ ψυχρὸν θερμὸν καὶ τὸ σκληρὸν
μαλθακὸν καὶ τὸ μαλθακὸν σκληρὸν καὶ τὸ ζῶον ἀποθνῄσκειν καὶ ἐκ
μὴ ζῶντος γίνεσθαι, καὶ ταῦτα πάντα ἑτεροιοῦσθαι, καὶ ὅ τι ἦν τε
καὶ ὃ νῦν οὐδὲν ὅμοιον εἶναι, ἀλλ᾽ ὅ τε σίδηρος σκληρὸς ἐὼν τῷ
δακτύλῳ κατατρίβεσθαι ὁμοῦ ῥέων, καὶ χρυσὸς καὶ λίθος καὶ ἄλλο
ὅ τι ἰσχυρὸν δοκεῖ εἶναι πᾶν, ἐξ ὕδατός τε γῆ καὶ λίθος γίνεσθαι.

Auch das Allerhärteste, Eisen und Stein, ist zugleich[1] etwas Fließendes, wie umgekehrt das Allerflüssigste, das Wasser, sich in Erde und Stein verwandelt. Und diese Wandelbarkeit der Materie, die schon hier als Fluß gedacht ist, die Formlosigkeit des Stoffes, dessen εἴδη eitler Schein und Mißverständnis sind (§ 4), dienen schon bei Melissos dem erkenntnistheoretischen Satze zur Begründung: ὥστε συμβαίνει μήτε ὁρᾶν μήτε τὰ ὄντα γινώσκειν. Hätten diese Herakliteer sich nach ihrer wahren Abstammung benennen wollen, so hätten auch sie sich Eleaten nennen müssen. Aber daran hinderte sie die Überschätzung dessen, was sie von den Eleaten trennte, was im Grunde doch nur eine Negation war: daß sie den charakteristischen und als das Wesentliche auch heute noch betrachteten Teil der eleatischen Lehre, die ἀλήθεια, verwarfen, um dafür sich aus der eleatischen δόξα eine neue und eigene Wahrheit zu gewinnen[2]. Und da sie nebenbei derselbe hie und da bei den Sophisten auch sonst auftauchende Wunsch beseelte, der sich bei den Stoikern, den Erben all solcher sophistischen Neigungen, bis zur Manie gesteigert hat, der Wunsch, die eigenen Ansichten durch ältere, womöglich allerälteste Autoritäten bezeugt zu finden, da sie darum den Empedokles und andere Philosophen aber auch den Musaios und Homer in ihrem Sinne

---

[1] Ich muß gestehen, kein genau entsprechendes Beispiel für einen solchen Gebrauch des ὁμοῦ zur Hand zu haben; aber wie ich glaube, muß der Sinn entscheiden.

[2] Auch was Anaxagoras und mit ihm die Herakliteer an Beispielen für den Wechsel, die ῥοή aller Erscheinungen anführen, deckt sich genau mit Sätzen der Eleaten: ψυχρόν θερμόν Theait. S. 152 B, μέλαν λευκόν S. 153 E: dieselben Beispiele wie bei Melissos. Und das Rechenexempel mit den Astragalen stimmt doch gar zu auffallend mit Epicharms αὐξανόμενος λόγος überein: Theait. S. 154 C ἀστραγάλους γάρ που ἕξ, ἂν μὲν τέτταρας αὐτοῖς προσενέγκῃς, πλείους φαμὲν εἶναι τῶν τεττάρων καὶ ἡμιολίους, ἐὰν δὲ δώδεκα, ἐλάττους καὶ ἡμίσεις· καὶ οὐδὲ ἀνεκτὸν ἄλλως λέγειν· ἢ σὺ ἀνέξει; Οὐκ ἔγωγε. Τί οὖν; ἄν σε Πρωταγόρας ἔρηται ἢ τις ἄλλος· ὦ Θεαίτητε, ἔσθ᾽ ὅπως τι μεῖζον ἢ πλέον γίγνεται ἄλλως ἢ αὐξηθέν; τί ἀποκρινεῖ; usw. = Epicharm: αἰ πὸτ ἀριθμόν τις περισσόν, αἰ δὲ λῆς, πὸτ ἄρτιον, ποτθέμειν λῆ ψᾶφον ἢ καὶ τᾶν ὑπαρχουσᾶν λαβεῖν, ἦ δοκεῖ κά τοί γ᾽ ἔθ᾽ ωὑτὸς εἶμεν;

auslegten[1] und mit derselben Erwartung auch den wahren
Sinn der Wörter zu erforschen suchten — denn Etymologie
und Mythendeutung haben beide diesen Wunsch zum Vater —
so verfielen sie auf Heraklit, erblickten in ihm, als dem Gegner
der Eleaten, ihren eigenen Propheten, nannten sich stolz
Ἡρακλείτειοι und haben damit bewirkt, daß Heraklit
als Vater der Flußlehre, als Verkündiger des *πάντα ῥεῖ καὶ
οὐδὲν μένει* durch die Jahrhunderte gegangen ist[2].

Die Lehre von dem Seienden, in der sich alles Denken
der Eleaten zu erschöpfen schien, war doch nur der ver-
gänglichste und schwächste Teil ihrer Philosophie: was von
ihr fruchtbar wurde und zu immer neuen Lösungen hin-
drängte, das Problem, dessen Erscheinen zum entscheidenden
Ereignis in der Geschichte des abendländischen Denkens
werden sollte, war die *δόξα* oder das Problem des Widerspruchs. Aus ihm haben sich, als Triebe einer Wurzel,
Lösungen so grundverschiedener Art entwickelt, daß darüber
die Gemeinsamkeit des Ursprungs in Vergessenheit geraten ist.
Und dabei dürfen wir nicht einmal hoffen, mit den Namen
Heraklits, der Herakliteer, Demokrits, Empedokles, Protagoras alle Erzeugnisse, zu denen dies Problem anregen
mochte, aufgezählt zu haben. Gibt es auch der Lücken in
der Überlieferung der Vorsokratiker weniger als in den
Überlieferungen anderer Literaturgattungen, so enthebt uns
das doch nicht der Pflicht, wenn nicht mit bekannten so doch
möglichen Ausfällen auch in dieser Überlieferung zu rechnen.

---

[1] Theaitet S. 152 E, 153 C D; Kratyl. S. 402 A B.

[2] Wenn Platon im Theätet schreibt, S. 179 E: *καὶ γάρ, ὦ Σώ-
κρατες, περὶ τούτων τῶν 'Ηρακλειτείων, ἢ ὥσπερ σὺ λέγεις 'Ομηρείων,
καὶ ἔτι παλαιοτέρων, αὐτοῖς μὲν τοῖς περὶ τὴν "Εφεσον, ὅσοι προσποιοῦνται
ἔμπειροι εἶναι, οὐδὲν μᾶλλον οἷόν τε διαλεχθῆναι ἢ τοῖς οἰστρῶσιν*, so darf
man daraus schwerlich schließen, daß es eine Schule der Herakliteer
in Ephesus gegeben hätte. *Οἱ περὶ τὴν "Εφεσον* umschreibt die sich
von Heraklit selbst ableitenden Herakliteer' zum Unterschiede von
ihren Vorläufern. Auch würde ich aus S. 179 D nicht zu schließen
wagen, daß die Schule sich besonders in Ionien ausgebreitet hätte;
vgl. das *'Ελεατικὸν ἔθνος* und die *'Ιάδες καὶ Σικελικαί τινες Μοῦσαι* im
Sophisten S. 242 D.

Wir stoßen auf eleatische Sätze bei Xeniades aus Korinth,
bei Gorgias, bei dem Sophisten Antiphon[1], bei Philolaos[2],
bei Diogenes, bei dem Megariker Herakleides, bei den „Ideen-
freunden", die der Fremdling aus Elea in Platons Sophisten
zusammen mit den Eleaten nennt und deren Lehre ihm aus
seiner Heimat, wie er sagt, vertraut sei[3], und wir treffen in
Platons eigenen Lehren, die er im Sophisten und Theätet
entwickelt, so lebendige Nachwirkungen eleatischer Gedanken, daß man mehr darin zu spüren glaubt als bloß gelehrtes Studium des Parmenideischen Gedichts; es wird auch
hier an Interpreten, Weiterbildnern und Vermittlern sehr
verschiedenen Ranges nicht gefehlt haben. Aber die Beziehungen Platons zu den Eleaten fordern ihre eigene Untersuchung; nur zum besseren Verständnis dessen, was Parmenides gewollt, und um uns klar zu werden, was es heißen will,
daß ihm die hundert Jahre dialektischer Entwicklung ab-
gingen, die einem Platon zu statten kamen, sei hier an die Art
erinnert, wie Platon im Sophisten die Parmenideischen Gegensatzpaare ὄν, οὐκ ὄν, ταὐτόν, θάτερον (οὐ ταὐτόν), στάσις κίνη-
σις kritisiert, umbildet und sich zu eigen macht. Mag die
δόξα noch so sehr im anschaulichen, urstofflichen Denken

---

[1] Fr. 1 ὥσπερ καὶ ὁ Ἀντιφῶν ἐν τῷ προτέρῳ τῆς ἀληθείας οὕτω λέγων (Diels: ἐν τῷ λέγον)· ταὐτὸ δὲ γνοὺς ἴσον τε οὐδὲν αὐτῷ οὔτε ὢν
ὄψει ὁρᾷ [μακρότατα] οὔτε ὢν γνώμη γινώσκει ὁ μακρότατα γινώσκων
(so von mir hergestellt; überliefert ist τοῦ τάδε γνοὺς εἰς ἕν τε οὐδὲν
αὐτῶ): es gibt in der Welt kein ταὐτόν und ἴσον, alles ist in bestän-
digem Wechsel; derselbe Gedanke in Fr. 15: εἴ τις κατορύξειε κλίνην
καὶ ἡ σηπεδὼν τοῦ ξύλου ἔμβιος γένοιτο, οὐκ ἂν γένοιτο κλίνη ἀλλὰ ξύλον.

[2] Vgl. oben S. 65 und Fr. 20: ἔστι γὰρ ἡγεμὼν καὶ ἄρχων ἁπάντων θεὸς εἷς, ἀεὶ ὤν, μόνιμος, ἀκίνητος, αὐτὸς ἑαυτῷ ὅμοιος, ἕτερος τῶν
ἄλλων. Das Fragment scheint mir gut und echt; Subjekt ist selbstverständlich nicht die Siebenzahl, sondern θεός; auch mit der πάρθενος
ἀμήτωρ hat es nichts zu tun; Lydus hängt ab von Philo, das
Verhältnis ist dasselbe wie bei dem Heraklitfragment A 19.

[3] Soph. S. 248b: τάχ' οὖν, ὦ Θεαίτητε, αὐτῶν τὴν πρὸς ταῦτα ἀπόκρισιν σὺ μὲν οὐ κατακούεις, ἐγὼ δ' ἴσως διὰ συνήθειαν. Ganz anders,
wo Antisthenes in Frage kommt, S. 251 c: ἐντυγχάνεις γάρ, ὦ Θεαίτητε, ὡς ἐγῷμαι, πολλάκις τὰ τοιαῦτα ἐσπουδακόσιν, ἐνίοτε πρεσβυτέροις
ἀνθρώποις. Hinter der ersten Wendung scheint Platon sich selber
zu verstecken.

festgehalten und befangen sein, in ihrem Leitsatze von den beiden Urstoffen, von denen jeder ἑωυτῷ πάντοσε τωὐτόν, τῷ δ' ἑτέρῳ μὴ τωὐτόν ist, steckt doch im Keime schon derselbe Gedanke, der den Platonischen Kategorien zugrunde liegt, Sophistes S. 255 d: πέμπτον δὴ τὴν θατέρου φύσιν λεκτέον ἐν τοῖς εἴδεσιν οὖσαν, ἐν οἷς προαιρούμεθα. Ναί. Καὶ διὰ πάντων γε αὐτὴν αὐτῶν φήσομεν εἶναι διεληλυθυῖαν (vgl. das Parmenideische διὰ παντὸς πάντα περῶντα Fr. 1, 32; Subjekt ist τὰ δοκοῦντα, aber das ist nur ein anderer Name für ταὐτὸν καὶ οὐ ταὐτόν, εἶναί τε καὶ οὐχί)· ἓν ἕκαστον γὰρ ἕτερον εἶναι τῶν ἄλλων οὐ διὰ τὴν αὑτοῦ φύσιν, ἀλλὰ διὰ τὸ μετέχειν τῆς ἰδέας τῆς θατέρου ... (256 A) τὴν κίνησιν δὴ ταὐτόν τ' εἶναι καὶ μὴ ταὐτὸν ὁμολογητέον καὶ οὐ δυσχεραντέον. οὐ γὰρ ὅταν εἴπωμεν αὐτὴν ταὐτὸν καὶ μὴ ταὐτόν, ὁμοίως εἰρήκαμεν, ἀλλ' ὁπόταν μὲν ταὐτόν, διὰ τὴν μέθεξιν ταὐτοῦ πρὸς ἑαυτὴν οὕτω λέγομεν, ὅταν δὲ μὴ ταὐτόν, διὰ τὴν κοινωνίαν αὖ θατέρου, δι' ἣν ἀποχωριζομένη ταὐτοῦ γέγονεν οὐκ ἐκεῖνο ἀλλ' ἕτερον, ὥστε ὀρθῶς αὖ λέγεται πάλιν οὐ ταὐτόν.

V

Lehnten wir es ab, die Seinslehre, wie bisher geschehen, als Frucht monotheistischer oder pantheistischer Spekulationen zu betrachten, glaubten wir erkannt zu haben, daß Gott mit dem Seienden erst nachträglich geglichen wurde, zu einer Zeit, als das Seiende an sich längst entdeckt war, so bleibt uns zuletzt, nach Überwindung aller anderen Hindernisse, noch die Frage nach dem Ursprunge der Seinslehre zu beantworten als einer reinen und von theologischen Beimischungen freien Logik; einer Logik freilich nicht in dem modernen Sinne einer Wissenschaft von den Gesetzen gültigen Denkens, sondern im Sinne einer Methode rein begrifflichen, grundsätzlich von aller Erfahrung und Anschauung abstrahierenden Denkens. Diese Frage fällt zuletzt zusammen mit der Frage, wie überhaupt der spekulierende Verstand dazu gelangte, seine Aufmerksamkeit von den Gegenständen seiner Sinnes- und Selbstwahrnehmung weg auf allgemeine und allgemeinste, abstrakteste Begriffe zu richten und diese so lange zu fixieren, bis sie ihm unabhängig und zu seinen Erfahrungen im Widerspruche zu stehen schienen. Abstraktion ist allerdings Bedingung alles, auch des primitivsten Sprechens und Denkens. Aber je weiter Sprache und Denken sich entwickelt, desto mehr verdichten sich, verdinglichen und potenzieren sich die Abstraktionen, zumal die aus Eigenschafts- und Zustandsbegriffen abgeleiteten, desto stärker neigen diese dahin, sich von den Vorstellungen, aus denen sie durch Reihenbildung und Zusammenfassung gleicher Merkmale entstanden sind, abzulösen und zu unabhängigen, rein geistigen Symbolen zu erstarren. Hand in Hand mit ihrer Hypostasierung geht ihre Ausbildung zur Übernahme kausaler Funktionen; sie werden Subjekte, sie werden als Kräfte und Mächte gedacht, sie werden im weitesten Umfange personifiziert, sie werden unter die Götter versetzt. Die Kategorien des Subjekts und Prädikats, ursprünglich nur für die Wahrnehmungsinhalte ausgebildet, werden auf Abstrakta zweiten und dritten Grades übertragen. Damit entstehen im formulierten Denken neue Arten der Verknüpfung, die im intuitiven, wenigstens im primitiven intuitiven Denken kein unmittelbar einleuchtendes Gegenbild mehr finden; es bedarf erst einer Übertragung und Zergliederung, um einen solchen in abstracto formulierten Gedanken in seine intuitiven Elemente aufzulösen. Und je lebendiger und selbständiger die Abstrakta werden, desto stärker das Bewußtsein, in ihnen die größere und der Erfahrung gegenüber unabhängigere Wahrheit zu besitzen. Endlich kann die Spannung zwischen dem abstrakten Denken und den Wahrnehmungsvorstellungen, auf die sich alles Denken letzthin zurückbezieht, so groß werden, daß ein Riß entsteht, daß den Abstrakten, dank der Eigentümlichkeit ihrer Verknüpfung, die Zusammenhänge mit den Inhalten, aus denen sie gewonnen sind, abhanden kommen, daß sie losgerissen von ihrer empirischen Verankerung den Boden unter sich verlieren, jede Fessel der Kontrolle von sich abwerfen, bald mit der Erfahrung in Konflikt geraten, um nach leichtem Kampfe über sie den Sieg davonzutragen. So entsteht die Dialektik, welche immer eine Feindin der Erfahrung und der Sinne ist und nur durch diese Feindschaft groß wird.

Es liegt in der Natur dieser Entwicklung, daß sich Dialektik nur da bilden kann, wo die Aufmerksamkeit sich auf solche Abstrakta hinlenkt, die nicht in Gefahr sind, mit den konkreten Gegenständen, aus denen sie sich herausgehoben haben, so bald wieder zu verschmelzen. Solche Abstrakta besitzt das Griechische in den substantivierten Neutren der Adjektiva und Partizipia: τὸ καλόν, τὸ αἰσχρόν, τὸ θερμόν. Wir mögen sie mit Schönheit, Wärme usw. übersetzen, aber

die alten, durch besondere Wortbildung geschaffenen
Prädikatsbegriffe κάλλος, θέρμη, αἶσχος werden doch immer
zu leicht noch als gebunden an konkrete Träger vorgestellt, als daß sie für das spekulative Denken in Betracht
kämen. Merkwürdig ist dagegen die Anziehungskraft, der
gute wie der böse Zauber, den jene substantivierten Neutra
von jeher auf das Denken ausgeübt haben; es gibt kaum eine
Prinzipienfrage in der älteren griechischen Philosophie, die
nicht, grammatisch betrachtet, sich um eines jener Neutra
drehte: das ἄπειρον des Anaximander, das πυκνόν und ἀραιόν
des Anaximenes, das eleatische ὄν, ἕν, ὅμοιον, ταὐτόν, das σοφόν
Heraklits, die Qualitäten ὑγρόν, ξηρόν, θερμόν, ψυχρόν usw.[1]
Was man sich z. B. unter den Qualitäten vorstellte, war freilich Stoff, aber es war zugleich noch mehr als Stoff. Der Name
δυνάμεις, den sie bei den Medizinern führen, besagt an sich
allein schon, daß sie zugleich als hinter und über den
stofflichen Erscheinungen, als höhere Wesenheiten gedacht
wurden, kraft ihrer Allgemeinheit, ihres Rätselwesens, ihres
wechselnden Auftauchens und Verschwindens, kurz kraft
ihrer prädikativen Grundbedeutung. Aber daß man sie nicht
mehr als Eigenschaften, sondern als Subjekte und Mächte
empfand, dafür sorgte der Geist der Sprache, der sie geschaffen hatte, der Drang zur Subjektivierung. Konnten
sie es trotzdem zu keinen losgelösten logischen Gebilden
bringen, so lag das an dem zu geringen, auf das Stoffliche
beschränkten Umfange ihrer Bedeutungen. Günstigere Bedingungen boten die ethischen Abstrakta ἀγαθόν, κακόν,
καλόν, an denen sich die sokratische Dialektik entwickelt
hat, noch günstigere die universalsten Abstraktionen, zu
denen das ionische Denken schon bei seinem ersten kühnen
Fluge sich erhoben hat, das ἄπειρον des Anaximander, das
ὄν des Parmenides.

---

[1] Das geht so weit, daß Heraklit Formen wie ζῶν καὶ τεθνηκὸς καὶ
τὸ ἐγρηγορὸς καὶ τὸ καθεῦδον bildet (Fr. 88): „Als ein und dasselbe
wohnt den Wesen das Prinzip (oder die Kraft) des Lebens und des
Todes und des Wachens und des Schlafens und des Jungseins und des
Alterns inne.“

In der Tat beginnt die Logik in dem Sinne, in dem wir sie faßten, streng genommen schon bei Anaximander. Auch sein ἄπειρον ist freilich Stoff, so gut wie auch das eleatische ὄν noch Stoff ist; aber schon hier wird der abstrakte Begriff, das Wort, Herr über die Anschauung, indem es sich durch seine eigene Kraft und ohne Rücksicht auf Vorstellbarkeit beweist: Aristot. Phys. Γ 4 203ᵇ 6 διὸ καθάπερ λέγομεν, οὐ ταύτης ἀρχή, ἀλλ᾽ αὕτη τῶν ἄλλων εἶναι δοκεῖ καὶ περιέχειν ἅπαντα καὶ πάντα κυβερνᾶν (archaisch), ὥς φασιν ὅσοι μὴ ποιοῦσι παρὰ τὸ ἄπειρον ἄλλας αἰτίας οἷον νοῦν (Anaxagoras) ἢ φιλίαν (Empedokles), καὶ τοῦτ᾽ εἶναι τὸ θεῖον· ἀθάνατον γὰρ καὶ ἀνώλεθρον, ὥς φησιν ὁ Ἀναξίμανδρος καὶ οἱ πλεῖστοι τῶν φυσιολόγων. Wir wissen zudem aus Theophrast (Fr. 2, aus Simplicius), daß Anaximander das ἄπειρον als die ἀρχή τῶν ὄντων bezeichnet hat: wobei ἀρχή, wie sich von selbst versteht, nicht in dem späteren physikalischen Sinne als Urstoff, sondern logisch und begrifflich zu verstehen ist: der Anfang und der Urgrund aller Dinge ist das Unendliche kraft seiner Unendlichkeit, kraft eben seines Begriffs; es ist unsterblich, unvergänglich; da es selber ohne Anfang ist, so müssen alle Dinge, die einen Anfang haben und endlich sind, aus ihm geboren sein. Die Art, wie schon hier aus dem Begriffe der Unendlichkeit die Prädikate ἀθάνατον und ἀνώλεθρον (vermutlich waren es ihrer noch mehr) entwickelt sind, gemahnt an die Prädikate des Parmenideischen ὄν: ὡς ἀγένητον ἐὸν καὶ ἀνώλεθρόν(!)ἐστιν,οὖλον μουνογενές τε καὶ ἀτρεμὲς ἠδ᾽ ἀτέλεστον. Es ist eine müßige Frage, ob Anaximander an die Unendlichkeit des Raumes oder der Zeit oder die qualitative Indifferenz des Urstoffes gedacht habe; so müßig, wie es ist, zu fragen, ob Parmenides mit seinem ὄν im Grunde die Substanz oder das logische Sein im Sinne der Marburger gemeint habe. Am nächsten mag man diesem altertümlichen und uns vielleicht nie ganz erreichbaren Denken kommen, wenn man dem ‚Unendlichen‘ zugleich dynamische Bedeutung gibt; worauf die angeführten analogen Bildungen wie auch die Überlieferung am ehesten zu führen scheint. Denn die von Ewigkeit her zeugende Kraft (τὸ ἐκ τοῦ ἀιδίου γόνιμον θερμοῦ τε καὶ ψυχροῦ

Fr. 1[1]), aus der, nach der Wiedergabe Theophrasts, die Welt
in ihrer heutigen Gestalt hervorging (κατὰ τὴν γένεσιν τοῦδε
τοῦ κόσμου), läßt sich schwerlich anders deuten als auf eben
das ‚Unendliche‘. Und damit übereinstimmend hebt Aristoteles seine Kraftnatur hervor, wenn er unter den fünferlei
Erwägungen, woraus dieser Begriff sich habe bilden können, anführt: ἔτι τῷ οὕτως ἂν μόνως μὴ ὑπολείπειν γένεσιν
καὶ φθοράν, εἰ ἄπειρον εἴη ὅθεν ἀφαιρεῖται τὸ γιγνόμενον·
Ebenso Aëtius I 3: λέγει γοῦν διότι ἀπέραντόν ἐστιν, ἵνα
μηδὲν ἐλλείπῃ ἡ γένεσις ἡ ὑφισταμένη. Parmenides will
Anaximander noch überbieten; er wählt als Prinzip einen
noch höheren, umfassenderen, abstrakteren Begriff als das
Unendliche: das Seiende. Τὰ ὄντα, das bedeutete bis
dahin die Gesamtheit aller Dinge, eben das, was man zu
bestimmen, dessen Wesen man zu ergründen suchte: εἰ
πάντα τὰ ὄντα καπνὸς γένοιτο (Herakl. Fr. 7); τῶν ὄντων πάντων
λεύσσεσκεν ἕκαστον (Empedokl. Fr. 129); ὁρᾶν, ἀκούειν τὰ ὄντα
(Melissos Fr. 8); πάντα τὰ ὄντα ἀπὸ τοῦ αὐτοῦ ἑτεροιοῦσθαι
(Diogenes Fr. 2); ἀνάγκα τὰ ἐόντα εἶμεν πάντα ἢ περαίνοντα ἢ
ἄπειρα (Philolaos Fr. 2). Wenn Parmenides das ὄν selbst
zum Prinzip erhob und damit die ganze bisherige Fragestellung umkehrte, so war ihm auch mit dieser Art der
Umkehr schon Anaximander vorangegangen. Hatte Anaximander geschlossen: die Welt ist unendlich, folglich muß
das Unendliche ihr Ursprung sein, so schließt Parmenides:
die Welt ist — τὰ ἐόντα, folglich ist die wahre Welt (denn
auch der Begriff der Wahrheit lag in dem Worte εἶναι)
— τὸ ἐόν. Nun aber gab es keine Ableitung, kein Werden
mehr, sollte das Seiende beim Worte genommen werden,
alles mußte aus ihm hinausgetrieben werden, was bisher
darin war, und das war die ganze Welt. Aus dem Unendlichen
konnte das Endliche hervorgehen; aber gab es ein Hervorgehen des Nichtseienden aus dem Seienden? Und gab es in
der Welt ein Ding, das nicht in einer Hinsicht οὐκ ὄν war?
Anaximander hatte in dem Unendlichen den Urgrund alles
Seins erkannt. Ist es nur Zufall, daß die Lehre des Parme-

---

[1] Ich folge der Erklärung Heidels classical Philol. 22, 148.

nides in dem entgegengesetzten Satze gipfelt: daß dem Unendlichen ein Mangel, eine Verneinung anhafte, das Seiende
vielmehr begrenzt sein müsse?

οὕνεκεν οὐκ ἀτελεύτητον τὸ ἐὸν θέμις εἶναι·
ἔστι γὰρ οὐκ ἐπιδευές, ἐὸν δ᾽ ἂν παντὸς ἐδεῖτο. (Fr. 8, 32.)

Ist es nur Zufall, daß Parmenides gerade nach diesem
Satze, wie zu einer letzten Vergewisserung, die Hauptge-
danken seiner Beweisführung noch einmal rasch durchläuft[1],
um dann als letzte Konsequenz aus dem Begriffe der Begrenztheit, als all seiner Weisheit höchsten Schluß die
Kugelform zu folgern?

*   *
*

In unserer Zeit, dem Zeitalter der Religionsgeschichte,
mag es eine an sich berechtigte, vielleicht notwendige
Erscheinung sein, wenn man bestrebt ist, auch die Entwicklung der griechischen Philosophie als Wirkung eines
religiösen Triebes, als eine der vielen Formen religiösen
Erlebens zu begreifen und dem Herzen näher zu bringen,
wenn man hinter jedem alten Philosophen einen Mystiker
und Theologen hervorziehen möchte und bei einem
Agrippa von Nettesheim und Jakob Böhme Aufschluß
über das Geheimnis sucht, das in dem Denken eines
Anaximander oder Parmenides für uns verborgen liegt.
Im Anfange, so argumentiert man, war das religiöse Erlebnis; nur aus ihm konnte die Idee des Absoluten entstehen,
die alsbald sich alles wissenschaftliche Denken unterwarf:
des All-Einen, des Unendlichen, des Logos oder wie immer
man es nannte; erst allmählich habe sich das Erkennen aus der
Totalität der Gemütskräfte, in denen es gebunden lag, befreit und sich zum eigenen Zweckzusammenhang herausge-

---

[1] V. 36 ff. ist so zu verbinden:

οὐδὲν γὰρ ᾗ· ἔστιν ἤ ἔσται
ἄλλο πάρεξ τοῦ ἐόντος· ἐπεὶ τό γε Μοῖρ᾽ ἐπέδησεν
οὖλον ἀκίνητόν τ᾽ ἔμεναι, τῷ πάντ᾽ ὄνομ(α) ἔσται,
ὅσσα βροτοὶ κατέθεντο πεποιθότες εἶναι ἀληθῆ.

τῷ im Nachsatz wie z. B. Od. γ 224.

bildet. So hat man denn aus einer reinen Konstruktion, im wesentlichen Zellers Konstruktion der vorsokratischen Philosophie, Gesetze für die Entwicklung menschlichen Denkens überhaupt abgeleitet. Mag sein: folgte Parmenides, der Logiker, auf Heraklit, den Mystiker, war beider Vorgänger Xenophanes, der radikalste Theologe, den das Altertum hervorgebracht, und dürfen die Milesier, Anaximander und Anaximenes, als nächste Geistesverwandte Heraklits betrachtet werden: mag sein, daß dann der Versuch verlocken kann, den Ursprung der Philosophie im Geiste der Mystik zu entdecken. Aber diese Konstruktion ist in sich selbst zusammengebrochen und mit ihr die Hoffnungen, die auf ihr ruhten. Parmenides, der keinen Wunsch kennt als Erkenntnis, keine Fessel fühlt als seine Logik, den Gott und Gefühl gleichgültig lassen, so sehr, daß es uns befremden will, erweist sich als Vorgänger Heraklits und nächster Nachfahr Anaximanders. In der mystisch-religiösen Interpretation der Welt kommt keine das Erkennen aus sich selbst erzeugende noch zur Erkenntnis hindrängende Kraft zum Vorschein, sondern eine Gegenströmung, die, auf neue Ziele hinarbeitend, sich derselben geistigen Mittel bedient, die durch die entgegengesetzte, kritisch-antireligiöse Weltbetrachtung erst frei und verfügbar geworden waren. Wie im Geiste Platons die Begriffsphilosophie, so hat sich im Geiste Heraklits die Lehre von den Gegensätzen in ein Werkzeug umgewandelt, um das Verlangen nach Unsterblichkeit und Aufnahme des Göttlichen im Menschen zu erfüllen, aber weder die eine noch die andere hat in diesem Verlangen ihren Ursprung. Mit Heraklit beginnend, greift diese Bewegung einer religiös gerichteten Spekulation, vermittelt durch das Pythagoreertum, auf Platon, Aristoteles und die von diesen abhängigen Schulen über, während der Hauptstrom, jeder religiösen und moralischen Rücksicht bar, von jedem Argumente des Gefühles unabhängig, seinen vorgezeichneten Weg im Geiste rücksichtslosester Zergliederung verfolgt, den Weg, den ihm Parmenides und Anaxagoras, Empedokles und Demokrit gewiesen haben. Die Frage, welcher der beiden Gruppen

Anaximander und Anaximenes zuzurechnen seien, **kann** zu
beantworten nicht schwer fallen. Die angebliche Moral
im Weltbilde Anaximanders beruht doch nur auf einem Miß-
brauch, den man sich mit Theophrasts Bericht zu treiben
gestattet (Fr. 9): ἐξ ὧν δὲ ἡ γένεσίς ἐστι τοῖς οὖσι, καὶ τὴν
φθορὰν εἰς ταῦτα γίνεσθαι κατὰ τὸ χρεών· διδόναι γὰρ αὐτὰ δίκην
καὶ τίσιν ἀλλήλοις τῆς ἀδικίας κατὰ τὴν τοῦ χρόνου τάξιν,
ποιητικωτέροις οὕτως ὀνόμασιν αὐτὰ λέγων. Das sollte, wie uns
Theophrast ausdrücklich selbst versichert, nur im Bilde gesprochen sein; es ist ein Beispiel des erhabenen Stiles, der
Anaximanders Buch auszeichnete. Als Herrschen und gegen-
seitiges Überwältigen stellt sich die Weltwerdung der Stoffe
und Gestaltung aller Einzeldinge dar noch in den Augen des
Empedokles (Fr. 26):

> ἐν δὲ μέρει κρατέουσι περιπλομένοιο κύκλοιο . . .
> εἰσόκεν ἐν συμφύντα τὸ πᾶν ὑπένερθε γένηται.

So stellt sich das Gesetz der Reziprozität im Werden und
Vergehen aller Einzelexistenzen in Anaximanders Augen
dar im Bilde der Talion, als Ausgleich zwischen Geben und
Empfangen, Schuld und Buße; und wie hätte er es anders
auch ausdrücken sollen? Aber gibt uns das ein Recht, dasselbe Bild zugleich auf die Verschuldung aller Kreatur vor Gott
zu deuten und darin das erste Aufdämmern einer sittlichen
Weltanschauung zu begrüßen, nach der alles, was entsteht,
wert ist, daß es zu Grunde geht? Seltsam dann nur, daß alles
Übrige, was wir von Anaximander wissen, gar so wenig mit
diesem Gefühlston harmoniert. Und sollte man nicht überhaupt für das Verständnis dieser alten Philosophen mehr damit gewinnen, daß man sie als Zeitgenossen des Hipponax
zu begreifen sucht statt als Zeugen eines Geistes, der die
deutsche Romantik oder die Mystik der Renaissance durch-
weht?

SACHREGISTER

STELLEN-REGISTER

Die Buchstaben A B C mit den Zahlen dahinter verweisen auf Diels-Kranz, Die Fragmente der Vorsokratiker. Die Autoren der A-Fragmente sind nicht gesondert unter ihren Namen aufgeführt. Zitiert ist nach der neuesten Ausgabe; für Abweichungen von der Zitierweise im Text vergleiche man den Nachweis S. 265 ff.

Bei Parmenides ist Fragment B 2 = B 4 der alten Zählung (1.–4. Auflage)
B 3 = B 5
B 4 = B 2
B 5 = B 3
B 7, 1–2 = B 7
B 7, 2–7 = B 1, 33–38

ZITATEN-NACHWEIS

der im Text nicht oder unvollständig nachgewiesenen Stellen, soweit
möglich nach Diels-Kranz, Fragmente der Vorsokratiker.

S. 117   oben und Anm. (Sextus): jetzt unter Xenoph. A 35
S. 121   unten (Aristot.): der zweite Teil des Zitats bei Xenoph. A 15
S. 133   oben (Anakreon): Frg. 96 Diehl
S. 141   oben (Cicero): s. Xenoph. A 52
S. 142   Mitte (Aristot.): s. bei Emped. B 135
         (Vors. Nr. 83): jetzt Nr. 90
S. 147   Mitte (Hyppolytos): s. Xenoph. A 33, 3
         ([[Plutarch]]): s. Xenoph. A 32
         Anm. (Strabo, Achilles, Aetius): s. Parm. A 44 a
S. 149   Anm. 1 (Aetius): s. Xenoph. A 41 a
         Anm. 2 (Aetius): s. Xenoph. A 38, 40, 43
         Anm. 3 (Aetius): s. Xenoph. A 41
S. 150   oben (Aetius): s. Anaximenes A 18
         Anm. 1 (Aetius): s. Xenoph. A 39, 44
S. 153   oben (Cicero): s. Xenoph. A 34
S. 154   oben: Xenoph. B 30
S. 155   Mitte (Platon): s. Emped. A 29
S. 157   unten: s. Heraklit B 121
S. 159   unten – S. 160 (Heraklit-Zitate im Hippolytos-Text): s. Heraklit
         B 50, 51, 54, 55, 60
S. 161   oben: Heraklit B 64–66
S. 164   oben: s. Heraklit B 65, 66
S. 171   unten – S. 172 (Diogenes): s. Heraklit A 1, 8 f. In Klammern einge-
         fügte, nicht bezeichnete Heraklit-Zitate stammen aus B 30–31
S. 172   Anm. (Aetius): s. Heraklit A 5
S. 173   unten (Theophrast-Diogenes): s. Heraklit A 1, 8
         (Aetius): II 4, 3 s. Heraklit A 10
S. 174   Mitte (Parm.): jetzt Frg. 4
S. 175   unten (Aetius): s. Anaximenes B 2
S. 179   Zeile 14 von unten: Heraklit B 60
S. 181   Anm. (Theophrast-Diogenes): s. Heraklit A 1, 9 ff.
S. 183   Mitte (Censorin): das Zitat z. T. unter Heraklit A 13
S. 188   Mitte: Aetius II 31, 2–4
S. 191   unten (Plutarch, Philo, Censorin): s. Heraklit A 19
         (Aetius): s. Heraklit A 18
         Anm. (Simplicius): s. Heraklit A 5, 10
S. 193   oben: Heraklit B 25, 24, 27, 63, 28
S. 196   oben: Heraklit B 62
S. 198   Mitte (Theolog. Arithm.): s. Pythagoras Frg. 8
S. 199   oben (Orpheus): jetzt 1 B 19
S. 202   unten: s. Melissos B 8
S. 208   Anm. (Parm.): jetzt Frg. 4
S. 212   Zeile 3 von unten (Frg. 1, 35): jetzt 7, 4
S. 216   oben (Hippokrates): s. Heraklit C 1
S. 219   oben (Parm. Frg. 1, 36): jetzt 7, 5
S. 220   unten: s. Heraklit B 126
S. 225   Anm. (Aetius): s. Archelaos A 7
         (Hippolytos): s. Archelaos A 4
S. 226   unten (Theophrast): s. Anaxagoras A 70
S. 227   oben (Hippokrates): Zeile 1–5 bei Diogenes v. Apoll. C 3
         unten (Aetius): s. Alkmaion B 4
S. 233   unten: s. Heraklit B 81
S. 238   oben (Hippokrates): s. Heraklit C 1
         unten (Theophrast): s. Parm. A 46
S. 239   Mitte (Aristot.): s. Vors. 58 B 5
         unten (Vors. 45): jetzt 58

S. 240 unten: s. Parm. B 12, Emped. B 62
S. 253 oben (Aristot.): s. Anaximander A 15
    Mitte (Theophrast): jetzt Anaximander B 1
    unten: Parm. B 8, 3 f.
S. 253 unten – 254 (Frg. 1): jetzt Anaximander A 10
S. 254 oben (Aristot.): s. Anaximander A 15
     (Aetius): s. Anaximander A 14
S. 257 oben (Theophrast): jetzt Anaximander A 9 und B 1

BERICHTIGUNGEN

S. 21   Zeile 10 von oben: vor $\delta\iota\grave{\alpha}\ \tau\grave{o}\ \vartheta\varepsilon\varrho\mu\acute{o}\nu$ erg. $\tau\grave{\eta}\nu$

S. 37   Im Sextus-Zitat Zeile 3: statt $\langle\mu\grave{\eta}\rangle\ \check\varepsilon\sigma\tau\iota\nu$ lies $\check\varepsilon\sigma\tau\iota\ \langle\mu\grave{\eta}\ \check o\nu\rangle$, vgl. Aristot. Rhet. B 24, 1402ᵃ 5 (Anm. von Reinhardt)

S. 41   Zeile 6 von oben: statt ‚Nichts' wahrscheinlich ‚Seiendem' zu lesen

S. 47   Anm. 1 Zeile 1: lies 8, 1

S. 74   Zeile 13 von oben: lies Frg. A 10

S. 91   Frg. B 7 Zeile 3: lies $\dot\alpha\pi\acute o\lambda o\iota\tau o$

S. 105   Zeile 8 von oben: lies $\dot\alpha\lambda\lambda'\ o\check v\tau\varepsilon\ \tau\tilde\omega\ \varepsilon\check\iota\nu\alpha\iota$
Zeile 15 von oben: lies $\dot\alpha\gamma\acute\varepsilon\nu\eta\tau\acute o\nu\ \tau\varepsilon$
Zeile 13 von unten: lies Frg. B 5

S. 113   Anm. Zeile 1 von oben: lies $\pi\nu\varepsilon\tilde v\mu\alpha$

S. 123   Zeile 11 von unten: lies Frg. 2 V. 11

S. 146   Zeile 1 von unten: lies Damit war

S. 148   Anm. Zeile 1 von oben: lies Zone
Anm. Zeile 4 von unten: lies Meteor. B 362ᵇ5

S. 149   Anm. 2 Zeile 1 von oben: lies Aetius II 13, 14

S. 150   Anm. 1 Zeile 3 von oben: lies III 2, 11

S. 154   Zeile 18 von oben: lies Xenoph. Frg. A 5

S. 155   Zeile 4 von unten: lies Herakl. Frg. B 10
Zeile 2 von unten: lies $\tau o\tau\grave\varepsilon\ \mu\grave\varepsilon\nu\ \check\varepsilon\nu$
Zeile 1 von unten: lies Emped. Frg. B 17
Anm. 2 Zeile 2 von oben: lies Philosophumena I 4, 2

S. 167   Zeile 12 von unten: lies $\delta o\varkappa\iota\mu\acute\omega\tau\alpha\tau o\varsigma$

S. 170   Anm. 1 Zeile 6 von oben: lies S. 172

S. 171   Zeile 2 von unten: lies IX 8

S. 174   Zeile 4 von oben: lies Frg. 7, 3

S. 175   Zeile 15 von unten: lies Frg. A 9

S. 176   Anm. 2 Zeile 2 von oben: lies Frg. A 48. Dazu Anm. von Reinhardt: cf. Emped. B 16

S. 179   Zeile 6 von oben: lies Frg. 76

S. 180   Anm. 1 Zeile 1 und 3: lies Anaxagoras Frg. B 4, Diogenes Frg. B 5

S. 183   Zeile 9 ff.: vgl. dazu Reinhardts Aufsatz „Heraklits Lehre vom Feuer" im Hermes 77, 1942, 1 ff. (jetzt in: Gesammelte Essays zur griech. Philosophie und Geschichtsschreibung)

S. 185   Zeile 17 von oben: lies Eclog. I 10 S. 119

S. 186   Zeile 19 von unten: lies $\dot\alpha\nu\vartheta\varrho\omega\pi\acute\iota\nu\eta\varsigma$
Zeile 8 von unten: lies $\dot\varepsilon\nu\iota\alpha\nu\tau\acute o\varsigma$

S. 212   Zeile 1 von unten: lies Frg. 8

S. 216   Anm. Zeile 2 von oben: lies $\varkappa o\iota\mu\omega\mu\acute\varepsilon\nu\omega\nu$

S. 218   Zeile 9 von oben: lies $\pi\acute\alpha\nu\tau\omega\nu$

S. 233   Zeile 1 von unten: vgl. dazu Reinhardt im Hermes 63, 1928, 107 (jetzt in: Ges. Essays zur Griech. Philos. u. Geschichtsschreibung)
Anm. Zeile 5 von oben: lies $\varkappa o\pi\acute\iota\delta\omega\nu\ldots\dot\alpha\lambda\lambda'\ \alpha\dot v\tau\grave o\nu$

S. 242   Zeile 6 von unten: lies Mel. Frg. 8

S. 244   Anm. Zeile 2 von unten: lies Frg. 2, 7

S. 254   Anm. 1: statt ‚classical Philol. 22, 148' lies: Proceedings of the Amer. Acedemy of Arts and Sciences Vol. XLVIII S. 681 ff. (vgl. Berl. Phil. Wo. 1915, S. 452)